21세기 총서: 우리 공동의 미래 06

위험사회 - 새로운 근대(성)를 향하여

Risikogesellschaft
Auf dem Weg in eine andere Moderne

울리히 벡(Ulrich Beck)지음 / 홍성태 옮김

새물결

長江의 뒷물결이 앞물결을 밀어낸다

Risikogesellschaft: Auf dem Weg in eine andere Moderne by Ulrich Beck
ⓒ Suhrkamp Verlag, Frankfurt am Main, 1986
This book is published in Korea by arrangement with Suhrkamp Verlag.
Korean Translation ⓒ Saemulgyul Publishing House, 1997
All rights reserved.

옮긴이 홍성태

서울대학교 사회학과에 입학해 동 학부와 대학원을 졸업, 동 대학교 사회학과 박사.
대표적인 논문으로는 「고도성장기 일본의 반공해주민운동에 관한 연구」(석사학위 논문),
「일본반공해주민운동의 전개와 성과」(『환경과 생명』, 1993/가을호), 「일본의 공해문제와
혁신자치체」(『환경과 생명』, 1994/여름호), 「지역별 산업구조의 변화」,
「한국 경제의 산업구조조정과 노동자 계급」(산업사회 연구회 편, 녹두, 1993) 등이 있다.
대표적인 역서로는 『우리 공동의 미래』, 『군신과 현대 사회』, 『사이버 공간 사이버 문화』 등이 있다.

위험사회 — 새로운 근대(성)를 향하여

지은이 울리히 벡 | 옮긴이 홍성태 | 펴낸이 조형준 | 펴낸곳 새물결 출판사
1판 11쇄 2024년 3월 25일 | 등록 서울 제15-52호(1989.11.9.)
주소 서울특별시 은평구 연서로 37가길 6 2층 (우) 03343
전화 (편집부) 02-3141-8696
E-mail saemulgyul@gmail.com
ISBN 97889-5559-211-6 (03330)

이 책의 한국어판 저작권은 저작권자와 독점 계약한 새물결 출판사에 있습니다. 신저작권법에 의해
한국 내에서 보호를 받는 저작물이므로 무단 전재와 복제를 금합니다.

◉ **일러두기**

1. 이 책은 *Risikogesellschaft: Auf dem Weg in eine andere Moderne*(Suhrkamp Verlag, Frankfurt am Main, 1986)를 완역한 것이다.
2. 원주는 각주로 처리했으며, 역주인 경우에는 본문에 "(— 역자)"로 처리해 두었다.
3. 강조는 고딕체로 표시하였다.

역자 서문 — 이 위험 가득한 풍요의 시대에!

1. 마른 하늘에 날벼락이 당연한 시대, 아닌 밤중에 홍두깨가 조금도 이상하지 않은 사회. 세계보건기구가 홍역의 완전박멸을 선언하는 그 순간, 에즈볼라니 광우병이니 O-157이니 하는 신종 병역들이 화려하게 등단하여 그 같은 선언을 전혀 무색하게 만든다. 근대화의 길을 숨가쁘게 달려와 이제 '풍요사회'를 이루었다고 자축하는 순간, 마른 목을 축일 한 바가지의 맑은 물조차 남아나지 않았다는 사실에 경악하게 된다. 전기문명에 도취 되고 화려한 소비문화에 빠져드는 순간, 이 같은 도취와 탐닉을 위해 자칫 인류를 멸종으로 몰아갈 수도 있는 핵발전소들이 도처에서 건설된다.

이런 문제점들이 '후진' 사회에서나 볼 수 있는 것들일까? 썩어가는 한국의 하늘과 물을 보고는 한숨 지을 수밖에 없지만, 그렇다고 해서 미국의 푸른 하늘과 들을 보고 부러워하지는 말기를. 지구 온난화의 주범인 이산화탄소를 가장 많이 배출하는 나라, 고갈될 운명인 물질자원과 에너지를 가장 많이 소비하는 나라, 그리고 세계에서 가장 많은 군사비를 사용하는 나라가 바로 미국이므로. 이것이 미국을 통해 단적으로 예시되는 현대 풍요사회의 문명사적 역설이다. 이 역설은 현대 사회의 본성이다. 그럼에도 불구하고 여전히 사회과학 담론의 '주류'를 차지하고 있는 후진과 선진의 대비구도 속에서, 이 역설은 이론적으로나 실천적으로나 여전히 부차적이고 우연적인 것으로 다루어진다.

당연한 이야기지만 이 같은 사정 때문에 현대 사회의 역설은 해결되지 않은 채 오히려 무한히 자기증식하게 된다.『위험사회』는 바로 이 같은 역설과 그 증식의 견지에서 현대 사회를 분석하고 평가하려는 노력의 소산이다. 이 책은 마른 하늘에 날벼락과 아닌 밤중에 홍두깨가 당연시 되는 구조적 및 인지적 맥락을 밝히고, 이 위험천만한 풍요의 시대를 안전과 평화의 시대로 전환시켜야 한다는 절박한 과제를 추구한다.

2. 산업혁명 이후 200 여 년. 인류는 역사상 유례없는 생산력을 보유하게 되었고, 그 결과 명실상부한 지구의 지배자가 되었다. '혁명의 시대'와 '제국의 시대'를 거치며 확립된 근대 산업사회는 거대한 부를 축적하고 인류의 생활방식을 근본적으로 변혁시켰다. 그리고 포드주의는 상상조차 할 수 없었던 풍요의 시대를 이룩하였다. 그러나 과연 그것으로 충분한 것일까? 지구적 환경위기에서 단적으로 드러나듯이 풍요의 이면에서 무언가 거대한 문제가 체계적으로 생산되고 있는 것은 아닐까? 인류는 거대한 체계적 위험을 무릅쓰는 대가로 물질적 풍요를 구가하게 된 것이 아닐까?

본래 위험(Risk)이라는 용어는 17세기 스페인의 항해술 용어에서 나온 것으로 위협을 감수하다, 암초를 뚫고 나가다라는 의미를 지니고 있다. 이로부터 위험이란 부를 얻기 위해서 당연히 감수해야만 하는 난관이라는 함의를 갖게 되었다. 또한 이 단계에서 위험은 잠재적인 부수효과이자 예외적인 것으로 취급되었다. 역사의 무대에 새로 등장한 산업자본주의의 시대에 그처럼 많은 모험가들이 나타나고, 자본의 탐욕스런 시장확보 전쟁이 곧잘 영웅적 모험담으로 묘사된 것도 우연이 아니다. 부(富)란 그런 '위험'을 감수했을 때에만 수여되는 트로피로 인식되었던

역자 서문 – 이 위험 가득한 풍요의 시대에!

것이다.

　그러나 그 같은 '낭만의 시대'는 눈깜짝할 사이에 지나가 버렸다. 그 짧은 시기가 봄꽃 지듯이 사라지고 지금까지 산업사회를 실제로 뒷받침해 온 것은 기술-과학의 발전과 이것에 기반한 군사-경제력이었다. 이른바 합리화 내지는 근대화로 널리 알려진 이 같은 발전의 과정에서 부는 체계적으로 확대재생산되었고, 그와 동시에 위험은 부를 위해 감수해야 하는 우연적 난관에서 체계적으로 생산되는 정상적 개연성으로 변모하였다. 그 결과 부의 추구와 그 분배의 문제 외에 다른 모든 것은 우연적이고 비정상적인 것으로 여겼던 산업사회가 그 정점에서 맞이하게 된 것은 구조적 위험으로 가득 차 있는, 참으로 아슬아슬한 '위험사회'이다.

　현대사회의 안전과 위험문제는 산업혁명 이래 근대적 합리화과정 전반에 대한 비판적 재평가를 요구할 뿐만 아니라 향후의 발전방향에 대한 새로운 모색을 요구한다. 독일의 사회학자인 울리히 벡은 『위험사회』(1986년)에서 이 문제를 깊이 있게 추구하고 있다. 그에 따르면 위험사회로서 현대 산업사회의 위험성은 다섯 가지로 정리된다. 첫째, 현대의 위험은 방사선과 같이 인간의 평상적인 지각능력을 완전히 벗어난다. 둘째, 어떤 사람들은 다른 사람들보다 위험의 분배 및 성장에서 더 큰 영향을 받는다. 즉 위험의 사회적 지위가 나타난다. 셋째, 위험의 확산과 상업화는 자본주의의 발전논리를 완전히 종식시키는 대신에 자본주의를 새로운 단계로 끌어올린다. 넷째, 부는 소유할 수 있지만 위험으로부터는 그저 영향을 받을 수 있을 뿐이다. 다섯째, 사회적으로 공인된 위험은 특수한 정치적 폭발력을 지닌다. 지금까지 비정치적인 것으로 여겨졌던 것들이 정치적인 것으로 변한다.

　위험이 평상적 지각범위를 벗어나고 산업의 논리 속에서 체계적으로 재생산되면서 현대 산업사회는 위험사회로 이행된다고 울리히 벡은 주장한다. 위험사회는 현대 사회가 존재론적으로 재앙에 근거하고 있음을 보여 준다. 현대의 위험은 체르노빌을 통해 이미 그 재앙의 실상을 명확히 드러냈다. 재앙은 더 이상 묵시론적인 공갈이나 협박이 아닌 것이다. 그것은 그 자체가 묵시론, 즉 파멸이다. 현대의 위험은 더 이상 무릅쓸 수 있는 위험이 아니기 때문에, 위험을 무릅쓰고 경제적 부를 추구하는 것은 더 이상 용납될 수 없다. 경제적 부를 희생할지라도 위험을 사전에 철저히 봉쇄하는 것, 이것이 위험사회에서 인류가 취할 수 있는 유일한 발전경로이다.

3. 사랑이 지나치면 사랑하는 사람에게 해가 될 수도 있다. 지나친 것은 모자라느니만 못하다는 말이 빈말이 아님을 우리는 산업사회의 발전에서도 확인한다. 가령 녹색혁명을 통해 인류는 엄청난 식량증산을 이룩한 반면에, 수십억 년의 장구한 세월을 통해 이룩된 생물종의 다양성을 순식간에 붕괴시키고 말았다. 그 결과 다름아닌 바로 인류의 생존 자체가 생태위기라는 새로운 '인위적' 장벽에 부딪히게 되었다.

현대 사회가 위험사회라는 현실 인식에 기초하여 벡이 주장하는 성찰적 근대화란 이처럼 '풍요사회'를 향한 근대화의 과정이 '위험사회'로 귀착되는 과정을 되짚고 반전시키려는 목표를 가지고 있다. 이것은 산업사회의 원리들 자체를 성찰하여 산업사회를 해체하고 새로운 사회를 구성하는 과정이다. 다시 말해서 산업사회의 진보이자 해체의 과정, 이것이 성찰적 근대화의 과정이다. 그렇다면 이 과정을 이끄는 요체는 무엇인가? 공공의 참여적 비판을 원천적으로 제약하는 근대적 삼권분립의 체계와 기술-과학적 지식을 중심으로 구성된 전문가체계의 해체와 재구성이 바로 그것이다.

　성찰적 근대화가 해체의 대상으로 삼는 산업사회의 원리들 중에서 울리히 벡은 특히 현대 기술-과학을 중시한다. 현대의 기술-과학과 그 합리성이야말로 오늘날의 환경위기로 대변되는 산업사회의 위험을 낳은 근원이기 때문이다. 그러나 그렇다고 해서 이것을 부정하고서는 달리 어떤 현실적 해결책을 찾을 수도 없다는 데에 난점이 있다. 즉 현대의 기술-과학은 문제의 근원이자 해결책이라는 이중성을 갖는 것이다. 그러므로 중요한 것은 일부 전문가 집단과 기업이 지식을 독점적으로 은밀하게 생산하고 활용하는 것이 아니라 그 전과정에 공중이 비판적으로 개입할 수 있도록 하는 것이다. 결국 성찰적 근대화란 현대 기술과학의 가능성만이 아니라 그 한계도 함께 인식함으로써 과학에 대한 사회적 제어력을 높이는 과정이다. 이를 울리히 벡은 칸트의 명제를 빌려 이렇게 표현한다. '사회적 합리성 없는 과학적 합리성은 공허하고, 과학적 합리성 없는 사회적 합리성은 맹목적이다.'

　성찰적 근대화의 과정은 다양한 부문에서 다양한 대항담론과 대항지식의 형성을 촉구한다. 이 과정은 필연적으로 정치적이다. 각종 쓰레기의 처리나 핵발전의 문제는 여기서 좋은 예가 될 수 있다. 이 문제들은 언제나 정치적으로 결정된다. 그러나 우리가 늘 경험하고 있듯이 이 문제들은 언제나 전문지식으로 합리화된다. 전문가들이 연구해 본 결과에 따르면 아무 문제가 없는 것으로 판명되었다는, 또는 조만간 해결될 수 있을 것으로 판명되었다는 정치-행정의 발표를 우리는 늘 접하고 있다. 대항지식을 제시하는 것은 이 같은 정치적 관행에 맞서는 것이다. 정치와 전문지식이 단단히 결합되어 있으므로 전문지식의 연옥을 통과하지 않고서는 기존의 전문지식에 맞설 만한 정치적 영향력을 행사할 수 없다. 위험사회의 사회운동이 전문지식을 추구하는 동시에 다양한 분화양상을 보이는 것은 이러한 사실에 기반한 것이다.

새롭게 자신을 세우려는 모든 것은 낡은 것의 핵심을 공격해야만 한다. 여기서 산업사회를 지탱해 온 궁극원리인 '진보'에 대한 성찰이 요구된다. 진보에 대한 무한 신뢰야말로 현대 문명을 화산 위에 세운 원동력이었다. 이 점에서 진보는 낡은 종교를 대신하여 그 자체가 새로운 종교로 세속화하고 말았던 것이다. 진보라는 이름으로 우리는 유례없는 풍요에 도취되는 한편 숱한 위험들을 감내할 수 있었으나, 이제 우리의 산업사회는 자신이 체계적으로 생산하는 위험을 더 이상 감내할 수 없게 되었다. 진보라는 종교를 넘어서는 것은 이 같은 진보의 역설을 직시하고 인류의 문명을 좀더 지속가능한 기반 위에 세우는 것이다. 이제까지처럼 화산 위에 세우는 것이 아니라.

4. 한국 사회가 온갖 위험으로 가득 차 있다고 말하는 것은 별다른 의미를 가지지 않는다. 그것은 누구나 할 것 없이 너무나 잘 알고 있는 사실이기 때문이다. 비교적 최근에 발생한 대형사고들을 잠시 떠올려보자. 신행주대교 붕괴(1992년 7월), 우암상가 아파트 붕괴(1993년 1월), 구포역 열차전복(1993년 3월), 예비군 부대 폭발사고(1993년 6월), 아시아나 항공기 추락(1993년 7월), 서해 훼리호 침몰(1993년 10월), 성수대교 붕괴(1994년 10월), 충주호 유람선 화재(1994년 10월), 아현동 도시가스폭발(1994년 12월), 대구 지하철 가스폭발(1995년 4월), 삼풍백화점 붕괴(1995년 6월). 무너지고 떨어지고 폭발하는 사고가 끊임없이 계속된다. 1990년대 들어와 발생한 이 같은 일련의 사고들로 숨진 사람들만 무려 1,000 명이 넘는다. 일상생활이 항상적인 위협에 놓여 있는 이 같은 참

역자 서문 — 이 위험 가득한 풍요의 시대에!

담한 상황 속에서 누가 이 시대를 과연 평화기라고 부를 수 있을까?
　울리히 벡의 『위험사회』는 위험과 안전을 사회발전의 중심에 놓는다는 점에서 한국 사회의 현실을 비판적으로 돌이켜 볼 수 있는 하나의 관점을 시사한다. 그 동안 한국 사회는 무려 30년 간에 걸친 군사독재 하에서 위험과 안전의 문제는 완전히 도외시한 채, 오직 외형적인 성장만을 개발과 발전의 지표로 삼은 '폭압적 근대화'의 길을 치달려 왔기 때문이다. 물론 이러한 왜곡된 근대화 논리의 연원을 군사독재체제에 귀착시키는 것은 문제가 있다. 군사독재체제가 추구한 폭압적 근대화는 식민지의 경험과 긴밀히 결합되어 있기 때문이다. 힘이 없어 식민지로 전락했다는 우리의 상식이 힘을, 아니 오직 힘만을 추구한 군사독재체제의 버팀목이기도 했다는 사실을 부정할 수 있을까? 군사독재체제의 폐해를 해결해야 한다는 문제는 식민지 지배체제의 '청산'이라는 문제와 사실상 구조적으로 결합되어 있다. 이 점에서 울리히 벡의 『위험사회』는 한국의 현실을 돌이켜 볼 수 있는 하나의 관점을 제시하지만 그 설명력은 실질적으로 제한적일 수밖에 없다.
　그럼에도 불구하고 『위험사회』가 제시하는 관점은 지금, 여기서 상당한 설득력을 지닌다. 근대화의 도정이 아무리 고난에 찬 것이었을지라도 어쨌든 한국 사회는 지금 어엿한 근대 산업사회가 되었기 때문이다. 그리고 바로 그러한 이유로 울리히 벡이 주장하는 '위험사회'가 지금, 여기에도 도래하고 있기 때문이다. 환경문제와 생태위기에서 단적으로 드러나듯이 위험사회란 역사상 유례없이 거대한 풍요를 이룩한 근대 산업사회의 원리와 구조 자체가 파멸적인 재앙의 사회적 근원으로 변모하는 사회를 뜻한다. 최근에 큰 문제가 되고 있는 여천공단지역의 환경문제와 안산의 시화호 방류문제를 통해서도 이 같은 사실을 쉽사리 확인할 수 있다. 두 가지 사례 모두 근대 산업사회의 성장원리와 기술-과학논리에 바탕을 두고 있는 것이다. 이 같은 원리적 문제들이 식민지 시기와 군사독재 시기를 거치며 구조화된 비리 및 부실의 동학과 결합되어 발생하는 문제가 바로 한국의 환경문제이고 생태위기이다. 따라서 표면에 드러난 비합리적인 비리와 부실이 이 같은 문제의 참된 원인인 양 주장하는 것은 문제의 실제적인 근원을 자못 가리는 것이 될 수 있다.

그것이 제아무리 '선진국'에서 이룩된 것일지라도 근대성 자체가 원천적으로 한계를 내장하고 있다는 사실을 인식할 필요가 있다. 이 점을 부정하고 한국 사회에 특수한 구조적 문제로서 비리와 부실의 척결을 외치는 것으로는 어쩔 수 없이 위험과 사고로 점철된 '분열증적 근대화'의 도상에서 헤매게 될 뿐이다. 만일 우리가 울리히 벡의 '성찰적 근대화' 명제에서 무언가 배울 것이 있다면, 산업사회의 원리 자체가 커다란 내적 한계를 지니고 있다는 사실에 기초하여, 지금도 여전히 횡행하고 있는 선진국 지상주의가 이 사회를 동물적 생존경쟁으로 내몰고 사람들을 분열증에 시달리게 한다는 점을 직시하는 것이다. 근대화/근대성 담론에 기초하여 선진국이라는 이름으로 관철되는 은밀하고 치밀한 폭력을 극복하는 것, 그리고 이 폭력에 기대어 무한축적을 추구하는 자본의 탐욕을 적절히 통제하는 것이야말로 부정과 비리의 근원을 차단하는 것이면서 '역사를 바로 세우는 것'이고 서구적 근대화의 한계를 넘어서는 길이다.

5. 『위험사회』는 여러모로 흥미로운 저술이다. 이 책의 번역을 계기로 현대 사회의 체계적 위험에 대한 토론이 더욱 활발해지기를 기대하며 이 책의 이해와 관련하여 역자로서 몇 가지 참고문헌들을 간략히 소개

하고자 한다.

　가장 먼저 소개할 것은 울리히 벡(1987)의 「공업화된 '위험사회'로 가는 길목에서」이다. 이 글은 고 최재현 교수가 편역한 『현대 독일 사회학의 흐름』(형성사, 1991)에 고인의 번역으로 수록되었다. 아마도 이것이 국내에 울리히 벡을 소개한 최초의 글일 것이다. 환경문제에 대한 고인의 깊은 관심과 함께 이론적 혜안을 이 편역서의 구성에서 엿볼 수 있기를 바란다. 한편 번역되어 있는 관련저서로는 Mary Douglas and Aaron Wildavsky(1982), *Risk and Culture*, Calif: Berkeley Univ. Press(김귀곤·김명진 옮김[1993], 『환경위험과 문화』, 명보문화사)와 Anthony Giddens (1990), *The Consequences of Modernity*, Calif: Stanford Univ. Press(이윤희·이현희 옮김[1991], 『포스트 모더니티』, 민영사)를 참고할 것을 권한다.

　위험문제에 대한 국내의 사회과학적, 인문과학적 관심은 비교적 최근의 일이다. 이와 관련해서는 최종욱(1994), 「현대의 위기와 '위험사회'의 현상학」, 최종욱 외, 『현대의 위기와 새로운 사회운동』, 문원; 노진철(1994), 「'사회문제'로서의 환경적 위협: 사회학적 인식」, 『현상과 인식』 18권 4호(겨울); 김남진(1995), 「리스크 사회에 있어서 리스크 관리와 규제」, 『현대사회』 42호(가을/겨울); 이홍균(1995), 「체계의 확장과 근대·탈근대 — 하버마스, 루만, 벡의 이론에서」, 『현상과 인식』 19권 4호(겨울); 서규환(1995), 「왜 비판 사회과학은 지금 더욱 비판적이어야만 하는가 — 위험사회 시대의 비판사회과학을 위하여」, 『세계의 문학』 78호(겨울); 한상진(1995), The Rush to Industrialization and its Pathological Consequences, Paper for the 6th International Conference of Asian Sociology, Bejing, Nov. 등을 참고할 수 있다. 미진하나마 『위험사회』의 전체적인 개관을 위해서는 홍성태(1994), 「서평: 성찰적 근대화, 현대 위험사회의 환경위기를 극복하는 길」,『계간 환경과 생명』창간호(봄)를 참고할 수 있다.

국외의 문헌으로는 우선 Ulich Beck, Anthony Giddens and Scott Lash(1994), *Reflexive Modernity: Politics, Tradition and Aethetics in the Modern Social Order*, UK: Polity Press와 Charles Perrow(1984), *Normal Accidents: Living with High-Risk Technologies*, New York: Basic Books를 참고할 수 있을 것이다. 한편 Jürgen Habermas(1992), *Postmetaphysical Thinking*, MA: MIT Press는 울리히 벡이 주장하는 '위험사회에서의 개인주의화' 명제에 대한 평가를 담고 있다(pp. 193-200). Scott Lash and John Urry(1994), *Economies of Signs & Space*, UK: Sage는 벡의 '위험사회론'과 기든스의 '후기 근대화'론이 제시하는 성찰성 개념에 근거하여 기호와 공간의 경제를 추구한다. 환경사회학과 관련하여『위험사회』를 다룬 것으로는 Arthur Mol and Gert Spaargaren(1993), Environment, Modernity and the Risk Society: the Apocalyptic Horizon of Environmental Reform, *International Sociology* vol. 8 no. 4, Dec.를 들 수 있는데, 이 글은 '생태적 근대화'라는 개념에 기반하여 벡의 '위험사회'와 '성찰적 근대화' 개념을 1980년대의 새로운 묵시론으로 강력하게 비판한다.

6. 이 책의 대본은 *Risikogesellschaft: Auf dem Weg in eine andere Moderne*, Suhrkamp Verlag, Frankfurt am Main, 1986과 *Risk Society — Towards a New Modernity*, (trans., Mark Ritter), London: Sage, 1992이다. 영역본은 독어본과 내용상으로 많이 다른 사실상의 개정본으

로 이 한글본은 영역본을 주대본으로 삼았음을 부기해 둔다.

  이 책은 원래 공역으로 준비되었으나 사정이 여의치 않아 역자 혼자 번역하게 되었다. 오역이 많을 것이다. 독자 여러분의 질정을 바라마지 않는다. 여기서는 몇 가지 핵심개념과 관련하여 다음과 같은 점을 미리 밝혀두고자 한다. 역자는 현대화/현대성보다는 근대화/근대성이라는 용어를 선택했는 데, 그 까닭은 물론 시간의 문제를 고려해서이다. 현대라는 용어는 당대라는 의미를 흔히 함축하기 때문에 그 원리와 기초가 19세기에 형성된 사회구성과 지식체계를 뜻하는 데는 어쩐지 문제가 있다는 것이 역자의 생각이다. 또한 위험은 Risiko, 위난과 위해는 Gefahr의 역어로서 영어로는 Danger와 Hazard를 옮긴 것이다. 다른 번역에서 영역자인 Mark Ritter는 Gefahr를 Threat로 옮기고 있기도 하다. 일단 입말의 수준에서 보자면 이처럼 Gefahr를 옮긴다는 것이 어렵다는 사실을 영역에서도 확인할 수 있다. 그러나 사실 개념적 차원에서 보자면 Risiko가 더 어려운데, 우리가 일상에서 사용하는 위험이라는 용어는 Gefahr나 Danger를 가리키기 때문이다. 전자가 구조나 체계와 관련된다면, 후자는 직접적인 상태를 뜻한다. 이 책에서 위험이라는 낱말을 볼 때는 이 점에 유의할 필요가 있다.

1996년 12월 19일
홍성태

서문

　울리히 벡의 『위험사회』는 20세기 말에 유럽인이 쓴 사회분석서들 중에서 이미 가장 영향력있는 저서에 속한다. 『위험사회』는 1986년에 독일에서 출판되었다. 그후 5 년 간 약 60,000 권이 판매되었다. 2차 대전 이후 사회과학 분야에서는 단지 몇 권의 저서만이 이 정도의 판매성과를 거두었을 뿐이며, 또한 그 대부분은 교과서였다. 하지만 『위험사회』는 결코 교과서가 아니다. 독일어권에서 —— 여러 분과학문과 일반 대중에게 동시에 영향을 끼쳤다는 점에서 —— 이에 가장 잘 비견될 수 있는 저서는 아마도 하버마스의 『공공영역의 구조변동』일 것이다. 이 책은 벡의 저서보다 대략 25 년 전에 독일어로 출판되었으나, 그럼에도 불구하고 영어로는 1989년에야 비로소 『공공영역의 변동』이라는 제목으로 간행되었을 뿐이다.
　그러나 벡의 책은 막대한 영향을 미쳤다. 첫째, 이 책은 제도 내의 사회과학에 유성의 충돌과도 같은 충격을 주었다. 1990년도 독일사회학회 학술대회의 제목은 벡의 성찰적 근대화(reflexive modernization) 명제를 완곡하게 표현한 '근대화의 근대화?'였다. 나아가 『위험사회』는 독일의 생태정치(ecological politics) 내부에서 벌어진 공개토론을 재주조하는 데서도 주도적인 역할을 수행했다. 울리히 벡은 단순히 사회과학자가 아니라 독일어로 슈리프츠텔러(Schriftsteller 문인, 저술가의 뜻 — 역자)이며, 이 단어를 에세이스트나 논픽션 작가로 영역할 경우에는 함축하고 있는 많은 의미를 잃게 된다. 『위험사회』의 개인적이고 에세이적인 문체는 —— 독일인에게는 아주 접근하기 쉬운 책임에도 불구하고 —— 이 책을 아주 번역하기 어려운 책으로 만든다. 그리고 언젠가 지멜을 번역했던 마크 리터는 이번에도 아주 큰 일을 해내었다. 슈리프츠텔러이자 공식적인 사회과학자로서 벡은 『프랑크푸르트 알게마이네 짜이퉁』에 정기적으로 기고하고 있다. 이와 같은 일은 영미권에는 전혀 해당되지 않는 것으로서, 우리는 여기서 유럽 대륙의 전통을 떠올리게 되는데, 이 전통 속에서 한때 발터 벤야민은 동일한 프랑크푸르트 신문에 정기적으로 글을 썼으며 레이몽 아롱은 『르 피가로』에 기고했었다.

『위험사회』는 상호연관된 두 가지 중심적인 명제로 구성되었다고 한다. 하나는 성찰적 근대화에 관한 것이고 다른 하나는 위험의 결과에 관한 것이다. 이 두 가지 문제를 차례대로 살펴보도록 하자.

성찰적 근대화

위험사회에 관한 벡의 저서와 공공영역에 관한 하버마스의 저서를 위에서 언급한 대로 나란히 두는 데에는 무언가 적절한 것이 있다. 아주 중요한 사실이지만 하버마스는 이 초기의 발생기적인 저서에서 뒤에 자신의 **근대화**론으로 발전할 이론의 뼈대를 처음으로 세웠다. 벡은 물론 하버마스가 성취한 이론적 깊이와 무게를 자기도 성취했다고는 결코 주장하지 않는다. 하지만 그의 성찰적 근대화론에는 계몽의 기획이라는 하버마스의 근대화 개념을 부정하고 재주조할 수 있는 기초를 제공할 만한 잠재력이 있다.

하버마스에서 맑스나 파슨스 학파의 주류 사회학에 이르기까지 '단순한' 근대화론은, 그 동력이 소통적 합리성이건, 생산양식의 발전이건, 또는 구조적 분화와 기능적 통합이건, 모두 유토피아적 진화주의와 같은 것을 공유하고 있다. 벡은 그러한 발전들과는 다른 더 어두운 차원을,

특히 과학과 지식에 할당된 구성적 역할 속에서 본다. 벡에게 과학이나 산업의 발전은 한 묶음으로 엮인 위험들과 위해들(hazard)이며, 우리는 이전에 단 한번도 이와 같은 것에 직면해 본 적이 없다. 이러한 위난들(dangers)은 예를 들어 더 이상 시간적인 제한을 갖지 않는다. 즉 그 영향은 후세에게도 미친다. 그 공간적 결과도 마찬가지로 제한되지 않는다. 즉 국경을 넘어선다. 그리고 초기의 근대성과는 달리 아무도 '위험사회'의 위해들에 대해 책임질 수 없다. 나아가 이러한 위해들로 말미암아 생명이나 신체상의 해를 입은 사람들에 대한 보상은 바로 그 계산 가능성이 문제가 되면서 불가능해지고 있다.

하지만 이처럼 겉보기에 반유토피아적인 합리화의 산물을 전제로, 벡은 베버나 푸코나 아도르노와 같은 비관주의에 굴복하지 않는다. 근대화의 이 같이 **왜곡된 효과**는 부정함으로써가 아니라, 어쩌면 그러한 합리화를 **급진화**(radical)함으로써 처리할 수 있을지도 모른다는 것이 그의 주장이다. 사회가 실제로 진화하려면 근대화는 반드시 **성찰적**이어야만 한다고 그는 주장한다. 벡에게 이러한 종류의 성찰성(reflexivity)은 이상적 발화상황에 대한 가정 속에 추상적으로 자리 잡고 있는 것이 아니다. 그것은 단지 녹색운동 내에서만이 아니라, 폭넓은 일반 대중 속에서 전개되고 있는 과학에 대한 비판에서 이미 작동하고 있다. 다양한 형태로 표현되고 있는 이러한 비판은 성찰적이며, 그리고 합리성에 대해서도 도덕적 요구를 제기할 수 있는 데, 이것은 근대 과학의 합리성에 대해서도 마찬가지이다. 공적 영역에서, 과학이 만들어 낸 과학주의의 문화가 사회 전체에서 잘못된 요구와 기대를 낳음에 따라 과학은 자신을 냉정하게 반박하는 경향이 있다.

비록 벡의 성찰적 근대화론의 기원이 사회학과 과학적 지식에 대한 비판에 있다고 해도 이 이론은 사회에 곧바로 적용될 수 있다. 근대화는 구조적 변화만이 아니라, 사회적 구조와 사회적 행위자 사이에서 변화하는 관계와도 연루된다. 근대화가 어떤 수준에 이르면 행위자가 더 개인화하는, 즉 구조에 의해 점점 덜 제한받게 되는 경향이 있다. 사실상 구조적 변화 때문에 사회적 행위자는 구조에서 점차 더 자유로워질 수밖에 없다. 그리고 근대화가 성공적으로 진척되기 위해서 행위자는 자신을 구조적 제한에서 풀어놓아야 하며 근대화 과정을 능동적으로 구체화해야 한다.

전통에서 근대성으로 옮겨간 역사적 이행은 합리적으로 '계몽된' 자기이해의 기초 위에서 선택의 여지가 없는 하나의 사회적 세계, 즉 개인주의와 자유민주주의를 드러낼 것으로 기대되었다. 하지만 탈근대적 비판은 과학의 준종교적인 근대적 성상(icon)의 둘레에 근대성이 전통적인 —— 문화적으로 부과되었으며, 자유롭게 선택된 것이 아닌 —— 한계들을 어떻게 부과했는가를 폭로하였다. 그 문화적 형태는 과학주의이며, 과학사회학자들은 이것이 공적 지식으로서 과학이 지니는 **본래적 요소**라고 주장한다. 과학주의의 문화는 사회적 행위자들이 특정한 사회제도들 및 그 이데올로기와 자신들을 동일시하도록 요구함으로써 이들에게 정체성을 부여하였다. 이를 위해 특히 위험에 대한 여러 가지 구성물들이 이용되었으며, 또한 건전한 정신상태, 적합한 성적 행위, 그 밖에도 셀 수 없이 많은 근대적 사회통제의 '합리적인' 틀들이 사용되었다.

부지런한 연구자이지만 최근까지 특별하게 널리 알려지지는 않은 사회학자로서 울리히 벡의 원래 전공분야는 산업과 가족에 대한 연구이다. 그가 보기에 성찰적 근대화는 이 두 분야에서도 진행되고 있다. 그래서 사적 영역에서 일어난 구조적 변화는 결혼을 할 것인지 말 것인지, 한다면 누구와 할 것인지, 아이를 낳을 것인지 말 것인지, 어떤 성적 기호(preference)를 가지게 될 것인지를 어쩔 수 없이 결정해야 하는 사회적 행위자들의 개인화로 귀결된다. 그런 다음에 개인들은 이 구조들을 떠나서 성찰적으로 자신들의 생애(biograpies)를 구성해야 한다. 노동의 영역에서 구조적 변화과정은 우선 계급구조의 쇠퇴와 다음에 테일러주의적 작업장이 갖고 있는 구조적 질서의 쇠퇴를 통해 두 가지 의미에서 개인화를 낳는다. 그 결과 발생하는 개인화는 다시 개인들이 노동의 규칙과 자원들 및 자신들의 여가시간의 규칙과 자원들에 대해 성찰하고 이것들을 유연하게 재구조화하는 상황을 열어 놓는다.

벡의 『위험사회』는 새로운 근대(성)를 향하여라는 부제를 달고 있다.

그는 여기서 본질적으로 세 단계로 이루어진 사회변화과정에 주의를 기울이고 있다. 이 과정은 첫째로 전근대성, 다음에 단순한 근대성, 그리고 마지막으로 성찰적 근대성으로 구성된다. 이 견해에서 근대성은 논리적으로 산업사회와, 그리고 새로운 근대성은 위험사회와 거의 동연관계이다. 산업사회와 위험사회는 벡에게 별개의 사회구성체(social formations)이다. 산업사회의 기축적인 원리는 재화(goods)의 분배이지만, 반면에 위험사회의 원리는 해악(bads) 또는 위난의 분배이다. 나아가 산업사회는 사회계급들로 구성되는 반면에 위험사회는 개인화한다. 하지만 위험사회는 아직, 그리고 동시에 산업사회라고 벡은 계속해서 주장하고 있다. 그 이유는 위험사회의 위험들을 만들어 내는 것이 과학과 함께 주로 산업이기 때문이다.

위험의 문제

위험은 근대성과 산업사회의 점진적 위기에 관한 많은 담론들을 가로지르는 지적이고 정치적인 그물이 되었다. 탈근대성의 옹호자들은 과학주의의 문화정치적 헤게모니와 그 일차원적 근대성이 종결되었다고 의기양양하게 주장하는 반면에, 다른 사람들은 이 주장이 어느 정도나 진실인가를 묻는다. 이 주장의 사회조성적(societal) 함의가 그 탈근대적 형식 속에서 주관주의의 만연으로 기울 수도 있다는 사실은 말할 것도 없다.

위험에 관한 지배적인 담론들은 모두 자유주의적 다원주의로 치장하고 있음에도 불구하고, 의연히 도구주의적이고 환원론적이다. 이 담론들은 공공의 회의주의와 같은 다른 경험 형태들을 그 '합리적'이며 가장 근대적인 틀 속으로 단지 묵시적으로 받아들이는 정도에만 그칠 뿐이며, 다른 정당한 생활 형태들을 대등하게 다루지 않는다.

사실상 지배적인 위험 패러다임들은 근대 기술사회의 위험들을 해석하고 관리하는 데서 우위를 누리고 공인받기 위해 활발하게 경쟁하는 학문분과들, 하위 학문분과들, 사상 유파들의 과다한 성장을 통해 비판적인 다원주의적 논쟁과 학습의 외양(과 자기환각)으로 스스로를 둘러쌀 수 있었다. 하지만 이 모든 격렬한 지적 활동의 비판적 힘은 (그것을 후원하는 형식들과 제도적 정향들은 말할 것도 없고) 그것을 낳은 문화적 유산과 비성찰적 언어에 의해 근본적이자 체계적으로 제한된다. 위험들은 주어진 기술적 또는 다른 과정들로 말미암아 물리적 피해가 일어날 가능성으로 정의된다. 이로부터 기술전문가들은 안건의 내용을 정의하는 근본적 지위를 부여받고 위험에 관한 담론들에 대해 경계설정적 전제를 **선험적으로** 부과한다.

이러한 헤게모니가 지배하는 문화적 울타리를 벗어나서 소규모 사회학자 및 인류학자 집단이 특히 주목해 온 것은 다음의 세 가지 사항이었다. 첫째, 그런 물리적 위험들은 사회체계 내에서, 예를 들자면 위험한 활동을 관리하고 통제하기로 되어 있는 조직들과 제도들에 의해 항상 발생하고 초래된다. 둘째, 그러므로 물리적 위험들의 크기는 사회관계와 과정의 질적 차원에 대한 직접적인 함수이다. 셋째, 그러므로 기술적으로 가장 강력한 활동들에 대해서조차 (또는 이런 활동들에 대해서 가장 특별하게) 일차적인 위험은 문제의 위험들로 말미암아 피해를 입은 대부분의 사람들이 낯설어 하고, 잘 알지 못하며, 가까이하기 어려운 것도 당연한 ── 그리고 더욱더 그렇게 되고 있다는 것을 논증할 수 있는 ── 제도들 및 행위자들에 대한 사회적 종속의 위험이다.

그래서 후기(late) 근대성 및 그 문제점과 관련하여 앤소니 기든스와 다른 사람들이 논의한 신뢰문제와 연결되는 방식으로 위험 영역의 신뢰 및 신뢰성에 관한 문제들이 제기되었다. 하지만 연관된 권력형식들이나 사회통제에 대해 근본적인 질문을 던지지 않은 채, 제도들이 확실성을 확보하거나 회복하기 위해 어떤 절차를 채택할 수 있으며 스스로를 어떤 존재로 규정할 수 있는가에 관해, 더 깊은 곳에 자리 잡고 있는 문제가 지배적인 도구적 용어들로 환원되고 호도됨에 따라, 이러한 새로운 차원을 다루는 방식은 자명해지고 있다. 위험에 관한 소통의 근대적 하위분야는 성찰성에 맞서는 이러한 해로운 방어의 예가 된다. 비록 위험분야에서 신뢰의 사회적 차원이 10년도 넘는 세월 동안 결정적인 것으로 제시되어 왔지만, 이 차원은 저항을 받았고 재규정되었다. 이제야 벡과 기든스의 아주 상이하지만 서로 수렴하는 작업이 이 차원을 강화하고 있다.

성찰성은 과학 상의 현실주의에 대한 체계적 가정 때문에 근대적 위험들에 관한 전문가와 사회집단들 사이의 사회적-정치적 상호작용에서 배제되었다. 오늘날 이에 해당하는 예는 아주 많다. 농장 노동자들이 제초제가 건강에 용납할 수 없는 영향을 미친다고 주장하자 영국 정부는 정부 산하기관인 「살충제 자문위원회」에게 이 문제의 조사를 맡겼다. 주로 독극물학자들로 구성된 이 「자문위원회」는 문제가 된 화학물질을 다루는 실험독물학에 관한 과학서적에 자동적으로 의지하였다. 그들은 제초제가 조금도 위험하지 않다고 분명히 결론지었다. 농장 노동자들이 의학적인 피해사례들이 기록된 아주 두툼한 서류를 가지고 다시 찾아왔을 때, 이 「자문위원회」는 이 서류가 그저 이야기를 제멋대로 모아놓은 것일 뿐이며 지식이 아니라고 무시해 버렸다.

대중의 반대가 계속되었기 때문에 이 문제를 재검토하지 않을 수 없게 된 「자문위원회」는 또다시 전혀 위험이 없다고 단언했다. 그러나 이번에는 분명히 사소한, 실질적 중요성을 가지지 않는 조건을 덧붙였다. 즉 제초제가 정확한 조건하에서 생산되고 (다이옥신은 생산과정의 진행 중에 조금씩 변화된 상태로 생산될 수 있다) 정확한 조건하에서 사용되는 한, 과학 문헌에 따르면 아무런 위험도 없다는 것이었다. 두번째 문제와 관련하여 농장 노동자들은 전문가들이었다. 그들은 '정확한 사용조건'이란 과학자의 환상이라는 사실을 경험으로 알고 있었다. 정확한 사용조건이란, 한 농부대표가 지적했듯이, 실험실의 작업대 뒤에나 있는 '뭉게구름 피어오르고 뻐꾸기 노랫소리 들리는 땅'이었다. 사용법은 지워져 있거나 없어진 경우가 많았으며, 적절한 분사장치를 구할 수 없는 경우도 자주 있었고, 보호복은 적합하지 않을 때가 많았으며, 분사압력은 기상조건을 자주 무시했다.

실험실에서 얻은 지식에 대한 과학자들의 배타적인 집중에 반영되어 있는 위험체계의 이상형에는 의심스러운 물리적 가정들만이 아니라 사회의 위험분야에 대한 소박한 모형도 포함된다. 게다가 이 모형은 그 타당성과 수용 가능성에 대해서는 조금도 관심을 보이지 않거나 전혀 협상도 하지 않은 채 사실상 사회적 규정으로서 전개되었다. 위험에 관한 논쟁에 대해 이 경계설정적 전제들을 완전히 비성찰적으로 부과하는 것은 과학적 명제들의 진리성에 관한 현실주의적 동요와, 농장노동자들과 과학자들의 부패와 규제기구들의 비합리성에 관한 추정을 둘러싼 논쟁으로 문제를 양극화했을 뿐이었다. 성찰적 학습과정이 이루어졌더라면 과학적 결론들을 떠받치는 조건들을 인지했을 것이고, 이 조건들이 함축하는 사회상황적 문제들을 추출했을 것이며, 특히 과학자들이 아닌 사람들이 지니고 있는 다른 형태의 지식을 이용하여 이 문제들을 검토했을 것이다. 이러한 성찰적 학습과정이 있었더라면 그 과정은 반드시 상이한 인식론들과 하위문화적 형식들 사이의, 상이한 담론들 사이의 협상을 의미했을 것이다. 그리고 그것만으로도 관련된 행위자들의 사회적 또는 도덕적 정체성은 분명하게 발전했을 것이다.

　그러므로 심지어 가장 명백한 기술적 위험의 영역에서조차 중요한 사회학적 과제가 존재한다. 사회학자들은, 몇몇 예외를 빼고는, 이처럼 널리 퍼져있는 근대성의 (언제나 일시적이지만 끊임없이 확장되는) 회복을 위한 변명에 직면하여 으쓱거리며 만족해 했다. 파리의 토론실에 있는 아주 푹신푹신한 안락의자에서는 근대성이 죽어서 거의 매장된 것으로 보일 수 있고 성찰성이 하나의 집합적인 담론형식으로서 번성하는 것일 수 있는 반면에, 이러한 견해가 전위적 지식인들 밖으로 그리고 (겉보기에) 아래로 확산됨에 따라 통상적인 삶을 살아가는 많은 사람들은 현재에 대한 일반적 설명이자 미래에 대한 하나의 모형인 이러한 견해에 대해 의문을 갖게 된다.

　울리히 벡은 소심성 또는 태평스런 자민족중심주의를 향한 이처럼 폭넓은 경향을 벗어난, 그리고 가장 근대적인 역사적 기획을 구조화하고, 재생산하고, 회복하는 데서 위험에 관한 담론들이 수행하는 역할의 몇 가지 중심적 차원을 파악한 몇 명의 이론적으로 뛰어난 사회학자들 중의 한 명이다. 성찰적 근대화라는 주제는 내장된 근대주의적 환상에 갇혀 있는 근대적 제도들의 정당성 위기를 심화시키는 대신에, 앞의 예에서처럼 위험에 관한 오늘날의 갈등에서 개진될 수 있는 성찰적 학습과정의 개요에 밀접히 부합한다. 탈근대주의(post-modernism)의 주장이 과학적-도구적 사고양식의 전면적인 포기를 함축하고 근대주의는 이 사고양식에 기괴하리만치 팽창되고 무조건적인 힘을 부여하는 반면에, 성찰적 근대화는 —— 정체성에 관한 서로 긴밀하게 연관된 서사들을 재규정하려는, 끊임없으나 항상 공개적인 시도 속에 반영된 바와 같이 —— 인간의 비결정성과 우리의 제도적-문화적 생산물을 객관화하여 자연율로 설명하려는 불가피한 경향 사이의 본질적인 긴장에 맞서서 이 긴장을 조절하려고 한다.

벡의 전망이 사회학자들과 인류학자들에게 세기한 한 가시 중요한 문제는 성찰성의 자원과 관련된다. 한 가지 접근법은 과학이라는 종교가 스스로를 세속화한다고 결론짓고, 사회구조 속에 확립된 비판의 추진력으로 그것만의 사전개입의 장벽을 뚫고 나가는 것이다. 비록 계속 유지해야 할 무엇인가가 있다고 해도, 이 접근법은 지나치게 낙관적인 것으로 보일 수 있다.

널리 영향을 미치고 있는 또 다른 견해는 주류 근대주의로부터 급진적으로 주변화되고 소외된 지식계급이 탈근대적 비판과 성찰성의 핵심이자 전위로서 활동한다는 것이다. 이 계급분파는 새로운 포스트-패러다임적 문화를 독특하게 감지하고 접합시킬 수 있는 존재로 보인다. 하지만 위험 갈등에 처한 비지식인 일반 공중집단들의 담론을 더 주의깊게 살펴보면, 자축하는 듯한 이와 같은 지식인의 이론에 대한 회의적 대안이나 적어도 필요조건이 제시된다. 어떤 기술, 가령 화학적이거나 그와 비슷한 기술에서 발생하는 위험들에 관한 공공연한 공공의 갈등이 발생하지 않는다면, 이것은 위험을, 또는 위험-기술-제도로 구성된 완전한 사회적 꾸러미를 대중이 적극적으로 수용하고 있는 증거라고 흔히 생각한다. 대중의 반대가 정치적 형태를 띠게 된다면, 문제는 언제나 대중으로 하여금 부정적인 태도를 취하게 만든 요인들의 견지에서 제기된다.

하지만 더욱 생활기술지적인(ethnographic) 현장작업은 사람들이 문제가 된 위험들이나, 그것들을 통제하는 제도에 관해 결코 특별히 긍정적이지는 않았다는 사실을 보여 준다. 사람들은 비판이나 반대를 공공의 형태로 표현하지 않았을 수도 있으나, 이 사실이 통제되어야 하는 제도들을 사람들이 늘 불신하거나, 회의하거나, 그로부터 소외되어 있지 않았다는 것을 의미하지는 않는다. 제도나 정치적 유대에 영향을 미치거나 그것을 더 책임성 있는 것으로 만들 수 있는 어떤 권력도 보유하고 있지 못하기 때문에 사람들은 그저 체념하고 그것에 종속되어 버린 것일 수도 있다.

이처럼 비공식적이고 아직 정치적으로 발전하지 않은 수준에서는 사람들은 당연히 하나의 강력한 비판형식을 자신들의 준-사적인 사회세계들 속에서 자신들의 말로 개발하게 된다. 이 비판형식의 성찰성은 비판 자체에서 생기는 것이 아니라, 때때로 명백한 자기비판 의식, 즉 지배적인 제도와 담론들의 자신만만한 권력이나 교만과 관련하여 자신들이 스스로 행하는 자기검열을 자각하는 데서 생긴다. 이러한 사실은 사람들이 자기의 신념이라고 제시하는 것의 양가성과 사회적 연관 속에서 볼 수 있다.

체르노빌 사고로 말미암아 자신들이 살고 있는 황무지에 방사성 세슘이 함유된 비가 내린 후 컴브리아(Cumbria)주의 목양농들이 참여한 현장 연구에서 이에 대한 한 가지 예를 찾을 수 있다. 과학자들의 예측을 넘어서 오염경로가 확장되었으므로 많은 사람들이 근처의 셀라필드(Sellafield) 핵발전소에서 발생한 오염은 더 이상 계속되지 않고 있는가의 여부를 묻게 되었다. 과학자들이 여러 가지 원천들에서 발생하는 방사성을 과학적으로 명백하게 구분할 수 있다고 확언했음에도 불구하고, 많은 목양농들은 셀라필드도 연관되어 있으며 조사해야 했다는 견해를 계속해서 표명했다. 더 나아가 그들은 무턱대고 신뢰해야만 했던 과학자들의 주장과 경합할 정도로 설득력 있는 근거들을 제시할 수 있었다.

하지만 심층면접은 사람들이 믿어야 할 것에 대해 심오한 양면성을 가지고 있으며 셀라필드에 대한 반대의견을 표명하지 않으려 한다는 점을 보여 주었다. 만일 그렇게 한다면, 여러 농가들과 관련되어 있을 뿐만 아니라 그 지방의 경제-기술적 주거노트(juggernaut. 힌두교의 신인 크리슈나의 이름. 이 신의 신상을 실은 거대한 수레에 치여 죽으면 극락환생한다는 믿음 때문에 많은 사람들이 이 수레에 깔려 죽었다고 한다. 이처럼 파멸과 행복을 동시에 의미하는 주거노트를 여기서는 핵발전소에 비유하고 있는 것으로 보인다 — 역자)에 노동이 종속되어 있다는 사실과도 연관되는 소중한 사회망 및 친족망과 모순에 빠지기 때문인 것 같았다. 상당히 많은 농가의 친자녀나 형제, 친구들이 셀라필드에 근무하고 있다. 종종 그들은 시간제로 농사일을 하는 한편 시간제로 핵발전소에서 일한다. 사람들은 겹치는 부분이 있기는 하지만 서로 다른 사회망들 속에서 빚어지는 정체성들간의 갈등을 무마하기 위해 애쓰고 있다. 빙사싱 오염의 원천을 확인하는 과학적 주장에 대한 반응에서 보이는 그들의 양가성은 이처럼 다면적인 사회적 상황의 반영이었다.

만일에 (불가피한 것은 아니지만) 이러한 다층적인 반응들이 발전한다면, 이런 종류의 다층적 반응을 더 공적인 성찰성의 기초임에 틀림없는 '사적 성찰성'의 일종으로 해석할 수도 있을 것이다. 마찬가지로 비공식적인 사적 양가성들과 희석된 자기성찰의 형식들을 지배적인 과학과 행정기구들 내에서도 발견할 수 있을 것이다. 한 가지 중요한 차이는 명백하게 드러난 이 같은 양가성들에도 불구하고 지배적인 과학과 행정기구들이 더욱 옹호된다는 점이다.

근대성의 기획을 변혁하기 위한 성찰성의 형식들의 원천과 동학에 관한 문제들을 탐구하려고 했을 때, 후기 산업사회에서의 위험과 정체성의 사회적 구성에 대한 벡의 남다르게 광범위한 접근은 풍부한 기초가 될 수 있는 잠재력을 가지고 있다. 아마도 이 과제는 그와 우리 자신과 다른 연구자들의 향후 작업의 초점이 될 것이다.

벡 교수의 작업과 앤소니 기든스의 최근 작업 간의 두드러지는 유사점에 관해 몇 가지 언급하지 않고서는 이 서문을 끝낼 수 없을 것이다. 『근대성의 결과들』(1990)과 『근대성과 자아 정체성』(1991)에서 기든스는 성찰성이 근대성 내에서 취하는 뚜렷한 형식에 관한 주제들을 발전시켰다. 위험과 신뢰에 관한, 그리고 우리 자신의 생애를 성찰적으로 형성함으로써 후기 근대성 내에서 정체성이 자기창출되는 것에 관한 주제들이 그것이다. 더욱 주목할 만한 것은, 비록 벡과 기든스가 아주 최근에는 서로의 기여를 충분히 평가하게 되었을지라도, 이 평행적 발전의 대부분은 상당히 독립적으로 이루어졌다는 사실이다.

더욱이 기든스와 벡은 아주 다른 배경에서 글을 쓴다. 현재 근대성의 분석가로서 기든스가 사용하는 개념들은 일반 사회이론가로서 지난 15년 간 전개해 온 작업에서 그가 이미 써 온 것들이다. 따라서 기든스에게 성찰적 근대성은 그가 이전에 사용한 '이중의 해석학'이라는 개념에 상당한 기초를 두고 있다. 그리고 그가 사용하는 위험과 신뢰라는 개념은 그가 이전에 발전시킨 '존재론적 안전'이라는 통념에 기초를 두고 있다. 마지막으로 기든스의 근대성론의 기원은 대단히 일반적이고 추상적인 사회이론에 관한 논쟁들에서 주로 비롯된다. 특히 그가 민속방법론과 고프만에게서 차용한 행위자(agency)에 관한 개념들을 사용하여 구조기능주의를 거부하는 데서 그 기원을 찾을 수 있다. 반대로 벡의 이론은 제도를 주된 연구주제로 삼은 사회학자로서의 경험에서 비롯되며, 그는 제도에 관한 연구 위에 사회변동의 거시사회학을 세웠다.

벡에게 미친 남은 한 가지 영향은 우리를 이 서문의 출발점으로 되돌아가게 한다. 독일 사회학자들의 **집합의식**은 또는 **집합무의식조차도** 위르겐 하버마스의 작업에서 제시된 가정과 학설의 난해함에 꽤나 쩔쩔매고 있다. 그리고 결국 벡도 하버마스와 마찬가지로 사회변동을 분명히 하나의 학습과정으로 이해한다. 그는 비록 합리성은 아닐지라도 일종의 초(hyper)합리성을 선택한다. 그는 근대화의 적이 아니라 친구이다. 그러나 공공영역에 관한 하버마스의 기준(benchmark) 명제들은 30년 전에 발표되었다. 비록 비판이론이 저 케인즈주의 복지국가의 전성기에 계몽의 기획의 완성이라는 견지에서 제 몫을 다했을지라도, 이제 시대는 변했다. 오늘날 비판이론은 더 이상 그러한 방향으로 나아갈 수 없다. 새로운 (탈전통적) 공동체주의의 세계로 지역화되는 동시에, 다행히도 다원주의적이기는 하지만 외견상 전반적인 지구화와 연관되는 정치문화의 변혁에 부응하기 위해서는 새로운 비판이론이 요구된다. 그러한 이론은, 비록 계몽의 몇 가지 목표들을 실현하는 데 도움이 될 수 있을지라도, 바로 계몽의 기획이 전제하는 가정들을 성찰적으로 비판하고 분쇄해야만 한다. 벡의 작업과 성찰적 근대화론의 매력은 바로 거기에 있다.

스코트 래쉬(Scott Lash)
브라이언 와인(Brian Wynne)

위험사회─새로운 근대(성)를 향하여/차례

역자 서문 ― 이 위험 가득한 풍요의 시대에! · 5

서문 · 17
　성찰적 근대화 · 18
　위험의 문제 · 21

머리말 · 37

제1부 문명의 화산 위에서 살아가기: 위험사회의 윤곽 · 49

제1장 부의 분배논리와 위험의 분배논리 · 51
　과학적 정의와 오염인자의 분배 · 59
　근대화 위험의 지식 의존성에 관하여 · 63
　계급-특수적 위험 · 75
　문명의 위험의 지구화 · 77
　두 개의 시기, 두 개의 문화: 위험의 인식과 생산 사이의 관계 · 90
　세계사회라는 유토피아 · 92

제2장 위험사회와 지식의 정치 · 99
　문명의 빈곤화? · 100
　잘못, 기만, 실수와 진실: 합리성들의 경쟁에 관하여 · 110
　공공의 위험의식: 2차적 비경험 · 130
　승인된 근대화 위험의 정치적 동력 · 138
　개관: 20세기 말의 자연과 사회 · 143

제2부 사회적 불평등의 개인주의화: 생활형태들과 전통의 사망 · 149

　양가성: 개인과 선진 노동시장 · 151

제3장 지위와 계급을 넘어서? · 157
　개인주의화의 '동력'으로서 노동시장 · 160

개인주의화와 계급형성: 맑스와 베버 · 164
개인주의화된 피고용인의 사회를 향하여 · 170

제4장 '나는 나': 가족 내부 및 외부의 성별화된(gendered) 공간과 갈등 · 175
산업사회는 근대적 봉건사회이다 · 180
남성과 여성역할에서의 해방? · 185
불평등의 자각: 선택의 기회와 제약들 · 193
예상되는 미래의 전개상 · 198

제5장 개인주의화, 제도화, 그리고 표준화: 생활상황과 생애의 유형 · 209
개인주의화의 분석적 차원들 · 211
개인주의화의 재고찰 · 212
생애유형의 개인주의화 · 215

제6장 노동의 탈표준화 · 225
표준화된 완전고용체계에서 유연하고 다원화된 저고용체계로 · 228

제3부 성찰적 근대화: 과학과 정치의 일반화에 관해 · 243

제7장 진리와 계몽을 넘어선 과학? · 247
일차적 과학화와 성찰적 과학화 · 252
과학의 탈독점화 · 259
인지적 실천의 봉건화 · 265
'부수효과'의 평가가능성에 대해 · 270

제8장 정치적인 것의 개막 · 287
정치와 하위정치(Sub-Politics) · 288
정치체계의 기능상실 · 294
정치의 탈권력화로서 민주화 · 298
정치 문화와 기술 발전: 진보에 대한 동의의 종언? · 310

의학의 하위정치 – 하나의 극단적인 사례연구 · *316*
　　기술정책의 난관 · *328*
　　산업 자동화의 하위정치 · *331*
　　가능한 미래상 · *343*

참고문헌 · *361*

색인 · *381*

위험사회 — 새로운 근대(성)를 향하여

제1부 문명의 화산 위에서 살아가기: 위험사회의 윤곽
제2부 사회적 불평등의 개인주의화: 생활형태들과 전통의 사망
제3부 성찰적 근대화: 과학과 정치의 일반화에 관해

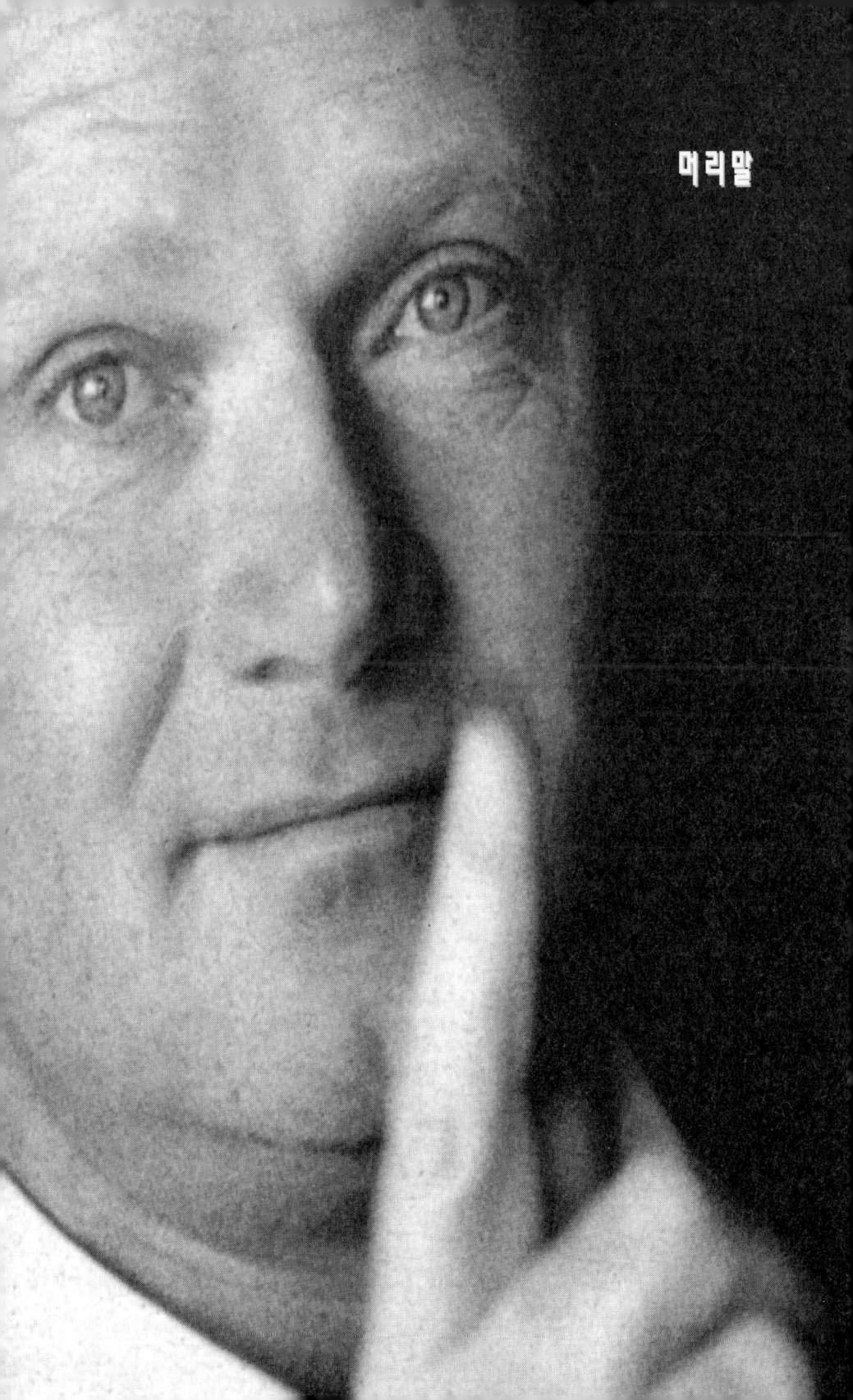

머리말

Risikogesellschaft

이 책의 주제는 '포스트'라는 그 의미가 불명확한 접두사이다. 이 접두사는 우리 시대의 핵심단어이다. 모든 것이 '포스트'이다. 언제부터인가 우리는 **포스트** 산업주의에 익숙하게 되었으며, 확실히 어느 정도는 이 용어의 의미를 이해할 수도 있다. 그러나 **포스트** 모더니즘과 함께 사물의 의미는 흐릿해진다. **포스트** 계몽주의라는 개념은 너무도 불분명해서 고양이조차도 사용하기를 주저할 것이다. 이 접두사는 자신이 이름 붙일 수 없는 '넘어섬'을 의미하며, 자신이 이름 붙이는 **동시**에 부정하는 본질적인 요소들 속에서 이 접두사는 친숙한 것과 결합된 채로 있다. **지나간 것**(past) 더하기 벗어난 것(post) —— 이것이 결합하지 않는 현실에 대처하는 우리의 기본적인 처방이다.

이 책은 '포스트', 다르게 말해서 '후기(late)' 또는 '초(trans)'라는 단어의 의미를 추적하려는 하나의 시도이다. 근대성의 발전이 지난 20, 30년 동안 이 단어에 부여한 의미를 이해하려는 노력이 이 시도를 뒷받침한다. 이 시도는 '포스트'라는 단어로 그 생명이 인위적으로 연장되고 있는 낡은 이론들과 관습적인 사고방식에 대해 어떤 유보도 없이 맞설 때에만 성공을 거둘 수 있다. 다른 사람들만이 낡은 이론과 관습적인 사고방식을 지니고 있는 것이 아니라 나 자신도 그러하므로, 그에 맞서는 과정에서 발생하는 소음을, 즉 나 또한 나 자신의 반대에 맞서 씨름해야만 했다는 사실에서 부분적으로 연원하는 소음을 이 책에서 때때로 들을 수 있을 것이다. 따라서 어떤 것들은 날카롭거나 지나치게 역설적이거나 성급했던 것으로 판명될 수도 있다. 사람들은 통상 학문적으로 균형잡힌 낡은 사고방식의 인력에 저항하지 못한다.

이 책은 경험적인 사회조사 방식을 결코 답습하지 않는다. 이 책이 추구하는 포부는 다른 것이다. 즉 이제 막 **형성되기** 시작한 미래를 이동시켜 여전히 지배적인 과거에 대항하도록 하는 것이다. 이 책은 19세기 초의 관찰자들이 했던 것과 같은 양식으로 저술되었다. 그들은 사라져가는 봉건 농경사회의 외관을 넘어서 태동하고 있으나 아직 알려지지는 않은 산업시대의 윤곽에 주목하였다. 구조적 변혁의 시대에 나타나는 대표적인 양상은 과거와 동맹을 체결하고 지평선의 모든 지점에서 뾰족하니 솟아오르고 있는 미래의 앞머리를 볼 수 없도록 막는 것이다. 그런 한도 내에서 이 책은 **다소 경험적으로 정향된**, 투사적(projective) 사회이론을 포함하고 있다. 비록 방법론적 안전장치는 전혀 없지만.

이러한 관점은 우리가 주체이자 대상으로서 근대성 내에서 전개되는 하나의 단절을 직접 목격하고 있다는 평가에 기초하고 있다. 이 단절은 고전적 산업사회의 윤곽에서 해방되고 있으며 새로운 형태의 산업사회 즉 (산업적) '위험사회'를 형성하고 있다. 이 변화는 근대성과 산업사회 사이의, 그리고 산업사회와 위험사회 사이의 적대성에 반영되어 있는, 근대성 내부의 연속과 단절의 모순 사이의 미묘한 균형을 요구한다. 오늘날 이와 같은 시대적 차이가 태동하고 있다는 것이 이 책에서 내가 보여 주고자 하는 바이다. 이 차이들이 세세히 구별될 수 있는 **가능성**은 사회발전에 관한 제안들을 검토함으로써 도출될 수 있다. 하지만 여기서 분명한 성과를 거두려면 우선 미래가 좀더 가까이 다가와야만 한다.

내가 전개할 이론적으로 중립적인 연구는 실천적인 것과 일치한다. '동시대의 비합리성'이 퍼붓는 맹공격에 대항하여 계몽주의의 19세기적 전제들에 대해 다른 그 어느 때보다도 지금 더 집착하는 사람들은 근대성의 기획에 수반되는 변칙적인 사실들과 함께 그 기획 전체를 강물에 씻어 보내려는 사람들만큼이나 모든 점에서 확실히 도전받고 있다.

여론시장의 모든 부문에서 이미 충분하게 드러난 자신을 위태롭게 하는 문명의 공포스런 만화경에 다른 것을 더 보탤 필요는 없다. 그 적대성 속에서조차 '온전하게' 보전될 수 있었던 산업세계의 조직적인 이분법을 상실한 데서 발생하는 '새로운 당혹감'의 표현에 대해서도 똑같이 말할 수 있다. 이 책은 그 결과로서 나타나는, **두번째** 단계를 다룬다. 이 책은 그 단계 자체를 설명의 주제로 상승시킨다. 부정은 이데올로기적으로 냉소적인 것이며 무비판적인 순응은 위험스러운 것일, 동시대의 영혼이 보이고 있는 이러한 불안을 어떻게 해야 사회학적인 영감과 지식이 충만한 사상으로 이해하고 개념화할 수 있는가가 문제이다. 이를 위해 안내자의 역할을 할 수 있는 가장 훌륭한 이론적 발상의 예를 역사적 유추 속에서 다시 한 번 찾을 수 있다. 근대화가 19세기에 봉건사회의 **구조를 해체하고 산업사회를 생산한 것과 똑같이, 오늘날의 근대화는 산업사회를 해체하고 있으며 다른 근대성이 형성되고 있는 중이다.**

하지만 이러한 유추의 한계는 쟁점을 명확하게 하는 데 도움이 된다. 19세기에 근대화는 그 대립물, 즉 다수가 살아가던 전통세계와 본질이 밝혀짐으로써 인간의 지배 하에 놓이게 될 운명이었던 자연에 대항하여 나타났다. 21세기의 문턱에 서 있는 오늘날, 발전된 서구세계에서 근대화는 **그 타자를 소비하고 상실했으며** 이제 그 기능적 원리들과 함께 산업사회로서 자신의 전제를 잠식한다. 전근대성의 경험 내부에서 진행된 근대화는 **성찰적** 근대화로 대체되고 있다. 19세기에 신분적 특권과 종교적 세계관은 탈주술화되었다. 오늘날 동일한 과정이 작업장 내에서의 존재양식, 여가, 가족과 성성(sexuality)에서와 함께 고전적 산업사회의 과학기술에 대한 이해에서 전개되고 있다. 산업사회의 경로 내부에서 진행되는 근대화는 산업사회의 **원리들의** 근대화로 대체되고 있다. 어떤 이론적 시나리오와 지금까지도 사용되는 정치적 처방전들이 이 근대화를 제공하는 것이 아니다. '사회의 지도'를 그리려는 우리의 시도를 왜곡하는 것은 산업사회와 근대성 사이에서 나타나고 있는 이 **적대감**이다. 왜냐하면 우리는 산업사회의 범주 **내부에서** 근대화를 개념화하는 데에 철저히 익숙해져 버렸기 때문이다. 이 책의 테제는 다음과 같다. 우리는 근대성의 종언이 아니라 시작을 목격하고 있다. 즉 고전적 산업사회의 그것을 **넘어서는** 근대성의 시작을 목격하고 있다.

전통의 근대화와 **산업사회의** 근대화 간의, 또는 달리 말해서 **고전적 및 성찰적** 근대화 간의 이 같은 차이에 우리는 상당 기간 동안 매달리게 될 것이다. 이어지는 장들에서는 현대 생활의 다양한 영역들을 여행하면서 이 차이를 제시할 것이다. 이제 막 시작되었을 뿐인 이 두번째 합리화 과정에서 산업사회의 정신적 지주들이 무너질 것인지는 아직 명확하지 않다. 그러나 이것이 이 정신적 지주들의 가장 근본적인 측면에까지, 예를 들어 기능적 차별화나 공장제 대생산에까지도 적용될 것이라고 추측할 수 있는 근거는 충분하다.

이처럼 익숙하지 않은 전망에서 나타나는 결과는 두 가지이다. 먼저 이제까지 생각할 수 없는 듯이 보였던 것을 주장한다. 다시 말해서 그 단순한 연속성 속에서 산업사회는 **정상성의 발가락 끝으로 살금살금 걸어서 부수효과의 뒷계단을 통해 세계사의 무대에서 퇴장한다**. 산업사회는 사회이론의 그림책들이 예상하고 있는 방법, 즉 정치적 폭발(혁명, 민주선거)을 통해 사라지지 않는다. 더 나아가 이 전망은 현재 세계를 뒤엎고 있는 반(反)-근대주의석(counter-modernistic) 시나리오 — 신사회운동, 과학과 기술과 진보에 대한 비판 — 가 근대성과 모순을 일으키는 것이 아니라 산업사회의 테두리를 넘어서는 성찰적 근대화의 표현이라는 사실을 암시한다.[1]

근대성의 지구적 영향은 산업사회의 기획 내부에서 그 한계에 도달하여 경직됨으로써 대립물로 전화한다. 아직 거의 인식되지 않았기 때문에 깨지지 않은 신화가 이러한 견해에 대한 접근을 봉쇄하고 있다. 19세기의 사회사상은 실질적으로 이 신화에 사로잡혀 있었으며, 이 신화는 20세기의 최근 3분기에도 여전히 어두운 그림자를 드리우고 있다. 이 신화는 발전된 산업사회가 독자적인 노동과 생활양식, 독자적인 생산부문, 경제성장의 범주에 대한 독자적인 사고, 과학기술에 대한 독자적인 이해, 독자적인 민주주의 형식을 가지고 있는 **전적으로 근대적인** 사회이며 근대성의 핵심이라고 확언한다. 이 신화는 근대성을 넘어서려고 생각하는 것조차 거의 이해하지 못한다.

이 신화는 여러 가지 형식으로 표현된다. 그 중에서 가장 눈에 띄는

---

1) 성찰적 근대화의 개념은 최근에 광범위하게 논의되었으며 Anthony Giddens(1990; 1991)와 Scott Lash(1992)에 의해 더욱 심도있게 발전되었다.

것은 역사의 **종언**이라는 정신나간 농담이다. 이 발상은 전통적인 부담을 영구히 벗어버리는 혁신이 이루어지는 바로 이 시대를 특히 매혹시키고 있다. 또는 우리는 양자택일적으로 또 다른(anther) 근대성의 도래를 인식할 수 없다. 왜냐하면 우리의 범주와 관련된 한 하나의(one) 근대성이 있을 수 없기 때문이다. 산업사회 또는 산업자본주의의 이론가들은 역사적 경험을 필연성으로, 숨겨진 선험성으로 변형시켰다. 사회는 어떻게 구성가능한가라는 칸트주의적인 질문은 자본주의의 기능적 전제조건과 근대성 일반의 필연성에 관한 질문으로 변형되었다. 산업사회의 본질적인 모든 것 —— 가족, 직업, 공장, 계급, 임노동, 과학, 기술 —— 은 변하지만, 동시에 동일한 이 모든 것들이 원칙상으로는 변하지 않는다는 식으로 이제까지 사회연구에서 추정되어 왔던 기이한 설명방식은 이러한 사실을 증명하는 또 다른 증거일 뿐이다. 일반적으로 보아서 산업사회는 영구혁명의 도상에 있는 사회이다. 그러나 각각의 산업혁명이 일어난 뒤에 남게 되는 것은 산업사회, 아마도 조금 더 산업적인 사회일 것이다. 이것이 근대 사회학의 설명이다.

어느 때보다도 더 시급하게, 우리는 새로운 방식으로 우리를 내던지는 새로운 것을 우리가 인식할 수 있도록 해 주며, 우리가 그 안에서 살아가고 활동할 수 있도록 해 주는 발상과 이론을 필요로 한다. 동시에 우리는 새로운 것을 향해 잘못 생각하고 유감스러운 방식으로 전환하지 않으면서도 어쨌든 언제나 낡은 것으로 남아 있는 전통의 재화와 좋은 관계를 유지해야만 한다. 낡은 범주들의 쇠퇴와 함께 이미 나타나고 있는 새로운 범주들을 추적하는 것은 어려운 작업이다. 어떤 사람들은 이 과제에서 '체계를 변화시키고' 헌법상으로 보장된 '자연권'을 위험에 처하게 할 기미를 느낀다. 다른 사람들은 핵심적인 학설들 —— 네오맑스주의, 페미니즘, 양적 방법, 전문화 —— 속에서 도피처를 찾았으며, 자신들이 원하지 않더라도 채택료를 물 수밖에 없으므로 이들은 일탈주의의 냄새를 풍기는 어떤 것에 대해서도 맹목적으로 공격을 가한다.

그럼에도 불구하고, 또는 바로 그렇기 때문에 세계는 종국에 이르고 있지 않다. 최소한 오늘날 종국에 이르고 있는 것은 19세기의 세계이기 때문이다. 그리고 그조차도 과장된 것이다. 우리가 아는 바와 같이 19세기의 사회세계는 결코 안정된 것이 아니었다. 사상적으로 그것은 이미 여러 차례 파괴되었다. 사상의 영역에서 그것은 완전히 태어나기도 전에 이미 매장되었다. 오늘날 우리는 니체와 같은 19세기 후반의 사상가의 상상이나 '고전적인'(낡았다는 뜻이다) 모더니즘 문학의 결혼과 가족극이 21세기의 문턱에 있는 우리의 부엌과 침실에서 사실상 매일같이 상연되고 있음을 알고 있다. 이렇듯 이미 오래 전에 생각되었던 것들이 대략 반세기 또는 완전히 한세기가 지난 지금에야 나타나고 있는 것이다.

우리는 또한 —— 이전에 문학에서 인식되었던 것을 초월하여 —— 서사(narrative)가 종결된 뒤에도 인간은 살아가야 한다는 사실을 경험으로 알고 있다. 이렇듯 우리는 말하자면 입센의 연극무대에 막이 내린 뒤에 일어나는 일을 경험하고 있다. 우리는 포스트-부르주아 시대의 무대 밖 현실을 경험하고 있다. 또는 문명의 위험과 관련하여 우리는 경직되어 버린 문화비판의 상속자이며, 따라서 언제나 훈계조의 비관주의 이상의 것을 의미했던 문화비판의 처방에 더 이상 만족할 수 없다. 저 '넘어섬'이 인식되지 않고 현재의 속박에서 해방되지 않은 채, 한 시대 전체가 이전의 규정적인 범주들을 넘어서서 하나의 공백 속으로 미끄러져 들어갈 수는 없다. 인위적으로 연장된 권위는 현재와 미래가 자신의 손아귀에서 빠져나가는 것을 보았던 어떤 과거를 주장한다.

이 책은 산업사회의 '성찰적 근대화'에 관한 저술이다. 이 지침적인 발상은 두 가지 각도에서 발전되었다. 첫째, 연속과 불연속의 혼합이 부(wealth)의 생산과 위험의 생산의 예들을 통해 논의된다. 고전적 산업사회에서는 부 생산의 '논리'가 위험 생산의 '논리'를 지배했다면, 위험사회에서는 이 관계가 역전된다는 것이 그 논점이다(제1부). 생산력은 근대화 과정의 성찰성 속에서 그 순결을 잃었다. 위험의 생산은 기술-경제적 '진보'에서 획득된 힘 위에 점차 어두운 그림자를 드리우고 있다. 초기 단계에서 위험은 '잠재적인 부수효과'로 합법화될 수 있다. 위험이 지구화됨에 따라, 그리고 공적인 비판과 과학적 탐구의 주제가 됨에 따라, 위험은 말하자면 벽장에서 나와서 사회적-정치적 논쟁에서 중심적

중요성을 획득한다. 이러한 위험의 생산과 분배'논리'는 (이제까지 사회
-이론적 사고를 결정했던) 부의 분배'논리'와 비교하여 발전된다. 식물
과 동물과 인간에 대해 돌이킬 수 없는 위협임이 밝혀진 근대화의 위험
과 결과가 중심적인 위치를 차지한다. 19세기와 20세기 초반의 공장이나
직업에 관련된 위해(hazards)와는 달리, 이 위험은 더 이상 특정 지역이
나 집단에 한정되지 않으며 국경을 넘어서서 생산 및 재생산 전체에 퍼
져가는 지구화의 경향을 보여 준다. 그리고 이러한 의미에서 이 위험은
새로운 유형의 사회-정치동학을 지닌 초국가적이며 비계급특정적인 지
구적 위해를 낳는다(제1장과 제2장).

하지만 이러한 '사회적 위해'와 그 문화-정치적 잠재력은 위험사회의
단지 한 측면일 뿐이다. 다른 측면은 산업사회 내부에서 전개되는 근대성
과 반(counter)-근대성 사이의 내재적인 모순들을 논의의 중심에 놓았을
때 시야에 들어온다(제2부와 제3부). 한편 산업사회는 어제, 오늘, 그리
고 전 미래에 대해 계급 또는 계층사회와 같은 의미에서 확장된 집단사
회로서 계획된다. 다른 한편 계급들은 사회계급의 문화들과 전통들의 유
효성에 의존하는 채로 남아 있다. 그리고 전후의 발전과정에서 이 문화
와 전통들은 그 전통적인 성격을 잃어가고 있다(제3장).

산업사회에서는 핵가족의 틀 내에서 사회생활이 규범화되고 표준화된
다. 다른 한편 핵가족은 남녀의 귀속적인, 말하자면 '봉건적인' 성역할에
기초하고 있다. 이러한 성역할은 근대화 과정이 연속되면서 무너지기 시
작한다(여성의 노동과정 유입, 이혼율의 급증 등). 그러나 그와 함께 결
혼, 부모 자녀관계(parenthood), 성, 사랑처럼 산업적인 '핵가족의 전통'
에 결합되어 있는 다른 모든 것들과 마찬가지로 생산 및 재생산관계가
흔들리기 시작한다(제4장).

산업사회는 (산업적인) 노동사회의 견지에서 인식된다. 그러나 다른
한편 현재의 합리화는 그 사회의 질서 잡힌 유형을 직접적인 목표로 취
한다. 노동시간과 장소의 유연화는 노동과 비노동 간의 경계를 흐릿하게
만든다. 극소전자기술에 힘입어 생산부문을 뛰어 넘어 부서와 공장과 소
비자 사이의 관계망을 새롭게 조직할 수 있다. 그러나 그와 함께 이전

고용체계의 합법적이고 사회적인 전제들은 '근대화되어 버린다.' 대량실업은 새로운 형태의 다원화된 저실업의 형태로 직업체계에 통합된다. 여기에는 대단히 많은 위해와 기회가 결합되어 있다(제6장).

과학과 방법적 회의주의는 산업사회에서 제도화된다. 다른 한편 이러한 회의주의는 (우선) 외적인 것, 연구대상에 한정되며, 과학적 작업의 기초와 결과는 내적으로 빚어진 회의주의에 맞서 방어된다. 이 같은 회의주의의 분리는 오류가능성의 의심에 직면하여 안정될 수 없는 것과 똑같이 전문화의 목적을 위해서도 필수적이다. 즉 과학-기술적 발전의 연속성은 그 내외 관계들의 불연속성을 통해 전개된다. 여기서 성찰적 근대화는 회의주의가 과학적 작업의 기초와 위해로 확장됨으로써 과학이 **일반화되며** 동시에 **탈주술화된다**는 것을 의미한다(제7장).

의회제 민주주의의 주장과 형식은 산업사회와 함께 확립된다. 다른 한편 이 원리의 유효성은 그 **핵심을 상실한다**. '진보'로 받아들여져서 제도화된 하위정치의 혁신은 민주적 절차가 효력을 발휘하지 못하는 경영, 과학기술의 영역에는 영향을 미치지 못하고 있다. 이러한 사정은 증대된 또는 위해스러운 생산력에 직면하여 사회를 형성하는 데서 정치가 차지하는 지도적 역할을 하위정치가 이양 받은 성찰적 근대화 과정의 연속성 속에서 쟁점이 된다(제8장).

다른 말로 하자면 **산업주의에 고유한 전통성의 구성요소들은** 산업사회라는 건축물 내에 다양한 방식으로 ── '계급들', '핵가족', '전문직'과 같은 유형으로, 또는 '과학', '진보', '민주주의'에 대한 이해방식으로 ── 그 이름을 새기지만, 그 기초는 성찰적 근대화의 과정에서 무너지고 해체되기 시작한다. 이상하게 들릴 수도 있겠지만 이 과정에 의해 야기된 시대적 동요는 근대화가 위기에 처한 결과가 아니라 **성공한 결과**이다. 그 자신의 산업적 가정과 한계에 대해서조차 성공적이다. 성찰적 근대화는 근대성의 감퇴가 아니라 증진을, 고전적인 산업적 틀의 경로와 범주에 **대항하여** 급진화된 근대성을 의미한다.

우리는 변화의 기초가 변혁되는 것을 경험하고 있다. 하지만 이 사실을 인식하기 위해서는 산업사회의 상(image)이 수정되어야 한다. 현재 진행중인 변혁의 청사진에 따르면 산업사회는 준(semi)근대사회이며, 그 내부에 구축된 반(counter)근대적 요소들은 낡거나 전통적인 것이 아니라 산업시대 자체의 **구조이며 생산물**이다. 산업사회라는 개념은 근대성의 **보편적인 원리들** —— 시민권, 평등, 기능적 차별화, 논증 및 회의주의의 방법 —— 과 이 원리들이 **부분적이고 부문적이며 선별적인** 기초 위에서 실현될 수밖에 없는 그 제도의 배타적인 구조 사이의 모순에 따르고 있다. 그 결과 산업사회는 **확립됨으로써 불안정하게 된다.** 연속성은 불연속성의 '원인'이다. 마치 종교개혁의 시대에 교회의 손아귀에서 풀려나 사회 속으로 해방되었던 것과 똑같이, 사람들은 산업시대의 확실성과 생활양식에서 **해방된다.** 이와 같은 변화가 야기한 충격은 위험사회의 다른 측면을 구성한다. 생활과 사고를 산업적 근대성 속에 속박하는 조정체계 —— 양성(gender)과 가족과 직업의 축, 과학과 진보에 대한 신념 —— 는 동요하기 시작하고 기회와 위해의 새로운 여명이 밝아오기 시작한다. 위험사회의 윤곽이 드러난다. 기회? 위험사회에서 근대성의 원리는 산업사회에서 감내해야 했던 그 분리와 한계에서 벗어난다.

여러 가지로 이 책은 저자의 발견과 학습과정을 반영한다. 나는 각 장의 시작부분보다는 끝부분에서 좀더 현명하게 사고할 수 있었다. 이 책을 결론부터 다시 쓰고 다시 생각하고 싶은 유혹이 크게 일기도 했다. 그렇게 하지 않은 것은 꼭 시간이 부족해서는 아니다. 그렇게 했더라면 다시 한 번 새로운 매개단계로 귀착하고 말았을 것이다. 이 사실은 이 책의 주장이 지닌 **과정적** 성격을 다시 한 번 강조하는 것이며 반대의견을 막기 위한 백지위임장으로 이해해서는 안될 것이다. 이 때문에 독자들은 각 장을 따로 읽거나 책의 체제와는 다른 순서로 읽을 수 있으며, 이 책의 주장을 사용하고 보완하거나 반대하도록 초대되었음을 의식하고 각 장에 대해 생각할 수 있다.

나와 가까운 사람들은 아마도 이 책에 앞서서 발간한 여러 책들의 내용과 내 요청에 따른 그들의 논평을 어딘가에서 마주한 적이 있었을 것이다. 계속해서 고치기는 했지만 완전히 만족스럽지는 못한 것들도 있었다. 모든 것은 여과되어 본문으로 흘러들었다. 내 연구모임에서 매우 젊은 학자들과 행한 이 공동작업에 대해 본문에서나 서문의 이 자리에서나 적절한 감사의 뜻을 표한다는 것이 쉽지 않다. 이 공동작업이 내게는 대단히 고무적인 경험이었다. 본문의 여러 부분들은 개인적인 대화와 공동생활을 사실상 표절한 것이다. 다음의 여러 분들이 도움을 준 모든 사람들이라고는 생각하지 않지만, 나는 충심으로 감사드리고 싶다. 우리의 비정상적인 일상생활을 견디고, 여러 가지 발상들을 함께 생각한 엘리자베스 벡-게른샤임(Elisabeth Beck-Gernsheim)에게는 충분한 존경심을 표현할 길이 없다. 마리아 레리히(Maria Rerrich)는 여러 가지 사상에 대해 대화를 나누었으며 복잡한 자료준비에 힘써 주었다. 레나테 쉬츠(Renate Schütz)는 다른 사람들에게 훌륭한 영향을 주는 철학적 호기심과 영감어린 통찰력을 지니고 있다. 볼프강 본쓰(Wolfgang Bonß)와는 본문의 거의 모든 부분에 대해 성공적인 탐색적 대화를 나누었다. 피터 버거(Peter Berger)가 보내준 반대 의견은 내게 많은 도움이 되었다. 크리스토프 라우(Christoph Lau)는 옹고집스러운 주장을 숙고하여 지지해 주었다. 헤르만 슈툼프(Herman Stumpf)와 페터 숍(Peter Sopp)은 여러 가지를 암시해 주었고 문헌자료와 경험자료들을 제공해 주었다. 앙겔리카 샤흐트(Angelika Schacht)와 거를린데 뮐러(Gerlinde Müller)는 본문을 성실하고 열성적으로 타자로 옮겨 주었다.

또한 학교의 동료인 칼 마틴 볼테(Karl Martin Bolte), 하인쯔 하르트만(Heinz Hartmann), 레오폴드 로젠마이어(Leopold Rosenmayr)가 나를 크게 격려해 주었다. 같은 말을 반복하거나 잘못 묘사된 이미지가 있다면, 그것은 내가 고의적으로 최선을 다하지 않았음을 보여 주는 표지라고 나는 이 자리에서 선언한다.

행간에서 호수의 반짝거림과 같은 것을 보는 사람도 있을 것이다. 본문의 많은 부분을 슈타른버거 해의 언덕 위에서 썼으며 빛과 바람과 파도가 해 준 많은 논평은 즉각적으로 받아들였다. 이처럼 드문 작업장소 —— 늘 맑은 하늘을 볼 수 있었던 —— 는 루도르퍼(Ruhdorfer) 부인과 그 가족들의 우호적인 염려 덕분에 마련될 수 있었다. 그들은 심지어 아이들과 가축들이 내게 너무 가까이 다가오지 못하도록 배려해 주기까지 했다.

또한 폭스바겐베르크(Volkswagenwerk) 재단의 학술지원에 힘입어 여가를 낼 수 있었으며, 그것이 없었더라면 이 책이 감행한 여행은 아마도 결코 시도될 수 없었을 것이다. 내가 재직하고 있는 밤베르크(Bamberg) 대학의 동료인 페터 그로스(Peter Gross)와 라즐로 파스코비츠(Laszlo Vaskovics)는 나를 위해 자신들의 안식년을 연기하는 데에 동의하였다. 나는 이 모든 분들에게 충심으로 감사드린다 —— 이들은 나의 잘못과 과장에 대해 아무런 책임이 없다. 특히 나의 평화를 깨뜨리지 않고 나의 침묵을 인내해 준 모든 사람들이 여기에 포함된다.

뮌헨 밤베르크, 1986년 4월
울리히 벡

제1부 문명의 확산 위에서 살아가기: 위험사회의 윤곽

제1장 부의 분배논리와 위험의 분배논리

Risikogesellschaft

선 진화된 근대성에서는 부의 사회적 생산에 **위험**의 사회적 생산이 체계적으로 수반된다. 따라서 결핍사회(a society of scarcity)의 분배의 문제들 및 갈등은 기술-과학적으로 생산된 위험의 생산, 정의, 분배에서 발생하는 문제들 및 갈등과 중첩 된다.

결핍사회의 부의 분배논리에서 후기 근대성의 위험의 분배논리로의 이러한 변화는 (적어도) 두 가지 조건과 역사적으로 결합되어 있다. 첫째, 오늘날 인식할 수 있는 것처럼 이러한 변화는 복지국가의 법적 보호장치 및 규제책들을 통해서 뿐만 아니라 인적-기술적 생산성의 발전을 통해 **진정한 물질적 욕구**가 객관적으로 감소되고 사회적으로 고립되는 곳에서, 그리고 그 정도로만 발생한다. 둘째, 마찬가지로 이러한 범주적 변화는 근대화 과정에서 외연적으로 성장하는 생산력을 통해 위해들(hazards)과 잠재적 위협들이 유례없을 정도로 발생하게 되었다는 사실에 따른다.[1] 이러한 조건들이 발생하는 정도에 따라 하나의 역사적 사고 및 행동유형은 다른 것에 의해 상대화되거나 거부된다. 가장 넓은 의미에서 맑스나 베버적인 '산업사회' 혹은 '계급사회'의 개

---

1) 근대화(modernization)는 노동과 조직의 기술주의적(technological) 합리화의 격랑을 의미하지만, 그 같은 격랑을 넘어서서 근대화는 다음과 같이 훨씬 더 많은 것을 포함한다. 사회성격과 규범적 삶(biographies)의 변화, 생활양식과 사랑의 형식의 변화, 권력과 영향력 구조의 변화, 정치적 억압과 참여의 변화, 실재관과 지식규범의 변화가 그것들이다. 근대성에 관한 사회과학의 이해에서는 쟁기, 증기열차, 마이크로 칩이 더욱 깊은 변화과정을 보여 주는 지표들로, 이 과정은 전체 사회구조를 구성하고 재형성한다. 궁극적으로 생명이 그 위에서 자라나게 되는 확실성의 원천이 변한다(Etzioni 1968; Koselleck 1977; Lepsius 1877; Eisenstadt 1979). 최근(이 책의 제3판이 독일에서 출간된 뒤)에 새로운 근대화이론의 물결이 일었다. 이제 논쟁은 근대성의 탈근대적 문제화가 가능한가에 중심을 두고 있다(Berger 1986; Bauman 1989; Alexander and Sztompka 1990).

넘들은 사회적으로 생산된 부가 사회적으로 불평등하게 분배되는 **동시에 '정당화되는'** 방식을 중심문제로 다룬다. 이 문제는 비슷하지만 상당히 다른 문제의 해결에 기초하고 있는 새로운 **위험사회의 패러다임**과 중첩된다. 근대화의 부분으로서 체계적으로 생산된 위험과 위해를 예방하고, 최소화하며, 극적으로 드러내거나, 일정한 방향으로 흘려 보낼 수 있을까? '잠재적 부수효과'의 어둠이 아니라 밝은 햇빛 아래서 이 위험과 위해를 볼 수 있는 곳은 어디인가? 근대화 과정을 방해하지 않으며, 생태적으로, 의학적으로, 심리학적으로, 사회적으로 '참을 수 있는' 한계를 초과하지 않도록 이 위험과 위해를 제한할 수 있을까?

그러므로 우리는 더 이상 자연을 이용하거나 인류를 전통적 제약들에서 해방시키는 데에만 관심을 기울일 것이 아니라, 기술-경제적 발전 자체에서 발생하는 문제들에도 반드시 관심을 가져야 한다. 근대화는 **성찰적**인 것이 되고 있다. 즉 근대화는 자기 자신의 주제가 되고 있다. (자연, 사회, 인성의 영역에서) 기술의 발전과 채용 문제는 실질적이거나 잠재적으로 활용되는 기술들의 위험에 대한 정치적-경제적 '관리'의 문제, 즉 해당 영역의 전문적 규정과 관련하여 그러한 위해들을 발견하고, 관리하고, 인정하고, 회피하거나 은폐하는 것에 의해 빛을 잃고 있다. 안전의 약속은 위험 및 파괴와 함께 늘어나며 기술-경제발전에 대한 표면적이거나 실제적인 개입을 통해 방심하지 않는 비판적 대중에게 재삼재사 확인 받아야만 한다.

'불평등'의 패러다임들은 모두 일정한 근대화 시기와 체계적으로 관련되어 있다. 명확한 물질적 필요, '결핍(scarcity)의 독재'가 (오늘날 제3세계의 많은 지역에서 그러하듯이) 사람들의 사고와 행위를 지배하는 한, 사회적으로 생산된 부와 함께 그와 연관된 갈등의 분배가 전면에 떠오르게 된다. 이 같은 '결핍사회'의 조건 하에서 근대화 과정은 기술-과학적 발전을 통해 사회적 부의 숨겨진 자원을 찾아내야 한다는 주장과 함께 전개된다. 감내할 만한 가치가 없는 빈곤과 의존상태에서 해방될 수 있다는 이 같은 약속들은 계급사회에서 계층사회를 거쳐 개인사회로 나아가는 사회불평등의 범주들 내에서 전개되는 행동과 사고와 연구의 기반이 되고 있다.

서구 복지국가들에서는 지금 이중의 과정이 진행중이다. 한편에서 금세기 전반기의 물질적 생존과 굶주림으로 위협받는 제3세계와 비교했을 때, '일상의 빵'을 위한 투쟁은 다른 모든 것에 그림자를 드리우는 기본문제로서의 긴박성을 잃어 버렸다. 많은 사람들에게 문제가 되는 것은 굶주림이 아니라 '비만'이다. 이 같은 발전은 근대화 과정을 정당화하는 기초를, 즉 그 때문에 사람들이 (더 이상 완전히 드러나지 않는 것은 아니지만) 몇 가지 눈에 드러나지 않는 부수효과를 기꺼이 감내했던, 명확한 결핍에 대항하는 투쟁을 제거한다.

이와 함께 부의 원천이 커가는 '유해한 부수효과들'로 '오염' 된다는 지식이 확산되고 있다. 이러한 지식은 조금도 새로운 것이 아니지만 빈곤을 극복하기 위한 노력이 전개되는 오랜 시간 동안 주목을 받지 못했다. 이 같은 어두운 면도 생산력이 과잉 발전됨으로써 중요해지고 있다. 근대화 과정에서 더욱더 막강한 파괴력도, 인간이 그 앞에서 두려움을 갖게 되는 파괴력도 나타나고 있다. 이 두 가지 사실은 근대화에 대한 비판이 커져가는 근원이며, 이에 따라 공적 토론은 소란스러운 논쟁이 된다.

체계적으로 말하자면 시간 차는 있을지라도 근대화가 지속되는 중에 '부를 분배하는' 사회의 사회적 지위와 갈등은 '위험을 분배하는' 사회의 그것들과 결합되기 시작한다. 서독에서는 늦어도 1970년대 초부터 이러한 이행이 시작되었다. 이것이 나의 테제이다. 이것은 서독에서는 두 가지 유형의 주제와 갈등이 중첩되어 있다는 것을 의미한다. 우리는 아직 위험사회에서 살고 있지 않지만, 더 이상 결핍사회의 분배갈등 내에서만 살아가지도 않는다. 이러한 이행이 전개되는 정도에 따라 이전의 사고 및 행동양식에서 벗어나도록 할 실질적인 사회변혁이 진행될 것이다.

위험 개념이 여기서 주장되고 있는 것과 같은 이론적-역사적 중요성을 지닐 수 있는가? 이것은 인간 행동의 초기적 현상이 아닌가? 위험은 여기서 분별되고 있는 것과는 달리 이미 산업사회 시기의 특징이 아닌가? 위험이 근대성의 발명품이 아니라는 것도 맞는 말이다. 콜롬부스처럼 신세기와 신대륙을 발견하기 시작한 사람은 누구라도 확실히 '위험'을 감수했다. 그러나 이것은 **개인적인**(personal) 위험이지, 핵분열이나 방사성 폐기물의 축적처럼 전 인류를 대상으로 하는 위험과 같은 지구적 위난(danger)이 아니다. 저 초기 시대에 '위험'이라는 낱말은 용맹과 모험을 뜻했지 지구 상에 존재하는 모든 생명의 자기파멸에 대한 위협을 뜻하지는 않았다.

삼림파괴도 처음에는 경지로 개간되면서, 뒤에는 무자비한 남벌로 말미암아 이미 수세기에 걸쳐서 진행되어 오고 있다. 그러나 오늘날의 삼림파괴는 산업화의 필연적 결과로서 대단히 상이한 사회-정치적 결과를 낳으면서 **지구적으로** 전개되고 있다. 노르웨이나 스웨덴처럼 임상이 풍부한 나라들도 오염 유발 산업을 거의 보유하고 있지 않지만 영향을 받고 있다. 이 나라들은 다른 고노 산업국들이 개설한 오염 계좌를 정산하기 위해 동식물의 죽음을 그 대가로 지불해야만 했다.

19세기 초에 템즈강에 빠진 선원들은 익사하는 것이 아니라 이 런던 하수구의 악취와 독가스를 마셔서 질식사 했다고 한다. 또한 중세 도시의 좁은 거리를 걷는 것은 마치 코를 두들겨 맞으며 걷는 것과 같았다고 한다. "거리에, 도로에, 마차에, 모든 곳에 배설물이 쌓여 있다. … 파리의 집들은 소변 때문에 그 외관이 썩고 있다. … 사회적으로 조직된 변비때문에 파리 전체가 부패하여 분해될 처지에 몰리고 있다"(Corbin, 1984: 41ff). 그럼에도 불구하고 당시의 위해들은 코나 눈을 공격하기 때문에 분명히 감지될 수 있었다. 반면에 오늘날의 문명이 낳은 위험들은 분명히 인지되지 않으며 (식료품에 포함된 유독물질이나 핵 위협과 같이) 물리-화학적 공식의 영역에 자리 잡고 있다.

또 다른 차이는 이것과 직접적으로 결합되어 있다. 과거의 위해들은 위생학 기술의 저공급에 연원을 둔 것으로 파악될 수 있다. 오늘날의 위해들은 산업적 **과잉생산**에 그 기초를 두고 있다. 따라서 오늘날의 위험과 위해는 (사람 및 동식물에 가해지는) 위협의 지구적 본성과 **근대적** 원인의 면에서 겉보기에 유사한 중세시대의 그것들과는 근본적으로 다

Risikogesellschaft

르다. 이것들은 **근대화가 낳은 위험**이다. 이것들은 산업화가 낳은 **대량생산물**이며 산업화가 지구적으로 전개되면서 체계적으로 강화된다.

위험 개념은 성찰적 근대화 개념과 직접적으로 결합된다. **위험은 근대화 자체가 유발하고 도입한 위해와 불안을 다루는 체계적인 방식으로 정의될 수 있다.** 종래의 위난들에 대립되는 것으로서 위험은 근대화가 지닌 위협적 힘 및 그 의심스러운 지구화와 결합된 결과이다. 그것은 **정치적으로 성찰적**이다.

이러한 의미에서 위험은 저 발전이라는 용어만큼이나 확실히 오래 된 용어이다. 대다수 인구의 빈곤화, 즉 '빈곤의 위험' 때문에 19세기는 숨을 죽이고 있어야 했다. '숙련에 가해지는 위협'과 '건강의 위험'은 오랫동안 자동화 과정 및 그와 연관된 사회갈등, 보호(와 연구)의 주제였다. 사회복지 국가의 규범을 확립하고 이러한 종류의 위험을 정치적으로 최소화하거나 제한하기 위해서는 어느 정도 시간이 필요했으며 투쟁이 요구되었다. 그럼에도 불구하고 앞으로 초점이 될, 수년 간에 걸쳐 사람들의 정신을 발칵 뒤집어 놓은 생태적 위험과 고도기술의 위험은 질적으로 새로운 것이다. 이러한 위험이 낳은 고통에서 알 수 있듯이 새로운 위험은 더 이상 그 발생지, 즉 산업시설에 묶이지 않는다. 그 본성상 이 위험은 이 행성의 모든 생명체를 위협한다. 이 위험을 산정하기 위한 표준적인 기초들, 즉 사고와 보험, 의료적 예방조치 등은 이러한 현대적 위협의 기본적 차원에 들어맞지 않는다. 예컨대 원자력발전소의 안전은 사적으로 보증되지 않으며 보증될 수도 없다. 원자력 사고는 ('사고'라는 용어의 제한된 의미에서) 이미 사고가 아니다. 이 사고는 대대로 지속된다. 그 피해자에는 사고가 발생한 시점이나 장소에서 살고 있지 않는, 시간이 지난 뒤에 태어나거나 멀리 떨어진 곳에서 살고 있는 사람들마저도 포함된다.

이것은 이제까지 과학과 법에 의해 확립되어 온 위험의 산정방법이 **무너지는** 것을 의미한다. 표준적인 위험도로 현대적 생산력과 파괴력을 다루는 것은 잘못임에도 불구하고 그것들을 합법화하는 대단히 효과적인 방법이다. 위험 과학자들은 19세기의 국지적 사고와 20세기 말의 널리 퍼져가고 있는 파국적 잠재력 사이에 1세기라는 격차가 없는 듯한 규범적 방식으로 위험을 취급한다. 사실 계산할 수 있는 위협과 계산할 수 없는 위협을 구분해 본다면, 위험 산정의 표면 아래에서 그것이 전쟁용이건 복지용이건 새로운 종류의 산업화된, 생산하기로 결정된 계산 불가능성과 위협들이 고도위험 산업의 지구화에 따라 만연되고 있다. 막스 베버의 '합리화' 개념은 성공적인 합리화에 의해 생산된 이러한 후기 근대적 현실을 더 이상 포착할 수 없다. 기술적 선택의 능력이 커짐에 따라 그 결과의 계산 불가능성도 커진다. 이 같은 지구적 결과에 비하자면 초기 산업화가 낳은 위해는 사실 다른 시대에 속하는 것이었다. 고도로 발전된 핵과 화학적 생산력이 낳는 위난은 장소와 시간, 노동과 여가, 공장과 국민국가, 심지어 대륙 간의 경계에 대해 우리가 생각하고 행동해 왔던 기초와 범주들을 폐기한다. 달리 말해서 위험사회에서는 알지 못하고 의도하지 않았던 결과들이 역사와 사회에서 지배력을 행사하게 된다.2)

(1) 후기 근대성 내에서 생산되는 위험은 부와는 본질적으로 다르다. 내가 말하는 위험은 무엇보다 인간의 인식능력을 완전히 벗어나는 방사성으로 대표되지만, 동식물과 인간에게 장단기적인 영향을 미치는 대기와 물과 음식물에 포함되어 있는 유독물 및 오염인자들도 포함한다. 이 위험은 체계적이고 종종 **되돌릴 수 없는** 해를 끼치지만 일반적으로 **눈에 보이지 않으며**, 인과적 해석에 기초를 두기 때문에 처음에는 그에 대한 (과학적 또는 반[anti]과학적) **지식**의 견지에서만 존재한다. 따라서 이 위험은 지식 내부에서 변화될 수 있고, 과장될 수 있고, 각색되거나 축소될 수 있다. 그만큼 이 위험은 **사회적으로 정의되고 구성될** 소지를 특히 많이 지니고 있다. 이로부터 대중매체 및 위험을 정의할 책임을 지고 있는 과학 전문가와 법 전문가가 핵심적인 사회-정치적 지위집단이 된다.

(2) 어떤 사람들은 다른 사람들보다 위험의 분배 및 성장에 의해 더 큰 영향을 받는다. 즉 **사회적 위험집단들**이 생겨난다. 몇 가지 차원에서

---

2) 산업사회의 위험과 위험사회의 위험에 관한 더 정교한 구분은 Beck(1988)과 (1992)를 보라.

이 집단들에는 계급 및 계층지위의 불평등성이 따르지만, 이 집단들은 근본적으로 다른 분배논리를 작동시킨다. 근대화의 위험은 조만간 위험을 생산하거나 그로부터 이익을 얻는 사람들에게도 타격을 가한다. 이 위험은 부메랑 효과를 지니고 있으며, 이 효과는 계급 및 국가를 분열시킨다. 생태재해와 원자낙진은 국경을 무시한다. 부자와 권력가라고 해도 이것으로부터 안전하지 않다. 이 위험은 건강에 대해서만 해로운 것이 아니라 정당성과 재산과 이윤에 대해서도 해를 입힌다. 널리 인정되는 근대화의 원리와 관련하여 보자면 위험은 **생태계를 평가절하하는 것이며 사적인 생산에서 발생하는 부수효과를 공적으로 수용하는 것이다**. 이 같은 평가절하 및 공적 수용은 산업화를 진척시키는 이윤 및 소유권과 종종 체계적인 모순관계에 빠지게 된다. 동시에 위험은 먼저 제3세계와 산업국들 사이에서, 두번째로 산업국들 사이에서 **새로운 국제적 불평등을** 낳는다. 위험은 일국의 사법질서를 침식한다. 오염물질의 순환이 지니는 보편성 및 초국성의 견지에서 바바리아 숲에서 자라는 풀잎의 생명은 궁극적으로 국제협정의 체결 및 준수 여부에 의존하게 된다. 위험사회는 이런 의미에서 세계적 위험사회이다.

(3) 그럼에도 불구하고 위험의 확산과 상업화는 자본주의의 발전논리와 완전히 단절하는 것이 아니라, 자본주의의 발전을 새로운 단계로 끌어 올린다. 위험의 정의에는 언제나 패자가 있으며 또한 승자도 있다. 이들 사이의 공간은 사안에 따라, 그리고 권력의 차이에 따라 변한다. 승자의 관점에서 보자면 근대화의 위험은 **거대한 사업거리이다**. 위험은 경제학자들이 오랫동안 찾아 온 탐욕스러운 수요이다. 굶주림은 채워질 수 있으며 궁핍도 충족될 수 있으나, 문명의 위험은 밑빠진 독과 같은 수요를 가지고 있어서 충족될 수 없으며 무한히 자가생산될 수 있다. 루만(Luhmann)을 따르자면 위험의 도래와 함께 경제는 인간의 요구를 충족시키는 것과는 무관하게 '자기연관적'으로 된다고 말할 수 있을 것이다. 그러나 그 의미는 이러한 것이다. 즉 산업사회가 만들어 낸 위험의 경제적 이용과 함께 산업사회는 위험사회의 위해와 정치적 잠재력을 생산한다.

(4) 사람들은 부를 **소유**할 수 있지만 위험에 의해서는 단지 **영향**받을 수 있을 뿐이다. 말하자면 위험은 문명에 의해 발생한다. [단적으로 이렇게 말할 수 있다. 계급과 계급지위에서는 존재가 의식을 규정하는 반면에, 위험지위에서는 의식이 존재를 규정한다.] 지식은 새로운 정치적 중요성을 획득한다. 따라서 위험사회의 정치적 잠재력은 **위험에 관한 지식**의 기원과 확산을 다루는 사회학적 이론으로 다듬어지고 분석되어야만 한다.

(5) 삼림파괴에 관한 논의에서 분명하게 나타나듯이 사회적으로 인정된 위험은 특이한 정치적 폭발력을 지니고 있다. 이제까지 비정치적인 것으로 여겨지던 것이 정치적으로 된다. 즉 산업화가 전개되는 과정 자체가 그 대의를 제거하게 된다. 공공영역과 정치는 갑자기 공장관리라는 사적 영역으로, 즉 생산계획과 기술적 장비로 그 지배권을 확장한다. 위험의 정의에 관한 공적 토론의 요섬이 여기서 하나의 본보기와 같은 형태로 드러난다. 즉 자연 및 인류를 위협하는 이차적인 건강문제만이 아니라, 이 같은 부수효과들의 사회-경제-정치적 결과들, 다시 말해서 시장의 붕괴, 자본의 평가절하, 공장의 의사결정에 대한 관료적 조사, 새로운 시장의 형성, 막대한 비용, 법적 절차, 체면을 잃는 문제 등이 나타난다. 스모그 경보나 유독물질의 누출과 같은 문제들이 많건 적건 늘어감에 따라 위험사회에서 그 모습을 드러내는 것은 **파국의 정치적 잠재력**이다. 파국을 피하고 관리하기 위한 방법에는 권력 및 권위의 재조직이 포함될 수 있다. 위험사회는 파국사회이다. 거기서는 예외 상황이 규범적인 것으로 될 우려가 있다.

과학적 정의와 오염인자의 분배

자연이나 환경 일반의 파괴에 관한 논의와 마찬가지로 대기와 물과 음식물에 포함된 오염물질과 유독성분에 관한 논쟁은 전적으로 또는 주로 자연과학적 용어와 공식을 이용하여 전개되고 있다. 사회적-문화적-정치적 의미가 그러한 과학적 '빈곤 공식(immiseration fomulas)'에 내재되어 있다는 점은 인정되지 않고 있다. 따라서 화학적-생물적-기술적 용어로만 수행되는 환경논의는 부주의하게도 인간을 단지 **유기적 물질로**만 보게 될 위험이 있다. 따라서 그러한 논의는 산업적 진보에 대해 널리 퍼져있는 낙관론이 범하고 있다고 오랫동안 정당하게 비판해 왔던 것과 똑같은 잘못을 저지르게 될 위험이 있다. 즉 그러한 논의는 사람이 존재하지 않는, 사회적-문화적 의미를 묻지 않는 자연론으로 위축될 위험이 있다. 특히 기술과 산업을 다룬 모든 중요 논의들이 다시 한 번 개진된 지난 몇 년 간에 걸쳐 진행된 논쟁들의 요체는 여전히 **기술주의적이고 자연주의적**이었다. 그 논쟁들은 대기와 물과 음식물에 포함된 오염 인자의 수준을 찾아내고 발표하는 데에, 인구성장과 에너지 소비와 필요 식량과 원료부족의 상대적 수치를 밝혀내는 데에 힘을 다 써버렸다. 그 논자들은 마치 막스 베버와 같은 사람들은 존재했던 적도 없었다는 듯한 열정과 협소한 자세로 그 같은 논쟁을 전개했다. 그러나 명백히 막스 베버는 사회권력과 그 분배의 구조, 관료제, 지배적 규범과 합리성을 포함하지 않는 논쟁은 무의미하거나 터무니없는 것이며, 대개는 둘 다에 해당된다는 것을 보여 주기 위해 생애를 다 바쳤다. 한가지 이해방식이 슬며시 정착되었으며, 이에 따라 근대성은 기술과 자연을 가해자와 희생자의 방식으로 파악하는 사고틀로 축소되었다. 근대화의 사회적-문화적-정치적 위험은 바로 이 같은 접근법에 의해, 그리고 (정치적 환경운동의 사고방식이기도 한) 이 같은 사고방식으로부터 은폐된 채로 남게 되었다.

하나의 예를 들어 이 점을 설명해 보자. 「환경문제전문가회의」는 한 보고서에서 "모유에 베타-헥사클로로사이클로헥산, 헥사클로로벤젠, DDT가 상당한 정도로 농축되어 있는 경우가 종종 발견된다"고 밝히고 있다 (1985: 33). 이러한 유독물질들은 지금 시장에서 판매되고 있는 살충제와 제초제에 함유되어 있다. 그러나 이 보고서에 따르면 그 물질들이 어디에서 비롯되는 지는 밝혀지지 않고 있다. 다른 부분에서는 "납에 노출되는 것은 평균적으로는 위험하지 않다"고 쓰고 있다(35). 이 진술 뒤에 숨어 있는 것은 무엇인가? 비유를 들자면 납은 아마도 다음과 같이 배분될 것이다. 두 사람이 2개의 사과를 가지고 있다. 한 사람이 2개를 다 먹는다. 따라서 두 사람은 **평균** 1개의 사과를 먹은 셈이 된다. 지구적 차원에서 전개되는 음식물의 분배로 옮겨 보자면 이 진술은 다음과 같은 의미를 지닌다. 즉 '평균상으로는' 세계의 모든 사람이 식량을 충분히 섭취하고 있다. 이 같은 진술은 명백한 냉소주의이다. 지구의 한 곳에서 사람들이 굶어 죽을 때, 다른 곳에서는 과식의 결과가 주요한 지출항목이 되고 있다. 물론 오염인자와 유독물질에 대한 이 같은 진술은 냉소적인 것이 아니며, **평균적인 노출은 모든** 사람들이 **실질적으로** 노출되어 있음을 뜻한다고 볼 수도 있겠다. 그러나 우리가 그 사실을 알고 있는가? 이러한 진술을 옹호하기 위해서는 사람들이 흡입하고 섭취할 수밖에 없는 다른 독성 물질에 대해 우리가 알고 있다는 전제가 필요하지 않을까? 사람들이 '평균적인 것'을 어떻게 **당연한 것으로** 생각하는가를 보면 참으로 놀랍다. 평균에 대해 생각하는 사람은 이미 사회적으로 불평등한 다수의 위험지위들을 배제하고 있다. 그러나 그것이야말로 바로 그 사람이 알 수 없는 것이다. '평균적으로는 무해한' 납과 같은 물질들이 **치명적 위난**이 되는 집단과 생활조건이 있지 않을까?

 보고서의 다음 문장을 읽어 보자. "납이 위험할 정도로 농축된 어린이들은 산업 배출시설의 부근에서만 때때로 발견된다." 특징적인 것은 오염인자와 유독물질에 관한 이 보고서나 다른 보고서에서는 사회적 차이가 전혀 거론되지 않는다는 점만이 아니다. 배출 장소와 관련된 지역적 구분선을 따라, 그리고 연령차를 따라 차이가 **어떻게** 만들어지는가 하는 것도 특징적이다. 둘 다 **생물학적** (혹은 더 일반적으로 말해서 자연과학적) 사고에 뿌리를 두고 있는 기준이다. 이러한 이유를 들어 전문가들을 비난할 수는 없다. 이러한 특징은 단지 환경문제와 관련한 과학적-사회적 사고의 일반적 상태를 반영할 뿐이다. 환경문제는 일반적으로 자연과 기술의, 또는 경제학과 의학의 문제로 파악된다. 여기서 놀라운 것은 건강과 사회생활에 다면적인 영향을 미치는, 고도로 발전된 사회에서만 발생하는 환경의 산업적 오염과 자연의 파괴에서 **사회적 사유의 상실**이라는 특징을 발견할 수 있다는 점이다. 이 같은 상실은 희화일 뿐이다. 이 같은 부재에 대해 놀라는 사람은 아무도 없으며, 심지어 사회학자들조차 조금도 놀라지 않는다.

사람들은 오염인자, 유독물질, 물과 대기와 음식물의 오염의 분배에 대해 탐구하고 조사한다. 그 결과는 경계하고 있는 대중에게 지역선을 따라 구분된 다채로운 '환경지도'를 통해 제시된다. 환경상태가 이러한 방식으로 제시되는 만큼 이 같은 제시방식과 사고방식은 분명히 적절하다. 하지만 이로부터 **사람들에게 미친 영향**이 도출되자마자 그 이면에 깔린 사고방식은 **단락현상**(shortcircuits)을 보인다. 어떤 오염원이 (입증되어야 할) 수입, 교육, 직업, 식사와 주거와 여가의 기회와 습관을 떠나서 모든 사람들에게 똑같은 영향을 입힌다고 폭넓게 생각할 수 있다. 아니면 사람들과 그들의 고통은 완전히 무시한 채 오염인자와 그 지역별 분포와 영향에 대해서만 이야기할 수 있을 뿐이다.

따라서 자연과학의 견지에서 수행된 오염논쟁은 생물학적 고통에 기초한 사회적 고통이라는 잘못된 결론과 사람들의 선별적 고통을 그에 연관된 사회문화적 의미와 함께 무시하는 자연적 관점 사이에서 동요한다. 동시에 **동일한** 오염인자가 사람들에 **따라**, 즉 연령, 성(gender), 식사 습관, 노동의 유형, 정보, 교육 등에 따라 아주 **다른** 의미를 가질 수 있다는 점은 제대로 고려되지 않는다.

특히 사태를 더욱 악화시키고 있는 것은 개별적 오염인자들에 대한 조사로부터 출발해서는 **체내에 농축된 정도를 결코 규정할 수 없다**는 점이다. 하나의 생산물로서는 '사소해' 보이는 것일지라도 전체 시장의 수준에서 사람들이 형성하는 '소비자 저수지'로 모이게 되면 극히 중요한 것이 될 수 있다. 우리는 여기서 **범주의 오류**를 범하게 된다. 자연과 생산물을 대상으로 하는 오염분석은 적어도 '안전'이나 '위난'이 무언가를 삼키고 호흡하는 사람들과 관련을 맺고 있는 한 안전에 관한 질문에 답할 수 없다. 몇몇 약제를 혼합해서 사용하면 개별 약제의 효력이 없어지거나 증대될 수 있다는 사실은 잘 알려져 있다. 사람들은 분명히 (아직은) 약제에만 의존해서 살아가지 않는다. 사람들은 대기 중의 오염인자들을 흡입하고, 물 속의 오염인자들을 마시며, 야채 속의 오염인자들을 먹는다. 다른 말로 하자면 사소한 것들이 상당히 의미깊게 증가한다. 그럼으로써 사소한 것들은 더욱더 사소한 것이 되는가? 수학법칙에 따른 총합이 대개 그러하듯이.

근대화 위험의 지식 의존성에 관하여

부처럼 위험은 분배의 대상이며, 양자는 지위 즉 각각 위험지위와 계급지위를 구성한다. 하지만 양자는 각각 아주 다른 재화와 연관되어 있으며, 그 분배에 관한 논쟁도 아주 다르다. 사회적 부의 경우에는 소비재, 수입, 교육기회, 재산 등이 희소성을 지닌 욕구품목으로 취급된다. 반대로 위험은 근대화에 따른 **부수적인 문제로 많을수록 바람직스럽지 않은** 것이다. 위험은 제거되거나 부정되고 재해석되어야 한다. 획득의 긍정적 논리는 회피, 부정, 재해석, **처분의 부정적 논리와** 대비된다.

소득과 교육 같은 것들이 개인에 의해 경험될 수 있는 소비재인 반면에 위험과 위해의 존재와 분배는 **논쟁의 원리에 의해 중개**된다. 건강을 해치거나 자연을 파괴하는 것은 우리의 감각기관으로 인지할 수 없으며, 겉보기에 쉽게 구분되는 곳에서조차 문제를 '객관적으로' 결정하기 위해서는 자격있는 전문가의 판정이 필요하다. 새로운 위험의 대다수(핵 또는 화학오염, 음식물에 포함된 오염인자, 문명의 질병)는 인간의 직접적인 지각능력을 완전히 벗어난다. 희생자들이 볼 수도 느낄 수도 없는 위해들에 대해 더욱더 큰 주의가 기울여지고 있다. 어떤 위해들은 당한 사람들의 일생에는 영향을 안 입히지만, 그 대신에 그 자녀들의 일생에 영향을 미친다. 어떤 위해는 해당 사실을 **적어도 위해로 파악하거나 해석**할 수 있기 위한 이론, 실험, 측정도구와 같은 과학적인 '감각기관'을 요구한다. 이 같은 위해의 패러다임은 방사성의 유전자-변환 효과에서 잘 알 수 있으며, 이 효과는 쓰리마일 섬의 핵발전소 사고에서 볼 수 있듯이 어느 틈엔가 희생자들을 전문가들의 판정과 실수와 논쟁에 완전히 내맡겨 버리는 동시에 끔찍한 심리적 스트레스를 겪게 한다.

분리된 것들을 합해서 생각하기: 인과성의 가정들

물론 문명의 위험의 지식 의존성과 불가시성은 위험을 개념적으로 규정하기에 충분하지 않다. 다른 요소가 포함되어야 한다. 위해에 관한 진술은 결코 단순한 사실진술로 축소될 수 없다. 그 구성부분으로서 위험은 **이론적-규범적** 요소를 동시에 포함한다. '어린이의 체내에 납이 상당히 많이 농축되어 있다'는 발견이나 '모유에서 농약성분이 검출되었다'는 발견 **자체는** 강에 농축된 질산염이나 대기 중에 포함된 이산화황을 발견하는 것만큼이나 문명의 위험에 대해 알려주는 것이 없다. 인과해석이 반드시 추가되어야만 하며, 이것은 위험을 산업적 생산양식의 생산물 즉 근대화의 체계적인 부산물로 나타나도록 해 준다. 그러므로 사회적으로 인지된 위험 속에서, 나름대로의 특별한 이해관계와 종속관계를 지니고 있는 근대화의 책임자들과 기관들은 사회적으로, 실질적으로, 시공간상으로 상당히 떨어져 있는 손상과 위협의 징후들과 직접적인 연관을 맺고 있는 것으로, 인과관계를 맺고 있는 것으로 가정된다. 뮌헨 교외의 주거지역의 방 3개짜리 아파트에 앉아서 석달된 아들 마르틴에게 우유를 먹이고 있는 여인은 이런 식으로 농화학물을 생산하는 화학산업과, EEC의 법령에 따라 비료를 과다하게 사용하여 특화된 작물을 대량생산해야 하는 농부들과 '직접 연결'된다. 부수효과를 발견할 수 있는 반경 범위는 크게 열려 있다. 최근에는 DDT가 과다 누적된 펭귄이 남극에서 발견된 경우조차 있었다.

이러한 사례에서 두 가지 사실을 알 수 있다. 첫째, 지리적으로 특수한 지역뿐만 아니라 특수하지 않은 지역에서도 보편적으로 나타난다는 것. 둘째, 해를 미치는 복잡한 경로는 대단히 변화가 심하여 예측할 수 없다는 것. 근대화의 위험 속에서 실질적-객관적으로, 시공간 상으로 분리되어 있는 것들이 우연히 결합되어 하나의 사회적-법적 책임의 맥락을 형성하게 된다. 하지만 적어도 흄(David Hume) 이래로 우리가 알고 있었듯이 인과성의 가정들은 우리의 지각능력을 벗어난다. 우리는 그 가정들을 언제나 상상하고, 진실인 것으로 여기고, 믿어야만 한다. 이런 의미에서도 위험은 볼 수 없는 것이다. 암묵적으로 전제된 인과성은 언제나 다소간 불확실하고 일시적인 상태에 머물게 된다. 그러므로 우리는 일상적인 위험의식에서조차 **이론적**이며 따라서 **과학화된** 의식을 다루게 된다.

암묵적 윤리

제도적으로 분리된 것들을 결합시키는 이 같은 인과적 연계망조차 충분하지 않다. 위험의 경험은 상실된 안전과 깨어진 신뢰라는 규범적 지평을 전제로 한다. 이 때문에 위험이 숫자와 공식들로 장식한 채 우리에게 조용히 다가오는 곳에서조차, 위험은 살 만한 가치가 있는 생명체가 입은 상처라는 이미지를 근본적으로 **국지화**한, 수학적으로 응축시킨 상태에 머물게 된다. 이어서 이러한 발상을 사람들이 **믿어야만** 한다. 즉 사람들은 위험 **자체**를 경험할 수는 없다. 이런 의미에서 위험은 유토피아의 객관화된 부정적 이미지이며, 근대화 과정을 지나는 중에 인간 또는 인간적인 것은 이 이미지 속에서 보존되고 재생된다. 그 완전한 인지불가능성에도 불구하고 위험의 위험성이 처음으로 구체화되는 이 같은 규범적 지평은 궁극적으로 수학이나 실험에 의해 제거될 수 없다. 사태를 어떤 식으로 객관화할지라도 조만간 수용의 문제가 생겨나며 그와 함께 낡은 문제가 새롭게 된다. **우리는 어떻게 살아가기를 바라는가?** 무엇이 보존되어야 하는 인류의 인간적 질이며, 자연의 자연적 질인가? 이런 의미에서 널리 퍼져 있는 '파국'에 관한 이야기는 이런 발전을 원하지 않음을 보여 주는 객관화된 날카롭고 급진적인 표현이다.

이 같은 재현된 질문들 ── 인간이란 무엇인가? 우리는 무엇을 자연이라고 생각하는가? ── 은 일상생활 속에서, 정치와 과학의 사이에서 앞뒤로 왔다 갔다 할 수도 있다. 문명의 가장 선진적인 발전단계에서 이 문제들은 다시 한 번 의사 일정에서 대단히 높은 자리를 차지하게 되며, **특히 수학적 공식과 방법론적 논쟁이라는 전통적인 마술모자가 이 문제들을 볼 수 없게 만든다고 여겨졌던 곳에서조차 그렇다.** 위험은 근대화의 중심 내부에서, 실업계의 경우에는 자연과학과 기술교육 내부에서 윤리가, 그리고 그와 함께 철학과 문화와 정치가 소생되는 형태로 결정된다. 위험의 결정은 어쨌거나 위험의 논증에 좌우되는 공적 토론이 되기 때문에 산업생산과 경영의 영역에서는 바라지 않는 민주화의 수단이라고 할 수도 있다. 위험은 자연과학과 인문과학의, 일상 합리성과 전문가 합리성의, 이해관계와 사실의 승인되지 않고 아직 발전되지 않은 공생관계에 의해 결정된다. 위험은 단순히 전자에 의해서 결정되지 않는 동시에 후자에 의해서만 결정되지도 않는다. 양자는 더 이상 특수화를 통해 서로 분리될 수 없으며, 각각의 합리성 기준에 따라 발전될 수도 없고 기록될 수도 없다. 위험의 결정에는 학문분과, 시민집단, 공장, 정부와 정치 사이의 거리를 넘어선 협조가 요구되지만, 그 과정에서 이러한 여러 가지 요소들이 서로 적대적인 정의(定義)를 제출하고 **자신의 정의에 따라 투쟁**하는 경우가 사실 더 흔하다.

과학적 합리성과 사회적 합리성

여기에 본질적이고 중요한 결론이 있다. 즉 위험의 정의에서 **합리성에 대한 과학의 독점**이 분쇄된다. 근대성의 다양한 매개자들과 영향 받은 집단들의 주장과 이해관계와 관점은 언제나 경쟁을 벌이고 갈등을 빚어 왔으며, 이 때문에 인과관계 속에서, 선동자와 상처 입은 자의 의미구조 속에서 위험을 정의해야 했다. 위험의 전문가는 없다. 많은 과학자들은 분명히 자신이 객관적으로 합리적이라고 믿는 데서 비롯되는 정서적 힘에 기반하여 연구에 몰두하고 있으며, 객관적이고자 하는 그들의 노력은 자신의 정의(定義)에 대한 정치적 만족에 비례하여 성장한다. 그러나 연구활동의 핵심에서 그들은 사회적으로 지시된 기대와 가치에 계속해서 의존한다. 여전히 받아들일 수 있는 것과 더 이상 받아 들일 수 없는 노출치 사이의 어디에, 그리고 어떻게 선을 그을 것인가? 전제된 기준이 타협을 통해 바뀔 여지는 어느 정도인가? 경제적 이익을 만족시키기 위해 생태적 파국의 가능성을 받아 들여야만 하는가? 필연성이란 무엇인가? **가정된** 것인가, 그리고 **변해야만 하는 것인가**?

위험의 위해성을 객관적으로 조사할 수 있다는 과학의 합리성 주장은 그 자체가 영원한 논박 대상이다. 우선 이 주장은 카드로 쌓은 집과 같은 사변적 가정에 기초하고 있으며, 그 안전예측은 엄격히 말해서 **우연한 사고로도 결코 논박할 수 없는 가능성 진술**이라는 틀 내에만 머문다. 둘째, 위험에 대한 토론을 조금이라도 의미있게 진행하려면 **도덕적 관점**을 전제해야만 한다. 위험의 결정은 수학적 **가능성**과 특히 기술적으로 확실하게 제시되는 사회적 이해관계에 **기초**한다. 문명의 위험을 다루면서 과학은 자신의 기초인 실험논리를 언제나 포기했으며, 실업계와 정계와 윤리와 어울려 일부다처제적 관계를 이루었다. 더 정확하게 말하자면 과학은 윤리와 일종의 '혼인증서없는 영구적 혼인관계'를 맺고 살아간다.

위험연구에서 은폐되어 있는 이 같은 외적 결정의 부분은 그 규모가 아무리 작을지라도 과학자들이 여전히 합리성을 독점하고 있다고 주장할 때에는 문제가 된다. 핵발전소의 안전에 관한 연구들은 **발생가능한** 사고에 기초하여 특정한 **수량화할 수 있는** 위험들의 평가로 제한되고 있다. 위해의 차원들은 처음부터 **기술적 관리가능성**으로 한정된다. 몇몇 과학자 모임들은 아직 기술적으로 관리할 수 없는 위험은 적어도 과학적 산정이나 법률적 판정의 면에서는 존재하지 않는 것이라고 말한다. 결국 이 같은 계산불가능한 위협들이 모든 곳의 모든 사람들에게 공업상의 기본재산이 되는 알려지지 않은 잔여적 위험이 된다. 인구의 커다란 부분에게는, 그리고 핵에너지를 반대하는 사람들에게는, **파국을 몰고 올 수**

있는 그 잠재력이 중심적인 문제이다. 사고의 발생가능성이 아무리 작을 지라도 한 번의 사고로도 절멸상태에 도달할 수 있는 한 그 가능성은 너무나 큰 것이다. 그러나 양적인 위험개념은 사고의 발생가능성에 집중하며, 그 영향이 제한되어 있는 비행기 충돌과 여러 나라와 아직 태어나지 않은 세대에게 영향을 미치는 원자력발전소의 폭발 사이의 차이를 부정한다. 더욱이 공적인 토론에서 위해의 질에 관한 논의는 위험연구에서 전혀 다루어지지 않은 여러 가지 문제들을 검토할 수 있게 해 주는 구실을 한다. 가령 핵무기 확산, 민수용 화학 및 원자기술을 군수용으로 전용할 수 있는 가능성, 팽창하는 위험산업과 시장을 전 세계로 확산시키는 일반 상품 및 전쟁물자 사이에 위치하는 회색지대 물품, 인류(실수와 실패)와 안전 사이의 모순, 후세의 생명을 가지고 농락하는 거대기술 결정이 미치는 장기적인 영향력과 그 불가역성 등을 들 수 있다. 완벽한 체계는 없으며, 그 필요요건에 적합한 완벽한 사람도 없다. 완벽한 체계와 같은 것을 구축하려는 시도조차 완벽한 통제, 일상생활 속의 독재와 같은 것을 수립하려는 것일 수 있다.

다른 말로 하면 위험 논의에서 명확해지는 것은 문명의 위해한 잠재력을 다루는 **과학적** 합리성과 **사회적** 합리성 사이의 균열과 격차이다. 양자는 서로의 능력범위를 넘어서서 이야기한다. 사회운동은 위험 기술자들이 전혀 답하지 않은 문제들을 제기한다. 기술자들은 실제로 질문한 요점과 대중이 우려하고 있는 문제점을 놓친 답변을 제시한다.

과학적 합리성과 사회적 합리성은 실제로 분리되지만, 동시에 서로 결합되며 의존한다. 엄격히 말해서 이 같은 구분은 점점 더 불분명해지고 있다. 마치 위험에 관한 사회적 논의와 인식이 과학적 논쟁에 의존하는 것처럼, 산업발전의 위험에 대한 과학적 관심은 사실상 사회적 기대와 가치평가에 의존한다. 위험연구가 그것을 제한하도록 요청받았던, 그리고 더욱이 위험연구가 그로부터 최근에 꿈도 꾸지 못한 커다란 물질적 지원을 받았던 '기술공포증'의 발걸음이 위험연구가 진행되는중에 흔들리게 된다. 대중의 비판과 불안은 본질적으로 전문지식과 반(counter)-전문지식의 변증법에서 발생한다. 과학적 논증과 과학적 논증에 대한 과학적 비판없이는 대중의 비판은 무디기만 한 것이다. 사실 대중은 자신들이 비판하고 두려워하는 대상이나 사건이 거의 '볼 수 없는' 상태에 있기 때문에 인식조차 할 수 없다. 유명한 문귀를 빌어서 말하자면, 사회적 합리성 없는 과학적 합리성은 공허하며, 과학적 합리성 없는 사회적 합리성은 **맹목적**이다.

위의 문구는 양자가 전반적으로 조화를 이룬 상태를 보여 주기 위해 제시된 것이 아니다. 그와 반대로 내가 말하고자 하는 것은 합리성 주장들이 빈번히 경쟁한다는 것, 사회적으로 용인되기 위해 투쟁한다는 것이다. 양 진영은 분명히 서로 다른 점에 집중하고 있다. 그리고 그 차이점은 바뀔 수도 있고 지속될 수도 있다. 앞의 진영은 산업적 생산양식의 변화를 일차적으로 강조하며, 뒤의 진영은 사고의 발생가능성의 기술적 관리능력을 일차적으로 강조한다.

정의(定義)의 다중성: 더욱더 많은 위험

위험의 이론적 내용과 가치유관성은 추가적인 요소들을 암묵적으로 전제한다. 즉 문명의 **위험**에 관한 **다종다양한 정의들**이 서로 갈등을 빚고 있는 것을 관찰할 수 있다. 말하자면 위험이 과잉생산되고 있으며, 이렇듯 과잉생산된 위험들은 때로는 서로를 상대화하고, 때로는 보완하며, 또 때로는 압도한다. 하나의 위해한 생산물이 다른 위험들을 극적으로 부각시킴으로써 방어된다(예를 들자면 기후변화를 극적으로 부각시키는 것은 핵에너지의 위험을 '최소화'한다). 모든 이해 당사자는 위험을 정의함으로써 자신을 방어하고자 하며, 이런 식으로 자신의 지갑에 영향을 미칠 수도 있는 위험을 피하고자 한다. 토양, 식물, 대기, 물, 동물이 위험에 처해 있다는 주장은, 그것이 **공동선** 및 스스로는 투표하지도 기권하지도 않는 것들의 표를 표현하는 만큼, 이 같은 만인의 만인에 대한 투쟁에서 특별한 자리를 차지한다(아마도 풀과 벌레의 수동적인 선거권만이 인류를 정신차리게 할 것이다). 이 같은 다원주의는 위험의 영역 속에서 분명하게 나타난다. 즉 위험의 긴급성과 존재 여부는 다양한 가치와 이해관계에 따라 동요된다. 이런 사실이 실질적인 위험요소에 관해 미치는 영향이란 덜 분명하다.

위험 속에서 생산되는 실제적이거나 잠재적인 유해효과와 산업생산체계 간의 인과관계는 거의 무한에 가까운 갖가지 설명을 낳는다. 원인으로서 근대화와 부수효과로서 그 피해라는 기본유형이 남아 있는 한, 실제로 우리는 최소한 실험적으로는 모든 것을 다른 모든 것에 연결시킬 수 있다. 그 중에서 많은 것들을 확증할 수 없을 것이다. 확증된 것조차 유지되기 위해서는 체계적이고 지속적인 회의주의에 맞서야 할 것이다. 하지만 본질적인 것은 셀 수 없이 많은 **개별적인** 해석들이 행해지는 와중에서조차 개별적인 조건들이 계속해서 서로 연결된다는 점이다. 삼림파괴를 예로 들어 보자. 느릅나무 좀벌레나 다람쥐나 특정한 삼림관련 부서를 원인자이자 잘못한 당사자로 여기는 동안, 겉보기에 우리는 '근대화의 위험'이 아니라 조잡한 삼림이나 동물의 탐욕에 관심을 기울이고 있었던 것이다.

위험을 인식하기 위해서 언제나 헤치고 나아가야만 하는 이 같은 전형적인 국지적 오진이 극복되었을 때, 확실히 다른 원인자와 잘못한 당사자가 드러나게 되며, 삼림파괴가 **산업화**의 효과로 이해되고 인정된다. 그런 뒤에야 비로소 삼림파괴는 더 이상 국지적 수준에서 완화될 수 없으며 **정치적** 해결책을 요구하는 장기적이고 체계적으로 발생하는 문제가 된다. 일단 이 같은 변화가 가시적으로 확립되면 다른 여러 가지 것들을 할 수 있다. 우리에게 최후의 영원한 가을을, 그리고 낙엽을 선사하는 것은 이산화황, 질산화물, 그 광화학적 분해물질, 탄화수소, 또는 아직 완전히 알려지지 않은 그 밖의 다른 어떤 것들인가? 이 화학식들은 분리된 모습으로 나타난다. 그러나 그 뒤에서 기업들, 산업부문들, 산업계, 과학 및 전문집단들이 대중이 쏟아대는 비판의 포화 속으로 나아간다. 사회적으로 승인된 모든 '원인'이 변화를 요구하는 대중적 압력의 지배를, 그리고 그와 함께 그 압력이 기원한 행위체계의 지배를 받게 되기 때문이다. 이 같은 대중의 압력을 피할 수 있다고 해도, 판매 저하, 시장 위축, 소비자의 '신뢰'를 회복해야만 하며 전체적으로 값비싼 광고비를 지출해야만 한다. 자동차가 '나라의 주요 오염원'이며 따라서 실질적인 '삼림 파괴자'인가? 아니면 결국 석탄 발전소에 고품질의 예술적인 유해가스 제거장치를 장착할 때가 된 것인가? 아니면 삼림을 고사시키는 오염원이 이웃 나라들의 굴뚝과 배기관에서 '우리 문간으로 무료로' (또는 '우리 삼림으로 무료로') 배달되는 것이기 때문에, 그런 일은 다 쓸모없는 것일까?

말하자면 원인을 찾는 조명이 비춰지는 곳마다 불길이 일어나며, 급조되어 장비도 변변치 않은 '논증 소방대'는 강력한 반대 논거의 물길로 그 불을 꺼야만 하며, 아직 구할 수 있는 것은 무엇이라도 구해야만 한다. 위험의 생산자로서 공적인 형틀에 묶이게 된 것을 알게 된 사람들은 점차 산업 내부로 제도화되어 가는 '반증 과학'의 도움에 힘입어 할 수 있는 한 최대로 책임을 반박하며, 다른 원인과 따라서 다른 발생자에게 책임을 전가하려 한다. 사진은 자신을 재생산한다. 대중매체에 접근할 수 있느냐의 여부가 관건이 된다. 산업 내부의 불안은 더욱 강화된다. 다음 번에는 누가 생태적 도덕성의 파문이 가하는 공격을 받을지 아무도 모른다. 훌륭한 논증은, 또는 적어도 대중을 설득할 수 있는 논증은 사업 성공의 조건이 된다. 대중 홍보가, '논증의 달인'이 조직에서 성공할 수 있는 기회를 갖게 된다.

인과연쇄와 피해의 순환주기: 체계의 개념

다시 숨김없이 말하자면 이 모든 효과는 함축적인 인과해석이 가능한 과학적 관점을 동원하여 자신을 얼마나 방어할 수 있느냐와는 상당히 무관하게 시작된다. 일반적으로 관련된 과학들과 학문분과들 내부의 의견들은 어쨌든 크게 갈라지게 마련이다. 그러므로 위험정의의 사회적 효과는 그 과학적 타당성에 따라 달라지지 않는다.

하지만 이 같은 해석의 다양성도 근대화 위험 자체의 논리 속에 그 기초를 두고 있다. 결국 그 시도는 파괴적 효과를 복잡한 산업적 생산양식의 체계 내에서 거의 따로 떼어낼 수 없는 개별 요인들에 연결시키기 위해 행해지는 것이다. 사업, 농업, 법과 정치 내에서 진행되는 근대화를 담당하는 고도로 전문화된 행위자들의 체계적 상호의존은 따로 떼어낼 수 있는 단일 원인 및 책임이란 존재하지 않는다는 사실에 들어 맞는다. 농업은 토양을 오염시키고 있으며, 또는 농부들은 파괴적 순환주기의 사슬에서 가장 약한 고리에 불과한가? 농부들은 화학사료 및 비료산업에 그저 복속된 시장일 뿐인가, 그리고 그들은 토양오염의 예방을 위해 우리가 지렛대를 써야만 하는 곳에 있는가? 당국자들은 오래 전에 유독 화학물질의 판매를 금지하거나 극적으로 제한할 수 있었다. 그러나 그들은 그렇게 하지 않는다. 반대로 과학의 지원을 받아 그들은 우리 모두의 생살을 (여전히 더 깊이) 쑤셔대고 있는 유독 화학물질의 '무해한' 생산을 계속해서 허가해 준다. 누가 뜨거운 감자를 먹을 것인가? 당국자? 과학? 정치? 그러나 그들은 결국 경작하지 않는다. 그래서 농부가 먹는가? 그러나 EEC가 농부들을 옥죄었으며, 농부들은 살아남기 위해 비료를 많이 사용하여 과잉생산해야만 한다…

다시 말해서 고도로 분화된 노동분업에 따라 사회는 일반적으로 복잡해지며, 이 복잡성에 의해 일반적으로 책임소재가 불분명하게 된다. 모든 사람이 원인이자 결과이며, 따라서 원인이 아니다. 원인은 행위자와 조건, 반응과 역반응의 일반적인 아말감 상태로 급격히 변하며, 이에 따라 체계 개념은 확실성과 대중성을 얻게 된다.

이것은 체계 개념의 윤리적 의미를 전형적인 형태로 보여 준다. 즉 우리는 무엇인가 할 수 있으며 그에 대해 개인적 책임을 지는 일 없이 그것을 계속 하고 있다. 마치 우리는 개인적으로 존재하지 않는 동시에 행위하고 있는 듯한 모습이다. 물리적으로 행위하지만 도덕적이나 정치적으로는 행위하지 않는다. 일반화된 타자, 즉 체계는 개별 자아의 내부에서 그것을 통해 행위한다. 즉 이것이 문명의 노예적 도덕성이며, 그 안에서 사람들은 자연적 숙명에 따르는 듯이, 체계의 '만유인력'에 복종하는 듯이 개인적으로 그리고 사회적으로 행위한다. 이것이 다가오는 생태

적 재앙에 직면하여 '뜨거운 감자'를 삼키는 방법이다.3)

위험의 내용: 행위자극으로서의 아직 일어나지 않은 사건

물론 이미 어떤 효과가 나타났고 피해를 입혔다고 해도 위험 자체는 사라지지 않는다. 이미 발생한 파괴적 결과와 위험의 잠재적 요소는 분명히 구분된다. 이러한 두번째 의미에서 위험은 본질적으로 미래의 구성요소를 표현한다. 이것은 부분적으로는 현재 계산가능한 피해를 미래로 연장시키는 데에 기초하고 있으며, 또 부분적으로는 일반적인 자신감의 상실이나 '위험 승수'에 기초하고 있다. 그런데 본래 위험은 예측과, 아직 일어나지 않았지만 다가오고 있는 재난과 관련이 있다. 그리고 그런 의미에서 위험은 물론 오늘날 이미 실제적이다. 「환경문제전문가회의」 (1985)에서 한 가지 예를 들어 보자. 이 회의는 질산비료의 사용을 통해 고도로 농축된 질산염이 전혀 그렇지 않다고 할 수는 없을지라도 우리가 식수를 끌어오고 있는 땅 속 깊숙한 곳의 지하수로는 아직까지 거의 스며들어 가지 않았다고 적고 있다. 질산염은 표토층 밑의 심토층에서 대부분 분해된다. 그럼에도 불구하고 어떻게 분해되는지 또는 시간이 얼마나 걸리는지에 대해서는 알려진 것이 없다. 아무런 유보없이 이 같은 보호층이 미래에 여과효과를 발휘하리라고 믿어서는 안되는 충분한 이유가 있다. "현재 질산염을 거른다고 해도 지금부터 몇 년 또는 몇 십년이 지난 뒤에, 즉 유속에 따라 늦어질 수는 있지만 결국 질산염이 더 깊은 지층의 지하수에 도달하게 될 것이라는 사실은 우려할 만하다" (29). 다시 말해서 시한폭탄이 째깍거리고 있는 것이다. 이런 의미에서 위험은 예방될 수 없는 미래를 의미한다.

부가 아주 명백한 성격을 가지는 것과는 달리 위험은 무언가 비실제적인 성격을 가지고 있다. 근본적으로 위험은 실제적이자 비실제적이다. 한편에서 많은 위해와 피해가 오늘날 이미 실제로 나타나고 있다. 오염

---

3) 이 같이 '조직화된 무책임성'에 맞서는 정치전략은 Beck(1988)에서 논의되고 있다.

되고 죽어가는 물, 삼림파괴, 새로운 질병 등이 그 예이다. 다른 한편 실질적으로 위험은 미래에 닥치게 될 위난으로 예상하는 것을 통해 사회적으로 조장된다. 이런 의미에서 만일 발생한다면 사후행동이 실제로 불가능할 규모의 파괴를 의미하게 될 위해들이 있다. 그러므로 심지어 추측으로서도, 미래에 대한 위협으로서도, 징후로서도 위험은 예방조치와 실제적인 연관을 맺고 있으며, 그러한 연관을 발전시킨다. 위험의식의 중심은 현재에 있지 않으며 미래에 있다. 위험사회에서 과거는 현재에 대한 규정력을 상실한다. 그 자리는 미래가 차지하며, 존재하지 않으며 고안된 가공의 무엇이 현재의 경험과 행동의 '원인'으로서 등장한다. 내일과 모레의 문제와 위기를 예방하고 약화시키거나 주의하기 위해, 또는 그렇게 하지 않기 위해 우리는 오늘 행동하게 된다. 수학적 모델로 계산된 노동시장의 병목현상은 교육행위에 직접적인 영향을 미친다. 다가오고 있다고 예상된 실업이 오늘날의 생활조건과 태도를 본질적으로 규정한다. 예측된 환경파괴와 핵 위협이 사회를 혼란에 빠뜨리고 많은 젊은 이들을 거리로 나서게 한다. 미래에 관한 논의에서 우리는 현재의 (개인적 및 정치적) 행동과 관련된 '예상되는 변수', '예상되는 원인'을 다루고 있다. 이러한 변수들의 적절성과 중요성은 그 예측불가능성 및 위협과 정비례한다. 그리고 우리는 우리의 현재 행동을 규정하고 조직하기 위해 후자를 (반드시) 예상해야 한다.

정당화: '잠재된 부수효과'

물론 이것은 위험이 사회적 인지과정을 통해 성공적으로 무마되었다는 것을 전제한다. 하지만 위험은 우선 회피해야 하는 재화이며, '돌다리도 두들겨 보고 건너라(in dubio pro progress)'는 말에 따라 부정되기 전까지는 그 비존재성이 암묵적으로 전제된다. 정당화의 한 가지 양식은 분명히 이 사실과, 즉 사회적 부의 불평등한 분배와는 분명히 다른 이 사실과 연결되어 있다. 위험은 누구도 그 결과를 보지 못했으며 원하지 않았다는 사실에 의해 정당화될 수 있다. 위험의 지위는 먼저 그것을 둘러싼 터부의 보호막을 부수어야 드러나며 과학화된 문명 속에서 '과학적으로 태어나야' 한다. 이것은 일반적으로 '잠재된 부수효과'로서 나타나며, 그 부수효과는 위해의 실재성을 인정하는 동시에 정당화한다. 즉 위험은 보이지 않아서 예방할 수 없었던 것이며, 최상의 선의로 생산된 것이었으며 원하지 않았던 문제아이다. 이렇듯 '잠재된 부수효과'는 일종의 허가를, 문명의 **자연적인 숙명**을 대표한다. 그리고 그것은 바람직스럽지 않은 결과를 인정하는 동시에 차별적으로 분배하고 정당화한다.

계급-특수적 위험

위험분배의 유형과 매개는 부의 분배와는 체계적으로 다르다. 그것은 위험이 종종 계층화되거나 계급-특수석인 방식으로 분배되는 것을 배제하지 않는다. 이런 의미에서 계급과 위험사회 사이에는 폭넓은 중첩영역이 자리 잡고 있다. 위험분배의 역사는 부와 마찬가지로 위험이 계급유형에 밀착되어 있다는 것을 보여 준다. 다만 그 방향은 서로 반대이다. 즉 부는 상층에 축적되지만, 위험은 하층에 축적된다. 그런 만큼 위험은 계급사회를 폐지하지 않고 강화하는 것으로 보인다. 빈곤은 불행하게도 위험을 만연시킨다. 그와 반대로 (수입, 권력, 또는 교육의 면에서) 부자는 위험으로부터의 안전과 자유를 사들일 수 있다. 이러한 위험의 계급-특수적 분배 '법칙' 및 이에 따른 빈자와 약자 사이에서의 위험의 집적을 통한 계급적대의 강화 '법칙'은 오랜 동안 타당했으며 지금도 여전히 몇몇 위험의 중심적 차원에 적용된다. 숙련노동자보다는 비숙련노동자가 훨씬 더 높은 실업의 위험을 안고 있다. 공장 노동과 연관되어 있는 스트레스, 방사선, 유독물질에 노출될 위험은 특정의 직업 사이에서 불평등하게 분배된다. 특히 산업 중심지 근처에 있는 저수입 집단의 값싼 주거지역은 대기, 물, 토양의 다양한 오염물질에 영구히 노출되기 쉽상이다. 수입을 잃을 위협 때문에 사람들의 인내심이 더 강해진다.

Risikogesellschaft

여기서 계급-특수적인 고통을 낳는 것은 이 같은 사회적 여과 혹은 증폭효과만이 아니다. 위험을 다루거나 피할 수 있는, 혹은 그에 대해 보상해 줄 수 있는 가능성과 능력은 아마도 직업 및 교육계층 별로 불평등하게 분배될 것이다. 필요한 장기적인 재정적 완충능력이 있는 사람이라면 누구라도 거주지를 옮기거나 거주지 자체를 건설함으로써 (또는 집을 한 채 더 마련하거나 퇴거함으로써) 위험을 피하려 할 수 있다. 영양공급, 교육, 그리고 먹고 배우는 것과 관련된 행위유형의 경우에도 마찬가지이다. 주머니가 두둑하다면 누구라도 '살진 암탉'이 낳은 달걀과 '잘 자란 상치'로 만든 샐러드를 즐길 수 있다. 교육을 잘 받고 정보에 주의를 기울인다면 위험을 다루고 피할 수 있는 새로운 가능성을 확보할 수 있다. (납이 많이 함유된 늙은 식용우의 간과 같은) 특정 생산물을 피할 수도 있고, 돼지고기나 차에 함유된 유독 화학물을 이용하여 북해산 생선에 함유된 중금속을 분해하거나 보완하거나 중화하기 위해 (아니 결국에는 더 악화시키기 위해?) 복잡한 영양학 기술을 이용하여 일주일 간의 식단을 다양하게 짤 수도 있다. 요리와 식사는 일종의 **암묵적인 식품화학**이, 유해효과를 최소화한다는 역전된 의미에서 마녀의 가마솥이 되고 있다. 여기서 화학 및 영농산업에서 과잉생산된 오염물질과 유독물질에 약간의 사적인 조작을 가하기 위해 '영양학 기술'을 이용하려면 상당히 포괄적인 지식이 필요하다. 그럼에도 불구하고 계급-특수적으로 분배되는 '반(anti)화학적' 영양 및 생활습성은 지식에 달려 있으며 이러한 습성은 오염에 관한 신문과 텔레비전의 보도에 반응하여 나타나게 될 개연성이 상당히 높다. '영양학적으로 자각한', 쇠발톱을 단 사람들 중에서 (화학산업의 방계로서 깔끔하게 포장되어 소비자들에게 제공되는 경우가 흔한) 이 같은 일상적인 '반화학'은 음식에서 주택까지, 질병에서 여가행위까지 모든 생활영역을 뒤집어 놓을 것이다(그리고 어쩌면 이미 그렇게 해 놓았는지도 모른다). 이로부터 우리는 위험을 이처럼 성찰적이고 값비싼 방식으로 처리함으로써 낡은 사회적 불평등이 **새로운** 수준으로 강화된다는 일반적 평가를 끌어낼 수 있을 것이다. 그러나 그렇다고 해서 위험분배의 논리의 핵심이 타격을 받지는 않는다.

위험지위의 강화와 함께 사적인 탈출로와 보상 가능성은 위축되는 동시에 번성한다. 위험의 지수적 성장, 탈출의 불가능성, 정치적 절제, 사적인 탈출기회의 고지와 판매는 서로를 **규정한다**. 어떤 음식물들의 경우에는 이 같은 사적인 회피책이 여전히 도움이 될 수도 있으나, 물 공급에서는 이미 모든 사회계층이 같은 수도관에 연결되어 있다. 산업지와는 멀리 떨어진 '농촌의 전원'에서 '삼림의 앙상한 유골'을 보게 된다면, 계급-특수적 장벽은 우리 모두가 마시는 공기 앞에서 무너지고 만다는 사실을 분명하게 알 수 있을 것이다. 이 같은 상황에서는 먹는 것이나 마시는 것이나 호흡하는 것만으로는 효과적인 보호책을 마련할 수 없을 것이다. 도움이 된다고 해도 단지 어느 정도로만 도움이 된다. 결국 우리는 빌딩의 벽돌과 땅 위의 이끼에서 무슨 일이 일어나고 있는가를 알게 된다.

문명의 위험의 지구화

하나의 공식으로 요약하면 이렇게 표현할 수 있다. 즉 **빈곤은 위계적**이지만 **스모그는 민주적이다**. 근대화 위험의 확장에 따라, 즉 자연, 건강, 영양 등의 위험의 확장에 따라 사회적 차이와 한계는 상대화된다. 대단히 상이한 결과들이 이로부터 계속해서 도출된다. 하지만 객관적으로 위험은 그 범위 내부에서 그리고 그로부터 영향을 받는 사람들 사이에서 평등화 효과를 보여 준다. 위험이 새로운 정치력을 갖게 되는 것은 정확히 그 같은 효과 안에서이다. 이런 점에서 위험사회는 정확히 계급사회가 아니다. 위험사회의 위험지위는 계급지위로 이해될 수 없다. 또는 그 갈등은 계급갈등으로 이해될 수 없다.

우리가 근대화 위험의 특정한 양식, 특정한 분배유형을 검토해 보면 이 점은 훨씬 더 명확해진다. 위험은 **지구화 경향을** 내장하고 있다. 산업생산에는 생산지와는 무관하게 위해의 보편화가 수반된다. 즉 먹이사슬은 실제로 지상의 모든 사람을 다른 모든 사람에게 연결시킨다. 먹이사슬은 국경선 아래로 숨어든다. 대기 중의 산성 성분은 조각물이나 예술작품만을 조금씩 갉아먹는 것이 아니라, 오래 전에 근대적인 세관의 장벽도 해체했다. 캐나다에서조차 호수들이 산성화되었으며 스칸디나비아 북부에서조차 삼림이 죽어가고 있다.

지구화 경향은 고통을 낳으며, 그 고통은 이번에도 역시 일반적이지 특수한 것이 아니다. 모든 것이 위험하게 된다면 어쨌든 이제 위험하지 않은 것은 아무 것도 없는 것이다. 탈출구가 없다면 사람들은 종국에는 그것에 대해 더 이상 생각하고 싶어 하지 않는다. 이러한 종말론적 생태-숙명론 때문에 사적 및 정치적 분위기의 시계추는 어느 방향으로도 흔들릴 수 있다. 위험사회는 히스테리에서 무관심으로 이동하고 또 그 반대로 이동한다. 행동은 이제 어제의 일이다. 벌레가 있어야만 어디에나 있으면서 그 효과가 영원히 지속되는 제초제를 손에 넣을 수 있는 것일까?(영어본에는 [in]sects로 표현되어 있다. 이 같은 말놀음은 두 가지 의미를 함축적으로 표현한다. 우선 벌레가 있어야 그것을 잡기 위한 제초제를 만들게 마련이라는 의미이다. 두번째는 바로 앞의 문장에서 말하고 있는 행동과 관련이 있다. 즉 행동이 비록 분파[sects]를 낳는 폐단이 있을지라도 행동이 있어야 제초제를 손에 넣을 수 있다는 뜻이다 — 역자)

부메랑 효과

상당한 정치적 폭발력을 가지고 있는 위험의 분배유형이 지구화에 포함되어 있으면서 아직은 그 모습을 분명하게 드러내지 않고 있다. 조만간 위험은 위험을 생산하거나 위험에서 득을 보는 사람들도 따라잡을 것이다. 위험은 사회적 부메랑 효과를 보이면서 확산된다. 즉 부자나 권력가들도 그로부터 안전하지 않다. 전에는 '잠재된 부수효과'였던 것이 그 효과를 생산한 본거지까지도 공격하게 된다. 근대화의 수행주체들 자체가 자신들이 풀어 놓고 그로부터 이득을 거두었던 위해의 소용돌이로 강력하게 빨려 들어간다. 이 같은 일은 다양한 방식으로 일어난다.

농업을 다시 예로 들어 보자. 독일에서 농업용 비료의 소비는 1951년 -1983년 사이에 1헥타 당 143kg에서 378kg으로 증가했으며, 농업용 화학물질의 사용은 1975년-1983년 사이에 25,000톤에서 35,000톤으로 늘어났다. 헥타 당 산출량도 늘었으나, 비료와 제초제의 사용량만큼 빠르게 늘지는 않았다. 곡물의 산출량은 2배로 늘었으며 토마토는 20%가 더 늘었다. 비료와 화학물질의 사용에 비교하여 산출량의 상당히 적은 증대는 자연의 파괴가 대단히 크게 진행되었다는 사실과 대조를 이루는 데, 농부는 그 변화를 눈으로 볼 수 있으며 그 때문에 고통받고 있다.

이처럼 경계해야 할 발전의 두드러진 지표는 많은 야생 동식물 종의 뚜렷한 감소이다. 존재가 위협받고 있는 것을 기록하는 '죽음 증명서'인 '적색 목록'이 더욱더 길어지고 있다.

그린랜드에서 자라는 680종의 식물 중에서 519종이 위험에 처해 있다. 황새, 도요새, 검은딱새와 같이 저습지에 기대어 살아가는 조류의 수는 급격히 감소하고 있다. 사람들은 '저습지 조류 프로그램'을 통해 바바리아에 마지막 남은 새 무리를 보존하려 애쓰고 있다. … 영향받고 있는 동물에는 땅에 둥지를 트는 새들, 육식성 조류같이 먹이사슬의 최상층에 위치한 동물, 올빼미와 잠자리, 성장기 동안에만 구할 수 있는 큰 벌레나 꿀같이 점점 귀해지는 먹이만을 먹고 사는 동물들이 포함된다.(「환경전문가 위원회」, 1985: 20)

이처럼 전에는 '보이지 않았던 이차효과'가 그 원인인 생산의 본거지 자체를 위험하게 하는 볼 수 있는 일차효과가 되고 있다. 근대화 위험의 생산에는 **부메랑 곡선**이 따른다. 수십억씩 보조받는 산업적 집약영농은 멀리 떨어진 도시에서 살아가는 어머니의 젖과 자녀들의 체내에 축적되는 납의 양을 크게 높일 뿐만 아니라, 농업생산 자체의 자연적 기초를 침식하는 경우도 흔하다. 즉 토양의 비옥도가 떨어지고, 대단히 중요한 동식물이 사라지며, 토양침식의 위험이 커진다.

이 같은 사회적 위험의 순환성은 다음과 같이 일반화될 수 있다. 근대화 위험의 뿌리에서 가해자와 피해자는 조만간 동일해진다. 생각할 수도 없는 최악의 사태에 해당하는 세계 핵전쟁의 경우에서 이 점을 분명하게 알 수 있다. 즉 핵전쟁은 공격자도 멸망시킨다. 이 점에서 분명히 지구는 부자와 빈자, 흑인과 백인, 북과 남 또는 동과 서의 구분을 더 이상 인정하지 않는 사출좌석(ejector seat)이 되었다. 그러나 그 효과는 모습을 드러냈을 때에만 존재하며, 그리고 모습을 드러냈을 때 그것은 더 이상 존재하지 않는다. 왜냐하면 더 이상 아무것도 존재하지 않기 때문이다. 그러므로 이러한 묵시론적 위험은 그 위협의 현재 상태 속에는 어떠한 구체적인 흔적도 남기지 않는다(Anders 1983). 그 점이 생태위기의 다른 점이다. 그 순환성은 농업의 경제적 기초조차 침식하며, 따라서 사람들의 식량공급 자체를 침식한다. 여기서 그 효과가 자연에만 미치는 것이 아니라, 부자의 지갑과 권력가의 건강에도 미치는 것임을 알 수 있다. 능력있는, 그리고 특정 정당노선을 따르지 않는 당국자로부터도 우리는 이 점에 관한 아주 소란스러운 묵시론적 이야기를 들을 수 있다.

생태적 가치저하와 공공수용

부메랑 효과는 삶에 대한 직접적인 위협으로 자신을 드러낼 필요가 없다. 그것은 2차적으로 미디어, 돈, 재산, 정당화에 영향을 미칠 수도 있다. 그것은 개별 자원들을 직접 공격할 뿐만 아니라 대규모의 평등주의적 방식으로 모든 사람들에게 악영향을 미친다. 삼림파괴는 조류를 사라지게 할 뿐만 아니라, 토지와 삼림 자산의 경제적 가치를 저하시킨다. 핵발전소나 화력발전소가 건설되고 있거나 계획되어 있는 곳의 토지가 격은 하락한다. 도시와 산업지대, 고속도로와 주요 간선도로는 모두 그 주변을 오염시킨다. 독일의 토지 중에서 7%가 이 같은 원인들 때문에 이미 너무나 오염되어서 양심적으로 한다면 결코 농경지로 사용될 수 없다거나, 이런 일이 가까운 장래에는 일어나지 않을 것이라는 데 대해서는 논쟁의 여지가 있을 수 있다. 그러나 그 원리는 동일하다. 즉 재산의 가치가 저하되고 있으며, 서서히 **생태적 공공수용(expropriation)**이 진행되고 있다.

이러한 효과는 일반화될 수 있다. 자연과 환경을 파괴하고 위태롭게 하는 것, 음식물과 소비물자에 함유된 유독 성분에 대한 소식, 위협적인 —— 아직 더 악화된 것은 아니지만 실제적인 —— 화학사고, 독극물 사고, 또는 원자로 사고는 소유권의 가치 저하와 공공수용을 서서히 혹은 급속히 진행시키는 효과를 지닌다. 근대화 위험이 무제한적으로 생산됨으로써 지구를 살 수 없는 곳으로 만드는 정책이 급속히, 때로는 파국적인 강도로 진행되고 실행되고 있다. '공산주의의 위협'으로서 반대되었던 것이 오염된 자연을 통한 우회로를 거쳐서 우리 자신이 행한 행동의 결과로서 나타나고 있다. 시장기회의 전장에서, 이데올로기의 교리싸움을 넘어서, 만인이 만인에 대해 '지구를 말려 죽이는' 정책을 추구하고 있다. 이 정책은 요란하지만 지속적인 성공을 거두는 경우는 거의 없다.

그 누구의 소유이건 오염되고 있거나 오염되었다고 간주될 수 있다. 사회적-경제적 가치가 상실되는 경우에 소유자의 구분은 비논리적이다. 법적 소유권이 유지된다고 해도, 그것은 쓸모없고 가치없게 될 것이다. '생태적 공공수용'의 경우에 우리는 이처럼 법적 **소유권이 지속되는 한편에서 진행되는 사회적-경제적 공공수용**에 관심이 있다. 이 점은 대기와 토양과 물만큼이나 식료품에도 적용된다. 그것들 안에서 살아가는 모든 것, 그리고 무엇보다도 그것들 안에서 살아가는 것을 **이용하여** 살아가는 사람들에게 적용된다. '잔류 유독물'이라는 말은 우리의 일상생활을 구성하는 모든 것이 여기에 포함될 수 있음을 분명하게 보여 준다.

이 모든 것의 이면을 뚫어 볼 수 있는 기본적인 통찰력은 아주 간단한 것이다. 즉 지상의 생명을 위협하는 모든 것은 생명과 생명이 필요로 하는 것들을 상품화해서 살아가는 사람들의 재산과 상업적 이익도 위협한다. 이런 식으로 진정한 그리고 체계적으로 강화되는 모순이 산업과 과정을 진척시키는 이윤 및 재산상의 이득과 위협적인 경우가 흔한 그 결과 사이에서 자라난다. 산업화의 위협적 결과는 (생명의 소유와 이윤은 말할 것도 없고) 소유와 이윤을 위태롭게 하며 공적으로 수용한다.

원자로사고나 화학적 재난과 함께 '공백지점들'이 가장 선진적인 문명단계에서 지도 위에 다시 생겨난다. 그 지점들은 우리를 위협하는 것을 기리는 기념비들이다. 독극물 사고나 갑자기 발견된 유독폐기물의 투기조차 주택지대를 **유독폐기물** 지대로 바꾸어 놓으며 농지를 **불모지**로 바꾸어 놓는다. 그러나 많은 일들이 예비적인 방식으로 잘 모르는 사이에 진행된다. 오염된 바다의 물고기는 그것을 먹는 사람들만이 아니라, 그 때문에 고기를 잡아 살아가는 많은 사람들도 위태롭게 한다. 스모그 경보가 발동되는 동안에 토지가 덧없이 죽는다. 산업지대 전체가 으시시한 유령도시로 변모된다. 부메랑 효과란 이런 것이다. 오염산업의 기계조차 정지하게 된다. 그러나 멈추는 것은 그들의 것만이 아니다. 스모그는 오염자부담의 원칙에 전혀 개의치 않는다. 대규모의 평등주의적 기초 위에서 스모그는 그 생산에 얼마나 책임을 지고 있느냐와는 무관하게 모든 사람을 공격한다. 이처럼 스모그는 확실히 요양소의 선전원이 아니며, 뛰어난 판매자가 아니다. (기온이나 수온과 같이) 확고한 방식으로 대기 중의 최대 스모그 수준을 효과적으로 공표하기 위한 법적 규정은 온천업과 휴양산업을 오염반대 정책의 적극적 지지자로 변모시켜야 한다. 비록 그들이 이제까지는 기준설정에 반대하는 정책을 지지했을지라도.

위험지위는 계급지위가 아니다.

이런 식으로 위험의 지구화와 함께 사회동학이 작동하기 시작하며, 이것은 더 이상 계급범주로 구성되지 않으며 이해될 수도 없다. 소유관계는 비소유관계를 함축하며 따라서 긴장과 갈등의 사회관계를 함축한다. 이 관계 속에서 상호규정적인 사회적 정체성이 지속적으로 진화되고 굳어진다. "그들은 저기 높은 곳에 있고, 우리는 여기 낮은 곳에 있다." 하지만 위험지위의 경우는 상황이 아주 다르다. 누구라도 위험의 영향을 받게 되면 삶이 어려워지지만, 영향을 받지 않은 사람들에게서 아무것도 빼앗을 수 없다. 비유적으로 표현하자면, '영향받은 자'로 이루어진 '계급'은 영향받지 않은 자로 이루어진 '계급'과 대치하지 않는다. 그것은 기껏해야 아직 영향받지 않은 자로 이루어진 '계급'과 대치한다. 건강이 더욱더 희귀한 현상이 되면서 오늘은 아직 (건강과 복지의 면에서) 유복하게 사는 사람들조차, 내일은 보험회사가 마련해 준 '영세민을 위한 무료급식소' 앞에 줄지어 선 사람들의 대열로, 모레는 병약자와 부상자들이 모여 사는 부랑자 촌으로 달려가 합류하게 된다.

독극물 사고와 유독폐기물 논란에 직면하여 당국자들이 보이는 당혹감과 그때마다 제기되는 법적 문제, 재판문제, 보상문제의 사태가 분명하게 말해 준다. 즉 위험에서의 자유가 밤새 돌이킬 수 없는 고통으로 변할 수 있다. 근대화 위험의 주위에서 일어나는 갈등은 진보와 이윤의 동력과 일치하는 체계적 원인의 주위에서도 발생한다. 그 갈등은 위해의 규모 및 정도와 연결되어 있으며, 그에 따른 보상요구 그리고/또는 과정의 근본적인 변화요구와 연결되어 있다. 그 갈등에서 중요한 것은 우리가 계속해서 (우리 자신을 포함하여) 자연을 착취할 수 있는가의 여부와, 따라서 '진보', '번영', '경제성장', 또는 '과학적 합리성'이라는 개념이 여전히 올바른가의 여부이다. 이런 의미에서 여기서 분출되는 갈등은 적합한 근대화 노정을 둘러싸고 문명 내부에서 전개되는 교리투쟁의 성격을 지니게 된다. 여러모로 이 갈등은 19세기와 20세기 초의 계급갈등보다는 중세의 교리투쟁을 닮았다.

산업적 위험과 파괴는 국경도 전혀 존중하지 않는다. 그것들은 바바리아 숲에서 자라는 풀잎의 생명과 오염저지를 위한 효율적인 국제협정을 궁극적으로 짝지운다. 오염물질 이동의 초국성은 더 이상 개별 국가의 노력으로 처리될 수 없다. 산업국들은 이제부터 배출 또는 유입의 국가적 수지균형에 따라 구분되는 데 동의해야만 한다. 달리 말해서 오염물질의 수지균형에서 '적극적인', '평범한', '수동적인' 산업국들 사이에서, 또는 좀더 분명하게 말하자면 '불결한' 나라들과 다른 나라의 오물을 청소하고 흡입하거나 그 때문에 죽음과 공공수용과 가치저하라는 대가를 치루어야 하는 나라들 사이에서 **국제적 불평등**이 발생하고 있다. 사회주의의 '형제적 공동체'도 이 같은 구분과 거기에 내재된 갈등의 원천에 곧 직면하게 될 것이다.

운으로서의 위험지위

근대화 위험의 취급 곤란한 국제성은 그것이 확산되는 방식과 조화를 이룬다. 적어도 소비자에게 그 비가시적 성격은 결정할 기회를 좀체로 허용하지 않는다. 그 위험은 다른 물건들과 함께 흡입되거나 섭취되는 '남의 어깨에 올라타고 있는 생산물'이다. 그것은 정상적인 소비에 숨어 탄 밀항자이다. 그것은 바람과 물을 타고 여행한다. 그것은 어떠한 것에도 있을 수 있으며, 절대로 필요한 생필품 —— 공기, 음식, 옷, 가구 —— 과 함께 그렇지 않았으면 엄격히 통제되었을 근대성의 보호영역을 모두 통과한다. 고를 수도 있고 살 수도 있고 결정할 수도 있다는 점에서 매력적이지만 쌀쌀맞기도 한 부와는 달리, 위험과 파괴는 모든 곳에 은밀히 숨어 들어가며 자유(!) 결정의 방해를 받지 않는다. 이런 점에서 그것들은 문명이 그 원인이 되는 새로운 형태의 위험귀속을 낳는다. 이것은 몇 가지 점에서 중세사회에서 신분의 운명을 떠올리게 한다. 이제 발전된 문명에는 위험의 운명이 있다. 우리는 태어나면서 그 운명을 짊어지게 되고, 어떠한 성취로도 그 운명을 피할 수 없으며, 그 운명에 의해 우리 모두가 비슷하게 마주하게 되는 (큰 효과를 지니고 있는) '작은 차이'로도 그 운명을 피할 수 없다.

신에의 귀속을 제거하고 개인권(privacy)을 개발하고 자연과 전통의 제약에서 사람들을 해방하기 시작했던 발달된 문명에서, 새로운 지구적 차원의 위험귀속이 모습을 드러내고 있다. 그리고 유독물질과 오염인자들이 산업세계의 자연적 기초 및 기본적인 생활과정과 뒤섞여 있다는 단순한 이유 때문에 개인적 결정은 위험귀속에 대해 거의 맞설 수 없다. 자신이 의사결정할 수 없는 위험의 희생자가 되어 본 경험은, 그 때문에 많은 사람들이 기술문명의 최신 성과에 대해 양면적으로 반응하게 되고 필연적으로 탐구적인 비판을 가하게 되는, 충격과 어떻게 할 수 없는 격노와 '미래가 없다'는 느낌을 이해할 수 없게 만든다. 피할 수 없는 것에 대해 비판적 거리를 확보하고 유지한다는 것이 도대체 가능할 수 있는가? 피할 수 없다는 바로 그 이유 때문에 사람들은 비판적 거리를 포기하고, 경멸이나 냉소로써, 무관심이나 환호로써 불가피한 것을 향해 도피하게 되지 않을까?

새로운 국제적 불평등

위험지위의 세계적인 평등화는 위험이 유발하는 고통 **내부**에서 형성되는 **새로운** 사회적 불평등에 관하여 우리를 결코 속이지 않는다. 이것은 특히 위험지위와 계급지위가 중첩되는 곳에서 국제적 규모로 발생한다. 지구적 위험사회의 프롤레타리아트는 제3세계의 산업 중심지의 제련소와 화학공장에 붙어 있는 굴뚝 아래에 자리 잡고 있다. '역사상 최대의 산업재해'(『슈피겔』)인 보팔이라는 인도의 도시에서 발생한 독극물사고는 이 점을 지구 대중의 의식 속에서 일깨웠다. 유해산업은 제3세계의 저임국들로 옮겨가고 있다. 이것은 전혀 우연의 일치가 아니다. 극단적인 빈곤과 극단적인 위험 사이에는 체계적인 '흡인력'이 있다. 위험이 분배되는 선로 변경지대에서 '저발전된 시골의 후미진 곳'에 있는 역들은 특별한 인기를 누린다. 그리고 우리들은 책임감있는 선로 교환원이 자기가 무엇을 하고 있는지 모르고 있다고 계속해서 추정할만치 순진한 바보가 될 수도 있을 것이다. 이에 대한 또 다른 증거는 '신'(직업을 창출하는)기술을 시골의 실업인구가 '더 잘 받아들인다'는 증명된 사실이다.

국제적인 규모에서 물질적 궁핍과 위해에 대한 맹목이 일치한다는 것은 분명히 사실이다. "한 독일인 개발전문가는 예를 들어 스리랑카의 부주의한 제초제 사용에 관해 이렇게 보고한다. '그 나라에서는 맨 손으로

DDT를 살포하고, 사람들은 그 가루를 하얗게 뒤집어 쓴다.'"(인구 120만 명인) 트리니다드의 앤틸리즈 섬에서 총 120명이 제초제 때문에 죽은 것으로 보고되었다. "한 농부는 이렇게 말한다. '농약을 뿌리고 나서 아프다면 농약을 충분히 뿌리지 않은 것이다'"(『슈피겔』 1984, 50호: 119).

이 사람들에게 파이프와 탱크들이 복잡하게 설치된 화학공장들은 값비싼 성공의 상징이다. 그와는 대조적으로 거기에 내포되어 있는 죽음의 위협은 대부분 보이지 않는 상태이다. 그들에게 그 공장들에서 생산되는 비료, 제초제, 살충제는 무엇보다도 물질적 궁핍에서의 해방을 의미한다. 그것들은 서구 산업국들로부터 체계적인 지원을 받는, 30%의 식량증산을 가져 온, 그리고 몇몇 아시아와 남미 국가에서는 지난 수년 동안 40%의 식량증산을 가져 온 '녹색혁명'의 전제조건이다. 매년 '수십만 톤의 제초제가 면화밭과 농장에, 담배와 과일농장에 뿌려지고 있다'(119)는 사실은 이처럼 생생한 성공의 뒷전으로 물러나게 된다. 아사라는 가시적 위협과 독극물 중독사라는 비가시적 위협 간의 경쟁에서 물질적 궁핍에 맞서는 눈으로 분명히 확인할 수 있는 투쟁이 승리를 거둔다. 화학물질을 광범위하게 사용하지 않는다면 토지의 산출량은 줄어들고 벌레가 기승을 부리고 농사는 망칠 것이다. 화학물질을 사용한다면 주변부의 빈국들은 자신들의 식량창고를 세울 수 있을 것이며 산업세계의 강력한 중심부로부터 조금은 독립할 수 있을 것이다. 제3세계의 화학공장들은 생산 및 비용이 많이 드는 수입의 면에서 이처럼 독립해야 한다는 인상을 강화한다. 굶주림에 맞서고 자주성을 획득하기 위한 투쟁은 어떤 경우에나 인지할 수 없는 위해들이 억제되고 최소화되며, 그 덕분에 증폭되고 확산되며 결국에는 식량사슬을 통해 부유한 산업국들로 되돌아가는 보호막을 형성한다.

안전과 보호를 위한 규제책은 불충분하게 개발되며, 그런 규제책들이 있는 곳에서 그것들은 그저 방대한 종이쪽에 불과한 경우가 많다. 읽지도 쓰지도 못하는 경우가 흔하고 보호의를 구입할 여유가 아주 적은 농촌 주민의 '산업적 순진성' 때문에 관리진은 위험에 대한 의식수준이 더 높은 산업국들의 환경에서는 생각할 수도 없을 위험처리방식을 정당화하는 상상할 수도 없는 기회를 가질 수 있다. 관리진은 그것이 실행될 수 없을 것임을 알기 때문에 엄격한 안전규제책을 제정할 수 있으며, 준수해야만 한다고 주장할 수 있다. 관리진은 이런 식으로 손을 뺀 채 기만적이자 양심적인 방식으로 사고와 죽음의 책임을 위해에 대한 사람들의 문화적 무지로 돌릴 수 있다. 재난이 실제로 발생했을 때 배치되는 수많은 판결과 빈국들의 물질적 이해관계는 문제를 선택적으로 정의함으로써 사태의 악화를 제약하려는 최소화 및 모호화정책을 위한 좋은 기회를 제공한다. 정당화의 제약에서 자유로운 생산의 경제적 조건은 산업적 관심을 마치 자석같이 끌어 당기며, 물질적 빈곤을 극복하고 국가적 자주성을 획득하려는 나라들의 특수한 이해관계와 결합하여 그 말의 가장 참된 의미에서 폭발성의 혼합물을 만들어 낸다. 배가하는 위험이라는 악마의 우두머리로 굶주림이라는 악마와 싸우는 것이다. 특히 심힌 유해산업들이 주변부의 빈국들로 이전되고 있다. 제3세계의 빈곤에 선진 위험산업의 고삐 풀린 파괴력에 대한 공포를 더하게 된다. 보팔과 남미에 관한 사진과 보고서들은 자신들의 언어로 이야기한다.

파리시 촌

브라질에는 세계에서 가장 더러운 화학도시가 있다. … 빈민굴의 주민들은 해마다 골함석 지붕을 바꿔야 한다. 산성비가 지붕을 먹어 치우기 때문이다. 이곳에서 어느 정도 생활한다면 누구의 몸에서나 뾰루지가, 브라질 사람들 식으로 말하자면 '악어 피부'가 돋게 된다.

피해가 가장 심한 사람들은 15,000 명이 사는 빈민굴인 파리시 촌(Villa Parisi)의 주민들로, 그들 대부분은 잿빛 돌을 이용하여 작고 수수한 집을 지을 수 있었다. 이곳의 슈퍼마켓에서는 심지어 가스 마스크를 팔고 있을 정도이다. 대부분의 아이들이 천식, 기관지염, 각종 콧병과 목병, 그리고 피부병에 걸려 있다.

파리시 촌에서는 냄새로 쉽게 길을 찾을 수 있다. 한 모퉁이에서는 노천 하수도가 거품을 일으키고 있는가 하면, 다른 곳에서는 질척질척한 녹색

Risikogesellschaft

물줄기가 흘러간다. 닭털을 태우는 듯한 냄새는 철강공장을 가리키며, 썩은 달걀냄새는 화학공장을 뜻한다. 시 당국에서 세운 배출측정기는 작동한 지 1년 반만인 1977년에 고장났다. 그 기계도 분명히 그곳의 오염을 견딜 수 없었을 것이다.

세계에서 가장 더러운 도시의 역사는 브라질의 석유회사인 페그로프라스가 정유소 예정지로 해안 습지를 선택했던 1954년에 시작되었다. 곧 이어 브라질 최대의 철강콘체른인 코시파와 브라질-아메리카의 비료회사인 코페그라스가 도착했으며, 그 뒤에 피아트, 다우 케미칼, 유니온 카바이드와 같은 다국적 기업들이 들어왔다. 브라질 자본주의가 급속히 성장하던 시기였다. 군사정권은 외국 기업을 유치하여 그곳에서 환경적으로 해로운 물품을 생산하도록 했다. "브라질은 아직 오염을 수입할 여유가 있다"고 계획부 장관이었던 파울로 벨로사는 스톡홀름에서 환경회의가 개최되었던 해인 1972년에 큰소리쳤다. 브라질의 유일한 생태적 문제는 빈곤이라고 그는 주장했다.

"질병의 주요 원인은 영양실조, 알코올과 담배"라고 페그로프라스의 대변인은 말한다. "사람들이 코파타오에서 올 때 이미 병든 상태"인데, "병이 악화되면 그들은 우리 탓을 한다. 그건 정말 비논리적이다"라고 유니온 카바이드의 사장인 파울로 피구에이레도는 말한다. 몇 년 간 사웅 파울로의 주지사는 오염된 코파타오에 신선한 바람을 불어 넣으려고 시도해 왔다. 그는 13 명의 태만한 환경국 관리들을 해고했으며 배출상황을 측정하기 위해 컴퓨터를 도입했다. 그러나 몇천 달러의 경미한 벌금으로는 환경 위반자들을 괴롭히지 못했다.

올해 2월 25일에 재난이 발생했다. 페그로프라스의 진창을 통해 70만 리터의 석유가 소코 촌의 판자집들이 들어 서 있는 습지로 흘러 들었다. 화염이 2분만에 이곳을 휩쓸어 버렸다. 500 명 이상의 사람들이 불에 타 숨졌다. 어린 아이들의 시신은 찾을 수도 없었다. "그 아이들은 열기 때문에 증발해 버렸다"고 한 브라질 관리는 말했다(『슈피겔』 1984, 50호: 110).

보팔

새들이 하늘에서 떨어졌다. 물소와 황소와 개들이 거리와 들에 죽어 누웠다. 중앙아시아의 태양 아래서 그 상태로 몇 시간이 지나자 크게 부풀어 올랐다(말 그대로). 그리고 도처에서 질식된 사람들이 몸을 오그리고 입술에 거품을 물었으며, 경련을 일으킨 손은 땅을 후벼 팠다. 지난 주말까지는 3천 명이었으며 새로운 희생자들이 계속 발견되고 있었다. 당국은 집계를 중단했다. 아마 2만 명의 사람들이 실명할 것이다. 20만 명 정도의 사람들이 피해를 입었다.

보팔시에서 역사상 유례를 찾을 수 없는 묵시록적인 산업재난이 지난 일요일 밤과 월요일 아침 사이에 발생했다. 독가스 구름이 화학공장을 빠져 나와 $65km^2$에 걸쳐 두꺼운 장막처럼 내려 앉았다. 그 구름이 다 퍼졌을 때 역겹게 달착지근한 썩는 냄새가 퍼지고 있었다. 평화롭기만 했던 도시는 갑자기 전쟁터가 되었다. 힌두교도들은 죽은 자를 화장 장작더미 위에 올려 놓고 태웠다. 한번에 25 구씩. 화장용 목재가 곧 부족하게 되었다. 등유의 불길이 시체를 핥았다. 회교도의 장례식도 사람들로 붐볐다. 이슬람의 신성한 계율을 깨고 이미 시신이 매장되어 있는 묘지를 개장했다. "한 무덤에 두 사람을 묻는 게 죄라는 건 안다"며 묘지 인부들 중의 한 명이 푸념한다. "알라께서 부디 저희를 용서하시길. 우리는 묘지 하나에 세 사람, 네 사람, 심지어 그 이상도 묻고 있습니다"(110).

그러나 물질적 빈곤과는 대조적으로 위해로 인한 제3세계의 빈곤화는 부자들에게도 전염된다. 위험의 증가 때문에 세계사회는 위난의 공동체를 형성하기 위한 계약을 맺어야 한다. 부메랑 효과는, 해외로 이전함으로써 위해를 없애고자 했지만 그 뒤에 값싼 식료품을 수입했던 바로 그 부유한 나라들을 공격한다. 제초제는 과일과 카카오와 차 속에 함유되어 고도로 산업화된 모국으로 돌아온다. 극단적인 국제적 불평등과 세계시장의 상호연결성이 주변부 국가들의 가난한 이웃들을 부유한 산업 중심국의 문턱으로 이주시킨다. 그들은 국제적 오염의 배양지가 되며, 답답한 중세 도시의 빈민들을 괴롭힌 전염병과 마찬가지로 국제적 오염은

Risikogesellschaft

세계공동체의 부유한 이웃들조차 내버려 두지 않는다.

두 개의 시기, 두 개의 문화: 위험의 인식과 생산 사이의 관계

그러므로 계급사회와 위험사회의 불평등은 중첩되며 서로를 조건지운다. 즉 후자는 전자를 생산할 수 있다. 사회적 부의 불평등한 분배는 위험생산을 위한 거의 난공불락의 방어벽과 논거를 제공할 수 있다. 여기서 위험에 대한 문화적-정치적 **주목**과 그 실제적 **확산**은 정확히 구분해야만 한다.

계급사회는 계급간의 모든 격차를 가로질러 주요 관심사가 물질적 필요를 가시적으로 만족시키는 사회이다. 여기서 굶주림과 잉여 또는 강자와 약자가 서로 대치한다. 궁핍은 자기 확인을 필요로 하지 않는다. 그것은 존재한다. 그 직접성과 **가시성**은 부와 권력이 물질적으로 증명된다는 사실에 부합한다. 계급사회의 확실성은 이런 점에서 가시성의 문화의 확실성이다. 즉 비쩍 마른 굶주림이 통통하게 살찐 포만과 대조된다. 궁전이 오두막과, 광채가 넝마와 대조된다.

생생한 것이 지니는 이 같은 명확한 자질은 위험사회에서 더 이상 지속되지 않는다. 인식가능성을 벗어나는 것이 비실제적인 것과 더 이상 일치되지 않으며, 그 대신 유해정도가 더 높은 실제성을 보유할 수조차 있다. 당장의 필요가 이미 알려진 위험요소와 경합을 벌인다. 가시적인 결핍 또는 잉여의 세계가 위험의 지배 아래서 희미하게 사라진다.

인식가능한 부와 인식불가능한 위험 사이의 경주에서 후자는 승리할 수 없다. 가시적인 것은 비가시적인 것과 경쟁할 수 없다. 역설은 **바로 그렇기 때문에** 비가시적인 위험의 승리를 선언한다.

아무튼 인식불가능한 위험을 무시하는 것은 언제나 당장의 필요를 배제한다는 데서 그 논거를 찾으며 ── 그리고 실제로 그 같은 논거를 가지고 있으며(제3세계를 보라!) ── 위험과 위해가 자라고 만개하며 번성하는 문화적-정치적 토양이 된다. 계급사회, 산업 및 시장사회의 문제를 한편으로 하고 위험사회의 문제를 다른 한편으로 하여 나타나는 문제의 중첩과 경쟁에서는, 관련된 권력관계 및 기준과 일치하여 부의 생산논리가 언제나 승리하며 바로 그 때문에 위험사회가 궁극적으로 승리를 거두게 된다. 필요의 구체성은 위험의 인식을 억제한다. 그러나 인식을 억제할 뿐 그 실제성이나 효과를 억제하지는 않는다. 부인된 위험은 특히 빨리 그리고 잘 자란다. 화학산업의 발전뿐만 아니라 원자로기술, 극소전자공학, 유전공학의 발전으로 특징 지워지는 사회적 생산의 특정 단계에서 부의 생산의 논리와 갈등의 지배는, 따라서 위험사회의 사회적 비가시성은 위험사회의 비실제성을 증명하지 않는다. 그와 반대로 그것은 위험사회를 태동시키는 동력이며 따라서 위험사회의 실제화를 보여주는 증거이다.

제3세계의 계급시위와 위험시위의 중첩 및 증폭현상이 가르치는 것이 바로 이것이다. 그러나 부유한 산업국들의 행동과 사고에 대해서도 이와 똑같이 말할 수 있다. 경제회복과 성장을 보호하는 것에 여전히 도전받지 않는 제일의 우선순위를 부여하고 있다. 규정된 배출 규제책의 총구멍을 넓게 하고 그 실행을 태만하게 하기 위해, 또는 식료품에 함유된 특정 유독물질에 대한 조사를 막기 위해 실업의 위협이 강조된다. 경제적 결과에 대해 고려하지 않고 화학물질의 전체 목록을 작성하는 경우는 없다. 그 목록은 법적으로 존재하지 않으며 바로 그 때문에 자유롭게 회람될 수 있다. 환경위험에 맞서 싸우는 것 자체가 독일에서는 수백만의 사람들에게 안심할 수 있는 (정말로 안심할 수 있는) 직업을 보장하는 번창하는 산업분야가 되었다는 데서 비롯되는 모순은 침묵 속에서 잊혀진다.

동시에 위험을 규정하는 '관리'도구들이 날을 갈고 있으며 이와 관련된 도끼날이 허공을 가르고 있다. 위험을 지적하는 사람들은 '괜한 걱정이 많은 사람'이라는 그리고 위험의 생산자라는 중상을 받게 된다. 그들이 제시한 위해는 '증명되지 않은' 것으로 간주된다. 그 위해가 인간과 동물에게 미친 영향에 대한 그들의 실증은 '엉뚱할 정도로 과장된' 것으로 취급된다. 현재 상황이 어떠하며 취해야 할 적합한 조치는 어떠한 것인가를 분명히 할 수 있으려면 더 많은 연구가 행해져야 한다고 그들은 말한다. 단지 급속히 늘어나는 국민총생산만이 환경보호책을 개선하기 위한 전제조건을 만들 수 있을 것이다. 그들은 과학과 연구에 대한 신뢰를 호소한다. 그들의 합리성은 이제까지 모든 문제에 대한 해결책을 발견했으나, 논쟁은 계속되고 있다. 반대로 과학에 대한 비판과 미래에 관한 불안은 '비합리주의'로 낙인 찍힌다. 그들은 진정한 악의 근원으로 간주된다. 배가 빠르게 나아가기 때문에 이물(뱃머리 — 역자)에 파도가 부딪히는 것처럼 진보가 추구되기 때문에 위험이 나타난다. 위험은 결코 근대(modern times)의 발명품이 아니다. 사회생활의 여러 영역에서 위험이 허용되고 있다. 예컨대 교통사고로 인한 사망이 그렇다. 이를테면 매년 독일에서는 중간 규모의 도시가 흔적도 없이 사라진다. 심지어 사람들은 그런 사실에 익숙해져 있을 정도이다. 방사성 물질이나 폐기물 등으로 인한 작은 재난들이 발생할 자유공간과 분위기는 (독일의 안전기술을 고려하면 이런 일들은 거의 전혀 일어날 것 같지 않지만) 대단히 풍부하다.

　이 같은 해석이 지배적일지라도 실제성을 상실하고 있다는 점에서 우리를 현혹할 수는 없다. 그 승리는 피러스 왕의 승리(큰 희생을 치루고 거둔 승리. 에피루스의 피러스(Pyrrhus) 왕이 기원전 279년에 많은 인명을 희생하고 로마군에게 승리한 데서 유래 — 역자)이다. 이 같은 해석이 지배적인 곳에서 그것은 자신이 부정한 것, 즉 위험사회를 생산한다. 그러나 위험사회에는 위안을 주는 것이 없다. 반대로 위난이 더욱더 커간다.

세계사회라는 유토피아

따라서 객관적인 지구적 위험공동체는 특히 부정과 몰인식 속에서 태동하고 있다. 다양한 이해관계의 이면에서 위험의 실제성은 이제 어떠한 사회적 또는 국가적 차이도 알지 못한 채로 닥쳐 와서 성장한다. 무관심의 장벽 뒤에서 위난은 멋대로 뛰어 다닌다. 물론 그렇다고 해서 성장하는 문명의 위험에 직면하여 거대한 조화가 깨질 것이라는 말은 아니다. 정확히 위험을 다루는 데서 새로운 여러 가지 사회적 차별화와 갈등이 나타난다. 이것들은 더 이상 계급사회의 계획에 의한 것이 아니다. 새로운 차별화와 갈등은 무엇보다 후기 산업사회의 이중적 면모에서 생겨난다. 위험은 더 이상 기회의 어두운 면이 아니며 오히려 **시장기회**이다. 위험사회가 발전함에 따라 위험 때문에 **피해를 입은** 사람과 그로부터 **이윤**을 얻은 사람들 간의 적대감이 발전한다. 지식의 사회적-경제적 중요성이 비슷하게 커지며, 그와 함께 지식을 구성하고(과학과 연구) 퍼뜨리는 (대중매체) 미디어에 대한 권력이 커간다. 위험사회는 이런 점에서 **과학과 미디어와 정보사회**이기도 하나. 따라서 새로운 적대는 위험의 정의를 생산하는 사람과 그것을 소비하는 사람들 사이에서 형성된다.

실업계와 위험의 제거 사이의, 그리고 위험의 정의의 생산과 소비 사이의 이 같은 긴장은 사회활동의 모든 영역에 걸쳐 있다. **위험의 범위, 정도, 긴급성에 대한 정의를 둘러싸고 전개되는 투쟁**의 본질적 원천이 여기에 있다. 수용가능한 수준을 어떻게 정하느냐에 따라 환자나 희생자로서 고통받는 사람들의 수가 늘거나 줄어든다. 원인을 무엇으로 보느냐에 따라 기업과 직업이 비난의 포화를 맞게 된다. 정치인과 정치는 사고와 피해에 대한 책임을 체계가 아니라 개인에게 지움으로써 압력을 줄인다. 다른 한편 위험을 정의하는 사람들은 시장기회를 떠맡고 확대한다. 화학자 같은 사람들은 양쪽 편에 동시에 속한다. 그들은 사람들을 아프게 하고 나서 그들의 이차적 질환을 치료하기 위해 약을 먹인다(알레르기 치료를 예로 들 수 있다). 위험을 착취하는 시장의 확대는 일반 대중으로 하여금 위험의 은폐와 폭로 사이를 오가도록 촉진한다. 왜냐하면 '문제'가 '해결책'이 될 수 없는지에 대해 또는 그 반대의 경우에 대해, 누가 무엇으로부터 이윤을 얻는지에 대해, 인과적 숙고를 통해 문제의 책임이 어디서 드러나거나 은폐되고 있는지에 대해, 그리고 실제로 상당히 다른 무엇인가를 의도하는 위험에 관한 모든 이야기가 본 무대를 벗어난 정치극의 상연은 아닌지에 대해, 그 누구도 궁극적으로는 잘 모른다는 효과를 거두기 때문이다.

그러나 부와는 달리 언제나 위험은, 역시 위험이 생산하는 잇점에 기초하고 있는 **부분적인 양극화만**을 생산하는 한편, 적어도 아직은 완전히 발전되지 않은 상태이다. 위험요소가 커가고 있음을 보게 되는 순간 그 잇점과 차이는 녹아 없어진다. 조만간 위험은 우리에게 단지 위협만을 제공하게 되며, 그 위협은 이제 연관된 잇점을 상대화하고 침식한다. 그리고 위난의 성장과 함께 그 위협은 온갖 종류의 이해관계를 통해 여러 가지 위험의 공동성(communalities)을 실제적인 것으로 만든다. 그런 식으로 위험의 고통이라는 덮개 아래서 ── 이것이 어떤 방식으로 덮고 있는가와는 상관없이 ── 모든 적대감의 이면에 자리 잡은 공동성도 태동하게 된다. 핵에너지나 유독폐기물이나 명백한 자연파괴의 위해를 막기 위해, 다양한 계급, 정당, 직업집단과 연령집단의 성원들이 시민운동을 조직하게 된다.

이런 의미에서 위험사회는 새로운 이해관계의 적대감과 위태로운 처지에 몰린 사람들의 새로운 공동체를 생산한다. 그러나 이 공동체의 정치적 수행능력은 아직 미지수이다. 근대화의 위해가 연관되지 않은 채 남아 있는 영역을 제거하는 정도에 따라, (계급사회와는 대조적으로) 위험사회는 희생자들을 지구적 위험지위 속에서 단결시키는 추세를 강화할 것이다. 제한적이기는 하지만 우방과 적국, 동과 서, 상층과 하층, 도시와 농촌, 남과 북이 모두 지수적으로 증가하는 문명의 위험의 평균화하는 압력에 노출되어 있다. 위험사회는 계급사회가 아니다. 그러나 이 사실은 충분히 이야기되지 않고 있다. 위험사회에는 사람들이 문명의 자기위협이라는 획일적인 처지로 몰려가도록 만드는 **경계를 부수는** 풀뿌리 대중의 **발전동학**이 내재되어 있다.

그만큼 위험사회는 갈등과 합의의 새로운 원천을 통제한다. 결핍의 제거가 차지하고 있던 자리를 위험의 제거가 차지한다. 이를 위한 의식 및 정치조직의 형성이 아직 부족할지라도, 우리는 그것이 작동시키는 위험 발생의 동학을 통해 위험사회가 **군사동맹 및 경제블럭의 경계만큼**이나 **국민국가의 경계를 침식한다**고 말할 수 있다. 계급사회가 국민국가로 조직될 수 있다면, 위험사회는 궁극적으로 국제연합(UN) 내에서만 구성될 수 있는 '위난공동체'를 낳는다.

근대화 과정에서 문명에 의해 발전된 자기위협의 잠재력은 이렇듯 세계사회라는 유토피아를 조금 더 실제적인 것으로 또는 적어도 더욱 긴급한 것으로 만들기도 한다. 19세기의 사람들은 경제적 파괴가 부과하는 벌금을 통해 자신들을 산업사회와 임노동의 조건에 복속시키는 법을 배워야 했다. 똑같은 방식으로 사람들은 미래에도 마찬가지겠지만 오늘날 문명의 묵시록이 드리우고 있는 그림자 아래서 모든 경계를 가로지르는 자학적인 위험에 대한 해결책을 찾고 실행하기 위해 책상 앞에 앉는 법을 배워야 한다. 이러한 압력은 이미 오늘날 인식될 수 있다. 환경문제는 국경을 가로지르는 협정과 국제적 협상을 통해서만 객관적으로 의미 있게 해결될 수 있으며, 따라서 그 길은 군사동맹을 반대하는 회의와 협상으로 이어진다. 상상할 수도 없는 파괴력을 지닌 핵무기의 비축이 가하는 위협은 모든 군사적 영역에서 사람들의 정신에 큰 타격을 주고 있으며 그 활력이 아직은 증명되지 않은 위협공동체를 만들어 낸다.

정치적 진공상태

그러나 최소한 이해할 수 없는 테러에서 정치적 의미를 찾으려는 시도들 때문에 이렇듯 새롭게 떠오르는 객관적 위난의 공동성이 정치적-경제적 의미에서 이제까지 표랑하고 있었다는 사실에 대해 우리는 눈감을 수 없다. 그와 반대로 위난의 공동성은 국민국가의 이기주의와 산업사회의 지배적인 사회내 정당, 산업 및 이익단체들과 충돌한다. 조합주의 사회의 정글 속에서는 모든 집단에 미치는 지구적 위험을 위한 자리를 찾을 수 없다. 여기서는 모든 조직이 자신의 의뢰인과 사회적 환경을 가지고 있으며, 이것들은 서로에 대항하여 활동하거나 행동하는 적대자와 동맹자로 구성된다. 위난의 공동성은 거의 해결 불가능한 문제를 가지고 이익단체의 다원주의적 구조와 대치한다. 그것은 상호주의적으로 달성되고 아주 닳아빠진 타협의 길을 혼란에 빠뜨린다.

위난이 커지지만 정치적으로는 **예방적** 위험관리정책으로 재주조되지 않고 있다는 것은 사실이다. 더욱이 어떤 종류의 정치나 정치제도가 그와 같은 일을 할 수 있을지조차 분명하지 않다. 불가해한 문제에 부합하여 불가해한 공동체가 나타난다. 그러나 그것은 아직 실제적이기보다는 이상적이다. 동시에 이러한 격차와 마찬가지로 제도화된 정치력의 공백 또는 심지어 그에 관한 사상적 공백이 나타난다. 위난이 정치적으로 어떻게 조정될 수 있는가에 관한 문제의 개방성은 행동과 정책형성의 필요가 커가는 것과 뚜렷한 대조를 이룬다.

이러한 사실의 이면에 은폐되어 있는 많은 문제들 중에 정치 주체의 문제가 있다. 19세기 계급사회의 이론가들이 이 역할을 담당할 주체로 프롤레타리아트를 선정한 데에는 충분한 이유가 있다. 그들은 그와 함께 여러 가지 어려움을 안게 되었으며 지금도 여전히 그러하다. 이 같은 가정의 사회적-정치적 명백성은 바로 과거에 아주 옳았던 것이기 때문에 퇴행적인 것이다. 노동자의 정치운동 및 조합운동의 성과는 위대했으며, 너무 위대해서 미래로 이끄는 지도자로서 그들이 이전에 수행했던 역할을 침식했을 정도이다. 그들은 위험사회의 위해를 풀 수 있는 해답을 찾아내는 정치적 상상력의 원천이 아니라, 이미 달성한 것과 미래에 의해 부식되고 있는 것을 지키려는 성격을 더 많이 갖게 되었다.

계급사회의 정치적 주체 —— 프롤레타리아트 —— 에 부합하는 위험사회의 정치적 주체는 **정도의 차는 있지만 생생한 대규모 위난에 의해 희생자가 되는 모든 사람들뿐**이다. 그 같은 압도적인 불안이 쉽게 억제될 수 있다고 믿기 위해서 프로이트주의자가 될 필요는 없다. 그것은 모든 사람의 책임이며 누구의 책임도 아니다. 고전적인 산업사회에서는 모든 사람이 자신의 직무(소득, 가족, 작은 집, 자동차, 취미, 휴가 등. 이것들을 상실한다면 아무튼 삶이 곽곽하게 된다. 즉 오염이나 무일푼 상태를 감수하고 살아야 한다)를 위해 투쟁한다. 그러나 생생하지 않은, 보편적인 고통이 도대체 정치적으로 조직될 수 있는가? '모든 사람'이 정치적 주체가 될 수 있는가? 너무도 우연적인 방식으로 위난의 지구적 본성에서 정치적 의지와 행동의 공동성으로 도약하고 있지는 않은가? 문제상황에 주의하지 않기 위해서 또는 단지 간접적으로만 그렇게 하기 위해서, 다른 사람들에게 문제를 미루기 위해서 하나의 논리가 지구화되고 모든 사람을 희생자로 만들고 있지는 않은가? 이 같은 사실들이 희생양을 만들어 내는 근원이 아닌가?4)

필요의 유대에서 불안에 의해 동기화된 유대로

정치적 표현이 개방되어 있고 정치적 결과가 모호하다고 해도 계급사회에서 위험사회로 이행하는 과정에서 공동체의 질은 변하기 시작한다. 도식적으로 말하자면 두 개의 완전히 다른 가치체계가 이러한 두 가지 유형의 근대사회에서 표현된다. 계급사회는 그 발전동학에서 ('기회의 평등'에서 사회주의적 사회모델들에 이르기까지 다양하게 형성되는) 평등의 이상과 계속해서 관련을 맺는다. 위험사회는 그렇지 않다. 그 기초이자 원동력인 규범은 **안전**(safety)이다. '불평등한' 사회의 가치체계의 자리는 '불안한' 사회의 가치체계로 대체된다. 평등의 유토피아가 사회변화의 실질적이고 **적극적인** 목표로서 부를 포함한다면, 위험사회의 유토피아는 특히 **소극적이고 방어적인** 성격을 지닌다. 기본적으로 사람들은 '좋은' 것을 획득하는 데 더 이상 관심을 가지지 않으며, 그보다는 최악의 것을 **예방**하는 데에 관심을 갖는다. **자기-한정**이 나타나고 있는 목표이다. 계급사회의 꿈은 모든 사람이 파이를 **나누어** 먹고 싶어 하고 또 그래야만 한다는 것이다. 위험사회의 유토피아는 모든 사람이 중독되지 않고 **살아야** 한다는 것이다.

두 사회에서 사람들이 살아가고 협력하게 되는, 그리고 사람들을 이동

---

4) 이 논의는 불완전하다. 즉 그것은 위험 갈등의 정치화가 성찰적인 방식으로 될 수 있음을 부인한다. Beck(1988: 제2부, 1991, 그리고 1992, p. 113 이하)을 보라.

시키고 분리하거나 융합시키는 기본적 사회상황에는 그에 상응하는 차이가 있다. 계급사회의 동력은 다음과 같은 표현으로 요약될 수 있다. **나는 배고프다!** 다른 한편 위험사회에서 작동하는 운동은 이런 식으로 표현될 수 있다. **나는 두렵다!** 불안(anxiety)의 공동성이 필요의 공동성의 자리를 차지한다. 위험사회의 유형은 이런 점에서 **불안에서 비롯된 유대**가 생겨나고 정치적 힘이 되는 사회적 시기를 보여 준다. 그러나 불안의 유대력이 어떻게 작동하는지, 심지어 그것이 과연 작동하는지에 관해서는 아직 완전히 드러나지 않고 있다. 불안의 공동체들은 어느 정도로 압력을 버틸 수 있는가? 그것들은 행동을 위해 어떤 동기와 힘을 작동시키는가? 불안의 사회적 힘은 실제로 유용성에 대한 개별적 판단을 깨뜨릴 것인가? 불안이 생산하는 위난공동체들은 어떻게 타협할 수 있는가? 그들은 어떤 형태의 행동으로 조직될 것인가? 불안은 사람들을 비합리주의, 극단주의, 또는 광신상태로 몰아갈 것인가? 이제까지 불안은 합리적 행동의 기초가 아니었다. 이 가정은 더 이상 타당하지 않은가? 어쩌면 불안은 —— 물질적 필요와는 달리 —— 정치운동의 수상쩍은 기초가 아닐까? 어쩌면 불안의 공동체는 역(counter) 정보의 미풍만으로도 쉽게 날려 버릴 수 있는 것이 아닐까?

제2장 위험사회와 지식의 정치

Risikogesellschaft

앞장의 말미에서 제기한 질문들에 자극받는 사람이라면 그 기술적, 화학적, 생물학적, 의학적 전문지식과 함께 틀림없이 위험사회의 **사회적-정치적 동학**에도 관심을 가지고 있을 것이다. 이 장에서는 바로 이 동학을 탐구할 것이다. 19세기에 대한 비유는 이에 대한 출발점이 된다. 위험사회에서 우리는 19세기의 노동대중에 비견될 만한, 그러나 아직은 전혀 비견될 수 없는 빈곤화(immiseration) 유형에 유의한다. 왜, 무슨 의미에서 '빈곤화'인가?

문명의 빈곤화?

19세기나 오늘이나 많은 사람들이 파괴로 경험하고 있는 여러 가지 결과들은 산업화와 근대화의 사회적 과정과 결합되어 있다. 두 시기 모두에서 우리는 인간의 생활조건에 대한 급격하고 위협적인 개입에 유의한다. 이 같은 개입은 생산력 발전의, 시장통합의, 그리고 소유 및 권력관계의 특정단계와 관련하여 이루어진다. 각 시기의 물질적 결과는 다를 수 있다. 즉 과거에는 물질적 빈곤화(immiseration), 빈곤(poverty), 굶주림, 인구 밀집이 두드러졌다면, 오늘날에는 삶의 자연적 기초에 대한 위협과 파괴가 그렇다. 또한 위난의 총량이나 위난을 생산하고 육성하는 근대화의 **체계화된 자연**과 같은 서로 비교할 수 있는 측면들도 있다. 악의가 아니라 시장, 경쟁, 분업에 근대화의 내적인 동학이 놓여 있으며, 이것들은 오늘날 조금 더 지구화 되었을 뿐이다. 이전과 똑같이 지금도 잠재성(부수효과)은 갈등 속에서만 돌파될 수 있다. 지금과 같이 전에도 사람들은 저항하기 위해 거리로 나섰으며, 진보와 기술을 소란스럽게 비판하였고 비판하고 있으며, 기계파괴운동(Luddism)이 전개되었고, 그리고 이에 대한 반론들이 제기되었다.

그 뒤에 오늘날에도 여전히 관찰할 수 있는 것처럼 여러 가지 문제들이 점차 발생하게 되었다. 체계적으로 생산된 고통과 억압이 더욱더 가시화되며 그것들을 부정했던 사람들도 그 사실을 분명히 인정하게 된다. 법은 결코 자발적인 방식이 아니라 제도정치(politics)와 거리정치(streets)의 강력한 지원을 받아서 순풍을 타고 항해한다. 즉 보통선거, 사회복지법, 노동법, 합의심 등이 실현된다. 오늘날에도 비슷한 일들이 분명히 일어나고 있다. 즉 해롭지 않은 것들, 포도주, 차, 파스타 등이 해로운 것으로 드러난다. 비료는 세계적인 규모로 영향을 미치는 유독물질이 된다. 한때 부의 원천으로 상찬되었던 것들(원자력, 화학, 유전자 기술 등)이 예측할 수 없는 위난의 원천으로 변형된다. 관습적인 과소평가 및 은폐 방식은 위난이 그 모습을 분명하게 드러내기 때문에 더욱더 많은 장애에 부딪히게 된다. 과학과 실업계와 정치영역에서 근대화를 실행하고 있는 사람들(agents)은 사슬처럼 얽혀 있는 정황증거들 때문에 자신의 잘못을 부인하느라고 식은 땀을 흘리는 피고인이라는 불편한 위치에 놓여 있음을 깨닫게 된다.

이전에 다 본 것들이고 새로운 것은 전혀 없다고 말할 수도 있을 것이다. 그러나 체계적 차이들도 그만큼 두드러진다. 개인적 및 사회적으로 경험된 빈곤화의 절박감은 오늘날 문명의 위협의 비실체감과 대비된다. 이 비실체감은 과학적 사고를 통해서만 의식되며 일차적 경험에 직접 연결될 수 없다. 이 위협은 화학공식, 생물학적 맥락, 의학적인 진단 개념을 동원하는 위해들이다. 물론 이 같은 지식의 구성이 위해를 조금이라도 덜 해로운 것으로 만들지는 않는다. 이와 반대로 오늘날 의도와는 상관없이 사고나 재난을 통해서 전시나 평화시에 많은 사람들이 참화와 파괴에 직면해 있으며, 이 때문에 우리의 언어와 상상력이 부족하게 되며 윤리적 또는 의학적 범주가 모자라게 된다. 우리는 절대적이고

제한되지 않는 부정어(NOT)에 유의하게 되며, 여기서 **일반적으로** ──
없는 것, 즉 상상할 수 없는 것, 생각할 수 없는 것 등의 ── 없는 것이
우리를 위협한다.

그러나 그것은 단지 위협할 뿐이다. 단지라고? 여기서 또 하나의 본질
적인 차이가 드러난다. 즉 우리는 오늘날 **위협의 가능성**을 다루고 있으
며, 이 가능성은 때때로 공포에 질린 인류에게 자신이 가능성일 뿐만 아
니라 **유보된** 사실임을 (그리고 몽상가의 꿈 속에만 존재하는 괴물이 아
님을) 보여 준다.

현실과 가능성 사이의 이 같은 실질적인 차이는 ── 높은 수준의 사
회보장제도가 실행되고 있는 가장 발전된 국가들 내에서 ── (적어도
19세기의 이미지와 제3세계의 굶주린 나라들을 떠올린다면) 위해를 통한
빈곤화는 물질적 빈곤화에 **반대되는** 것과 일치한다는 사실에 의해 한층
더 보완된다. 사람들은 피폐하지 않으며 보통 잘 살고 있다. (확실히 사
회적 적대감의 강화와 함께 나타날 수 있는) 대량소비 및 풍요사회에서
살아간다. 교육을 대단히 잘 받고 높은 학식을 지닐 수 있다. 그러나 사
람들은 두려워하고 위협받고 있다고 느끼며, 미래에 대한 현실적-비관적
견해가 결코 시험받는 일이 없도록 하기 위해, 단 한 번만 치를 수 있는
그 같은 시험이 실제로 일어나지 않도록 하기 위해 자신들을 조직한다.
위난의 확인은 되돌릴 수 없는 자기파멸을 뜻할 것이며, 이 점은 예상된
위협을 **구체적인** 위협으로 실제로 변형시키는 논거이다. 이런 의미에서
여기서 나타나는 문제는 19세기에서와 같이 생산증가, 재분배 또는 사회
보장의 확장으로 해결될 수 없으며, 지배적인 근대화 패러다임에 대한
초점이 명확하고 강력한 '반대해석에 입각한 정책' 또는 근본적인 재사
고와 재계획을 요구한다.

이 같은 차이는 서로 크게 다른 집단들이 과거와 지금 어떤 방식으로
영향받는가를 이해할 수 있게 해 준다. 과거에 고통은 계급의 운명을 따
라 나타났다. 사람은 계급 속에서 태어났다. 그것은 그에게 고착되었다.
그것은 청년기에서 노년기까지 지속되었다. 그것은 모든 것에, 먹는 것
에, 살아가는 방식 및 함께 살아가는 사람들 속에, 동료 노동자와 친구

들 속에, 욕설을 퍼부었던 사람들 속에, 그리고 필요하다면 거리에서 맞서 싸웠던 사람들 속에 스며 있었다.

이와 반대로 위험지위가 희생자를 만드는 유형은 아주 다르다. 여기서 당연시되는 것은 아무것도 없다. 이 지위는 아무튼 보편적이고 특수하지 않다. 사람들은 그에 관해 듣거나 읽는다. 지식을 통한 이 같은 전달은 고통받기 쉬운 집단들이 **교육을 잘 받았으며 적극적으로 학식을 쌓아간다**는 것을 의미한다. 이 지위가 물질적 필요와 벌이는 경쟁은 또 다른 특징과 관련된다. 위험의 인식과 행동주의는 먹고 사는 데 가해지는 직접적 압력이 완화되었거나 해소된 곳에서, 즉 부유하고 보호된 환경에서 살아가는 집단들(과 국가들) 사이에서 더 많이 나타나는 경향이 있다. 위험의 비가시성은 사랑하는 나무에 나타난 죽음의 표지, 자기 지역에 핵발전소를 건설하려는 계획, 유독폐기물 사건, 그에 대한 언론의 보도 등과 같은 개인적 경험에 의해 판독될 수도 있으며, 이 같은 경험을 통해서 사람들은 이번에는 새로운 징후들, 음식물에 함유된 잔류 유독성분과 같은 것들에 대해서도 민감해진다. 이 같은 유형의 고통은 그 자체로나 다른 것들에 대해서나 명백하게 드러날 사회적 단결을 결코 낳지 않으며, 사회계급이나 계층으로 명확히 구분되거나 조직될 수 있는 것을 전혀 낳지 않는다.

계급과 위험지위가 사람들에게 고통을 주는 데서 보이는 이 같은 차이는 본질적인 것이다. 분명하게 말하자면 계급지위에서는 존재가 의식을 규정하지만, 위험지위에서는 반대로 **의식(지식)이 존재를 규정**한다. 여기서 중요한 것은 지식의 유형, 특히 개인적 경험의 부족과 지식에 대한 의존의 심도이며, 지식은 위해의 규정과 관련된 모든 차원을 감싸고 있다. 계급상황의 규정인자들의 위협적 잠재력 —— 예를 들자면 실업 —— 은 영향받는 모든 사람들에게 분명하게 드러난다. 이에 대해서는 특별한 인식수단이 요구되지 않는다. 어떠한 측정절차도, 통계분석도, 타당성 평가도, 인내의 한계에 대한 고찰도 요구되지 않는다. 그 고통은 명확하며 이런 의미에서 지식에 대해 비의존적이다.

매일 마시는 차에 DDT가, 새로 산 케익에 포름알데히드가 함유되어

Risikogesellschaft

있다는 것을 알게 된 사람들은 아주 다른 상황에 놓이게 된다. 그들이 희생자가 되는 것은 그들 자신의 인식수단과 개인적 경험에 의해 **결정될 수 없다**. 차에 DDT가 함유되었는가, 케잌에 포름알데히드가 함유되었는가, 그리고 어디에 무엇이 들었는가는, 이 물질들이 장단기적으로 해로운 영향을 미치는가의 문제와 함께 어떤 면에서 미치는가의 문제만큼이나 우리 자신의 지식범위를 벗어난다. 그러나 이 같은 문제들이 결정되는 **방식**은 이런저런 경로로 사람들의 고통을 결정한다. 사람들이 위태로운가의 여부, 그리고 그 정도와 징후는 근본적으로 **외적인 지식**에 의존한다. 이런 식으로 위험지위는 계급지위에서는 알려지지 않은 의존성을 만들어 낸다. 고통받는 자들은 자신의 고통과 관련하여 점점 **무력해진다**. 그들은 자신의 인지적 주권의 본질적 부분을 잃어 버린다. 해롭고 위협적이며 적의를 품고 있는 것들이 모든 곳에 숨어서 기다린다. 그러나 그것이 적의를 품고 있는가 아니면 우호적인가의 여부는 우리 자신이 판단할 수 없으며, 외적인 지식생산자들의 가정과 방법과 논쟁에 의해 결정된다. 따라서 위험지위에서는 일상생활의 특성들이 **하룻밤 사이에** 말하자면 '트로이의 목마'로 변할 수 있다. 그리고 이 목마는 위난들 및 그와 함께 위험 전문가들을 토해내며 이들은 사람들이 두려워해야 하는 것과 그렇지 않아도 되는 것을 발표할 때조차 서로 논쟁한다. 심지어 위험 전문가들을 받아 들여야 할 것인가 또는 그들에게 자문을 구해야 할 것인가의 여부조차 고통받는 당사자들이 결정할 수 있는 문제가 결코 아니다. 더 이상 그들이 전문가들을 뽑는 것이 아니라 후자가 피해자들을 선별한다. 그들은 자의에 따라 선정될 수도 빠질 수도 있다. 위해는 일상생활의 모든 대상에 투영될 수 있기 때문이다. 그리고 일상생활의 영역이야말로 지금 위해가 —— 비가시적이지만 너무도 현재적인 형태로 —— 깃들어 있는 곳이며 각종 위해 때문에 소란스럽게 제기되는 문제들에 대한 답변의 원천으로 전문가들을 요청하고 있는 곳이다. 이런 의미에서 위험지위는 **희생자들이 아무런 답변도 듣지 못하는 문제들이 표면화되는 원천**이다.

다른 한편 이것은 지식 생산의 영역 내에 속하는 문명의 위험과 위해에 대한 모든 결정이 결코 지식의 본질(탐구, 가설, 방법, 절차, 허용치 등)에 관한 문제는 아니라는 것을 의미한다. 그 문제는 동시에 누가 고통을 받는가, 위해의 정도와 유형, 위협요소, 관련된 사람들, 지연된 효과, 취해야 할 조치, 책임져야 할 사람들, 그리고 보상요구에 관한 결정이기도 하다. 만일 예를 들어서 보통의 생산품과 식료품에 함유되어 있는 DDT나 포름알데히드가 건강에 해롭다는 것이 오늘날 사회적으로 구속력이 있는 방식으로 규정된다면, 이 사실은 재난과 똑같을 것이다. 왜냐하면 이것들은 도처에 널려 있기 때문이다.

이것은 위협적 잠재력이 증가함에 따라 과학적 연구를 위한 여지가 점점 더 **좁아진다**는 사실을 분명하게 해 준다. 살충제의 안전성의 허용치를 설정하는 데서 잘못이 있었다고 오늘날 시인한다면, —— 과학에서는 사실상 정상적인 것일테지만 —— 결국 **정치적** (또는 경제적) 재난을 낳게 되며 오로지 그 이유 때문에 실수는 사전에 예방되어야만 한다. 과학자들이 모든 영역에서 다루는 파괴력은 오늘날 그들에게 **무오류성**이라는 비인간적 법칙을 부과한다. 이 법칙을 어기는 것은 모든 자질들 중에서 가장 인간적인 것일 뿐만 아니라, 그 법칙 자체가 진보와 비판에 대한 과학의 이상들과는 명백히 모순된다(이에 대해서는 7장을 보라).

소득의 상실에 대한 뉴스와는 달리 식품과 소비재 등에 함유된 유독 물질에 관한 뉴스는 **이중의 충격**을 가져온다. 그 위협 자체는 위난을 평가할 **주권의 상실**과 결합되며 사람들은 위난에 직접 종속된다. 긴 회랑과 대기석을 갖추고 있으며, 모든 책임을 다 지거나 반쯤 책임을 져야 하는 사람들, 그리고 이해할 수 없을 정도로 어깨만 으쓱거리는 사람들과 잘난 체하는 사람들이 있는 완전한 지식관료제가 개막된다. 현관과 곁문과 비밀출구가 있으며 팁과 (역)정보가 있다. 즉 사람들이 지식에 접근하는 방법과 지식관료제가 해야만 하는 일이 있으나, 실상을 보면 지식관료제는 자신이 실제로 무엇을 의미하는가에 대해 아무 것도 말하지 않고 오히려 사람들이 침묵을 지켜야 한다는 것을 알려주기 위해 적당히 왜곡되고 안팎으로 휘어서 결국 교묘한 모습으로 나타난다. 만일 단지 우리가 피부로 느끼는 실제적인 위해를 다루고 있지 않다면, 이 모든 것이 그처럼 극적으로 보이지는 않을 것이며 쉽게 무시될 수 있을 것이다.

다른 한편 위험 연구자들의 조사는 장소를 옮겨서 모든 사람의 부엌, 다실 또는 포도주 저장고에서도 행해진다. 이를테면 그들이 내리는 중요한 인지적 결정에 따라 사람들의 혈액 속에 함유된 독성분의 수준이 치솟거나 갑자기 줄어들게 된다. 만일 우리가 우선 전체 노동분업을 잠시 젖혀 둔다면. 그런데 위험지위에서는 계급지위와는 달리 삶의 질과 지식의 생산이 서로 결합되어 있다.

이로부터 위험사회의 정치사회학과 정치이론은 본질상 **인지사회학**이며, 과학에 관한 사회학일 뿐만 아니라 사실상 지식의 모든 혼합물과 혼성물과 실행자에 관한 사회학이 된다. 즉 이 모든 것들의 조합과 대립, 기초, 주장, 실수, 비합리성, 진리에 관한, 그리고 이 모든 것들이 주장하는 지식을 스스로는 결코 알 수 없다는 점에 관한 사회학이다. 요약하자면 지금 나타나고 있는 미래의 위기는 눈으로 볼 수 없으며, 그것은 현실성을 향해 나아가고 있는 가능성이다. 그러나 가능성의 경우가 바로 그러한 것처럼, 우리는 **책임이 전가되지 않기를** 바란다. 따라서 이 주장의 오류성은 예측의 의도에 있다. 번성하는 부에도 불구하고 어떠한 정치적 주체도 없이 궁극적으로는 지구적 규모로 비가시적인 **빈곤화**가 진행될 가능성이 있다. 하지만 우리가 19세기와의 유사성 및 차이점 양자를 직시할 수 있다면, 그것은 분명히 빈곤화이다. 재해, 오염물질 기록, 사고통계의 목록들과 함께 다른 여러 가지 지표들도 이 빈곤화 명제를 지지한다.

위험에서 비롯되는 위험의 잠재적 단계는 끝나가고 있다. 볼 수 없는 위해가 볼 수 있는 위해로 변하고 있다. 자연의 손상과 파괴는 더 이상 화학적, 물리학적 또는 생물학적 영향의 사슬망 내에서 우리가 겪는 개인적 경험을 벗어나서 발생하지 않는다. 대신에 이 위해는 더욱더 분명하게 우리의 눈과 귀와 코를 아프게 한다. 가장 두드러지는 현상만을 적어보아도 다음과 같다. 급속히 파괴되어 해골 같은 모습으로 변해가는 삼림, 거품으로 뒤덮인 내륙 수로와 바다, 기름으로 더러워진 동물들, 오염으로 인한 건물과 예술적 기념물의 부식, 독극물 사고와 그에 얽힌 추문과 재난의 연쇄고리, 이 같은 일들에 대한 언론의 보도. 식료품과 일상용품에 함유된 독극물 및 오염물질의 목록은 점점 더 늘어간다. '허용치'가 세워 놓은 장벽은 대중을 보호하는 데보다는 스위스 치즈의 요구조건에 더 적절한 것으로 보인다(빠져나갈 구멍이 많을수록 좋다). 책임있는 당사자들의 부정(denials)은 양적으로는 훨씬 더 많아지고 질적으로는 더 약해진다. 이 테제의 어떤 면은 앞으로 증명되어야겠지만, 잠재성의 끝에는 위험 자체와 그에 대한 대중의 인식이라는 두 측면이 있다는 것을 이 목록에서 이미 분명하게 알 수 있다. 강화된 것이 위험인지, 아니면 그에 대한 우리의 견해인지는 분명하지 않다. 양 측면은 수렴되며 서로를 조건지우고 강화된다. 그리고 위험은 지식의 위험이기 때문에 위험의 인식과 위험은 다른 것이 아니라 하나이며 같은 것이다.

멸종된 동식물의 목록은 문명의 위해에 대해 더욱 예리해진 대중의 의식 및 더욱 민감해진 감수성과 결합된다. 그렇다고 해서 이것 자체를 기술에 대한 적대감과 혼동해서는 안되며 악마시해서도 안된다. 이 같은 위해를 보고 그에 대해 이야기하는 사람들은 주로 기술에 관해 **관심이 많은** 젊은이들이다. 위험에 관한 의식이 이처럼 높아졌다는 사실은 대중매체에서 해당 뉴스와 보도가 차지하는 상대적 중요성이 커졌다는 점과 함께 서구 산업국의 국민들을 대상으로 행한 국제적 비교조사에서 알 수 있다. 이 같은 잠재성의 감소와 근대성의 위험에 관한 자각의 증대는 한 세대 전에는 전혀 상상도 할 수 없는 것이었으며, 이제는 이미 제1열에 서 있는 **정치적 요인**이 되었다. 그러나 이것은 일반적인 각성의 결과가 아니라 여러 가지 핵심적 발전에 차례대로 기반하고 있다.

첫째, 위험의 과학화가 더욱 진척되고 있다. 둘째, ─ 첫번째 것과 상호연관되어 있는 것이지만 ─ 위험상업이 성장하고 있다. 공정한 비판과는 거리가 먼, 근대화의 위해와 위험의 실증은 제1열에 서 있는 경제발전의 요인이기도 하다. 이 점은 다양한 경제분야의 발전에서, 그리고 환경보호를 위해, 문명의 질병과 벌이는 전투를 위해 지불해야 하는 공적 비용이 증가하는 데서도 마찬가지로 너무도 분명하게 나타난다. 산업체계는 자신이 남용하여 발생한 결과에서 **이윤을 거두며**, 아주 기분이 좋아서 여러분에게 감사한다(Jänicke, 1979).

위험의 생산을 통해 궁핍은 자연적 요인에 묶여 있는 그 잔류물에서, 그리고 이로부터 그 유한성과 충족성에서 결정적으로 제거되었다. 굶주림은 완화될 수 있으며, 궁핍은 충족될 수 있다. 위험은 '밑빠진 독과 같은 수요'를 가지고 있어서 충족될 수 없으며 무한하다. 수요와 달리 위험은 사람들이 (광고 등을 이용하여) 끌어내는 것 이상으로 판매 필요에 따라서 연장될 수 있으며, 간단히 말해서 조작될 수 있다. 완전히 새로운 유형의 수요와 시장이 위험의 정의를 다양하게 함으로써 만들어질 수 있으며, 특히 위험을 피하려는 수요가 그렇다. 위험의 정의는 언제나 새롭게 해석될 수 있고 우연히 고안될 수 있으며 끝없이 재생산될 수 있다. 따라서 위험사회의 승리와 함께 생산과 소비가 완전히 새로운 수준에 오르게 된다. 상품생산의 준거점으로서 미리 주어지며 조작가능한 수요가 누렸던 지위가 **자가생산할 수 있는** 위험으로 양도된다.

약간 과감한 비교를 두려워하지 않는다면, 위험생산에서 발전된 자본주의는 전쟁의 파괴력을 흡수했으며 일반화했고 정상적인 것으로 만들었다고 말할 수도 있을 것이다. 전쟁과 비슷하게 사람들이 이제 깨닫게 된 문명의 위험은 생산양식을 '파괴'할 수 있으며(예컨대 지나치게 많은 오염물질을 배출하는 자동차나 잉여 농산물), 그러므로 판매위기를 극복하고 새로운 시장을 만들어 낸다. 게다가 이 시장은 확장될 수 있다. 위험생산과 그 인지적 실행자들 —— 문명 비평가, 기술 비평가, 대중매체에서 다루는 환경과 위험의 극화와 위험연구에 대한 비평가 —— 은 필요를 혁명적으로 만들어 내기 위해 시스템에 내재하는 정상적 형식이다. 루만 식으로 하자면, 위험과 함께 경제는 **자기연관적**으로 되며 인간의 필요를 충족시킨다는 본래의 맥락과는 무관하게 된다고 말할 수도 있을 것이다.

그러나 이를 위한 한 가지 본질적인 요인은 위험의 **징후와 상징**을 잘 '처리'해야 한다는 것이다. 그것들이 이런 식으로 다루어지기 때문에 위험은 **커져야** 하며 원인이나 원천으로서 실제로 제거되어서는 안된다. 모든 것은 위험의 **화장술**이라는 맥락에서 행해져야 한다. 오염물질의 징후를 포장하고 축소하며 오물의 원천을 보전하면서 여과기를 설치해야 한다. 이로부터 우리는 위험의 증가를 근원적으로 제거하기 위한 **예방산업**과 정책이 아니라 상징산업과 정책을 갖게 된다. '마치 하는 듯한' 방식이 취해져야만 하며 계획되어야 한다. 이 때문에 위해를 연구하는 기술논리적으로 정향된 과학자들과 대안적 과학자들만큼이나 '급진적 저항자들'이 필요하게 된다. 때로는 자기출연(자구책!)으로, 때로는 공공출연으로 조직된 이 집단들은 일반적으로 위험의 새로운 판매시장을 만들어 내기 위한 '선불받은 광고 대행사'라고 할 수도 있을 것이다.

허구라고? 너무 논쟁적이라고? 이미 오늘날 이 같은 추세를 찾아볼 수 있다. 이 추세가 승리를 거두게 될지라도 그 또한 **피러스 왕의 승리**일 것이다. 위험은 온갖 모습으로 위장한 채 실제로 나타날 것이며, 그와 함께 **모든 사람들을 대상으로 하는 지구적 위협**이 나타날 것이기 때문이다. 여기서 사회는 위험의 폭발력이 이윤에 맞들인 **모든 사람**의 입맛을 망치고 중독시킬 상황에 처하게 될 것이다. 그럼에도 불구하고 그 가능성조차 성찰적 근대화의 동학을 예증한다. 산업사회는 위해를 키우고 경제적으로 이용함으로써 **체계적으로** 자기 자신을 위태롭게 하고 의문시한다. 그 사회적-역사적 상황과 동학은 산업사회의 문턱에서 봉건시대가 사라져 가던 상황에 비교될 수 있다. 봉건 귀족층은 (영업세와 함께 봉토를 중심으로 한 교역권 및 경제적 이용권의 허용을 통해) 상업 부르주아지에게 기대어 살았으며 자신의 이익을 위해 부르주아지를 격려했다. 이런 식으로 귀족층은 자기도 모르게 필연적으로 꾸준히 권력을 키워 간 계승자를 만들어 냈다. 같은 방식으로 발전된 산업사회는 자신이 생산한 위해들로 자신을 '육성'하고, 이제까지 알려져 온 근대화의 기초를 의문시하는 사회적 위험지위와 정치적 잠재력들을 만들어 낸다.

잘못, 기만, 실수와 진실: 합리성들의 경쟁에 관하여

위험의 잉여가 부의 잉여를 그늘지게 하는 곳에서는, 겉보기에 해롭지 않은 것 같은 위험과 위험의 인식 간의 구분이 중요해지는 동시에 그 구분의 근거가 사라진다. 과학적 위해규정이 누리는 합리성에 관한 독점적 지위는 이 구분과 함께 확립되고 무너진다. 그것은 특별한 방식과 전문적 권위를 이용하여 위해를 객관적이자 강제적으로 규정할 수 있는 가능성을 주창하기 때문이다. 과학은 '위험을 규정'하고 사람들은 '위험을 인식'한다. 이 유형에서 벗어나는 것은 '비합리성'과 '기술에 대한 적대감'의 정도를 보여 주는 것이다.

이처럼 전문가와 비전문가를 기준으로 한 세계의 분리에는 어떤 공공영역의 상이 포함되어 있기도 하다. 공적인 위험 '인식'을 벗어나는 '비합리성'은 기술논리적 엘리트의 눈으로 보면 대다수 대중이 아직도 첫 학기를 맞은 공학도들처럼 행동하고 있다는 사실에 있다. 그들은 물론 무지하지만 좋은 의도를 가지고 있다. 열심히 연구하지만 아무런 단서도 없는 상태이다. 이런 견해로는 사람들은 아직 완전한 지식을 갖추지는 못한 장래의 기술자 이외에 아무것도 아니다. 기술적인 세부사항들로 사람들의 머리 속을 꽉 채우기만 하면 된다. 그러면 사람들은 위험의 기술적 관리가능성 및 위험이 없다는 데에 대한 전문가의 관점과 평가를 받아 들이게 될 것이다. 공공영역에서 나타나는 저항, 두려움, 비판, 또는 항거는 **순수한 정보의 문제**이다. 만일 기술자들(the technical people)이 알고 있는 것을 알기만 한다면, 대중의 마음은 편안해질 것이다. 그렇지 않다면 그들은 그저 아무런 희망없이 비합리적으로 되고 말 것이다.

이 같은 인식은 **틀린** 것이다. 고도의 수학적 혹은 기술적 외양을 띠고 있을 때조차 위험에 관한 진술들에는 **우리가 원하는 삶의 방식**에 관한 진술이 포함되어 있다. 즉 위험에 관한 진술들에 답변하기 위해서 자연과학 및 공학은 그 분과의 경계를 넘어서야만 한다. 그러나 그러면 형세가 역전된다. 위험의 과학적 정의를 수용하지 않는다고 해서 사람들을

'비합리적'이라고 비난할 수는 없다. 그와 정반대로 이것은 위험에 관한 과학적 및 기술적 진술들에 포함된 수용성에 관한 문화적 전제들이 **틀렸다**는 것을 보여 준다. 기술적 위험 전문가들은 자신들이 암묵적으로 전제하고 있는 가치의 경험적 정교화에서, 특히 사람들이 받아들일 수 있어 보이는 것에 관한 그들의 가정에서 **잘못을 저지른다**. 위험에 관해 사람들이 '틀린, 비합리적인' 인식을 하고 있다는 이야기는 이 같은 잘못의 최고봉이다. 과학자들은 문화적 수용이라는 자신들이 빌려 온 통념을 경험적 비판주의에서 제거하며, 다른 사람들의 통념에 대한 자신들의 견해를 하나의 교리로 승격시키고, 이 불안정한 왕좌에 올라 사람들의 '비합리성'을 판정하는 판관 구실을 한다. 그러나 과학자들은 사람들이 생각하고 있는 것을 확인하고 그것을 자신들의 작업의 기초로 삼아야만 한다.

이 문제를 다른 방식으로 볼 수도 있다. 위험과 관련하여 자연과학은 자기도 모르게 그리고 눈에 띄지 않게 **다소 무력해졌으며 민주화되었다**. 살만한 가치가 있는 삶이라는 암묵적인 문화적 가치가 담겨 있는 통념을 그들이 사용할 때, 위험에 관한 진술들에는 **약간의 상호규정**이 포함된다. 마치 봉건영주가 보통선거의 도입에 항거했으나 동시에 그 도입을 결정했던 것과 똑같이, 기술-과학적 위험 인식은 비합리성의 전제를 전도시킴으로써 이 상호규정에 항거할 수 있다. 그렇지 않다면 그것은 자신의 가정에 대해 자기 자신이 요구하는 경험적 정확성과 모순을 일으켜 영구히 체계적인 논쟁을 벌이게 될 것이다.

위험의 (합리적) 규정과 (비합리적) 인식 사이의 구분은 문명의 위험에 관한 의식의 기원에서 과학적 및 사회적 합리성의 역할을 전도시키기도 한다. 기술-과학적 문명의 위험과 위협에 관한 오늘날 널리 인정된 지식은 진보에 대한 편협한 신념에 사로잡힌 자족적인 '기술-과학적 합리성'의 **강력한 부정**과 세찬 항거에 맞서서 비로소 확립될 수 있었다. 위험에 관한 과학적 조사는 어디서나 환경과 진보와 문화의 전망에서 산업체계에 대해 가하는 사회비판의 뒤를 절름거리며 따라간다. 이런 의미에서 위험에 관한 기술-과학적 관심에는 언제나 개종자의 드러내지 않은 문화비판적 열망이 상당한 정도로 포함되어 있다. 위험 인식의 합리성을 독점하려는 공학 측의 주장은 루터교로 개종한 교황이 무오류성을 주장하는 것과 같다.

위험에 대한 자각은 경쟁하기도 하고 겹치기도 하는 합리성 주장들 사이의 투쟁으로 재구성되어야만 한다. 신뢰성과 합리성의 위계를 설정해서는 안되며, 위험 인식의 예를 들자면 '합리성'이 **사회적으로** 어떻게 **나타나는가**, 그것을 어떻게 해서 사람들은 믿게 되는가, 어떻게 해서 의심받게 되고, 어떤 식으로 정의되고 재정의되는가, 어떻게 해서 사람들은 그것을 획득하고 조금씩 소비하는가 등을 물어야만 한다. 이런 의미에서 문명의 위험의 과학적 및 사회적 인식의 협동 및 대립과 함께 (비)**논리도** 드러나야만 한다. 그 과정에서 사람들은 다음과 같은 문제들을 추구할 수 있다. 잘못과 실수의 어떤 체계적 원천들이, 사회적 위험 인식의 지평에 준거해야만 드러나는, 위험의 **과학적** 인식으로 확립되는가? 그리고 거꾸로 말해서 과학을 체계적으로 부인하고 비판하며, 이로부터 전(pre)문명적인 교리를 부흥시킬 우려가 있을 때조차, 위험의 사회적 인식은 어느 정도로 과학적 합리성에 의존하는가?

나의 명제는 과학과 기술에 대한 비판의 기원은 비평가의 '비합리성'이 아니라, 성장하는 문명의 위험과 위협에 직면한 기술-과학적 합리성의 **실패에** 있다는 것이다. 이 실패는 그저 과거의 것이 아니라 바로 현재의 문제이며 미래를 위협하고 있다. 사실상 이 실패는 점차적으로만 그 전모를 드러내고 있다. 이것은 개별 과학자나 분과학문의 실패가 아니다. 그보다는 위험에 대한 과학의 제도적 및 방법론적 접근에 체계적으로 기반하고 있는 것이다. 과도하게 전문화된 분업상태, 방법론 및 이론에의 집중, 외적으로 규정된 실천의 절제라는 성격을 가지고 있는 데서 알 수 있다시피, 과학은 **결코** 문명의 위험에 적절하게 대응할 수 **없다.** 왜냐하면 과학이 바로 그 위험의 기원과 성장에 주도적으로 개입해 있기 때문이다. 때로는 분명히 양심적으로 '순수한 과학적 방법'을 내걸고, 때로는 죄책감에 괴로워하며, 과학은 대기, 물, 식료품 등의 지구적 산업오염뿐만 아니라 그와 관련된 동·식물 및 사람의 질병과 죽음을 정당화하는 후원자가 된다.
 이 점은 어떻게 드러날 수 있는가? 근대화 위험의 의식은 과학적 합리성의 항거에 맞서서 확립되었다. 많은 과학적 잘못과 오판과 과소평가의 자취를 추적해 가면 우리는 이 의식에 이르게 된다. 위험 의식의 성장 및 사회적 인정의 역사는 과학의 탈신비화의 역사와 일치한다. 그 인정의 이면에서 '악마를 안 보고 악마의 말을 듣지 않으며 악마의 냄새를 맡지 않고는 악마에 대해 아무것도 모른다'고 주장하는 과학적인 것을 논박하게 된다.

위험에 대한 경제적 맹목성

기술이라는 위험요소에 대해 저지른 본원적인 잘못은 핵 위험을 말할 수 없이 오해하고 하찮게 여겼다는 것이나. (서독) 연방정부가 발행한 다음과 같은 공식 홍보서를 보면 오늘날의 사람들은 자기 눈을 믿지 못할 것이다.
 "눈을 멀게 하는 강력한 빛은 원자폭탄이 터졌다는 최초의 신호입니다. 폭발의 열효과로 화상을 입을 수 있습니다.
 그러므로 눈, 얼굴, 목, 손과 같은 민감한 신체부위를 즉각 가리십시오!
 구멍이나 움푹 패인 곳이나 도랑으로 즉각 몸을 피하십시오!
 차 안에 있다면, 즉각 계기판 아래로 몸을 감추고, 차를 세운 후 차 밑으로 들어가 얼굴과 손을 구부려 보호하십시오!
 가능하다면 큰 책상이나 의자나 침대나 다른 가구를 이용하여 몸을 보호하십시오!
 높은 곳보다는 지하실에 몸을 숨기는 편이 살아남을 확률이 더 높습니다. 무너질 우려가 있는 곳은 안됩니다!
 생화학무기가 사용된다면 즉각 보호 마스크를 착용하십시오!
 보호 마스크가 없다면 숨을 깊이 들이쉬지 말고 입과 코를 물기있는 손수건으로 가려서 보호하도록 하십시오!
 주변 환경을 여러분 스스로 정화하고 소독하십시오!

공포에 사로잡혀 허둥대지 말고 필요한 조치를 취하십시오!"1)

묵시론적인 재난이 공적으로 소비될 수 있도록 완곡하게 표현되었다. 모든 핵위협에 고유한 '측정법의 만화화'(Anders 1983)가 완벽하게 오해되고 하찮게 다루어진다. 이것은 뜻하지 않게도 다음과 같이 우스꽝스런 공포의 논리를 시사한다. "여러분이 죽었다고 할지라도, 주의하라! 지체하면 위험하다!"(133)

핵물리학과 기술의 매력이 이처럼 추락한 것은 우연이 아니다. 이것은 개별적인 조건에 의해 형성된 것도 아니고 특정 분과 과학의 독특한 '조작 사고'도 아니다. 바로 그 근본에서 우리는 자가생산되는 위험을 다루는 공학이 범하는 실수의 중심적인 제도적 원천을 의식하게 된다. 즉 생산성을 높이기 위해 노력하는 중에 이와 연관된 위험이 언제나 무시되었으며 지금도 무시되고 있는 것이다. 기술-과학적 호기심이 가장 선호하는 것은 생산성을 위한 유용성이며, 그와 관련된 위해들은 단지 사후적으로 고려되거나 전혀 고려되지 않는 경우도 흔하다.

위험의 생산과 그에 대한 오해는 기술-과학적 합리성을 마치 외눈박이 거인처럼 경제적으로만 추구하는 데에 그 기원을 두고 있다. 이 외눈박이 거인의 눈은 생산성의 향상만을 본다. 이 때문에 이 거인의 눈도 체계적으로 형성된 위험에 대한 맹목성에 의해 상처를 입는다. 모든 종류의 거래술을 이용하여 경제적 유용성의 가능성을 예측하고 개발하고 시험하고 탐구하는 바로 그 사람들이 언제나 위험은 회피하여 다루지 않고, 그런 뒤에 그들이 '예언하지 않은' 또는 심지어 '예언할 수 없는' 결과에 대해 큰 충격을 받고 놀란다. 나중에 위험정향적 자연과학의 희망에 반하여 생산성의 잇점들이 의식적 위험통제라는 '잠재된 부수효과'로서 '보이지 않고' '바라지 않은' 것으로 인식될 수도 있다는 발상도 완전히 터무니없는 것이다. 이것은 (하버마스[1971]의 용어를 빌리자면) 과학이 지도한 기술발전의 역사에서 일종의 생산성 향상을 위한 지식

---

1) *Wehrpolitische Information, Wehrberichterstattung aus aller Welt*, Cologne, 1959; Anders(1983: 133)에서 인용.

관심이 대단히 명확하게 나타났다는 사실을 다시 한번 분명하게 보여준다. 이 관심은 부의 생산논리와 연관되어 있으며 그 내부에 깊숙히 뿌리를 내리고 있다.

'부수효과'의 목소리

이 같은 사태는 한편에서 기회를 만들어 내는 동시에 다른 한편에서는 사람들을 병들게 한다. 가성-소아인후질환으로 고생하는 자녀를 둔 부모들은 근대화 위험의 존재를 부정하는 과학의 장벽에 머리를 들이박게 된다. 침대에 누운 아이들이 무서워서 눈을 크게 뜨고 숨을 쉬기 위해 애쓰고 밤새 기침하는 모습을 본 부모들이라면 누구나 한없이 두려워지는 심정을 토로할 수밖에 없다. 이제 공기 중의 오염물질이 나무와 토양과 물만이 아니라 어린 자녀들까지도 위협하는 것임을 알게 되있으므로, 부모들은 아이들이 발작적으로 기침을 해대는 것을 더 이상 어쩔 수 없는 일로 받아들이지 않는다. 독일 전역에서 부모들은 100개 이상의 시민발의단체를 결성했다. 그들은 이렇게 요구한다. "이산화황을 내뿜지 말고 줄여라!"(König, *Der Stern*, April 1985)

그들은 자신들이 처한 상황에 대해 더 이상 숙고할 필요가 없다. 과학자들이 '잠재적인 부수효과'와 '입증되지 않은 연관관계'라고 부르는 것이 그들에게는 '기침하는 자녀들'로 나타난다. 이 아이들은 습기찬 날이면 파랗게 질릴 정도로 기침을 해대고 목에서는 컥컥거리는 소리를 내면서 숨이 가빠 헐떡거린다. 그들의 편에서 보자면 '부수효과'는 목소리와 얼굴과 눈과 눈물을 가지고 있다. 그럼에도 불구하고 그들은 자신들이 확립된 과학적 순진성과 충돌하지 않는 한 자신들의 진술과 경험이 아무런 가치도 없다는 것을 틀림없이 곧 알게 된다. 농부들의 황소떼가 새로 지은 화학공장 옆에서 누렇게 병들어 갈 수도 있다. 그러나 '과학적으로 입증될' 때까지는 아무런 문제도 되지 않는다.

그러므로 일반인들은 스스로 근대화의 위험에 관한 작은 규모의 사적인 대안적 전문가가 된다. 일반인들에게 위험은 위험이 아니라 파랗게 질린 얼굴로 애처롭게 아파하고 신음하는 자녀들이다. 그들은 자녀들을 위해 싸운다. 모든 사람이 각자 나름대로 작은 책임을 안고 있는 고도로 전문화된 체계에서 아무도 책임을 지지 않는 근대화의 위험은 이제 **옹호자**를 가지게 된다. 부모들은 자료를 모으고 토론하기 시작한다. 전문가들에게 '보이지 않고' '밝혀지지 않은' 채로 남아 있는 근대화 위험의 '공백지점들'이 부모들의 인지적 접근법 속에서는 대단히 빠르게 형태를 드러낸다. 예를 들어 부모들은 독일의 오염물질 허용치가 너무나 높게 설정되어 있다는 것을 밝혀낸다. 조사한 결과 이산화황이 단기적으로 1m당 200마이크로그램 정도만 되어도 아이들이 놀라우리만치 자주 가성-소아인후질환을 앓을 수 있다는 사실이 드러났으나, 독일에서 통용되고 있는 규정치를 따르면 그 2배까지 허용될 수 있다. 이것은 세계보건기구가 단기적 허용치로 간주하고 있는 것의 4배에 해당한다. 심하게 영향받은 이웃들에게서 측정된 최고치와 숲에 사는 주민들의 측정치를 합산하여 평균을 냄으로써 결국 문제를 '계산상으로 없애버리기' 때문에 측정결과가 '허용' 범위를 벗어나지 않을 뿐이라는 사실을 부모들은 입증한다. 부모들은 말한다. "그러나 우리의 자녀들은 평균치 때문에 병드는 것이 아니다."

백일하에 드러난 과학자들의 '기만 전술'에서 위험을 다루는 과학적 합리성과 사회적 합리성 간의 범주적 차이를 알 수 있다.

위험의 인과적 부정

처음부터 **고통**은 여러 가지로 나타났다. 사람들은 동일한 담장의 양쪽 편에 서 있는 자신들을 발견했다. 과학자가 잘못을 저지를 경우 일어날 수 있는 최악의 상황은 자신의 명성에 오점을 남기는 것이다(만일 그 '잘못'이 양식있는 사람들이 원하는 것이라면 명성이 높아질 수도 있다). 고통받는 사람들의 편에서 보자면 똑같은 것이 대단히 다른 형태를 취한다. 이들의 편에서는 허용치의 결정과 관련된 잘못은 돌이킬 수 없는 간의 손상이나 암에 걸릴 위험을 뜻한다. 따라서 실수의 정도가 측정되는 긴박성, 시간범위, 규범은 상이하게 나타난다.

과학자들은 자신들이 수행하는 작업의 '질'을 강조하며 자신들의 경력과 물질적 성공을 보장하기 위해 이론적 및 방법론적 기준을 높이 유지한다. 바로 이 사실에서 그들의 위험 취급법은 한 가지 특이한 비논리적 성격을 가지게 된다. 연관관계가 분명하지 않다는 주장은 과학자들에게는 훌륭한 태도로 보일 수 있으며 일반적으로 칭찬할 만한 것일 수도 있다. 피해자들의 위험 취급법은 정반대이다. **그들은 위험을 배증시킨다.** 여기서는 가능성이 낮다고 해도 위협적인 효과를 지니는 위난들을 회피하는 것이 문제이다. 정보가 '불분명하다'고 해서 위험을 인정하지 않는다면 필요한 대응책을 취할 수 없으며 **위난이 커지게 된다.** 과학적 정확성의 기준을 뒤집음으로써 행동을 정당화하는 인정된 위험의 순환이 **최소화된다.** 결국 과학적 허가는 암묵적으로 위험의 증가를 허용한다. 더 분명히 말하자면 과학적 분석의 순수성을 주장하면 공기와 식료품과 물과 토양과 동식물과 인간이 오염된다. 결과적으로 엄격한 과학적 관행과 그 때문에 강화되고 묵인되는 삶에 대한 위협 사이의 은밀한 연합이 나타나는 것이다.

이것은 더 이상 단지 일반적이고 따라서 추상적인 연관에 그치지 않는다. 그를 위해 과학적 및 방법론적 도구가 사용된다. 여기서 한 가지 핵심적 특징이 근대화의 위험에 포함된 인과성의 가정에 의해 당연시된다. 그것은 불가능하지는 않지만 이론적으로 입증하기가 어려운 가정이다(이에 대한 정리로는 Stegmüller 1970을 보라). 여기서 우리는 타당성 기준을 이용하여 인과성을 입증하는 인지과정의 통제가능성에 관심이 있다. 이 기준이 높게 설정될수록, 인정된 위험의 순환범위는 더 작아지며 인정되지 않은 위험의 누적정도는 더 커진다. 물론 위험 앞에서 인정의 장벽은 단지 높아질 뿐이라는 것도 맞는 말이다. 그렇다면 높은 타당성 기준을 주장하는 것은 대단히 효과가 높고 완전히 정당하며, 위험의 홍수를 막고 수로로 흐르게 하는 건조물이 될 수 있다. 그러나 이 건조물에는 위험의 성공적인 '불인정(derecognition)'에 반비례하여 위험을 증가시키는 붙박이 차폐막이 있다.

이 같은 상황에서 인과성의 증명은 댐을 터뜨리는 것과 같은 효과를 가져올 것이며 그 광범위한 영향을 통하여 전체 사회-정치구조를 뒤흔들 위험의 홍수와 피해를 인정하도록 할 것이다. 그리고 과학과 법률의 아름다운 조화 속에서 우리는 위험을 **인정하고 기각하는 통로**로서 이른바 오염자 부담원칙을 계속해서 사용한다. 그 구조 때문에 근대성의 위험은 일반적으로 이 원칙에 따라 적절하게 해석될 수 없는 것으로 알려져 있다. 대개 한 명의 오염자가 있는 것이 아니라 많은 굴뚝에서 대기 중으로 방출된 여러 가지 오염물질들이 있는 것이며, 더욱이 이것들은 불특정의 질병과 상호연결되므로 이 질병에 대해서는 언제나 많은 '원인들'을 고려할 수 있다. 이 같은 상황에서 **엄격한 인과증명을** 주장하는 것은 산업에 원인을 둔 문명의 오염과 질병을 인정하지 않고 최소한으로 인정하기 위해 최선을 다하는 것이다. '순수' 과학의 결백함을 빙자하여 위험 연구자들은 '수준높은 인과증명의 기술'을 옹호하며, 이로써 시민의 저항을 막고 인과연계를 증명할 능력이 부족한 초기단계에 저항을 질식사시킨다. 이 연구자들은 산업계의 비용을 줄여주고 정치인들의 부담을 덜어주는 것처럼 보이지만, 사실은 수문을 열어서 모든 생명을 위태롭게 하는 것이다.

이것은 동일한 사고와 행위가 부의 준거틀을 통해서 나타나느냐, 아니면 위험생산의 준거틀을 통해 나타나느냐에 따라서 '합리성'이 어떻게 '비합리성'이 될 수 있는가를 보여 주는 좋은 예이기도 하다. 엄격한 인과증명을 주장하는 것은 과학적 합리성의 중심적 요소이다. 정확성을 기하는 것과 자신이나 다른 사람들에게 '아무 것도 양보하지 않는 것'은 과학적 에토스의 중심적 가치이다. 동시에 그럼에도 불구하고 이러한 원칙들은 여러 가지 맥락을 가지고 있으며 심지어 상이한 지적 시대와 관련되어 있기도 하다. 어쨌든 이 원칙들은 근대화 위험에 **기본적으로 부적합하다**. 오염에 노출된 사람들이 국제교역의 유형과 그에 부합하는 수지

균형 속에서만 이해되고 측정될 수 있는 상황에서, 개별 물질을 생산하는 개별 생산자들을 다른 요인들이 야기했거나 진척시켰을 수도 있는 특정 질병과 직접적인 인과연관을 맺고 있는 것으로 보기는 분명히 불가능하다. 이것은 다섯 손가락만을 사용하는 컴퓨터의 수리능력을 계산하려는 시도와 같다. 엄격한 인과성을 주장하는 사람은 그럼에도 불구하고 존재하는 연관들의 실재성을 **부인한다**. 과학자들이 개별적인 피해에 대한 개별적인 원인을 찾아낼 수 없기 때문에, 대기와 음식물 속의 오염물질 함유량이 줄지 않으며, 스모그에 노출되는 대기량이 줄지 않고, 사망률도 1m당 300마이크로그램을 넘는 이산화황의 기준 하에서 줄어들기보다는 오히려 크게 높아진다.

다른 나라들에서는 상당히 다른 규준이 인과증명의 타당성에 적용된다. 물론 그 규준들은 사회적 갈등을 통해서만 확립될 수 있었던 경우가 많다. 지구적인 차원에서 서로 맞물린 근대화 위험의 견지에서 일본의 재판관들은 엄격한 인과증명의 불가능성을 더 이상 피해자들을 희생하는 방식으로 따라서 궁극적으로 모든 사람들에 반대하는 방식으로 해석하지 않기로 결정했다. 이미 그들은 만일 오염수준과 특정 질병 사이에 통계적 상호관계가 성립할 수 있다면 인과연관을 인정하고 있다. 그에 따라 오염물질들을 배출하는 공장들이 법적인 책임을 지도록 할 수 있게 되었으며 상응하는 피해보상을 하도록 할 수 있게 되었다. 일본에서는 많은 공장들이 일련의 환경재판을 통해 피해 당사자들에게 막대한 보상을 해야 했다. 독일의 피해자들에게는 자신들이 경험한 손해와 질병에 대한 **인과적 부인**이 틀림없이 완전한 경멸처럼 보일 것이다. 자신들이 수집하고 제시한 증거들이 받아들여지지 않기 때문에, 맹목적으로 마치 이방인처럼 그것들 스스로 생산한 위험과 위난에 언제나 직면해 있는 과학적 합리성 및 관행 속에서 독일의 피해자들은 **실재성의 상실**을 경험한다.

엉터리 속임수: 허용수준

위험 과학자들이 통제하는 또 다른 '유독물질을 막는 인지적 수문'이 있다. 그들은 주문을 외워서 정말 거창한 마술을 부릴 수도 있다. 수리수리마수리 얏! 이 같은 마술은 '산성비의 춤'과 같은 특정 영역에서 행해진다. 쉽게 말해서 허용수준치나 최대농축량과 같은 것이 그 주문인데, 이것들은 아무런 해결의 실마리도 제시하지 못한다. 마술이 결코 성공할 수 없기 때문에 과학자들은 그 대신 많은 용어와 방법과 도표를 이용한다. '나도 모른다'는 말을 대신하여 사용되는 중심적인 용어가 '허용수준'이다. 이제 이 용어의 뜻을 꼼꼼히 판독해 보자.

위험분배와 관련하여 오염물질과 유독물질이 공기와 물과 식품에 '함유될 수 있는' 양을 뜻하는 허용기준은 부의 분배에 대해 효율성의 원리가 뜻하는 것과 비슷한 의미를 가진다. 이 기준은 바로 그 한계범위에 따라 유독물질의 배출을 허용하고 그것을 정당화한다. 오염의 **한계를 설정하는** 사람이라면 누구라도 오염에 **협력도** 하는 것이다. 여전히 참을만한 것이라면 사회적으로는 '무해한 것'으로 정의된다 —— 그것이 얼마나 해로운가와는 상관없이. 허용치는 실제로 최악의 상황을 예방할 수도 있다. 그러나 동시에 허용치는 자연과 인간에게 **미량일지라도** 해를 끼칠 수 있는 '백지 수표'이기도 하다. 이 '미량'이 얼마나 거대한 것일 수 있는가가 여기서 중요한 것이다. 동식물과 인간이 얼마나 **많은** 양 또는 **적은** 양의 유독물질을 견딜 수 있는가, 미량이 **얼마나** 큰 것일 수 있는가, '견딘다'는 것이 이 맥락에서 무엇을 의미하는가의 문제 —— 이것이 허용수준의 결정에서 중요한, 선진문명의 유독물 및 해독제 생산체에서 발생하는 무서운 문제이다.

우리는 여기서 가치(Werte)가, 심지어 허용치(Grenzwerte)가 한때 화학의 문제가 아니라 윤리의 문제였다는 사실에 관심을 기울이고 싶지 않다. 우리는 투박한 관청식 말투를 인용하자면 '식료품과 담배에 함유된 농화학물 및 살충제의 최대량에 관한 법령'을, 즉 발전된 산업문명의 **생물학적 도덕의 잔류량**을 다루고 있다. 그러나 이것은 특이하게도 부정적인 상태로 남아 있다. 이 도덕은 사람들이 서로를 중독시켜서는 안된다는, 이전에는 자명했던 원칙을 표명한다. 더 정확하게 하자면 이것은 **완전히** 중독시켜서는 안된다는 것으로 읽어야 한다. 역설적이게도 이것은 익히 알려져 있는 논쟁의 대상인 미량을 허용하기 때문이다. 이 법령의 목적은 중독의 예방이 아니라 그 **허용정도**를 정하는 것이다. 중독이 허용될 수 있다는 것은 더 이상 이 법령의 기본사안이 아니다. 이런 의미에서 허용수준은 과잉상태에 있는 문명이 자신에게 오염물질과 유독물질을 공급하는 문명의 퇴각선이다. 중독시키지 않을 것을 진정으로 분명하게 요구하는 것은 **유토피아적인 것**으로 기각된다. 동시에 기록되고 있는 미량의 중독은 **정상적인 것**이 된다. 중독은 허용치의 뒷전에서 모습을 감춘다. 허용치에 의해 **표준화된 중독의 총량을 영구히 할당**할 수 있게 된다. 이 기준은 해롭지 **않은** 중독을 구분함으로써 오히려 금지하고 있는 중독을 유발하기도 한다. 만일 누군가 허용치를 고수한다면 이런 의미에서 그 사람은 아무도 아무것도 중독시키지 않는다 —— 자신이 생산하는 식료품에 얼마나 많은 유독물질이 실제로 함유되어 있는가와는 상관없이. 이것은 유독물질의 생산이 단지 해당 산업의 문제일 뿐만 아니라 허용수준의 설정의 문제이기도 하다는 것을 보여 준다. 이 문제는 정치와 관료제와 산업의 제도적 및 체계적 경계를 가로질러서 공동생산되는 것이다. 만일 사람들이 조금도 중독시키지 않는다는 완전히 터무니없는 것이 아닌 전제에 동의할 수 있다면, 어떠한 문제도 일어나지 않을 것이다. 최대농축법을 제정할 필요도 더 이상 없을 것이다. 그러므로 문제는 허용의 성격에, 이중적인 도덕기준에, **최대농축법**에 대한 찬-반에 있다. 여기서 사람들은 윤리의 문제에 더 이상 조금이라도 관심을 기울이는 것이 아니라, 사회생활의 최소규율이 —— 서로를 중독시키지 않기 위해 —— 어느 정도까지 **침해**될 수 있는가에 관심을 기울인다. 그것은 궁극적으로 중독이라고 부르지 않아도 좋을 중독기간을 얼마나 길게 잡을 수 있을 것이며, 언제부터를 중독시점으로 볼 것인가의 문제가 된다. 이것은 의심할 바 없이 중요한 문제이며, 너무도 중요한 문제여서 유독물질 전문가에게만 전적으로 일임할 수 없다. 지상의 모든 생명이 비유적인 의미에서가 아니라 실제적인 의미에서 이 문제에 달려 있다. 일단 '허용할 수 있는 독극물의 영향'이라는 미끄러운 경사면에 발을 들여 놓으면, 어느 정도의 유독성이 '허용될 수 있는가'의 문제는 젊은 햄릿이 처할 수밖에 없었던 양자택일의 상황, 즉 '죽느냐 사느냐'의 상황과 같은 중요성을 갖게 된다. 이 사실이 최대농축법이라고 하는 이 시대를 기록하는 특이한 문서에서 은폐된다. 이에 대해서는 여기서 논의하지 않을 것이다. 우리는 허용치 결정의 기반 자체로 옮겨가서 그 기반의 논리 또는 비논리를 탐구하고자 한다. 즉 우리는 허용치 결정이 알고자 하는 바를 확실히 알 수 있는가의 문제를 제기할 것이다.

만일 조금이라도 독성을 허용한다면 허용치를 법으로 정할 필요가 있다. 그러나 함유되어 있는 것보다 그렇지 **않은** 것이 더 중요해진다. 왜냐하면 그렇지 않은 것, 즉 법이 포괄하고 있지 않은 것은 **독성이 없는 것으로 간주되어 어떠한 제약도 없이 자유롭게 유통될 수 있기** 때문이다. 허용치에 관한 법령이 침묵하고 있는 부분, 즉 그 '공백지대'가 가장 위험스러운 진술부이다. 그 법령이 논의하지 않는 것이 우리에게 가장 위협적인 것이다. 최대농축법을 제정하여 **살충제를** 정의하고 여기서 배제되는 '비살충 독물'을 정의하는 것은 자연과 인류를 장기적이고 영구적인 중독의 도정으로 내던지는 최초의 전환점이 된다. 정의를 둘러싼 전투는, 그것이 아무리 학문의 영역 내에서만 전개되는 것으로 보일지라도, 따라서 다소간 모든 사람들에게 유독한 결과를 미치게 된다.

현상이 아직 충분히 명확하게 기록되지 않았거나 너무나 복잡하기 때문에 개념적 질서에 들어맞지 않는 모든 것, 개념적 계획선을 가로지르는 모든 것, 이 모든 것은 질서를 정의하려는 주장들에 의해 포괄되며 **언급되지 않음으로써 독성이 있다는 의심에서 벗어난다.** 그런데 최대농축법은 대단히 모호하고 위험스러운 **기술관료적 오류에** 기초하고 있다. 즉 (아직) 포괄되지 않았거나 포괄될 수 없는 것은 유독하지 않다는 것이다. 조금 다르게 말하자면 의심스러운 경우에는 인간의 위험한 개입에서 독극물을 보호하라는 것이다.

우연히도 독일의 최대농축법에는 다른 산업국들에 비해서조차 **커다란**

구멍들이 뚫려 있다. 법의 눈으로 보면 살충제가 아니기 때문에 모든 독극물류가 사용되는 것으로 보이지조차 않는다. 오염물질들의 연속적인 목록은 화학물질의 생산과 사용의 뒷전에서 가망없이 절뚝거리고 있다. 몇 년 전에 「미국 환경질위원회」는 독성이 불분명하고, 농축상태가 알려져 있지 않으며, 잠재적인 오염효과가 어떤 규제책으로도 줄어들고 있지 않은 셀 수 없을 정도로 많은 화학물질들에 비해 알려져 있는 오염인자들의 수를 과대평가하는 것에 대해 경고했다. 4백만 종 이상의 화합물들이 자료로 제시되고 있으며, 이 수는 계속해서 늘어나고 있다. "우리는 이 화합물들이 건강에 미칠 수 있는 영향에 대해 아는 것이 거의 없다. … 그러나 단순히 그 수는, … 그 응용의 복잡성은, 이미 나타난 몇 가지 물질의 부정적 영향은 화학적 오염물질들이 인간의 건강과 기대수명을 결정하는 중요한 요소가 되고 있다는 것을 더욱 분명하게 보여 주는 것 같다."[2]

만일 새로운 화합물들에 조금이라도 주의한다면, 감정하는 데에 대개 3-4년이 걸릴 것이다. 아무튼 그 기간 동안 잠재적인 유독물질들은 아무런 제약없이 사용될 수 있다.

이러한 침묵의 공백지대는 더 멀리까지 확장될 수 있다. **개별적인 물질들의 허용치가 어떻게 결정될 수 있는가**는 허용치의 설계자가 간직한 비밀로 남아 있다. 허용치가 여러 가지 물질들을 수용할 수 있는 **인간과 자연의 내성**이라는 통념과 관련되어 있다는 주장이 완전히 허무맹랑한 것은 아니다. 하지만 인간과 자연은 대기, 물, 토양, 식품, 가구 등에 함유된 모든 종류의 오염물질과 독극물을 **한데 모아 담는 그릇**이다. 내성의 역치를 결정하는 사람은 누구나 이 **총계**를 고려해야만 한다. 그럼에도 불구하고 개별적인 독극물의 허용치를 설정하는 자들은 사람들이 특정한 독극물만을 섭취한다는 완전히 그릇된 가정에서 출발하거나, 아니면 바로 자신들의 사고의 출발점에서부터 **사람들을** 위해 허용치에 대해 말할 수 있는 기회를 완전히 놓쳐 버린다. 더욱더 많은 오염물질들이 순환

---

2) *Environmental Quality 1975*, 6th report of the CEQU, Washington: 326; Jänicke(1979: 60)에서 인용.

되고, 개별적인 물질들에 연관된 더욱더 많은 허용치가 설정되고, 이런 일이 더욱더 자유롭게 일어나고, 이 마술 전체는 더욱더 **황당**해진다. 왜냐하면 전체 독극물이 사람들에게 가하는 위협은 커지기 때문이다 ── 여러 가지 독극물의 총량은 전체 독성의 정도가 더 높아진다는 것을 의미한다는 간단한 계산으로 추정하건대.

개별적인 독극물들의 **상승작용**에 대해서도 이와 아주 비슷하게 주장할 수 있다. 만일 이 같은 다양한 물질들의 상승효과가 어떤 반응을 일으키는가를 모른다면, 이런저런 정도로 농축되어 있는 이런저런 독극물이 해로운지 무해한지를 아는 데 최대농축법이 어떻게 도움이 될 수 있는가? 내복약의 분야에서는 여러 가지 약제의 혼합사용이 개별 약제의 효력을 약화시키거나 증강시킬 수 있다는 사실이 이미 잘 알려져 있다. 허용치를 통해 용인되는 셀 수 없이 많은 부분적인 유독효과에 대해 똑같은 식으로 추측해 본다고 해서 완전히 틀리지는 않을 것이다. 최대농축법은 이 같은 핵심적 문제에 대해서도 대답하지 않고 있다.

여기서 볼 수 있는 논리적 결점들은 우연의 산물이 아니라, 일어날 수 있는 부분적 유독효과라는 비뚤어진 시각을 취했을 때 체계적으로 발생하는 문제들에 기초하고 있다. 한편에서 허용치를 결정하고 따라서 어느 정도 유독효과를 용인하지만, 다른 한편에서는 독극물들의 **총합**이 **상승작용**하여 어떤 효과를 미칠 것인가에 관해 도대체 아무런 지적 노력을 쏟지 않는다는 것은 냉소적인 태도를 취하지 않는 한 경멸해야 마땅한 것으로 보인다. 이것은 피해자 앞에 서서 순진한 모습의 재판관에게 자신들 각각은 허용치를 충분히 밑돌았으며 따라서 석방되어야 한다고 확언하는 오염자 무리에 관한 이야기를 떠올리게 한다.

이제 많은 사람들은 말할 것이다. 좋은 주장이다, 그렇지만 다음과 같은 몇 가지 근본적인 이유 때문에 가능하지 않다고. 우리는 개별적인 오염인자들에 관한 특수화된 지식만을 가지고 있다. 그것조차 화합물의 산업적 증대에 가련할 정도로 멀리 뒤쳐져 있는 실정이다. 인력과 전문연구자가 부족하다. 그러나 사람들은 여기서 자신들이 무슨 소리를 하고 있는지 알고 있는가? 그렇게 말한다고 해서 허용치에 관해 제공된 지식이 조금이라도 더 나아지는 것은 아니다. 개별적인 오염인자에 관한 허용치를 설정하는 것은 여전히 속임수이다. 만일 그와 동시에 수천가지의 다른 유해물질들을 방출하고 그 물질들의 상승효과에 대해 아무것도 말하지 않는다면!

만일 어떤 식으로든 이것이 실제로 가능하지 않다면, 그것은 직업적 과잉전문화와 그 공식조직의 체계가 산업발전이 작동시킨 위험에 직면하여 **쓸모 없어진다**는 것을 의미할 뿐이다. 그 체계는 생산성의 발전에는 적합할지 몰라도 위난의 제한에는 적합하지 않다. 분명히 사람들은 자신들의 문명에서 누리는 위험지위 속에서 개별적인 오염인자들이 아니라 **전체** 인자들에 의해서 위협받는다. 전체적인 위협과 관련하여 어쩔 수 없이 제기되는 문제에 대해 허용치의 일람표로 답한다면 더 이상 잠재적인 살인행위인 것만은 아닌 결과들을 완전히 조롱거리로 삼게 된다. 진보에 대해 일반적으로 신뢰하던 시대에는 이 같은 실수를 저지를 수도 있었을 것이다. 그러나 저항이 널리 확산되고 사망률 및 발병률의 통계가 사실을 명확히 증거하는 오늘날, 과학적인 '허용치의 합리성'의 정당화하는 보호막 아래서 이 같은 태도를 고수하는 것은 믿음의 위기라는 차원을 훨씬 넘어서 검사에게 기소할 것을 요구하기에 충분한 것이다.

그러나 이 문제는 잠시 옆으로 제쳐두고 허용치의 과학적 설정에 대해 살펴보도록 하자. 물론 순수하게 논리적인 방식으로. 간단히 요약하자면 허용치에 관한 모든 결정은 **적어도** 다음의 두 가지 그릇된 결론에 기초하고 있다.

첫째, 사람들의 반응에 관한 잘못된 결론들이 동물실험의 결과에서 도출된다. 세베소(Seveso)를 황폐하게 만든 TCDD라는 독극물을 예로 들어 보자(Umweltbundesamt[연방환경국], 1985; Urban, 1985). 이 물질은 대단히 많은 화학적 생산물, 예를 들어서 목재방부제와 제초제와 살균제를 생산하는 과정에서 생긴다. 또한 쓰레기를 소각하는 중에 생성되기도 하며 소각로의 온도가 낮을수록 더 많이 생긴다. TCDD의 발암효과는 2종의 동물실험으로 입증되었다. 그 동물들에게 이 물질을 먹였다. 그러나 이제 문명의 독이 끓는 큰 솥에서 핵심적인 방법론적 문제가 나타난다. 과연 인간은 얼마나 견뎌낼 수 있을까? 작은 동물들조차 대단히 상이하게 반응한다. 예를 들어 기니 피그는 쥐보다 10-20 배나 더 민감하며 명주쥐보다는 3천-5천 배나 더 민감하다. 사자에 관한 실험결과는 아직 입수할 수 없으며, 코끼리는 이미 선정되어 있는 상태이다…

이러한 결과에 기초하여 이 독극물에 대한 사람들의 내성에 관하여 어떻게 결론을 이끌어낼 수 있는지는 허용치의 요술사들이 간직하고 있는, 아직 대중에게 환기되지 않은 비밀로 남아 있다. 유아, 어린이, 연금생활자, 간질병자, 상인, 임산부, 공장의 굴뚝 근처에 살고 있는 사람들과 멀리 떨어진 곳에 살고 있는 사람들, 즉 알프스 산간의 농부들과 베를린 주민들을 '그' 사람의 거대한 잿빛 부대 속에 싸담아 보자. 실험실의 쥐가 교회의 쥐와 똑같이 반응한다고 가정해 보자. 그래도 여전히 문제는 남는다. A의 결과를 어떻게 B에 적용할 것인가, 즉 극히 다양한 동물들의 반응을 전혀 알려져 있지 않은 사람들의 반응에 어떻게 적용할 것인가, 그것은 동물반응에서 결코 도출될 수 없는 것이 아닌가?

간단히 말해서 숫자 맞추기 놀이를 할 수 있을 뿐이다. 네모 속에 숫자를 쓰고는 기다려라. 숫자 맞추기를 할 때 사람들은 분명히 어떤 방법을 사용한다. 허용치라는 숫자 맞추기 놀이에서 그것은 **안전요소**로 알려져 있다. 안전요소란 무엇인가? 그것이 무엇인가를 우리는 '실천'으로 배운다('Höchstmengen', *Natur* 1985, no. 4: 46-51). 그래서 사람들은 네모 속에 숫자를 써넣기만 할 수는 없으며, 실제로 기다려야만 한다. 그러나 단숨에 완료할 수도 있다. 그 때문에 동물들을 학대할 필요는 없을 것이다. 다시 한 번 말하자면, 아무튼 **인위적인** 조건 하에서 대단히 **제한된** 문제들에 대해서만 답할 뿐이며 종종 극히 다양한 반응을 보여주는 동물실험의 결과로는, 오직 **투시능력**이 있는 사람만이 '사람들'에게 '허용가능한' 독극물의 양을 제시할 수 있다. 허용치를 설계하는 사람들은 예언자로서 '제3의 눈'을 가지고 있으며 실험과 계수장치를 이용하는 후기(late) 산업사회의 화학적 마술사이다. 전체 사정을 아무리 자비로운 시선으로 본다고 할지라도 그것에 대해서는 대단히 복잡하고 말많고 수많은 방식으로 이야기할 수 있다. 우리도 역시 모른다. 그저 기다려라. 실천이 보여 줄 것이다. 이로써 우리는 두번째 지점에 이른다.

허용치는 확실히 상징적인 해독기능을 완수한다. 그것은 독극물에 관해 날로 늘어가는 보도를 진정시키는 일종의 상징적 진정제이다. 그것은 누군가 노력하고 있으며 주의하고 있다는 표시이다. **사실상** 그것은 사람들에 관한 실험의 역치를 다소 높이는 효과를 가진다. 어떤 물질을 둘러서 피해갈 도리는 없다. 그 물질이 **순환되어야만** 우리는 그 효과를 알 수 있다. 바로 여기에 두번째 잘못된 결론이 있다. 실제로 이것은 조금도 잘못된 결론이 아니라 다만 추문일 뿐이다.

사람들에 **대한** 효과는 궁극적으로 사람들을 **이용해서만** 신뢰성 있는 연구결과를 거둘 수 있다. 다시 한 번 우리는 윤리적 문제를 논하려는 어떤 바람도 없이 우리 자신을 전적으로 실험논리에 국한시키게 된다. 물질들은 내기, 물, 먹이사슬, 생산물 연쇄망 등의 모든 상상가능한 방식으로 사람들 사이로 확산된다. 그래서 어떻다는 말인가? 어디에 잘못된 결론이 있는가? 바로 이것이다. 즉 아무 일도 일어나지 않는다. **사람들에 대한 실험이 행해지지만 막상 마치 행해지지 않는 것처럼 진행된다.** 더 정확히 말해서 그 실험은 연구용 동물들과 마찬가지로 소량씩 물질을 사람들에게 공급함으로써 행해진다. 사람들의 반응이 체계적으로 조사되거나 기록되지 않는다는 의미에서라면 실험은 행해지지 않는다. 실험용 동물들의 행동양식은 인간에 대해 전혀 타당성을 가지지 않았으나 대단히 주의깊게 기록되고 상관적으로 연구되었다. 조심하기 위해서 사람들 자신의 반응은, 누군가 그에게 해를 입히고 있는 것이 실제로 이 독극물이다는 것을 기록하고 **입증**할 수 없는 한 주목조차 받지 않는다. 사람들에 대한 실험은 보이지 않게 분명히 행해지고 있다. 과학적 점검없이, 조사없이, 통계없이, 상관적 분석없이, 피해자들에게 알려주지 않는 조건 하에서, 만일 피해자들이 무언가를 찾아내야 하는 경우에는 **역전된** 증명부담을 져야 하는 방식으로.

독극물의 배급이 사람들에게 개별적으로 또는 전체적으로 어떻게 영향을 미치는가를 우리가 알 수 없다는 것은 아니다. 우리는 그것을 알려고 하지 않는다. 사람들은 스스로 그것을 알게 될 것으로 상정된다. 영구한 실험이 행해지고 있다. 말하자면 그 실험 속에서 자조적인 운동을 통해 실험실의 동물들처럼 봉사하는 사람들은 이맛살을 잔뜩 찡그리고 저기에 앉아 있는 전문가들에 맞서서 자신들의 중독증세에 관한 자료를 모으고 보고해야 한다. 질병이나 죽어가는 삼림과 같은 일들에 대한 이미 발간된 통계들조차 분명히 허용치의 마술사들에게는 충분한 설득력을 가지고 있는 것으로 보이지 않는다.

우리는 영구적인 대규모 실험을 우려한다. 이 실험은 역전된 높은 증명부담을 지움으로써 사람들이 어쩔 수 없이 자신들의 늘어가는 중독증세에 관해 보고하도록 한다. 그들의 주장에 주목할 필요는 없다. 왜냐하면 **결국 충족되지 않은 허용치가 있기 때문이다!** 실제로는 사람들의 반응으로만 결정될 수 있었을 뿐인 그 허용치는 피해자들의 두려움과 질병을 부정하기 위해 유지된다. 그리고 이 모든 것은 '과학적 합리성'의 이름으로 유지된다! 문제는 허용치의 곡예사들이 모른다는 것이 아니다. '우리 역시 모른다'는 식으로 허용하면 마음은 편할 것이다. 그들이 모르는 것은, 그럼에도 불구하고 알고 있는 듯이 행하는 것은 귀찮고 위험한 일이며, 오래 전에 더 잘 알아야만 했던 곳에서조차 자신들의 불가능한 '지식'을 계속해서 고집하고 있다는 사실이다.

파열되는 과학적 합리성

고도로 산업화된 문명에서 위험의식의 기원을 보면 (자연)과학자들의 역사가 진정으로 명예롭지 않다는 것을 알 수 있다. 위험의식은 계속되는 과학적 부정에 맞서서 형성되었으며 여전히 그것에 의해 억압받고 있다. 아직까지도 대다수 과학자들은 반대편에 공감한다. 과학은 **인간과 자연의 지구적 오염의 보호자**가 되었다. 이런 점에서 많은 영역의 위험을 다루는 그 방식에서 과학은 **사후 통지가 있을 때까지 합리성에 대한 자신의 역사적 명성**을 탕진해 왔다고 말하는 것은 조금도 과장이 아니다. '사후 통지가 있을 때까지', 즉 과학이 위험을 다루는 데서 나타난 자신의 실수와 결함의 제도적-이론적 원천을 인식할 때까지, 그리고 이로부터 비롯된 결과들을 자기비판적으로 그리고 실천적으로 수용하는 것을 배울 때까지.

생산성 향상은 훨씬 세밀한 노동분업과 짝을 이룬다. 위험은 이 경향에 대한 **침식하는** 관계를 드러낸다. 위험은 실질적으로, 공간적 및 시간적으로 완전히 다른 것을 직접적이고 위협적인 연관 속으로 가져온다. 과학은 과잉전문화의 체를 쓸모없는 것으로 만든다. 위험은 전문화 사이에 자리 잡고 있다. 위험에 대처하기 위해서는 하나의 일반적인 견해가, 주의깊게 확립되고 배양된 경계들 간의 협동이 무엇보다도 필요하다. 위험은 이론과 실천의 구분을 **가로지르며**, 전문화된 역량들과 제도적 책임성을 **가로지르며**, 가치와 사실(과 따라서 윤리와 과학)의 구분을 **가로지르며**, 겉보기에는 제도적으로 구분되어 있는 정치영역과 공론장과 과학과 경제를 **가로지른다**. 이런 점에서 하부체계와 기능영역의 **탈구분화**, 전문가들의 **재결합**, 위험축소를 위한 작업의 **통일**은 체계이론과 조직의 기본문제가 된다.

동시에 위험의 제약되지 않는 생산은 과학적 합리성이 지향하고 있는 **생산성의** 이상을 처음부터 침식한다.

징후를 공격하고 사실에 관심을 기울이는 전통적인 환경정책은 장기적으로는 생태학적 기준도 경제적 기준도 충족시킬 수 **없다**. 생태학적으로 그것은 환경을 손상하는, 앞서가는 생산과정에 언제나 뒤쳐져서 달린다. 경제적으로는 생태학적 성공을 감소시키는 정화비용의 증대라는 문제가 발생한다. 이 같은 이중적 비효율성의 이유는 무엇인가?

한 가지 주요한 이유는 전통적 환경정책이 생산과정의 시작, 즉 기술과 장소와 원료와 재료와 연료와 생산하게 될 생산물이 아니라, 생산과정의 끝에서 출발한다는 사실에 있음에 틀림없다… 그것은 파이프 끝 기술을 이용하여 환경 손상을 **사후적으로** 정화하는 것이다. 환경적으로 해로운 현재의 기술에서 출발하여 누적된 오염인자와 폐기물질의 확산이 어느 정도 방지될 수 있을 것으로 예상된다. 생산과정의 끝에서 오염제거 기술을 사용함으로써 잠재적 배출물이 공장에 남아 있게 되며 농축된 형태로 쌓인다. 이의 전형적인 예는 외부 공기를 유입하기 전에 오염인자를 잡아내는, 가령 이산화황과 질산화물을 제거하기 위한 스크러버와 같은 여과장치, 나아가 폐기물처분장 및 하수처리장을 들 수 있으며, 또한 현재 상당한 논란을 빚고 있는 자동차 배기가스를 처리하기 위한 촉매전환기술도 여기에 포함된다…

이제 환경보호의 거의 모든 영역에서 (오염인자를 보유하고 수집하기 위한 비용이라는 의미에서) 정화비용은 처리정도의 **향상에 비례하지 않는 식으로** 오르고 있다. 이것은 생산방법으로서 재활용에도 적용된다. 그리고 전체 경제의 전망에서 보자면 이것은 계속되는 경제성장과 함께 주어진 수준의 배출량을 보장하기 위해 사용되는 경제자원이 지속적으로 늘어나야만 한다는 것을 의미한다. 이 자원은 더 이상 소비용으로 사용될 수 없는 것이다. 여기에 산업체계의 전체적인 반(counter)생산적 발전의 위험이 있다(Leipert and Simons, 1985).

공학이 **역사적 전환점**을 맞았다는 것은 점점 더 분명해지고 있다. 즉 공학은 19세기의 낡아빠진 방식으로 계속해서 사고하고 작동할 수 있다. 그러면 공학은 위험사회의 문제들과 초기 산업사회의 문제들을 뒤섞을 것이다. 또는 공학은 진정으로 예방적인 위험관리책에 도전할 수 있다. 그러면 공학은 자신의 합리성과 지식과 실천개념뿐만 아니라 이것들이 작동하는 제도적 구조를 재사고하기 위해 도전해야만 할 것이다(이에 대해서는 7장을 보라).

공공의 위험의식: 2차적 비경험

과학을 문화적으로 비판하기 위해서는 사람들이 반대하는 것, 즉 과학적 합리성에 사람들이 결국 호소해야만 한다는 역설이 성립한다. 조만간 사람들은 위험이 과학적으로 인정되지 않는 한 적어도 법적으로, 의학적으로, 기술론적으로, 또는 사회적으로 **존재하지 않는 것**으로 간주되며, 따라서 예방되거나 처리되거나 보상되지 않는다는 법칙에 직면하게 된다. 탄원의 한숨소리가 아무리 많이 쌓일지라도 이 사실을 바꿀 수 없으며, 오직 과학만이 바꿀 수 있다. 그러므로 진리에 대한 과학적 판정의 독점은 피해자들 자신들로 하여금 자신들의 주장을 성사시키기 위해 모든 과학적 분석방법과 수단을 이용하도록 만든다. 그러나 피해자들은 또한 그 분석을 어쩔 수 없이 곧 **고쳐야** 한다. 그들이 수행하는 과학적 합리성의 탈주술화는 그러므로 산업주의의 비판자들에게 고도의 양가적인 의미화를 요구한다.

한편에서 과학적 지식의 연성화는 피해자 자신의 관점을 세울 수 있는 공간을 확보하기 위해 필수적이다. 피해자들은, 기차가 때로는 위험을 사소하게 다루는 것을 향해 달려가도록, 또 때로는 위험을 진지하게 다루는 쪽으로 향해 달려가도록, 과학적 논증의 철로를 전환시키기 위해 필수적인 지렛대가 무엇인지을 알게 된다. 다른 한편 과학적 판정의 불확실성이 커짐에 따라 인정되지 않은 의심스러운 위험의 회색지대도 커진다. 아무튼 만일 인과관계를 최종적이자 명확하게 결정할 수 없다면, 만일 과학이 단지 보류상태에 있는 위장된 실수에 불과하다면, 만일 '어떻게 해도 좋다'면, 단지 특정한 위험만을 믿어야만 할 권리가 어디 있는가? 일반적인 **위험의 혼동**을 낳을 수 있는 것은 바로 이 같은 과학적 권위의 위기이다. 과학에 대한 비판도 역시 위험의 인정에 대해 **반**(counter)생산적이다.

따라서 환경운동과 산업과 전문가와 문화의 비판에서 종종 표출되는 피해자의 위험의식은 과학에 **비판적**인 동시에 과학을 **쉽게 믿는** 편이다. 과학에 대한 믿음의 굳은 배경에는 근대화의 비판자가 기본적으로 역설적인 장비를 갖추고 있다는 사실이 포함된다. 따라서 위험의식은 전통의식도 아니고 일반인의 의식도 아니며, 본질적으로 과학에 의해 결정되며 과학을 겨냥한다. 위험을 조금이라도 인정하고 자신의 사고와 행동의 준거점으로 삼기 위해서는, 객관적이자 시공간적으로 대단히 다양한 조건들 사이의 보이지 않는 인과관계와 다소간 사변적인 기획들이 원칙적으로 반드시 **믿음**을 주어야만 하며, 언제나 가능한 반론에 맞설 수 있는 **면역력**을 가지고 있어야만 하기 때문이다. 그러나 그렇다고 해서 보이지 않는 것이 —— 더 나아가 본래 인식될 수 없는 것이, 이론적으로만 연결되거나 산정되는 것이 —— 개인의 **사고**와 **인식**과 **경험**의 요소로서 아무런 문제가 없다는 뜻은 아니다. 말하자면 일상적인 사고의 '경험주의적 논리'가 뒤집어진다. 우리는 더 이상 단순히 개인적 경험에서 일반적 판단으로 상승하지 않으며, 개인적 경험 없는 일반적 지식이 개인적 경험을 결정하는 중심요인이 된다. 만일 우리가 위험을 가로막는 장애물에 다가가고자 한다면, 화학공식과 반응, 보이지 않는 오염, 생물학적 순환과 연쇄반응이 보는 것과 생각하는 것을 지배해야 한다. 이런 의미에서 우리는 위험의식에서 '2차적인 경험'이 아니라, '2차적인 비경험'을 다루고 있는 것이다. 더욱이 의식적으로 경험한 수단을 알 수 있는 한 궁극적으로는 누구도 위험에 관해 알 수 **없다**.

사변의 시대

위험의식의 이 같은 근본적으로 이론적인 특성은 **인류학적** 중요성을 가진다. 문명의 위협은 고대의 신과 악마의 영역에 비견될 만한 새로운 '어둠의 왕국'을 만들어 내고 있다. 이것은 가시적인 세계의 뒷전에 숨어서 지상에서의 인간의 삶을 위협한다. 사람들은 오늘날 더 이상 사물에 깃들어 있는 영혼과 조화를 이루지 못하며, '방사선'에 노출되어 있는 자신들을 발견하고, '독극물'을 섭취하며, '핵 대학살'이라는 근심에 의해 바로 자신들의 꿈 속으로 쫓겨간다. 자연에 대한 인신동형적(人神同形的)인 해석과 환경이 차지하고 있던 자리를 인지불가능하지만 편재하는 잠재적 인과성을 지닌 문명의 근대적 위험의식이 차지했다. 위험하고 적대적인 물질들이 무해한 외관 뒤에 숨어 있다. 모든 것을 이중의 시선으로 보아야만 하며 이 같은 이중화를 통해 정확하게 이해되고 판정될 수 있다. 가시적인 것의 세계는, 사고 속에만 현존하고 세상에는 아직 은폐되어 있는 2차적인 현실과 관련하여 탐구되고 상대화되고 평가되어야만 한다. 평가기준은 가시적인 세계가 아니라 2차적인 것 속에만 존재한다.

이면의 유독한 현실을 탐구하지 않은 채 사물을 단순하게 이용하고 겉모습대로 받아들이며 단지 먹고 마실 뿐인 사람들은 순진할 뿐만 아니라 자신들을 위협하는 위해를 오해하고 따라서 자신들을 아무런 보호 없이 그 같은 위해에 노출시킨다. 탐닉, 직접적 향유, 단순한 그러함(being-so)은 깨어졌다. 모든 곳에서 오염인자와 독극물이 중세시대의 악마와 같이 웃고 있으며 술수를 부리고 있다. 사람들은 거의 피할 수 없이 그것들에 매여 있다. 그것들은 의식주의 모든 활동을 관통한다. 여행을 떠나는 것은 궁극적으로 muesli를 먹는 것 이상의 도움이 되지 못한다. 위해는 행선지에서도 기다리고 있으며 곡물에도 숨어 있다. 토끼와 경주하는 거북이처럼 위해는 언제나 거기에 있었다. 그들의 비가시성은 그들이 존재하지 않음을 증명하지 않는다. 그들의 실재성은 어쨌든 비가시적인 것들의 영역 속에서 나타나는 것이기 때문에, 그 비가시성이 입히는 것으로 의심되는 피해의 범위는 거의 무제한적이다.

문화의 비판적 위험의식과 함께 거의 모든 일상 존재의 영역에서 이론적으로 규정된 실재의식이 세계사의 무대에 오른다. 귀신을 쫓는 무당의 시선과 같이 오염에 시달린 동시대인들의 시선은 보이지 않는 무엇인가를 향하고 있다. 위험사회는 일상의 인식과 사고에서 사변의 시대가 열리고 있음을 보여 준다. 사람들은 실재성에 대한 대립되는 해석을 둘러싸고 늘 싸워 왔다. 철학과 과학이론이 발전하면서 실재성은 더욱더 이론적 해석의 대상이 되었다.

하지만 오늘날 확실히 다른 어떤 일이 일어나고 있다. 플라톤의 '동굴의 우화'에서 보이는 세계는 본래 우리의 지식능력을 벗어나는 실재의 반영이며 단순한 그림자일 뿐이다. 따라서 보이는 것의 세계는 **총괄적으로** 가치저하되지만, 준거점으로서의 역할을 잃지는 않는다. '물 자체'가

Risikogesellschaft

본래 우리의 지식을 벗어난다는 칸트의 견해에 대해서도 비슷하게 말할 수 있다. 이것은 개별적인 지각을 '세계 자체'에 대한 지각으로 되풀이하는 '소박 실재론'을 겨냥한 것이다. 그러나 이것은 세계가 이런저런 식으로 우리에게 모습을 드러낸다는 사실을 변화시키지는 않는다. 비록 그것이 나에게 그저 하나의 사물에 불과할지라도, 내가 들고 있는 사과는 그만큼 붉고 둥글고 유독하고 즙이 많은 등등의 것이다.

문화적 위험의식을 향해 나아가기 전까지는 일상의 사고와 상상력은 **가시적인 세계에 있는 그 정박지를 떠나지** 않는다. 문명의 위험에 대한 투쟁에서 우리는 우리에게 지각되지 않는 것의 특수가치에 더 이상 관심을 가지지 않는다. 대신에 그것의 실재성의 정도에 관한 토론의 주제가 되는 것은 일상 의식이 **보지 못하고 지각할 수 없는** 것, 즉 방사성과 오염물질과 미래의 위협이다. 개인적 경험이 결여된 이론에 대한 이 같은 관계와 함께 위험논쟁은 언제나 칼날 위에서 균형을 잡아 왔으며, (반)과학적 분석을 이용하여 일종의 **근대적 강령술**로 변질될 우려가 있다.

무엇인가가 영혼의 역할을 넘겨받았다면 그것은 보이지는 않지만 편재하는 오염물질과 독극물일 것이다. 모든 사람들이 특별한 독극물들과 자신만의 개인적인 적대적 관계를 맺고 있으며, 자신만의 회피의식과 주문과 직관과 의심과 확실성을 가지고 있다. 일단 비가시적인 것을 받아들인다면 곧 사람들의 사고와 삶을 규정하는 것은 오염물질의 영혼만이 아니게 될 것이다. 이 모든 것에 대해 토론이 벌어질 수 있으며, 논의가 양분될 수도 있고, 서로 융합될 수도 있다. 새로운 공동체와 대안 공동체가 부상한다. 그 공동체의 세계관과 규범과 확실성은 보이지 않는 위협의 중심부를 에워싸고 모인다.

살아 있는 것들의 유대

그 중심부는 두려움이다. 어떤 종류의 두려움인가? 어떤 식으로 두려움은 집단을 형성하는 효과를 가지는가? 어떤 세계관에서 그것은 발생하는가? 위험을 자각하는 과정에서 때로는 학습되고 때로는 위반되는 감수성과 도덕성, 합리성과 책임성은 부르주아 산업사회에서 그러했듯이 상호결합되어 있는 **시장**의 이해관계를 이용해서는 더 이상 이해될 수 없다. 여기서 접합되고 있는 것은 시장의 '보이지 않는 손'을 이용하여 모두의 공동복지를 이루겠노라고 맹세하는 경쟁을 향한 개인적 이해관계가 아니다. 이 두려움과 그 정치적 표현형식은 어떠한 유용성 판단에도 기초하고 있지 않다. 또한 이 점에서 이성에 대한 이성의 자기에 근거한 관심을 보고자 한다면 그것은 아마도 너무나 손쉽고 너무나 성급할 터이다. 이 경우에 이성은 삶의 자연적 및 인간적 기초의 맥락에서 직접적으로 재형성된다.

환경 및 평화운동, 그리고 산업체계에 대한 생태학적 비판 내에서 상당히 폭넓게 표현되는 일반화된 고통의식에서 이야기되고 있는 것은 다른 경험의 층위들이라는 느낌을 아주 강하게 받는다. 나무가 베어지고 동물 종들이 학살되어 사라지는 곳에서 사람들은 특정한 의미에서 **자신들이** 희생자라고 느낀다. 문명의 발전에서 생명에 가해지는 위협들은 인간에게 사활적인 필수재를 동식물의 그것에 연결시키는 유기적 생명의 경험에 기반한 공동성(commonalities)을 불러일으킨다. 죽어가는 숲 속에서 사람들은 자신들이 '도덕적 요구를 지닌 자연의 피조물'이며, 만물 중에서 이동할 수 있는 아주 약한 사물이며, 위협받는 **전체** 자연의 부분이라는 경험을 하게 된다. 그리고 그 때문에 사람들은 책임성을 지니게 된다. 육체와 영혼, 또는 자연과 인간의 이원론을 약화시키는 **인간의 자연의식**이 상처입고 깨어난다. 위협을 받으면서 사람들은 자신들이 식물처럼 호흡하고 물 **속**에서 사는 물고기처럼 물을 **이용하여** 살아간다는 것을 경험한다. 독극물의 위협은 사람들로 하여금 자신들이 자신들의 육체로 사물의 세계에 참여하고 —— '의식과 도덕성을 지닌 물질대사과정' —— 그 결과 자신들이 산성비에 의해 돌과 나무처럼 침식될 수 있다는 것을 알게 한다. 동식물과 인간으로 구성된, 지구 속의 하나의 공동체가 모습을 드러내며, 이 위협 속에서 모든 사람과 모든 것들에게 똑같이 영향을 미치는 살아 있는 사물들의 유대가 형성된다(Schütz 1984).

Risikogesellschaft

'희생양 사회'

위해에 의한 고통이 위해의 자각으로 귀결될 필요는 없다. 반대로 두려움을 거부하게 될 수도 있다. 부와 위험의 분배는 이처럼 희생자를 만드는 것을 스스로 억제할 가능성에서 구분되고 중첩된다. 굶주림을 거부한다고 배가 부를 수는 없다. 반면에 위난은 (이미 발생한 것이 아닌 한) 언제나 다른 식으로 해석될 수 있다. 물질적 궁핍의 경험에서 실제적 고통과 주관적 경험 또는 고통은 분리할 수 없도록 연결되어 있다. 위험은 그렇지 않다. 그와 반대로 정확히 고통이야말로 의식하지 **못하게 하는 원인일 수 있다**는 것이 위험의 특징이다. 그만큼 위난을 부인하고 사소하게 여길 가능성은 **커진다**.

그 이유는 언제나 여러 가지이다. 위험은 결국 지식과 규범에서 기원하는 것이며, 따라서 지식과 규범 속에서 확대되거나 축소될 수 있으며, 또는 의식의 영사막에서 간단히 제거될 수도 있다. 굶주림에 대한 식량의 관계는 위험을 제거하거나 **다른 식으로 해석하는** 것과 위험의식이 맺고 있는 관계와 같다. 후자의 중요성은 전자가 (개인적으로) 불가능하게 되는 정도에 따라 커진다. 그러므로 위험을 자각하게 되는 과정은 언제나 **역전될 수 있다**. 여러 가지 해석들로 완화된 두려움을 사고와 경험의 기본요소로 여기게 된 사람들이 고통에 시달린 시대와 세대를 이어받을 수 있다. 여기서 위협은 언제나 불안정한 '비존재'로서 인지적 우리에 갇혀 있으며, 그런 의미에서 후세들은 '노인네'들을 그토록 허둥대게 만들었던 것을 웃음거리로 삼을 수 있다. 상상할 수 없는 파괴력을 지닌 핵무기의 위협은 변하지 않는다. 그에 대한 인식은 크게 요동한다. 수십 년 간 '핵폭탄과 함께 살아가라'는 문구가 반복되었다. 그리고 또한 이 문구는 수백만의 사람들을 거리로 나서게 했다. 사람들이 어쩔 수 없이 함께 살아가야만 하는 상상할 수 없는 위험이라는 **하나의 원인**이 사람들을 동요시키는 동시에 동요를 가라앉힐 수 있다.

위험의 경우에 야기된 불안과 두려움은 굶주림과 빈곤의 경우보다 더 쉽게 여러 가지로 해석될 수 있다. 여기서 일어나고 있는 일이 여기서 극복될 필요는 없지만, 이런저런 방향으로 빗나가게 될 수는 있으며 두려움을 극복하기 위한 상징적 장소와 인물과 대상을 찾아낼 수도 있다. 그런데 위험의식에서 사고와 행동, 또는 사회적 갈등은 특히 다른 것으로 대체될 수 있으며 그에 대한 요구도 크다. 그런 의미에서 정확히 위난이 정치적 태만에 따라 커지는 것처럼, 위험사회는 희생양 사회가 될 내재적 경향을 지닌다. 즉 위해가 아니라 그것을 지적하는 사람들이 일반적인 불안상태를 유발한다는 식으로 사태가 돌변한다. 가시적인 부는 비가시적인 위험과 언제나 직면하고 있지 않은가? 모든 것이 **지적인 환상**이고, 지적이고 신경질적인 큰바다 제비와 위험의 흥행사들의 책상에서 흘러나온 허위보도가 아닌가? 궁극적으로 그 뒤에 숨어 있는 것은 첩자, 공산주의자, 유태인, 터키인, 또는 제3세계의 미친 구도자들이 아닌가? 위협이 커가면서 바로 위협의 비구체성과 사람들의 무력감이, 사회적 타성과 그로 인해 고통받는 집단들을 직접행동으로 접근할 수 없는 비가시적 위협의 '피뢰침'으로 만드는, **급진적이고 광적인 반응과 정치적 경향**을 촉진시킨다.

불안의 처리: 필수적 자격요건

낡은 산업사회에서의 생존의 경우에 사람들은 물질적 빈곤과 싸우고 사회적 쇠락을 피하기 위한 기술을 반드시 갖추어야 했다. 이것은 개인들의 교육과정과 경력계획의 목표였을 뿐만 아니라, '계급적 유대'의 집합적인 목표를 가진 행동과 사고의 초점이기도 했다. 위험사회에서는 또 다른 기술들을 반드시 익혀야만 한다. 여기서는 위난을 예측하고 참아낼 수 있는 능력, 생물지리학적 및 정치적으로 위난을 처리할 수 있는 능력이 중요해진다. 우리가 다소간 다루는 법을 익힌 적이 있는 지위상실의 두려움과 계급의식과 상승이동에의 지향을 대신하여 다른 문제들이 중심에 떠오른다. 인정된 위험의 결과와 거기에 깃들어 있는 두려움과 불안을 우리는 어떻게 다룰 것인가? 두려움의 원인을 해결할 수 없다면 어떻게 두려움에 대처할 수 있을까? 두려움을 고의적으로 망각하지 않고, 또한 화산이 내뿜는 뜨거운 열기뿐만 아니라 두려움에 의해서도 질식되지 않고, 문명의 화산 위에서 살아갈 수 있을까?

정당과 그와 연관된 제도들과 마찬가지로 가족과 결혼과 성역할과 계급의식에서 두려움과 불안에 대처하는 전통적이고 제도적인 형식들은 의미를 잃는다. 똑같은 식으로 개인들도 두려움과 불안에 대처할 것이 요구된다. 각자 불안을 제거하도록 하는 이 같은 압력이 커짐에 따라, 조만간 교육과 치료법과 정치의 사회제도에 대한 새로운 요구들이 제기될 것임에 틀림없다(이에 대해서는 제2부를 보라). 그러므로 위험사회에서 두려움과 불안을 다루는 것은 **필수적인 문화적 자격요건이** 되며, 그를 위해 요구되는 능력의 배양은 교육제도의 필수적인 임무가 된다.

승인된 근대화 위험의 정치적 동력

근대화 위험이 사회적 (재)인지의 과정을 성공적으로 통과한, 핵폭발 또는 화학공장과 함께 중독된 달걀과 포도주와 쇠고기와 버섯과 가구가 잘 보여 주듯이, **세계의 질서가 변한다** —— 비록 처음에는 거의 아무런 활동도 보이지 않을지라도. 전문화된 책임성의 한계가 쓸모없게 된다. 위난을 무시하기 위해 만들어진 것들이 무너진다. 대중이 기술적 세부사항에 대해 발언권을 갖게 된다. 재정적으로 시혜를 베풀고 자비롭게도 일자리를 만들어 주었기 때문에 안락한 자본주의적 여론 속에서 오랫동안 만족할 수 있었던 기업들은 자신들이 증인석에 앉아 있음을, 아니 더 정확하게 말해서 자신들의 목에 칼이 채워져 있으며, 손에 피를 묻힌 채 붙잡힌 독살자를 기소하기 위해 이전에 사용된 적이 있는 질문들에 자신들이 답변해야 하는 처지에 있음을 갑자기 깨닫게 된다.

단지 그것뿐이라면! 실상은 시장이 붕괴되고, 적정가격이 실행되며,

금지령이라는 시련이 다가오며, 기술적 생산체계를 땅 위로 끌어올려 재생하려는 압력이 가해지고, 유권자들은 떠나가 버리지만 아무도 그들이 간 곳을 알지 못한다. 사람들이 자신들의 소유물 사이에서 —— 기술적, 경제적, 법적 세부사항 속에서 —— 고립되어 있다고 느끼는 곳에서, 궁극적으로 그럴듯한 격언이 아니라 완전히 상이한 준거체계를 가지고 모든 사람들이 갑자기 한마디씩 하고 싶어 한다. 경제적-기술적 세부사항들은 **새로운 생태학적 도덕성**의 관점에서 연구된다. 오염물질에 맞선 십자군에 참여한 사람들은 생태-도덕적 관점에서 산업의 작동을 꼼꼼히 살펴보아야만 한다. 그 전에 그들은 그 작동을 통제한, 아니 더 분명히 말하자면 통제하도록 상정되었던 사람들을 마찬가지로 꼼꼼히 살펴보아야만 한다. 그런 뒤에 체계적으로 발생한 잘못들에서 이득을 보는 사람들을 꼼꼼히 살펴보아야만 한다.

근대화 위험이 '승인된' 곳에서 —— 그리고 여기에는 단지 지식만이 아니라 위험에 관한 집합적 지식, 위험에 대한 믿음, 그리고 인과연쇄에 대한 정치적 환상 등 많은 것들이 연루되어 있다 —— 이런 일이 발생하는 곳에서 위험은 엄청난 정치적 동력을 길러 낸다. 위험은 모든 것을, 그 잠재성을, 사태를 진정시키는 그 '부수효과의 구조'를, 그 불가피성을 잃어버린다. 아무런 정당화없이 행동을 촉구하는 순수하고 폭발적인 도전으로서 갑자기 문제가 간단해진다. 각종 조건과 객관적 제약들 뒤에서 사람들이 모습을 나타낸다. 원인들이 원인자(causator)로 변하고 설명한다. '부수효과'가 입을 열고, 조직하며, 재판을 받으며, 자신을 확인하고, 더 이상 다양하게 해석되기를 거부한다. 이미 말했듯이 세계는 변했다. 이것은 위험의식과 갈등을 낳는 **성찰적 정치화**의 동력이다. 그렇다고 해서 위험에 대처할 수 있는 길이 자동적으로 열리는 것이 아니라, 전에는 닫혀 있던 행동의 영역과 기회가 열리는 것이다. 이로써 생각할 수 없고 만들 수 없는 것을 단기간 동안은 이룰 수 있는 산업질서가 갑자기 녹아 내리기 시작한다.

이제 일어나기 시작한 것은 물론 승인하지 않으려 함으로써 방지될 것으로 예상된다. 이것은 다시 한 번 근대화 위험을 승인하는 과정에서 실제로 중요한 것이 무엇인가를 특징적으로 밝혀준다. 여기서 결정적인 요소는 동식물과 사람의 생명 및 건강에 미치는 영향이 아니라, 또는 최소한 그것만이 아니라, 이 부수효과의 사회적, 경제적, 정치적 부수효과이다. 즉 시장붕괴, 자본의 가치저하, 은밀히 진행되는 공적 수용, 새로운 책임성, 시장변화, 정치압력, 공장의 의사결정에 대한 점검, 보상요구의 승인, 거대한 비용, 법적 절차, 체면상실 등이다.

생태학적 및 건강 상의 영향들은 사람들이 바라는 만큼 가설일 수 있으며, 정당화되고 최소화되고 극화될 수도 있다. 그러한 영향들이 있다고 **사람들이 믿는** 곳에서 그것들은 방금 언급한 사회적, 경제적, 정치적, 법적 영향을 미친다. 이것을 잘 알려진 사회학적 문장으로 표현해 보자면, 만일 사람들이 위험을 **실제적인** 것으로 경험한다면 그 **영향도 실제적**이라는 것이다. 하지만 만일 이런 의미에서 그 영향이 **실제적**이라면 그것은 사회적, 정치적, 경제적 (비)책임성을 뒤섞는다. 따라서 정치적 폭발력은 근대화 위험의 승인과 겹친다. 어제까지는 있을 수 있던 일들이 오늘은 갑자기 한계에 직면한다. 걸프전이 끝난 뒤 이라크에 화학공장과 군사전용기술이 수출된 것을 가볍게 여기는 사람은 분명히 냉소주의자라는 비난을 감수할 채비를 하고 있어야만 한다. '수용가능한 노출'은 '참을 수 없는 위해의 원천'으로 변한다. 최근까지도 인간이 개입할 수 없던 것이 이제는 정치적 영향력이 행사되는 영역에 포함된다. 허용수준 및 **정책이 될 수 없는 변수들의 상대성**이 분명해진다. 정치적인 것과 비정치적인 것, 필요한 것과 가능한 것, 정해진 것과 변하는 것 사이의 대조와 조화가 재규정된다. 단단한 기술-경제적 '상수들' —— 예컨대 오염물질의 배출, 핵에너지의 '필요불가결성', 또는 민수와 군수생산 사이의 간격 등 —— 이 정치적으로 펴 늘일 수 있는 변수로 개조된다.

여기서 우리는 체도정치의 익숙한 연주곡목 —— 경제정책을 통한 시장통제, 소득재분배, 사회보장책 —— 보다는 **비정치적인 것**에 관심을 기울인다. 즉 근대화과정 자체에서 위해의 원인을 제거하는 것이 정치적으로 된다. 생산물 계획, 생산과정, 에너지의 종류, 폐기물의 처리와 같은 산업관리의 영역에 속하는 문제들이 더 이상 공장관리의 문제로만 국한되지 않는다. 이 문제들은 **정부가 정책을 세울 때 뜨거운 감자와 같은 구실을** 하게 되며, 유권자들에게 실업문제와 같은 비중을 지니고 다가갈 수조차 있다. 위협이 커짐에 따라 낡은 우선권은 녹아 없어지고, 그와 함께 **긴급사태에 대한 개입주의적 정책**이 커지고, 위협상황에서 정부의 개입 가능성과 권위가 확대된다. 위험이 정상상태가 되는 곳에서 그것은 영구적인 제도적 형식을 취한다. 이 점에서 근대화 위험은 **권력이 부분적으로 재분배**될 수 있는 장을 마련한다. 이 장은 낡은 형식적 책임성을 부분적으로 보존하면서 또 부분적으로는 그것을 명시적으로 개조한다.

기업과 정치와 공중 사이의 관계에서 익숙한 책임구조는 더욱더 동요한다. 근대화 과정의 위난들이 늘어나는 것이 분명해질수록, 이 과정에서 공중의 중심적 가치가 위협받는 것이 더 분명해지며, 그것을 모든 사람이 의식하게 된다는 것이 더 명백해진다. 위협적인 위난의 영향 속에서 책임감, 중앙집권적인 방식으로 작용하는 권위, 관료적 통제와 계획으로 장식된 근대화 과정의 세부사항들이 재정의되리라는 것은 더욱더 분명하다. 근대화 위험의 승인과 이 위험이 포함하고 있는 위난의 증대로써 **이 위험이 영향을 미치게** 되면서 **체계에 몇 가지 변화**가 일어난다. 물론 이것은 공개된 것이 아니라 **조용한 혁명의 형식으로** 일어난다. 즉 **모든 사람의 의식의 변화로서**, 주체가 **없으며** 엘리트의 교체가 이루어지지 않고 낡은 질서가 유지되는 대변혁으로서.

구속되지 않는 문명의 발전 속에서 준혁명적인 상황이 사실상 **인정된** 다. 이 상황은 근대화가 야기한 문명의 **운명**으로서 태어난다. 이로부터 이 상황은 한편으로 정상성을 과시하게 되며, 다른 한편으로는 **파국을 몰고 올 힘**을 보유하게 된다. 이 파국은 혁명의 정치적 의미를 아주 충분히 달성할 수 있으며 초과할 수 있다. 위험사회는 따라서 혁명적 사회가 아니라, 그보다는 **파국적 사회**이다. 이 사회에서는 **긴급사태가 정상사태가 될** 우려가 있다.

우리 모두는 금세기 독일의 역사를 통해 실제적이거나 잠재적인 파국이 민주주의의 교사가 될 수 없음을 아주 잘 알고 있다. 누적되고 있는 폭발력이 이미 얼마나 양가적이고 추한 것인가는 '환경전문가들'이 작성한 보고서에서 그들의 의도에 반하여 완벽할 정도로 분명하게 지적되고 있다(Rat der Sachverständigen für Umweltfragen 1985). 그 보고서에서 설명된 동식물과 사람들의 생명에 대한 환경위험의 긴박성은 21세기 전환기에 전형적인 자기고백적인 생태학적 도덕성으로 이 전문가들을 '정당화'한다. 이 도덕성은 '통제', '공식적 승인', '공식적 감독'과 같은 아주 비겁한 표현들을 만들어 낸다. 그 보고서의 특징은 장기적 개입, 계획 및 통제가능성과 권리가 환경에 해를 입히는 정도에 따라 누진적으로 요구된다는 점이다(45). 그 보고서는 '농업에 대한 감독과 안내 체계의 확장'을 논하고 있다. 이 전문가들은 '경쟁적인 경작 수요에 부과'될 '개인 경작지의 수준까지 내려가는 과학적으로 정확한 조사'에 기초한 '생물학적(biotopic) 조사'와 '지역보호계획'으로 '포괄적인 토지계획'에 대한 도전을 극화한다(48 이하). '정상상태로 되돌리려는' 계획을 달성하기 위해(51) 이 위원회는 '그 소유자들이 … 가장 중요한 지역을 … 경작하여 아무런 이익도 거둘 수 없도록 할 것'을 권고한다(49). 농부들은 '보상을 받는 대신 특정의 사용권을 포기하거나 요구된 대로 보호책을 채택해야' 한다(49). 이 전문가들은 '공식 승인에 따른 비료 사용', '사용종류, 정도, 시기를 구체적으로 규정한 법적으로 구속력있는 비료 사용계획'에 대해 논한다(53). 이 같은 '계획된 비료사용'(59)은 다른 보호책들과 마찬가지로 국가적, 지역적, 개인적 규모로 설정되어야 하는 '환경감독'의 구분체계를 요구하며(61), 그리고 '기본적인 법조항의 개정 및 신설을 요구'할 것이다(64). 간단히 말해서 **과학적 및 관료적 권위주의의 장관**이 펼쳐지고 있다.

수세기 동안 농부들은 모든 사람들이 생활하고 생존하기 위해 의존하는 토양에서 '열매'를 따는 '시골사람들'로 비쳐졌다. 그러나 이 같은 이미지는 그 반대의 것으로 변형되고 있다. 이 같은 새로운 관점에서 농업은 동식물과 사람들의 생명을 위협하는 독극물의 배급지로 된다. 현재 달성된 고도의 농업생산성을 위협하는 위험을 피하기 위해, 사람들은 농부들의 토지를 공적으로 수용하거나 과학과 관료제의 후원하에 작업의 모든 세부사항을 지배하는 계획 및 통제를 요구한다. 여기서 불안요소는 이 같은 요구들(또는 심지어 이 요구들이 제기되는 방식들)만이 아니다. 문제는 그것이 위해방지의 논리를 구성한다는 점이며, 임박한 위해를 고려한다면 위난의 독재 하에 방지되어야만 하는 것을 실제로 방지하는 정치적 대안을 찾아내기가 결코 쉽지 않을 것 같다는 점이다.

위해의 증가와 함께 위험사회에서는 민주주의에 대해 완전히 새로운 유형의 도전이 제기된다. 그것은 최악의 사태를 방지할 권리를 가지는, 그리고 우리가 아주 잘 알고 있는 방식으로 훨씬 더 나쁜 것을 만들어 내는, 위해방지의 정당한 전체주의를 향하는 경향을 품고 있다. '문명의 부수효과'의 정치적 '부수효과'는 지속되어 온 민주주의적 정치체계를 위협한다. 이 체계는 체계적으로 생산된 위해에 직면하여 무력하게 되거나, 또는 권위주의적이고 억압적인 '버팀목'을 덧붙여서 민주주의의 근본원리를 보류해야 하는 불쾌한 난관에 봉착한다. 이 같은 선택상황을 돌파하는 것은 이미 명확한 위험사회의 미래에서 민주주의적 사고와 행동이 달성해야 하는 필수적 임무들 중의 하나이다.

개관: 20세기 말의 자연과 사회

생명의 생태학적-자연적 기초가 산업에 의해 강제적으로 악화되면서 역사적으로 유례가 없고 이제까지 전혀 이해되지 않았던 사회적-정치적 동력이 작동하기 시작한다. 이 동력은 자연과 사회의 관계를 다시 생각할 것을 요구한다. 이 점은 이론적으로 설명될 필요가 있다. 여기서는 불확실한 미래를 모험할 용기를 내는 데 필요한 몇 가지 사항들이 결론으로 제시될 것이다.

앞의 논의를 요약하면, 자연과 사회의 대립이 끝났다는 것이다. 이 말은 자연이 더 이상 사회의 외부로, 또는 사회가 자연의 외부로 이해될 수 없다는 것이다. 19세기의 사회이론들(과 20세기의 그 수정판들)은 자연을 정복될 운명과 성질을 지닌 것으로, 그러므로 언제나 우리와 대립하고 우리에게 낯선 비사회로 이해했다. 이 같은 자리매김은 산업화 과정 자체에 의해 완전히 헛된 것이 되었으며 **역사적으로 잘못된** 것으로 밝혀졌다고 할 수 있다. 20세기의 말에 자연은 그런 운명이나 성질을 지닌 것이 아니라, 그 재생산의 자연적 조건들이 파괴되거나 위태롭게 된 문명세계의 **내부** 장식이라는 역사적 생산물이 되었다. 그러나 이 말은 모든 곳에서 보편화된 산업생산의 구성요소인 자연의 파괴가 자연의 '단순한' 파괴를 넘어서 사회적, 정치적, 경제적 동학의 구성요소가 된다는 것을 의미한다. 자연의 사회화의 보이지 않는 부수효과는 **자연의 파괴와 자연에 대한 위협의 사회화**이며, 이 같은 파괴와 갈등이 경제적, 사회적, 정치적 모순과 갈등으로 변형되는 것이다. 생활의 자연적 조건에 대한 침해가 지구적 차원에서 인간에게 가해지는 사회적, 경제적, 의학적 위협이 된다. 동시에 고도로 산업화된 지구사회의 사회-정치 제도에 대해 완전히 새로운 종류의 도전들이 제기된다.

문화에서 자연에 대해 가하는 위협들이 사회적, 경제적, 정치적 질서에 대한 위협으로 변하는 바로 이 변형이 다시 한 번 위험사회 개념을 정당화하는 현재와 미래의 구체적인 도전이다. 고전적인 산업사회의 개념이 (19세기의 의미에서) 자연과 사회의 대립에 기초하고 있는 한편, (산업적) 위험사회의 개념은 문화에 의해 하나로 통합된 '자연'에서 출발하며, 그것이 입은 상해는 변형되어 사회적 하부체계에 그 상흔을 남긴다. 여기서 '상해'의 의미는 산업화된 제2의 자연이라는 조건 아래서 과학과 반과학과 사회적 정의에 종속된다. 이것은 이미 살펴본 대로이다. 여기서는 **근대화** 위험의 기원과 자각을 지침으로 삼아 이 논의를 다시 살펴보았다. 이것은 '근대화 위험'이 개념적 정돈이며 범주적 틀임을 의미하며, 이를 통해 문명에 내재하는 것으로서 자연에 가하는 상해와 자연의 파괴가 사회적으로 파악된다. 이 같은 갈등의 대본을 따라 위험의 타당성과 긴박성이 결정되며 또한 위험을 억제하거나 처리하는 방식이 결정된다. 근대화 위험은 산업적으로 고갈된 탈(脫, ex-)자연이 입은 상처에 관한 협정이 사회적으로 '정당한' 방식으로, 즉 효과적인 치유를 요구하는 방식으로 체결되는 과학화된 '제2의 도덕성'이다.

그 중심적 결과는 근대성이 선진적인 상태에 이른 곳에서는 경제와 정치와 문화와 가족 등의 모든 하부체계와 함께 사회는 더 이상 자연에서 자율적이지 않다는 것이다. 환경문제는 우리를 에워싸고 있는 것의 문제가 아니라 —— 그 기원과 그 결과를 통해 —— 전적으로 **사회적인** 문제이며, **사람들의 문제이고**, 그 역사와 삶의 조건과 세계와 실재에 대한 그 관계와 그 사회-문화-정치적 상황의 문제이다. 산업적으로 변형된 문화세계의 '순치된 자연'은 솔직히 표본적인 **비환경**으로, **내적 환경**으로 이해되어야만 한다. 그리고 이에 직면하여 우리 자신을 멀리 떼어 놓고 몰아낼 수 있는 고도로 숙련된 우리의 모든 능력은 **무위에 그치고** 만다. 20세기 말에 자연은 사회이고 사회는 또한 '자연'이다. 자연이 비사회라고 말하는 사람은 누구나 더 이상 우리가 살아가는 현실을 잡아챌 수 없는 다른 세기에 살아가는 사람인 것처럼 말하는 것이다.

오늘날 우리는 자연의 모든 곳에서 고도로 합성된 생산물, 즉 인공적인 '자연'에 관심을 갖는다. 그것은 정말 조금도 '자연적'이지 않다. 만일 '자연적'이라는 것이 그 자체로 남겨진 자연적 존재를 뜻한다면, 과학자들조차 '자연'의 인공물에 맞서지 않는다. 그들은 순수하게 과학적인 방식으로 전문적인 과학적 인내를 발휘하여 그것을 탐구한다. 과학자들은 자연을 지배해야 한다는 일반화된 사회적 요구의 **실행자로서** 행동하고 지식을 쌓아간다. 홀로 또는 지역의 연구실들에서 자료를 연구하기 위해 그들이 몸을 굽힐 때, 어떤 의미에서 모든 사람이 그들의 어깨 너머로 살펴보고 있다. 그들이 손을 움직일 때, 그 손은 제도의 손이며 그런 의미에서 우리 모두의 손이다. 거기서 '자연'으로 취급되는 것은 문화과정에 들어온 내적인 '제2의 자연'이며, 따라서 대단히 '자연적'이지 않은 체계의 기능과 의미라는 짐을, 그것도 아주 많은 짐을 져야 한다. 이 같은 조건에서 과학자들이 아무리 측정하고 질문하고 추정하고 점검할지라도, 그들은 건강, 경제적 이해관계, 소유권, 책임감, 사법권을 **개선하거나 악화시킨다**. 다른 말로 해서 그것은 체계 내에서 순환하고 이용되는 자연이기 **때문에** 자연은 객관적인 (자연)과학자들의 객관적인 손에서조차 **정치적으로** 된다. 늙어빠진 막스 베버에게는 순수한 기쁨이었을,

도표로 이루어진 언어학적 사막이 구성하는 극도의 객관성에서 출발하는, 단 한 마디의 평가나 지극히 사소한 규범적 평가의 부담조차 지지 않는 측정의 결과는, 사회과학자들이나 철학자들이나 도덕가들의 극히 묵시론적인 공식들로는 결코 이르지 못할 정치적 폭발력을 지닐 수 있다.

그 대상은 이런 식으로 '장전되기' 때문에 자연과학자들은 **강력한 정치적 경제적 문화적 자장** 내에서 작업한다. 그들은 이 점에 주의하고 작업을 **통해**, 즉 측정절차를 진행하는중에, 내성의 역치를 결정하는중에, 인과적 가설을 추구하는중에 이에 대해 반응한다. 이 자장에서 발생하는 힘의 자력선들이 때로는 그들의 붓이 나아가게 될 방향을 정하는 수조차 있다. 그들은 어떤 궤적을 따르는 한 질문을 허용할 수도 있는 데, 그 궤적은 물론 순수하게 실질적인 기초 위에서 정당화되어야만 한다는 것이다. 그리고 그들은 어쩌면 논증과정에서 어떤 결정을 내려야 할 때 경력관리에 주의해야 한다는 것을 알려주기 위해 번쩍이는 붉은 등에 에너지를 공급하는 에너지원을 마련할 수도 있을 것이다. 이 모든 것은 자연이 사회화된 상태에서, **비록 숫자라는 외양을 띠고 있을지라도**, 외적으로는 그들이 객관성을 보존할 수 있을지라도, 자연과학자들과 공학자들이 **정치와 윤리와 기업과 사법적 실천의 기관이 되었다**는 것을 정확히 보여 준다(이에 대해서는 7장을 보라).

이처럼 자연과학은 그 '주체'의 명백히 정치적인 특징을 전제한다면 사회과학이 언제나 알고 있었던 업무와 경험의 역사적 상황으로 미끌어져 들어갔다. 마치 단일한 과학적 수렴이 이루어지는 것처럼 보이지만, 수렴은 역설적이게도 주체의 정치화에서 발생하고 있으며, 애초에 의심쩍어 했던 것일 수도 있는 것, 즉 자연과학이 제공하는 초자아에 대한 사회과학의 준과학적 접근에서 발생하는 것이 아니다. 미래에 이 수렴은 모든 과학에 대해 우리가 아무튼 존중할 만한 연구를 수행할 수 있기 위해 제도적으로 강화되고 보호된 도덕적 및 정치적 지지력을 요구하는 중심적 통찰이 될 것이다. 하지만 연구는 그 정치적 함의의 부담을 의식적으로 가정하고 해결해야만 한다. 과학활동의 실질적인 질과 정치적 중요성은 언젠가는 특정한 방식으로 조화를 이룰 수 있을 것이다. 무엇보다도 이것은 정치적 민감성에 의해 영향받는 금기의 영역이 커감에 따라 그에 비례하여 지식의 권위를 확증함으로써 가차없이 힘있게 그것을 깰 수 있는 제도적 의지가 커갈 것임을 뜻한다. 이것은 우리의 존속을 위태롭게 하는 문명의 위험을 모호하게 할 수 있는 낡아빠진 제도적이고 과학적으로 매개된 관행과 의례를 드러내 보여줄 수 있을 것이다.

근대성에 대한 사회문화적 비판은 언제나 전통적 규범이 근대성의 전개과정에서 단지 침해될 뿐이라는 진부한 (사회학적) 설명에 맞서 싸워야만 한다. 심지어 가장 분명하게 입증된 규범과 사회발전 사이의 모순이 가장 세속적인 일상생활에 대해서조차 중심적이다. 그런 의미에서 사회적-과학적 문화비평의 칼날은 처음부터 사회과학 자체에 의해 무디어졌다. 아직도 못난 사회학자만이 우리가 알기에 합리적 이성의 반복된 승리 속에서 정점에 도달한다는 저 진화적 낙관주의에 기대어 근내성의 어두운 면을 반복적으로 논박할 수 있을 것이다.

집단들이 무시되고 있으며, 사회불평등이 강화되고 있고 경제위기들이 서로를 압도하고 있다는 것은 사회학적 설명과는 다소 다르다. 조직된 운동집단들을 고려하면 그 설명은 우리가 알다시피 거대한 폭발력을 지닌다. 그럼에도 불구하고 여기에는 하나의 평행선이 있어서 이 같은 생각을 앞에서 거론한 것들과 연결해 주며, 가치는 **선별적**으로 위배되며 그 위배는 **영구히 제도화**될 수 있다고 말하는 과학적인 위험보고서와 구분해 준다. 사회불평등에 대해서도 마찬가지로 말할 수 있다. 그것은 **생존을 위협하는 근대화의 결과들**에는 적용되지 않는다. 이 결과들은 하나의 보편화된 평등주의적 기본유형을 따른다. 우리가 경험했다시피 이 결과들은 당연히 제도화될 수 있으며 또한 그 제도화는 모든 사람의 건강을 되돌릴 수 없을 정도로 해친다. '건강'은 확실히 문화적으로 고양되는 가치이지만, 그에 덧붙여 생존의 필요조건이기도 하다. 건강이 보편적으로 위협받는다면 모든 곳에서 영원히 실존 자체가 위협받을 것이다. 이 위협은 이제 경제적-정치적 체계를 마찬가지로 엄격하게 관통한다.

그러나 문화적-사회적 전제들만이 여기서 위협받고 있는 것이 아니다.

근대화의 도정에서 그 때문에 그토록 많은 눈물을 뿌렸을지라도 우리는 결국 이 위협을 감내할 수 있다. 최소한 침해되고 있는 기저수준에서 위태로운 상태에 있는 동식물 종의 목록을 얼마나 길게 작성할 수 있느냐는 질문을 하게 된다. 우리는 역사적으로 익숙해지기 시작하는 처지에 있는 것인지도 모른다. 우리가 오늘날 가치의 위반과 새로운 빈곤과 항상적으로 높은 수준을 유지하는 대중적 실업에 더 이상 당혹해 하지 않는 것처럼, 다음 세대, 또는 그 다음 세대는 종기로 뒤덮인 물고기와 새처럼 태어날 때부터 결함이 있는 생물들을 보고 더 이상 당혹해 하지 않을지도 모른다. 위반한 결과로 기준이 사라지는 것은 처음 있는 일이 아닐 것이다. 이런 식으로 사태가 진행되지는 않을 것이며, 반대로 자연이 더욱더 산업화되면서 그 파괴가 보편화되고 당연한 것으로 인식되리라는 근거있는 추측이 지속된다(이것은 아무도 논박할 수 없는, 특히 비평의 전문화에 이롭지 않은 사실이다).

공식에 익숙하지 않은 사회학자들의 귀에는 역설적으로 들릴 수도 있지만, 화학적, 생물학적 또는 의학적 위험공식에 의존하는 것은 —— 과학적으로 정당화되건 다른 식으로 정당화되건 —— 사회적-과학적 연구에 비판적이고 규범적인 전제들을 제공할 수 있는 가능성이 대단히 높다. 말하자면 그 같은 전제들의 암묵적 내용은 그것들이 사회적-정치적인 것들 속으로 확장되면서 비로소 인식될 수 있을지도 모른다. 그것은 물론 근대화 위험이 커지면서 다른 사람들과 마찬가지로 사회과학자들도 전문적 자율성의 이상이 박살난 채 **그 영역 밖의 전문가들이 통제하는 2차적 비존재에 의존한다는** 것을 뜻한다. 사회과학자들이 자신들만의 노력으로 제공할 수 있는 것은 그것과 거의 경쟁할 수 없다.[3]

---

3) 이 점에 관한 더 자세한 논의로는 Beck(1988: Part II)을 보라.

제2부 사회적 불평등의 개인주의화: 생활형태들과 전통의 사망

Risikogesellschaft

그 대화 위험의 분배논리는 앞 장에서 살펴보았듯이 위험사회의 본질적 차원이기는 하지만 단지 하나의 차원일 뿐이다. 태동하고 있는 지구적 위험상황과 그것이 함축하고 있는 발전과 갈등의 사회적-정치적 동력은 새롭고 중요하다. 그러나 그 위험상황은 사회적, 생애사적(biographical), 문화적 위험 및 불안정성과 중복된다. 근대성이 선진적으로 전개된 곳에서 후자는 산업사회의 내부 사회구조 및 그에 기반하고 있는 확실한 생활방식들, 즉 사회계급, 가족형태, 성 지위(gender status), 결혼, 부모자식관계, 그리고 직업을 육탈시켜서 재형성했다.

이 이차적 특성을 이제부터 중점적으로 살펴볼 것이다. 위험과 불안정성의 총합, 그것들의 상호강화 또는 중화, 이 두 측면이 모두 산업사회의 사회적-정치적 동학을 구성했다. 포괄적으로 말하자면 성찰적 근대화론은 다음과 같이 정식화될 수 있을 것이다. 즉 21세기로의 전환기에 고삐 풀린 근대화 과정이 자체의 조정체계를 넘어서고 정복하고 있다. 이 조정체계는 자연과 사회의 분리, 과학과 기술의 조화, 사회계급의 문화적 실재성에 관한 지식을 고정시켰다. 그것은 사람들의 삶이 달려 있는 가족과 직업이라는 두 개의 축을 부동상태로 고정시켰다. 그것은 한편에서는 민주적으로 정당화된 정치의 특정한 분배와 분리를, 그리고 다른 한편에서는 기업과 과학과 기술의 '하위정치'를 당연한 것으로 간주했다.

양가성: 개인과 선진 노동시장

 이 절의 핵심에는 우리가 근대성 내에서 전개되는 사회변혁의 목격자라는 평가가 자리하고 있다. 그 과정에서 사람들은, 마치 종교개혁의 과정에서 사회에 대한 교회의 세속적 지배에서 '풀려난' 것처럼, 산업사회의 사회형태 —— 계급, 계층화, 가족, 남자와 여자의 성 지위 —— 에서 해방될 것이다.
 (1) 서구의 복지국가들에서 성찰적 근대화는 산업사회의 전통적 매개변수들, 즉 계급문화와 의식, 성과 가족의 역할을 녹여 버린다. 그것은 산업사회의 사회적-정치적 조직들과 제도들이 의존하고 준거하는 이 같은 집합의식 형태들을 녹여 버린다. 이 같은 탈전통화는 **개인주의화가 사회적으로 너울지는** 과정을 통해 일어난다. 동시에 불평등관계들은 안정적인 상태로 남는다. 어떻게 이런 일이 일어날 수 있는가? 상대적으로 높은 물질적 생활수준과 선진적인 사회보장체계를 배경으로 사람들은 계급적으로 약속받지 못하게 되었으며 노동시장에서 필요한 개인 경력을 스스로 계획해야만 한다.
 이전에 개인주의화 과정은 주로 발전하는 부르주아지들이 요구하였다. 그러나 형태는 다르지만 그것은 근대 자본주의에서 '자유로운 임노동자'의, 노동시장과 노동이동과 교육과 직업변화가 취하는 동학의 특징이기도 하다. 노동시장에 참가하는 것은 그러한 속박들을 녹여 버리며 전통적 네트웍 및 노동시장의 제약에서 이중의 '해방'을 거두는 것과 재삼재사 결합된다. 가족, 이웃, 심지어 친우관계조차 지역문화 및 풍경에 대한 속박과 함께 노동시장이 요구하는 개인의 이동성 및 이동할 수 있는 개인과 모순된다. 이 같은 개인주의화의 너울은 분명히 집합적 운명(대량실업 및 탈숙련화)의 경험에 필적한다. 그러나 복지국가라는 조건 아래서 어느 정도 정해진 계급적 생애는 행위자의 결정에 따라 달라지는 성찰적 생애로 변형된다.
 (2) 그러므로 사회불평등의 해석과 관련하여 양가적 상황이 발생한다.

성층화 연구자들과 마찬가지로 맑스주의 계급이론가들에게는 변한 것이 그렇게 많지 않을지도 모른다. 수입위계의 분리상태와 임노동의 근본적인 조건은 똑같은 상태였다. 다른 한편 사회계급에 대한 결박은 신기하게도 사람들의 행동을 설명하지 못하게 된다. 신분에 기반한 사회환경과 계급문화에 전형적인 생활양식은 그 찬연한 빛을 잃는다. 그 추세는 개인주의화된 존재형식과 조건의 등장을 향하고 있으며, 이 형식과 조건은 사람들로 하여금 —— 자신들의 물질적 생존을 위해 —— 스스로를 생활계획과 영위의 중심으로 삼도록 강요한다. 더욱이 자신의 정체성을 어느 집단 또는 하위문화에서 찾고자 하는가의 문제를 포함하여 모든 사람들은 상이한 선택지들 중에서 무엇인가를 선택해야만 한다. 사실 사람들은 자신의 사회적 정체성을 선택하고 또한 바꾸어야 하며 그에 따르는 위험을 감수해야 한다. 이런 의미에서 개인주의화는 생활양식 및 생활형태의 변동과 분화를 의미하며, 대집단 사회들 즉 계급과 신분과 사회계층의 전통적 범주에 기대어 생각하는 것에 반대한다.

맑스주의 이론에서는 계급들 간의 적대가 산업자본주의의 '본질'에 단 한 번으로 영원히 연결되었다. 역사적 경험을 이처럼 영구적인 형태로 개념화하는 것은 **중간층 배제의 법칙**으로 표현될 수 있다. 즉 자본주의가 '혁명의 대폭발'로 이어질 계급투쟁의 격화를 향해서만 열려 있는 문을 통해 세계사의 무대에서 퇴장한 뒤에 사회주의사회처럼 소유관계의 변형이라는 뒷문으로 재등장하거나, **아니면** 계급들이 투쟁하고 투쟁하고 또 투쟁하는 것이다. 개인주의화 테제는 배제된 중간층을, 즉 복지국가가 뒷받침하는 노동시장의 동학이 자본주의 내에서 사회계급들을 희석시켰거나 용해했다고 주장한다. 맑스주의 식으로 말하자면 우리는 계급은 **없지만**, 개인주의화된 사회불평등 및 이와 관련하여 온갖 종류의 사회-정치적 문제들이 발생하는 자본주의라는 현상에 더욱더 직면하게 된다.

(3) 사회불평등이 '무계급성'을 띠게 되는 이 같은 추세의 교과서적인 예는 대량실업의 분배에서 찾을 수 있다. 한편에서는 노동시장을 떠났거나 한 번도 노동시장에 진입하지 못했던 사람들의 비중이 늘어나는

것처럼 오랫동안 일하지 못하고 지낸 실업자의 비중이 늘어나고 있다. 다른 한편에서 실업자의 수가 변하지 않는다고 해서 등록된 사례와 영향받는 사람들이 변하지 않는다는 것은 아니다. 1974년에서 1983년 사이에 독일에서는 거의 1,250만 명의 사람들이, 또는 취직하여 돈을 벌 수 있게 된 3 명의 독일인 중의 1 명이 적어도 한 번은 실업을 경험했다. 동시에 취업 및 반실업(노동시간 및 취업형식의 유연화)과 마찬가지로 등록된 실업과 등록되지 않은 실업(주부와 청년과 조기 은퇴자) 사이의 회색지대가 커지고 있다. 다소간 일시적인 실업의 광범한 분포현상이 이렇듯 장기적인 실업의 증가 및 실업과 취업 사이의 새로운 혼합과 함께 나타나고 있다. 사회계급의 문화는 이에 적응할 수 있는 맥락을 제시할 수 없다. 사회불평등의 강화와 개인주의화가 상호결합한다. 그 결과 체계의 문제들이 정치적으로 약화되고 개인적인 실패로 변형된다. 탈전통화된 생활양식 속에서 개인과 사회의 새로운 직집싱이 생거닌다. 즉 시회위기가 개인에게서 비롯된 듯이 보임과 동시에 단지 간접적이고 대단히 제한된 정도로만 사회적인 것으로 인식된다는 의미에서, 위기와 질환의 직접성이 생겨난다.

(4) 지위와 같은 사회계급에서 '해방되는 것'에 성 지위에서 '해방되는 것'이 합류하며, 이것은 여성의 지위변화에 우선 반영된다. 최근의 자료는 다음의 사실을 명백히 밝히고 있다. 즉 여성이 '새로운 빈곤'에 빠지게 되는 함정은 사회적 지위나 교육부족이 아니라 이혼이라는 것이다. 더 이상 막을 수 없는 이 과정에서 여성이 배우자이자 주부로서 지원받지 못하게 되는 정도가 드러난다. 개인주의화의 나선형적 진행은 이렇듯 가족 내부에서 지속되고 있다. 즉 노동시장, 교육, 이동성, 이 모든 것이 이중화되고 삼중화된다. 가족들은 직업적 필요, 교육적 제약, 부모의 의무, 가사의 단조로움 사이에서 여러 가지 야망을 다양하게 키워 나가는 속임수가 연속적으로 행해지는 무대이다. 언제라도 헤어질 수 있는 '합의가족'이 생겨나고 있으며, 이 가족 형태에서는 양성의 개인들이 어느 정도 정해진 방식으로 서로의 감정을 위안해 준다.

(5) 연관된 개인들의 문제로 나타나는 이 같은 양성간의 싸움조차 또

다른 차원을 가지고 있다. 이론적인 관점에서 남자와 여자 사이에서 발생하는 것은 가족의 내부뿐만 아니라 외부에서도 하나의 일반유형을 따른다. 양성 간의 싸움은 성찰적 근대화의 결과이며 산업사회의 사적인 매개변수이다. 왜냐하면 산업사회의 질서는 개인의 자유와 평등이라는 불가분리한 근대성의 원리를 언제나 분리했으며 이 원리를 단지 하나의 성에만 귀속시키고 다른 성에 대해서는 유보했기 때문이다. 산업사회는 **단지 산업사회로서만은 결코** 존속할 수 없었으며 지금도 존속할 수 없다. 산업사회는 언제나 반은 산업사회이며 반은 **봉건사회이다**. 그리고 그 봉건적 측면은 전통의 유산이 아니라 산업사회의 **산물**이자 **기초**이다. 그런 식으로 승리해 감에 따라 산업사회는 언제나 가족적 도덕성의 해체를, 양성의 운명의 해체를, 결혼과 부모됨과 성성(sexualty)에 연결되어 있는 금기의 해체를, 그리고 심지어 가사와 임노동의 재통일을 촉진해 왔다.

(6) (르네상스 또는 초기 산업시대의 대단히 유사한 것들과 비교하여) 이것은 오늘날 진행되고 있는 개인주의화의 특별한 양상을 분명하게 해준다. 새로운 면모는 그 결과에서 비롯된다. 사회계급이 더 이상 세습적 지위의 자리를 차지하지 않으며, 양성과 가족의 안정적 준거틀이 사회계급의 자리를 차지하지도 않는다. **개별적인 그 또는 그녀 자신이 생활세계에서 사회적인 것의 재생산 단위가 된다.** 사회적이라는 것과 그것이 하는 것은 개인의 결정과 연관되어야만 한다. 아니면 다른 식으로 말해서 가족의 내부뿐만 아니라 외부에서도 개인은 교육 및 시장에 의해 매개되는 자신의 생존과 이에 관련된 삶의 계획 및 조직을 행하는 실행자가 된다. 개인사 자체가 성찰적 기획을 요구하고 있다.

그러나 발전된 노동시장 사회에서 진행되는 이 같은 개인적 조건의 분화가 성공적인 해방과 동일시되어서는 안된다. 이런 점에서 개인주의는 소생된 개인에 의한 세계의 자기창조가 시작되었음을 뜻하지 않는다. 대신에 그것에는 생활방식의 **제도화**와 **표준화**를 향한 경향이 수반된다. 탈전통화된 개인은 노동시장에 의존하게 되며, **그와 함께** 교육, 소비, 사회법의 규제와 원조, 교통계획, 물품 제공, 의학적-심리학적-교육학적 상담과 보호의 가능성과 방식에 의존하게 된다. 이 모든 것은 지금 확립되고 있는 특수한 통제형태를 보여 준다.

(7) 따라서 개인주의화는 여기서 역사적으로 모순적인 **사회화 과정**으로 이해된다. 결과적으로 나타나는 '개인적인' 생활양식의 집합성과 표준화는 물론 파악하기 어렵다. 그럼에도 불구하고 바로 이 모순들이 분출하고 이에 대해 자각하는 사람들이 늘어날 때 비로소 **새로운 사회적-문화적 공동성**이 나타날 수 있다. 사회운동과 시민집단은 근대화 위기 및 위험상황과 관련하여 형성된다고 할 수 있다. 개인주의화 과정에서 우리는 (물질적 및 시공간적 견지에서, 그리고 구조화하는 사회관계 속에서) '자기 자신의 삶'에 대한 욕망이라는 형태로, 그러나 사회적-정치적 저항에 맞서서 미래에 대한 기대를 갖게 된다고 할 수 있다. 이런 식으로 신사회운동들은 다시 또다시 나타나게 된다. 한편에서 이 운동들은 늘이기는 위험과 키우는 위험의식과 위험갈등에 대해 반응한다. 다른 한편에서는 대안적인 청년 하위문화의 수많은 변종들 속에서 사회관계와 개인의 삶과 자기 자신의 육체를 가지고 실험한다. 그러므로 많은 경우에 공동체는 사적인 '개인의 삶'에 대한 행정적이고 산업적인 개입으로 촉발되는 저항의 형태와 경험에서 생성되며 그 같은 개입에 반대하여 공격적인 입장을 취한다. 이런 의미에서 (생태운동, 평화운동, 페미니즘 운동과 같은) 신사회운동들은 위험사회의 새로운 위험상황의 표현이다. 다른 한편 이 운동들은 탈전통화된 문화 속에서 사회적 및 개인적 정체성을 찾으며 이 문화에 개입하려는 움직임의 결과이다.

제3장 지위와 계급을 넘어서?

Risikogesellschaft

선진사회는 계급사회인가? 이 문제에 대한 해답을 찾는중에 우리는 명백히 모순적인 사실들에 즉각 부딪히게 된다. 사회적-역사적 전망에서 이 상황을 검토할 때 우리는 발전된 나라들의 사회 불평등 구조가 놀랄 만한 안정성을 보여 준다는 것을 알게 된다. 이에 대한 조사는 특히 독일에서 주요 사회집단들간의 불평등이 몇 가지 상대적으로 사소한 변화와 재배분을 제외하고는 그다지 변하지 않았다는 것을 분명하게 보여 준다. 온갖 기술적-경제적 변혁이 일어났으며, 변화를 위해 지난 20-30 년에 걸쳐 많은 조처들이 취해졌음에도 불구하고 그렇다.[1]

그럼에도 불구하고 일상생활과 정치와 학문연구의 의제에서 불평등이라는 주제가 거의 완전히 사라진 것은 바로 이 시기 동안이다. 경제가 정체상태에 빠져있고 실업이 늘 높은 수준을 유지하거나 심지어 증가하는 상황에서는 불평등이 다시금 사회적으로 폭발적인 사안이 될 가능성이 높다고 볼 수 있을 것이다. 하지만 지난 20 년 사이에 하나의 사회적 사안으로서 불평등의 의미가 얼마나 크게 줄었는가를 보면 놀랄 정도이다. 가끔씩 다른 맥락에서 또는 새로운 대치상황의 형태로 (예컨대 여성권 투쟁, 민중의 핵발전소반대운동, 세대간 불평등, 심지어 지역적 및 종교적 갈등 속에서) 불평등과 관련된 문제들이 제기될 수도 있다. 그러나 만일 공적이고 정치적인 논의를 실제적 발전의 정확한 지표로 볼 수 있다면, 서구 나라들에서, 특히 독일에서 우리는 계급

---

[1] 이 장의 본문은 독일어판의 제3장과 같지 않다. 이 장은 Beck(1983; 1984)에 기초하고 있으며 Volker Meja와 Gerd Schroeder의 번역으로 Meja et al.(1987)의 pp. 340-53에 처음으로 번역되어 실렸다.

사회를 넘어섰다는 결론에 쉽게 이를 수 있을 것이다. 계급사회라는 개념은 과거의 이미지로서만 유용할 뿐이다. 이 개념은 아직 적당한 대체어가 나타나지 않았기 때문에 사용되고 있을 뿐이다.2)

그러므로 이어지는 분석에서는 역설적인 상황을 설명하고자 한다. 나의 테제는 독일의 역사에서 사회불평등의 유형은 상대적으로 안정되어 있다는 것이다. 그러나 동시에 **국민의 생활조건은** 극적인 **변화를** 겪었다. 수입과 교육의 변화는 다른 사회적 변화와 함께 이 같은 변화에 기여했다. 이러한 변화는 많은 사회학적 조사를 통해 연구되었으나 그 자체가 중요한 사회구조적 발전으로서 체계적으로 분석되거나 설명된 적은 한 번도 없다. 그러므로 나는 다음과 같은 것을 보여 주고 싶다. 즉 생활기준이 변한 결과로서 하위문화적 계급 정체성이 사라졌으며, 지위에 기반한 계급구분이 그 전통적 지지력을 상실했고, 생활양식과 생활방식의 '다양화'와 **개인주의화 과정이** 삭동하게 되있다. 그 결과 사회계급과 계층화의 위계적 모델은 갈수록 전복되고 있다. 이 모델은 더 이상 현실에 맞지 않는다(Weber, 1972).

사회계층연구가 거의 깨닫지 못한 사실이지만 지난 30년 사이에 불평등의 사회적 의미는 변했다. 모든 부유한 서구 산업국들에서 개인주의화 과정이 일어났다. 그리고 이 과정이 여전히 계속되고 있는 한편, 지속되는 불평등이 이것을 우리의 시야에서 감추어 버렸다. 더 간단히 말해서 특수한 역사적 발전의 결과로 개인주의화가 진행되었다. 이 역사적 발전은 역사적 연속성의 경험을 깨뜨렸다. 따라서 사람들은 전통적인 지원망을 잃고 자신과 자기 자신의 (노동시장) 운명에 의존해야 했다. 이 운명

·2) 나는 여기서 영국이나 프랑스와 다른 독일의 계급구조의 특이성을 지적하고 있다. 영국에서 계급성은 지금도 일상생활에서 대단히 명백하게 나타나며 의식적 정체성의 객체로 남아 있다. 발화(억양, 표현, 어휘)에서, 주거지역의 첨예한 계급적 분리('주거계급')에서, 교육유형에서, 의복에서, '생활양식'의 개념으로 포함할 수 있는 모든 것에서 이 사실은 자명하게 드러난다. Gordon Smith(1982)를 보고, Wehler(1979)에서 다음의 3편의 논문을 보라. Eric J. Hobsbawm, 'Soziale Ungleichheit und Klassenstruktur in England: Die Arbeiterklasse', Sidney Pollard, 'Soziale Ungleichheit und Klassenstruktur in England: Mittel-und Oberklasse', Heinz-Gerhard Haupt, 'Soziale Ungleichheit und Klassenstruktur in Frankreich seit Mitte des 19. Jahrhunderts'. 또한 Pierre Bourdieu(1979)도 보라.

에는 위험과 기회와 모순이 수반되었다(Berger et al., 1975; Touraine, 1983).

개인주의화 과정은 대단히 역동적이다. 이 때문에 사회구조를 명료하게 해석하기는 어렵다. 경험적인 계층연구나 맑스주의적 계급분석은 아마도 어떠한 의미있는 변화도 찾아내지 못할 것이다. 수입 불평등, 분업구조, 임노동의 기본적인 결정요소는 결국 상대적으로 변하지 않았다. 그럼에도 불구하고 (막스 베버적인 의미에서) 사람들의 '사회계급'적 속성은 약화되었다. 그것은 이제 사람들의 행동에 훨씬 작은 영향을 미친다. 사람들은 개인주의화하는 경향이 있는 생활방식을 발전시킨다. 경제적 생존을 위해 개인은 이제 자신을 자기 삶의 중심으로 삼아야 한다.

개인주의화의 '동력'으로서 노동시장

'사회불평등의 개인주의화' —— 이것은 중요한 모든 것이 망각되고 있으며, 오해받고 있고, 또는 그저 받아들여지지 않고 있다는 것을 의미하지는 않는가? 여기에는 사회의 계급적 성격과 그 체계적 본성에 관해, 대중사회와 자본집중에 관해, 이데올로기적 왜곡과 소외에 관해, 변하지 않는 인간의 속성과 사회적 및 역사적 실체의 복잡성에 관해 우리가 배운 모든 것이 포함된다. 또한 개인주의화 개념은 사회학의 때 이른 종말을 알리는 조종을 울리지는 않는가?

이 점을 밝히기 위해서는 더 정확한 논증이 필요하다. 개인주의화가 진행되고 있다는 사실은 수많은 질적 면접과 연구를 통해 경험적으로 증명되었다. 모든 면접과 연구는 한 가지 중심적 관심, 즉 자신의 돈과 시간과 생활공간과 육체를 통제하고자 하는 요구를 보여 준다. 다른 말로 해서 사람들은 자기 자신의 생활전망을 세우고 살아갈 수 있는 권리를 요구한다. 아무리 환상적이고 이데올로기적이라고 할지라도 이 요구들은 간과해서는 안되는 현실이다. 그리고 이 요구들은 지난 30 년 간

발전되어 온 독일의 실제 생활조건에서 제기되는 것이다(Mooser, 1983; Fuchs, 1983).

그러나 오늘날 이 같은 개인주의화 과정이 상당히 불확실하게 진행될 수 있다는 것도 분명해지고 있다. 특히 자신들이 경험하고 있는 바로 그 개인주의화 때문에, 그리고 복지국가의 보호책들에도 불구하고, 갑자기 실업자가 되거나 그렇게 될 상황에 처하여 자신들의 생활양식이 근본적으로 파괴될 수밖에 없는 집단들이 여기에 해당한다.

개인주의화 과정의 부정적인 효과들 중에는 (가족 또는 이웃과 같은) 전통적인 지원망(가족 또는 이웃)에서 개인들이 이격되는 것, (부분적인 경작과 같은) 부수적인 수입원의 상실, 그리고 이와 함께 생활의 모든 영역에서 임금의 비중이 커지고 소비 의존도가 높아지는 것이 포함된다. 이 같은 새로운 생활조건의 주된 수입보장책인 고용안정이 약화되는 정도에 따라, 사회보장이 실행되는 정도와는 무관하게 사람들은 갑작스레 심연에 빠지게 된다. 우리는 이미 미국으로부터 상당히 불안한 소식을 듣고 있다. 실업자의 수가 1,200만 명이 넘으며, 빈곤선 이하의 삶을 살아가는 사람들의 수가 3,000만 명이 넘는다는 것이다. 그러나 독일에서도 복지 수혜층과 이른바 '일시 체류자 집단' 내에서 경계할 만한 큰 변동이 일어나고 있다. 여성들은 미래에 특히 큰 위협을 받을지 모른다. 개인주의화 과정 때문에 한편에서 여성들은 가족이 제공하던 전통적인 지원망에서 벗어나게 되었으며 새로운 이혼법의 영향으로 여성들은 경제적 자립을 추구할 수밖에 없다. 다른 한편 노동시장에서 여성들의 지위는 명백히 불확실하며 보고되지 않는 사례가 많음에도 불구하고 여성의 실업률은 남성의 실업률보다 훨씬 더 높은 것으로 알려져 있다(Beck-Gernsheim, 1983; 또한 제4장을 보라).

이 같은 사실들은 18-19세기의 부르주아 개인주의의 발흥과 어떻게 구분될 수 있을까? 부르주아지 내에서 전개된 개인주의화 과정은 본질적으로 소유권 및 자본의 축적에서 비롯되었다. 부르주아지는 봉건적 지배구조와 권위에 대항한 투쟁을 통해 그 사회적 및 정치적 정체성을 발전시켰다. 이와 대조적으로 후기 근대성의 상황에서 개인주의화는 노동시장의 산물이며 다양한 노동력의 획득과 제공과 이용 속에서 분명하게 드러난다. 이 점은 노동시장의 3가지 차원, 즉 교육과 이동성과 경쟁을 살펴본다면 더 잘 알 수 있을 것이다.

교육

학교 교육을 받는 것은 자신의 교육과정을 선택하고 계획하는 것을 의미한다. 교육받은 사람은 그 또는 그녀 자신의 노동상황의 생산자가 되며, 이런 식으로 그 또는 그녀의 사회적 생애의 생산자가 된다. 학교 교육을 오래 받을수록 지식과 언어의 보편적 형태뿐만 아니라 학습 및 교습의 보편적 형태에 의해, 전통적 성향, 사고방식, 생활양식이 개조되고 대체된다. 교육기간과 내용에 의지하여 사람들은 최소한 어느 정도라도 자기를 발견하고 성찰할 수 있게 된다. 교육받은 사람은 근대성의 조건과 전망에 관한 성찰적 지식을 구체화하며, 이런 식으로 성찰적 근대화의 수행자가 된다. 이것은 가령 위계적 분업형태가 아무런 마찰을 일으키지 않고는 더 이상 기능할 수 없다는 것을 의미한다. 인간이 사용한 물질자원의 폐기물의 내용과 의미 및 그 사회적 결과는 투표로 결정된다. 더욱이 교육은 선발과 결합되어 있으므로 상향이동에 대한 개인의 기대를 요구한다. (교육기회의 확장기 동안에 일어났던 이동의 정도에 비추어 보자면) 교육은 하향이동을 막는 것에 지나지 않기 때문에 이 기대는 교육을 통한 상향이동이 환상에 불과한 경우에조차 효력을 지닌다. 결국 숙제와 시험에서 개별적으로 성공하여 공식적인 교육과정을 마치는 것 외에는 다른 길이 없기 때문이다. 각급 학교와 대학교의 공식교육은 개인들에게 증명서를 발급하며 개인들은 노동시장에서 개인주의적으로 이력을 쌓아가게 된다.

이동성

노동시장에 들어가자마자 사람들은 이동성을 경험한다. 사람들은 전통적 행위유형과 배열에서 이탈하며, 경제적 파탄을 감수할 준비가 되어 있지 않다면 자기 자신의 삶에 대해 책임지지 않을 수 없게 된다. 그것이 처음에 정해 놓은 사회적 위치의 변화뿐만 아니라 직업적 이동, 거주지나 고용지, 고용유형을 이용하여 노동시장은 삶의 개인주의화의 이면에서 작동하는 동력으로서 그 모습을 드러낸다. 사람들은 세습적 또는 새롭게 형성된 연대(가령 가족, 이웃, 친구, 동반자)에 대해 상대적으로 독립적이다. **노동시장의 이동요구와 사회적 결속 사이에는 모순이 숨어 있다.** 돈의 경우에 게오르그 지멜이 주장하듯이, 이것은 국지적 망의 약화와 비국지적 망의 구성을 의미한다. 전통적인 연대에서 독립됨으로써 사람들의 삶은 처음으로 개성적 운명을 경험할 수 있는 독립성을 지니게 된다(Kaelble, 1983b; Goldthorpe, 1980).

경쟁

경쟁은 자질의 상호교환성에 의지하며, 이 때문에 사람들은 자신들의 노동과 자신들이 거둔 성과의 개인성과 독특함을 선전해야만 한다. 경쟁의 압력이 커지면서 비슷한 사람들 사이의, 정확히 말하자면 배경이 같은(받은 교육과 경험과 지식이 비슷한) 상호작용 및 행위영역 내에서 개인주의화가 진행된다. 특히 그처럼 여전히 배경을 공유하고 있는 곳에서 공동체는 경쟁이라는 산성 목욕물 속으로 녹아 없어져 버린다. 이런 의미에서 경쟁은 비슷한 사람들의 평등을 침식하지만, 제거하지는 않는다. 그것은 동질적인 사회집단들 내부에서 개인들의 분리를 야기한다.

하지만 교육, 이동성, 경쟁은 결코 서로 분리되어 있지 않다. 이것들은 상호보완적이며 상호강화된다. 이렇게 서로 강화됨으로써만 이것들은 개인주의화 과정을 야기한다.

다른 변화들도 여기서 중요한 역할을 수행한다. 첫째, 지난 40년 간 독일인은 전체적으로 상향이동했으며 독일의 생활 및 소득수준은 높아졌다. 동시에 서로 다른 소득집단들 사이의 거리는 지속되었다. 그럼에도 불구하고 이것은 자동차의 소유, 휴일 여행과 같은, 전에는 일부만이 배타적으로 누릴 수 있었던 **소비유형 및 생활양식의 민주화**가 이루어졌음을 의미한다. 이 경우 개인주의화의 영향은 여성운동을 예로 들어 설명될 수 있다. 여성들은 지금 자기 자신의 돈을 번다. 이것은 그들이 더 이상 남편의 수입에 의존하지 않으며 가족의 내부 또는 외부에서 자기 자신의 삶을 살아갈 수 있음을 의미한다.

두번째 예는 **노동관계의 사법화**이다. 특별한 입법형태로서 노동법의 분화는 그 승인을 위해 고도로 집합적인 이해집단들(가령 조직과 정당)에게 더 이상 의존하지 않는 이해관계의 개인주의화를 낳는다. 따라서 피해를 입은 개인들은 법정에서 직접적으로 (자기들이 강력하게 옹호하는) 자기의 권리를 옹호할 수 있다.

개인주의화와 계급형성: 맑스와 베버

개인주의화를 향한 복지국가의 돌진은 칼 맑스와 막스 베버의 사회불평등론을 검토함으로써 더 정확하게 이해할 수 있다. 맑스는 확실히 가장 단호한 '개인주의화'론자에 속한다고 할 수 있다. 맑스는 산업자본주의의 발전의 결과로 유례없는 해방과정이 시작되었다는 점을 자주 강조했다. 그의 견해로는 봉건적 관계에서 해방되는 것은 자본주의적 생산관계가 확립되기 위한 전제조건이었다. 그러나 자본주의 자체 내에서조차 사람들은 연속적으로 몰려오는 변화의 파도 속에서 뿌리뽑히고, 전통과 가족과 이웃과 직업과 문화에서 떨어져 나가게 된다.

맑스는 개인주의화 과정 속에서 포착되는 이 같은 계급사회의 변형을 결코 끝까지 탐구하지 않았다. 그에게 이 자본주의적 분리 및 '뿌리뽑기' 과정의 충격은 **집합적인 빈곤화 경험과 그 결과 일어난 계급투쟁**에 의해 언제나 완화되었다. 노동계급을 '즉자적 계급'에서 '대자적 계급'으로 변형시키는 것은 바로 자본주의 하에서 전개되는 해방과 뿌리뽑기의 과정 및 노동자들의 생활조건의 악화라고 맑스는 생각했다. 자본주의가 프롤레타리아트의 삶을 체계적으로 피폐하게 한다는 조건 위에서, 맑스는 교환시장의 참여자로서 개별 프롤레타리아들이 도대체 어떻게 안정된 유대관계를 형성할 수 있을까 하는 문제를 적절하지 못한 것으로 여겼다. 맑스는 언제나 개인주의화 과정을 계급형성과 같은 것으로 다루었다. 이것은 오늘날에도 여전히 많은 계급 이론가들의 기본 입장으로 나타난다.

사회불평등의 개인주의화 명제는 맑스주의적 입장의 정확한 거울상으로 간주될 수 있다. 개인주의화 과정은, 내가 설명했다시피, 맑스가 예언한 계급형성의 조건으로서 물질적 빈곤화가 극복되었을 때만 확립될 수 있다. 개인주의화를 향한 추세는 복잡한 구조적 조건에 따르며, 이 조건은 이제까지 몇 안되는 나라에서만, 그리고 가장 발달한 복지국가에서만 실현되었을 뿐이다.

이제 나는 내 주장을 다듬고 또 한 명의 중요한 사회불평등론자인 막스 베버를 살펴보겠다. 한편에서, 잘 알려져 있듯이, 막스 베버는 맑스보다도 훨씬 더 강력하게 근대적 생활방식을 폭 넓게 인정했다. 다른 한편에서 그는 시장사회 내부의 개인주의화를 향한 잠재적 추세를 무시했다. 사실 베버는 이 추세가 성공할 수 없을 것이라고 주장했다. 그러나 그는 빈곤화에서 계급형성이 비롯될 것이라는 맑스의 신념을 공유하지는 않았다. 개인주의화를 향한 추세는, 베버에 따르면, **지위(status)에 근거한 전통과 하위문화의 연속성과 권위**에 의해 봉쇄되었다. 산업자본주의에서 전통적인 '지위 구속적' 태도는 실질적으로 분화된 '사회계급 지위 (position)'를 차지할 수 있는 전문능력 및 시장기회와 결합되었다고 베버는 주장한다. 이처럼 1960년대 말에 맑스주의 노동역사가들이 상세하게 설명했던 주장들의 기본 내용은 이미 베버의 저작에 포함되어 있었다(Thompson, 1963; Giddens, 1973). 이 같은 역사가들과 사회학자들에게 산업자본주의의 확장기 동안에 생활세계와 가치정향과 생활양식을 지배했던 특징적인 규범은 (맑스가 이해했듯이) '계급구조'와 '계급형성'의 산물이기보다는 전자본주의적이고 전공업적인 전통들의 잔존물이다. '자본주의 문화'는 결국 종종 추정되고 있는 정도로 고유한 생성물은 아니다. 그것은 그것을 개조하고 소비하는 산업자본주의체제에 의해 근대화되고 동화된 전자본주의적 기원을 가지고 있다. 전통적 생활양식의 '탈주술화'를 향한 여러 가지 경향들이 분명히 확고한 지반을 다졌을지라도, '개인주의화'의 동적 과정은 베버에 따르자면 여전히 지위에 근거한 공동체 조직에 의해 억제되고 완화되는 것으로 이해된다. 그리고 이 조직은 시장에 의해 유지되는 사회계급 지위에 연결되어 있다. 사회 불평등에 관한 대부분의 조사는 이 점에서 아직도 막스 베버를 따르고 있다.

이것이 사실상 1950년 초에 전개된 사태에도 적용된다고 보는 역사적 연구들이 많이 있다. 그러나 나는 그것이 최소한 전후 독일의 사태전개에 대해서, 또는 스웨덴이나 핀란드 같은 유럽국들에 대해서 여전히 적용된다고 믿지 않는다. 막스 베버가 사회계급이라는 개념으로 파악했던, 시장에 의해 매개되고 지위에 의해 형성되는 생활경험을 공유하는 불안정한 통일체는 그 무렵에 분열되기 시작했다. 그것의 상이한 요소들(접촉망들뿐만 아니라, 특수한 시장기회에 의존하는 물질적 조건, 전통 및 자본주의 생활양식의 효용성, 공동체적 결속의식 및 이동의 장벽에 대한 의식)은 천천히 분리되었다. 깨닫지 못하는 새 이 요소들은 강화된 이동성 및 경쟁과 노동관계의 사법화뿐만 아니라 생활수준 및 교육 의존도의 상승에 의해 변했다.

독일제국과 바이마르공화국의 산업노동자들에게는 충분히 현실적이었던 전통적인 내적 분화와 사회환경들은 1950년 이래로 계속해서 해체되어 왔다. 동시에 산업노동력 내부의 차이 및 도시와 농촌 주민들 사이의 차이는 평준화되었다. 모든 교육개혁에는 교육에 대한 의존이 수반되었다. 더욱더 많은 집단들이 교육 증명을 받기 위한 경쟁에 말려 들었다.

그 결과 새로운 내적 분화가 일어난다. 이 분화가 여전히 집단들 사이의 전통적인 차이에 대응하기 위한 것일 수도 있지만, 교육의 영향은 이 분화를 전통적인 것과는 근본적으로 다른 것으로 만든다. 여기서 우리는 신세대가 '제한된' 발화코드에서 '세련된' 발화코드로 이동했음에 틀림없다는 바실 베른슈타인(Basil Bernstein, 1971)의 구분을 이용할 수 있다. 새로운 유형의 상향적 및 하향적 이동과 노동의 국지적 이동성의 증가에 결합되어 사회계급들에 내적인 새로운 위계질서와 분화구조가 형성된다. 이것들은 서비스부문의 확장과 새로운 직업의 창출을 전제조건으로 한다. 많은 수의 외국인 노동자들이 독일로 유입하는 것도 이 같은 변화에 기여한다. 왜냐하면 그들은 사회적 사다리에서 가장 밑바닥을 차지하기 때문이다. 이 새로운 위계질서는 기존의 조사범주에 쉽게 들어맞지 않는다. 따라서 사람들의 생활관과 관련된 그 의미는 아직 주목받지 못한 상태이다.

같은 기간 동안에 전통적인 주거형태는 여러 차례에 걸쳐 새로운 도시주택건설계획으로 대체되었다. 이 변화도 개인주의화의 새로운 형태를 만들어 내었다. 이 변화는 주거형태와 생활방식에 의존하는 상호작용의 유형에 영향을 미친다. 중·소도시의 도시개발과 함께 현대적 대도시가 전통적인 주거유형을 대체한다. 대단히 다양한 문화적 배경을 가진 사람들이 뒤섞이고 이웃관계는 훨씬 더 느슨해진다. 따라서 가족을 넘어선 전통적 공동체는 사라지기 시작한다. 종종 가족성원들은 자신만의 분리된 관계를 선택하고 자신만의 망 속에서 생활한다. 그렇다고 해서 사회적 분리현상이 늘어난다거나 상대적으로 사적인 가족생활이 지배적으로 된다고 생각할 필요는 없다. 그러나 기존의 (귀속적으로 조직된) 이웃관계는 사회통제에 대한 그 제한성 및 기회와 함께 약화된다. 새롭게 형성된 사회관계와 사회적 망은 이제 개인적으로 선택된다. 사회적 유대도 **성찰적**으로 되어 간다. 따라서 이 유대는 개인들에 의해 확립되고 유지되고 항상 재생되어야 한다.

극단적인 예를 들자면 이것은 상호작용의 부재를, 즉 노인네들에게서 종종 볼 수 있듯이 사회적 분리와 고독이 관계의 주요 유형이 될 수 있음을 의미한다. 하지만 이것은 또한 **자기가 선정하고 자기가 만든 위계질서와 계층화형태가** 친지, 이웃, 친구들과의 관계에서 발전될 수 있음을 의미한다. 이 관계는 더 이상 '육체적' 근접성에 일차적으로 의존하지 않을 것이다. 그 범위가 국지적 영역을 넘어서건 그렇지 않건 상관없이, 이 관계는 자신을 자기가 만나는 관계의 조직자로 여기는 개인들의 이해관계, 야망, 참여에 기초하여 형성된다. 따라서 이웃관계의 재발견 및 공동체적이고 협동적인 생활방식의 새로운 주거형태가 발전된다. 생활양식과 사회관계를 실험하기 위한 여지가 있다(Badura, 1981: 20-38). 자신의 사회관계를 선택하고 유지할 능력은 모든 사람이 본래부터 가지고 있는 능력이 아니다. 그것은, 계급사회학자들이 알고 있는 바와 같이, **특별한 사회적 및 가족적 배경에 의존하는 학습된** 능력이다. 성찰적인 삶, 자신의 생애와 사회관계의 계획은 새로운 불평등, 즉 **불안전성과 성찰성을 다루는 불평등**을 낳는다.

그럼에도 불구하고 이 모든 것은 상대적인 사회적 안정과 전통의 권위가 쇠퇴하는 상황에서 개인이 자기를 형성할 수 있으며 사적 영역이 발전할 수 있는 새로운 역사적 가능성의 태동을 보여 준다. 또한 새로운 복합적 관계들은 정치적으로, 즉 **정치적 개인제일주의**(privatism)의 형태로 분명하게 나타날 수 있다. 이것은 사적 영역에 부과된 사회적 및 법적 제한들의 확장을, 새로운 개성적인 자유형태와 분명히 양립하는 재래적이지 않을 뿐더러 심지어 공공연하게 적대적인 사회적 실험형태의 확장을, 그리고 수용할 수 있는 행위와 수용할 수 없는 행위 사이의 재래적인 구분에 대한 도전의 확장을 의미한다. 따라서 문화와 대항문화, 사회와 대안집단들이 나누어지기 시작한다. 이 새로운 문화적 및 사회적 정체성의 형태들은 종종 정치적으로 도발적인 효력을 지닌다. 그 힘은 지난 20년 간 정규적으로 발휘 되었다.

이러한 발전들과 함께 다른 발전들에 기초하여 막스 베버가 사회계급에 대해 말했을 때 염두에 두었던 공동체와 시장사회의 불안정한 결합은 전후의 발전과정에서 부분적으로 변형되었거나 심지어 해체되었다고 결론 지을 수 있다. 어쨌든 사람들은 더 이상 그것을 이해하거나 경험하고 있지 않는 것 같다. 새로운 생활형태는 사회관계를 재조직할 수 있는 동적인 가능성을 보여 주며, 이 관계는 맑스나 베버를 따라서는 적절하게 이해될 수 없다.

그 결과 대단히 많은 질문들이 잇따르게 된다. 역사적 발전과정에서 생활세계에 뿌리 내린 사회계급들의 정체성이 사라져 버릴 때 실제로 일어나는 것은 무엇인가? 한편에서 임노동의 조건과 위험이 **일반화**되고, 다른 한편에서 계급이 그 구조적 기반을 상실하고 더 이상 체험되지 않을 때는 언제인가? 개인주의화의 조건에서 지속되는 불평등은 여전히 계급 개념이나 훨씬 더 일반적인 사회불평등의 위계모델을 이용하여 파악될 수 있는가? 어쩌면 이 모든 위계모델은 범주적으로 전통적인 지위 종속에 의존하는 것이지 않을까? 그러나 이 모델을 대체할 수 있는 해석들이 있는가? 물론 개인주의화 과정은 새로운 집단과 갈등을 낳게 될 모순들 속에 자리를 잡고 전개될 것이다. 그러면 개인주의화 과정은 어떻게 그 대립물로 변형되는가? 새로운 사회적 정체성의 형태들은 어떻게 발견될 수 있으며 새로운 생활방식들은 어떻게 개발될 수 있는가? 위험의 사회적 지각과 위험사회의 정치적 동학이 지위나 계급을 넘어서는 사회적 갈등과 정체성의 중심축이거나 그렇게 될 수 있을까? 아니면 위험사회는 그와 반대로 개인주의화 **때문에** 정치적 대항행동이 **부족한** 사회인가? 우리는 결코 상호 배타적이지 않은 3가지 결론을 생각할 수 있다. 사실 이것들은 서로 겹치는 것일 수도 있다.

첫째, 전통적 생활방식이 사라지기 때문에만 계급이 사라지는 것은 아니다. 사회계급들은 하나의 결과로서 지역적이고 특수주의적인 제약과 제한에서 해방된다. 계급역사의 새로운 장이 시작되고 있으나, 우리는 여전히 그 역사적 동학을 이해할 필요가 있다. 어쨌든 우리는 더 이상 그것이 아직도 계급연대의 형성사라고 무조건적으로 말할 수는 없다.

둘째, 방금 설명한 발전과정에서 기업과 공장은 모두 갈등과 정체성이 형성되는 장소로서의 의미를 잃는다. 사회적 결속과 갈등의 심화를 위한 새로운 원천이 나타난다. 그것은 우선 인종, 종족(ethnicity), 민족성, 양성(gender), 연령 등의 귀속적 차이와 불평등 속에 자리 잡는다. 다음에 사적인 사회관계와 사적인 생활방식과 정체성의 영역 내의 성찰성에서 나타나는 새롭고 변하는 차이 속에 자리 잡는다. 이렇듯 지속되는 사회적 불평등 내부에서 새로운 사회적 생활양식과 집단 정체성이 태동하기 시작한다.

셋째, 계급사회의 종말은 혁명적인 대폭발과 같은 것이 아니다. 그것은 탈전통사회에서 가차없이 진행되고 집합적으로 경험되는 개인주의화 및 원자화 과정으로 구성된다. 역설적이지만 탈전통사회는 사람들의 자급자족 능력이 점점 더 줄어드는 사회이다(제7장을 보라). 동시에 사회의 모든 부문에서 위험과 위험지각과 위험관리는 갈등과 사회형성의 새로운 원천이 된다.

개인주의화된 피고용인의 사회를 향하여

새로운 사회형성을 추구하려는 시도들이 대단히 많이 있다. 그러나 그 시도들이 일으킨 진동이 아무리 강할지라도, 그것은 역시 개인주의화를 향한 언제나 새로운 추진력에 노출되어 있다는 사실에 의해 변함없이 한정된다. 개인주의화가 강력하게 전개되고 있지만, 사회계급이 침투해 들어간 깊이에 비교하여 사회가 어떻게 새롭고 지속적인 정렬상태를 이룰 수 있을지는 조금도 분명하지 않다. 정반대로, 특히 가까운 장래에는 실업과 경제위기에 대처하기 위한 방법으로서 사회적 및 기술적 혁신이 작동할 가능성이 상당히 커 보이며, 이것은 특히 노동시장관계의 유연성 증대 및 노동시간에 대한 규제와 관련하여 개인주의화 과정이 진척될 수 있는 새로운 기회를 제공할 것이다. 그러나 이것은 새로운 소통형식에도 적용된다. 앞으로 전개될 것이거나 이미 완전히 전개되고 있는 이 기술적-사회적 혁명은 생활양식의 개인주의화를 훨씬 심오하게 진척시킬 것이다.

만일 이 평가가 정확하다면, 맑스나 베버가 예측하지 못한 또 다른 사회구조가 중요하게 부각될 것이다. 계급사회는 **개인주의화된 피고용인의 사회** 곁에서 힘을 잃고 무의미하게 될 것이다. 그 같은 사회의 위난과 함께 전형적인 특징은 이제 점차 분명해지고 있다. 본질적으로 전통과 문화의 견지에서 규정되는 계급사회와는 대조적으로, 피고용인의 사회는 **노동법과 사회적-정치적 범주에** 의해 규정되어야만 한다. 그 결과 특이한 이행단계가 나타난다. 이 과정에서는 전통적이고 첨예한 불평등이 더 이상 전통적이지 않고 (맑스의 무계급사회와는 완전히 다른) 개인주의화된 탈계급사회의 요소들과 동시에 나타난다. 이 이행기의 사회는 다양한 특징적 구조와 변화들에 의해 구분된다.

첫째, 개인주의화 과정은 **계급구별에서 그 사회적 정체성을 박탈**한다. 자기가 자기를 이해한다는 견지에서 뿐만 아니라 다른 집단들에 대한 관계에서도 사회집단들은 자기만의 특성을 잃어 버린다. 또한 정치세력을 형성할 수 있는 독자적인 정체성과 기회를 잃어 버린다. 이 같은 사태전개의 결과로 금세기의 후기에 이르기까지 사회적 정체성 형성을 위해 상당히 중요한 사회적-정치적 주제였던 (실제적인 지위계급들 사이에서 개인들이 이동한다는 의미에서의) 사회적 이동성은 중요성을 잃어 버린다.

둘째, 불평등은 결코 사라지지 않으며 **사회적 위험의 개인주의화**라는 견지에서 재정의될 뿐이다. 그 결과 사회문제는 더욱더 심리학적 성벽의 견지에서, 즉 개인적 부적응, 죄책감, 불안, 갈등, 노이로제와 같은 식으로 인식된다. 역설적이게도 **개인과 사회의 새로운 직접성, 위기와 병세 간의 직접적인 관계**가 나타난다. 사회위기는 개인의 위기로 나타나며, 개인의 위기는 사회영역에 뿌리를 두고 있는 것으로 더 이상 인식되지 않거나 아주 간접적으로만 그러한 것으로 인식된다. 이것은 오늘날 심리학에 대한 관심이 부흥하는 것에 대한 한 가지 설명방식이다. 개인의 성취지향이 마찬가지로 중요해진다. 이제 성취사회와 결합된 모든 문제들 및 사회불평등의 (사이비) 정당화를 향한 그것의 경향이 미래에 나타나리라고 예측할 수 있다.

셋째, 사회문제에 대처하려고 시도하면서 사람들은 어쩔 수 없이 정치

Risikogesellschaft

적-사회적 동맹을 맺게 된다. 하지만 이것은 더 이상 계급모델과 같은 단일의 유형을 따르지 않는다. 다른 모든 사유화된 생명에 맞서서 방패를 치고 있는 사유화된 생명들의 분리는 가장 이질적인 것들로 구성된 사회적 및 정치적 사건들과 그 전개에 의해 분쇄될 수 있다. 그러므로 문제가 된 **특정 사안과 특정 상황**에 따라서 **상이한 집단들과 상이한 진영들이 일시적으로** 연합하고 해산한다. 이런 식으로 위험과 위험갈등은, 그것이 개성적으로 경험되는 한, 역시 중요한 사안이 되고 있다. 모순적으로 보이는 원인들을 즐겁게 끌어안을 수도 있다. 예를 들자면 항공 교통에 의한 소음공해에 맞선 저항에서 지역주민들이 힘을 합칠 수 있고, 금속노조에 속해 있음에도 불구하고 경제위기에 직면하여 보수당에게 투표할 수도 있다. 이러한 연합은 **실존을 위한 개인적 투쟁에서 실용주의적 동맹**을 대표하며 사회의 다양한 전장에서 나타난다. 특이하게 다층화하는 갈등영역도 관찰된다. 개인주의화된 사회는 새롭고 **다면적인 갈등들**, 이데올로기들, 그리고 동맹들의 기반을 마련하며, 이것들은 이제까지 존재한 모든 도식의 범위를 넘어선다. 이 동맹들은 일반적으로 단일의 사안에 초점을 맞추며, 결코 이종적이지 않고, 특수한 상황과 개성을 지향하고 있다. 그 결과 이른바 구조는 (사안과 갈등의 면에서) 최근의 사회적 유행에 민감하며, 대중매체에 의해 유포되는 이 유행은 철마다 열리는 패션쇼와 똑같이 대중의 의식을 지배한다.

넷째, 영구적인 갈등은 언제나처럼 지금도 부인할 수 없이 밀접하게 차별과 결합되어 있는 귀속적인 특징을 따라 발생하는 경향이 있다. **인종, 피부색, 양성, 종족, 연령, 동성애, 육체적 불능** —— 이것들은 주요한 귀속적 특징이다. 선진 개인주의화의 존건에서 이러한 준자연적인 사회적 불평등은 상당히 **특수한 조직화 효과**를 발휘한다. 이 불평등은, 성취원리와의 그 양립불가능성, 그 구체성, 그리고 그 직접적인 가시성의 결과로서 이 불평등이 독자적인 사회적 및 개인적 정체성을 만들 수 있다는 점과 함께 그 같은 불평등의 회피불가능성과 영원성에 초점을 맞춤으로써 정치적 힘을 얻고자 한다. 동시에 개인의 운명은 경제적 추세와 역사적 필연성에 의해 점점 더 새로운 방식으로 결정된다. 말하자면 경제위기나 경기고조, 제한된 대학교 입학허가와 전문직종, 동년배의 크기 등에 의해 결정된다.

  사회적 해방을 향한 추동력을 가지고 지금 진행되고 있으며, 그리하여 지위와 계급을 넘어서 새로운 방식으로 개인들과 집단들을 자기 자신의 개성적인 사회적 및 정치적 사태에 대해 자기의식적인 주체로서 단결시키는 개인주의화 과정의 주장과 약속을 출발점으로 택할 수 있을까? 아니면 바로 그 과정의 결과로 사회적 및 정치적 행동의 최후의 보루가 없어지게 될까? 그렇다면 개인주의화된 사회는 갈등과 드러나지 않는 병세로 분열되어 실제로 아무것도 막지 않는, 심지어 새롭고 음험한 근대화된 야만주의조차도 막지 않는 정치적 무관심과 같은 것 속으로 빠져들지 않을까?

제4장 「나는 나」/ 가족 내부 및 외부의 성별화된 공간과 갈등

Risikogesellschaft

언어의 기상계는 폭풍우가 몰아치고 있음을 보여 주고 있다. 즉 '가족에 대한 전쟁'(Berger and Berger, 1983), '양성(sexes)간의 전투'(Ehrenreich, 1983), '친교의 테러'(Sennett, 1976) 등의 사태가 나타나고 있다는 것이다. 양성 간의 사태를 특징 짓기 위해 저자들이 대단히 평화스럽지 않은 어휘에 의존하는 경우가 더우더 잦아지고 있다. 만일 누군가 언어를 현실로 착각한다면, 그 사람은 사랑과 친교가 그 반대의 것으로 변해 버렸다고 믿을 것이다. 확실히 대중의 주목을 끌기 위해 과장된 언어를 사용하는 경우도 있다. 하지만 이 같은 과장도 결혼과 가족생활(이나 그런 상태로 남아 있는 것)의 일상적 현실 속에서 남자와 여자가 서로 직면하고 있는 깊은 불안과 고통을 보여 준다.

단지 결혼과 가족생활의 문제일 뿐이라면! 겉으로 드러난 모습만으로 양성간의 관계, 즉 성성(sexuality), 애정, 결혼, 부모됨(parenthood) 등의 주제를 포함하는 양성간의 관계를 규정해 버리면, 이 관계가 동시에 노동, 직업, 불평등, 정치, 경제 등의 문제이기도 하다는 점을 인식하지 못하게 된다. 이 문제를 아주 어렵게 만드는 것은 이처럼 지극히 이질적인 수많은 것들이 멋대로 혼합되어 있다는 점이다. 가족에 관해 말하려는 사람은 노동과 돈에 관해서도 토의해야만 하며, 결혼에 관해 말하려는 사람은 훈련과 직업과 이동성(mobility)에 관해서도, 그리고 특히 (대부분의 경우에) **똑같이** 교육을 받았음에도 불구하고 분배는 **불공평**하게 이루어진다는 사실에 대해서도 말해야만 한다.

남녀 불평등의 이 같은 다차원성이 지난 10년 내지 20년 사이에 서구에서 실제로 변하기 시작했는가? 자료의 진술은 이중적이다. 한편에서는 시대사적 변화가 일어났다. 성성과 법과 교육의 영역에서 특히 그러하다. 하지만 대체로 성성을 제외하고는 이 같은 변화는 의식 상의 변화와 명목 상의 변화라는 성격이 더 강하다. 다른 한편에서 이 변화는 (특히 노동시장에서, 동시에 사회보장의 영역에서도) 남녀의 행위 및 처지의 불변성과 대비된다. 이것은 평등의 신장이 불평등의 지속과 강화를 훨씬 더 분명하게 의식하게 한다는, 겉으로 보기에 역설적인 결과를 낳는다.1)

이 같은 새로운 의식과 낡은 조건의 역사적 혼합은 이중적인 의미에서 폭발적이다. 교육기회가 더욱 평등해지고 자신들의 지위를 자각하는 여성들이 늘어가면서, 젊은 여성들은 노동시장과 남성들의 행동이 보이는 모순적인 양상과 만나게 되는 직장생활과 가족생활에서 평등과 동반자관계를 더욱더 기대하게 되었다. 반대로 남자들은 말과 행동을 일치시키지는 않은 채 평등의 수사를 활용해 왔다. 양편 모두에서 환싱의 얼음은 두꺼워져 갔다. (교육과 법의) 전제조건이 평등해지면서 남녀의 지위는 더욱 불평등해지며, 더욱 의식적으로 되고, 덜 정당화된다. 여성의 평등에 대한 기대와 불평등한 현실 사이의 모순, 그리고 남성의 상호책임성 구호와 여전한 낡은 역할분담 사이의 모순은 점점 더 깊어가고 있으며, 이 모순은 정치와 사생활에서 완전히 모순적인 양상으로 다양하게 표현되면서 미래의 발전을 규정할 것이다. 이렇듯 우리는 관련된 모든 적대, 기회, 모순과 함께 '봉건적으로' 귀속된 성역할에서 해방되는 바로 첫머리에 놓여 있다. 의식이 객관적인 조건보다 앞서 달려 나갔다. 누구도 의식의 시계를 되돌릴 수 있을 것 같지 않다. 성별 대립이 장래를 규정할 것이라는 오래 전부터 예견되어 온 갈등에 대해서는 이야기할 것이 많다.

남녀 사이에서 발생하는 이 같은 주제와 갈등은 겉으로 보이는 것, 즉 남녀 사이의 주제와 갈등만이 전부가 아니다. 그 속에서 또한 사회구조가 사적 영역 속으로 무너지고 있다. 사적 관계의 갈등으로 보이는 것이

---

1) 바로 이 일반적인 지표에 관한 경험적인 자료로는 Beck and Beck-Gernsheim(1990)을 보라. 거기서 이 주장은 더욱 발전된 형태로 개진되었다.

이어서 세 개의 명제로 개진될 일반 사회-이론적 측면을 가진다.

(1) 성별 귀속은 산업사회의 기초이며, 쉽게 해소될 수 있는 전통적 잔재가 아니다. 남성과 여성의 역할을 분리하지 않는다면 전통적인 핵가족은 생겨나지 않을 것이다. 핵가족이 없다면 전형적인 유형의 노동과 삶으로 구성된 부르주아 사회는 생겨나지 않을 것이다. 부르주아 산업사회의 이미지는 인간 노동력의 불완전한, 또는 좀더 정확히 말해서, **분리된 상업화**에 기초하고 있다. 총체적 산업화, 총체적 상업화, **그리고** 전통적 가족형태 및 역할은 서로 배제적 관계이다. 한편에서 임노동은 가사를 전제하고 시장을 통해 매개되는 생산은 핵가족의 형식과 귀속역할을 전제한다. 그 점에서 산업사회는 남녀의 불평등한 지위에 의존한다. 다른 한편 이 같은 불평등은 근대성의 원리에 모순되며, 성찰적 근대화가 연속되면서 문제화되고 갈등을 빚게 된다. 하지만 남녀의 **실제적인** 평등화 과정에서 가족의 기초들(결혼, 성성, 부모됨 등)이 문제시된다. 이것은 2차 대전 이후의 근대화 단계에서 산업사회의 **발전**과 **해체**가 **동시에 전개되었음**을 뜻한다. 이것이 바로 성찰적 근대화의 과정이다. 시장의 보편주의는 자신이 직접 설정한 금지지대조차 인식하지 못하며, 강제적인 가사와 남편의 부양이라는 산업적으로 생산된 '지위 운명(status fate)'에 대한 여자들의 속박을 약화시킨다. 그와 함께 가족 내부의 노동분업뿐만 아니라 생산과 재생산의 생애사적 조화가 약화되고, 사회의 여성 보호책에 내재된 격차가 겉으로 드러난다. 그러므로 오늘날 터져 나오고 있는 남녀 사이의 갈등들 중에서 해결되어야만 하는 것은, 그 성찰적 근대화와 개인주의화를 통해 그들이 공생할 수 있는 기초를 파괴하기도 한 **산업사회의 개인화된 모순들**이다.

(2) 사람들을 계급문화에서 떠나가게 한 개인주의화의 동력은 가족의 문 앞에서 멈추지 않는다. 사람들은 양성의 제약에서, 그 준(準)봉건적인 속성과 성향에서 이탈하고 있으며, 또는 영혼의 깊은 곳에서 흔들리고 있다. 그것이 사람들의 가장 깊은 내면에서 구체화된다고 할지라도, 그것이 사람들에게 아무리 이상하게 나타난다고 해도, 사람들은 그 변화를 야기하는 힘을 이해하지 못한다. 사람들을 엄습하는 법칙은 **나는 나**, 그

리고 이어서 나는 여자라는 것이다. 나는 나, 그리고 이어서 나는 여자. '나'와 **기대되는** 여자, 나와 **기대되는** 남자 사이에서 세계가 입을 쩍 벌리고 있다. 여기서 양성관계의 개인주의화 과정은 상당히 모순적인 결과를 낳는다. 한편에서 남녀는 '자신의 삶'을 탐색하는 중에 전통적 형태와 귀속역할에서 **풀려난다**. 다른 한편 희석된 사회관계가 지배적으로 된 상태에서 사람들은 동반관계 속에서 행복을 찾으면서 유대를 맺어 **가게** 된다. 내적 삶을 공유하려는 요구는, 결혼과 유대의 이상 속에서 표현되는 것처럼, 원초적인 요구가 아니다. 이 요구는 개인주의화가 그 기회의 표면에서 야기하는 상실과 함께 성장한다. 그 결과 결혼과 가족에서 벗어나는 직행로는 조만간 개인주의화에 따른 기회에로 되돌아가게 되거나, 또는 그 반대로 된다. 양성의 좌절과 욕망을 넘어서 재삼재사 양성의 좌절과 욕망이, 그 대립, 의존, 친근감, 냉담함, 분리, 공유가 나타나거나, 아니면 이 모든 것이 한번에 나타난다.

(3) 남성과 여성의 (결혼 이전과 동안과 이후의) **모든** 종류의 동거형태에서 **금세기의 갈등들**이 생겨난다. 여기서 이 갈등들은 그 사적이고 개인적인 면모를 언제나 보여 준다. 그러나 가족은 사건의 **무대일 뿐**이며 그 **원인이 아니다**. 무대를 바꿀 수도 있다. 그러나 상연되는 연극은 똑같다. 타자 속에서 그리고 타자에 맞서서 노동, 부모됨, 직업, 정치, 발전, 자기실현의 계층화에 성을 연관시키던 관행이 흔들리기 시작했다. 부부(와 혼외)관계에서 **선택할 수 있는 가능성**(예컨대 배우자의 직업이동의 다양화, 가사와 육아의 분리, 피임과 성성의 유형)이 열림으로써 갈등이 시작된다. 의사결정을 하는 중에 사람들은 남녀에게 상이하고 모순된 결과와 위험을 깨닫게 되고, 따라서 **자신들의 처지가 대조적이라는 것을** 알게 된다. 자녀에 대한 책임도 부모의 직업경력에 따라 결정되며, 따라서 그들의 현재 및 미래의 경제적 의존과 독립에 따라 결정된다. 그리고 결정을 내린 남녀는 그와 관련된 모든 결과에 책임을 져야 한다. 이처럼 결정할 수 있는 가능성은 개인적인 면과 제도적인 면을 동시에 가지고 있다. 즉 제도적 해결책의 부족(예를 들어서 일상적인 보호와 유연한 노동시간의 부족, 불충분한 사회보호책)은 사적 관계에서 빚어지는 갈등들

을 악화시키고, 제도적인 준비는 양성간의 사적인 '다툼'을 완화시킨다. 따라서 사적 해결전략과 정치적 해결전략은 서로 결합되어 있는 것으로 보아야만 한다.

이제 산업사회의 '봉건적 성격', 남성과 여성의 생활맥락에서 전개되는 개인주의화의 경향, 선택의 기회와 제약을 통한 갈등상황의 인식이라는 세 가지 기본명제를 개진하고 계속해서 설명하겠다.

산업사회는 근대적 봉건사회이다

남녀의 생활조건에서 발생하는 적대의 특이성은 그것을 계급조건에서 구별함으로써 이론적으로 규정될 수 있다. 계급적대는 거대한 노동인구의 물질적 빈곤화에서 불붙었다. 그것은 공적인 투쟁으로 전화하였다. 가족의 탈전통화와 함께 등장하는 적대는 주로 사적인 관계에서 분출하였으며, 식당과 침실과 아이 방이 그 싸움터가 된다. 결혼관계에 대한 끝없는 토론이나 결혼 생활 중에 나타나는 말없는 대립, 별거와 재결합, 갑자기 더 이상 이해하지 못하게 된 배우자에 대한 신뢰의 상실, 이혼의 고통, 자녀의 우상화, 배우자에게서 떠났지만 여전히 그/그녀와 공유해야 하는 자신의 삶을 위한 투쟁, 일상생활의 자질구레한 것들 속에 자리하고 있는 억압의 탐색, 나는 나 자신이다는 억압 등의 소음과 징후가 나타난다. 많은 사람들이 '양성의 진지전', '주관적인 것으로의 후퇴', '나르시즘의 시대'라고 부르는 것, 정확히 말해서 이것은 산업사회의 봉건적 내부구조라는 하나의 **사회형태**가 사적인 영역 속으로 내파(內破)하는 방식이다.

산업체제와 함께 생겨나는 계급적대는 말하자면 '본래적으로 근대적'이며, 산업적 생산양식 자체에 근거하고 있다. 양성간의 적대는 근대적 계급적대도 아니고 단순히 전통의 유물도 아니다. 이것은 제3의 실체이다. 임노동이 가사를 **전제로 한다**는 의미에서, 그리고 19세기에 생산영역 및 형태와 가족이 분리되어 **창출된다**는 의미에서, 이것은 자본과 노동 사이의 적대와 마찬가지로 산업체제의 **산물**이며 **기초**이다. 동시에 그 결과 나타나는 남녀의 처지는 출생의 **귀속**에 기초한다. 이런 점에서 남녀는 근대적 신분계급들이라는 진기한 잡종이 된다. 이 신분계급들과 함께 **산업사회**의 지위위계는 근대성 속에 확립된다. 그들은 산업사회 **내부**의 근대성과 반(counter)근대성 사이의 **모순**에서 자신들의 폭발력과 갈등논리를 끌어낸다. 따라서 성별 지위의 귀속역할과 적대는 초기 근대성이 아니라 **후기**(late) 산업적 근대성 속에서, 즉 사회계급들이 이미 탈전통화되었고 근대성이 더 이상 가족과 결혼과 부모됨과 가사의 문앞에서 머뭇거리지 않는 지점에서 마치 계급적대처럼 분출한다.

19세기에 산업주의의 승리는 핵가족의 형성을 수반했으며, 오늘날 이 가족형태는 다시 탈전통화되고 있다. 생산과 가족노동은 상반되는 조직적 원리에 종속되어 있다(Rerrich, 1986). 만일 **시장의** 규칙과 권력이 생산에 적용된다면, 가족노동에서는 **지불되지 않는** 일상노동의 수행이 당연시된다. **관계의 계약적 본성**이 결혼과 가족의 집합적 **공동성**(communality)과 대조된다. 생산의 영역에서 요구하는 **개인적 경쟁과 이동성**은 가족의 상반되는 요구, 즉 타인을 위해 **희생**하고 가족의 집합적 공동생활에 열중하라는 요구와 충돌한다. 근대성과 근대적인 반-근대성이라는 상반되는 조직원리와 가치체계를 가진 두 개의 시기가, 서로 보완하고 조건지우며 모순되는 두 개의 시기가 가족의 재생산과 시장의존적인 생산의 형태로 산업사회 내에서 융합된다.

가족과 생산의 분리에 의해 창조되고 부과된 생활조건들은 시기적으로도 역시 다르다. 그러므로 생산에 기초를 두고 있으며, 임금과 직업이 다르고, 생산수단과 관련한 지위가 다른 불평등체계만 있는 것이 아니다. 그것을 **가로지르는** 불평등체계도 있으며, 이것은 상대적으로 평등한 '가족상황'과 생산상황의 다양성 간의 시대적 차이를 구성한다. 생산노동은 노동시장을 통해 중재되며 돈을 대가로 수행된다. 종속적인 노동에 결합되어 있는 정도와 상관없이, 사람들은 복종함으로써 **자신**의 제공자가 된다. 그들은 이동과정 및 그와 연관된 계획 등의 목표가 된다. 지불되지 않는 가족노동은 결혼에 따르는 자연스러운 지참금으로 부과된다. 본래 묵종은 부양에 대한 의존을 뜻한다. 묵종하는 자는, 우리는 그들이 누구인지 알지만, '다른 사람이 벌어온' 돈으로 집안 일을 돌보고 부양받는 한 고리로서 결혼에 의존한다. 이 같은 직무분담은, 여기에 산업사회의 봉건적 기초가 놓여 있는 것이지만, 결정의 외부에 머문다. 그것은 출생과 성에 의해 귀속된다. 산업사회에서도 원리상 한 사람의 운명은, 즉 평생 집안 일만 하거나 노동시장에 순종하여 생계를 꾸릴 운명은, 요람 속에서 이미 드러난다. 이 같은 봉건적인 '성별 운명'은 또한 그것에 한정된 것인 사랑에 의해 강화되거나, 취소되거나, 악화되거나, 은폐된다. 사랑은 맹목이다. 사랑은 사랑으로 말미암은 번민에서 벗어나는 길로 비칠 수 있기 때문에, 그 불평등이 아무리 클지라도 사랑이 재현하는 불평등은 실제적일 수 없다. 하지만 불평등은 실제적이며, 이 사실이 사랑을 김빠지고 재미없는 것으로 보이게 만든다.

사회이론과 사회사의 견지에서 '친교의 테러'로 나타나고 애도되는 것들은 산업사회의 설계에 의해 양분된 한 근대성의 모순들로서, 산업사회의 설계는 출생의 장벽을 넘어서는 개인의 자유와 평등이라는 근대성의 불가분한 원리들을 하나의 성에 대해서는 언제나 유보했으며 그것들을 다른 성에 귀속시켰다. 산업사회는 결코 산업사회로서만 존재하지 않았으며 그럴 수도 없다. 산업사회는 언제나 단지 반만이 산업적이고 반은 봉건적이다. 이 봉건적 측면은 전통의 유물이 아니라 산업사회의 기초이자 생산물로서 노동과 삶의 제도적 계획이 실현된 것이다.

제2차 대전 이후의 복지국가의 근대화에서 이중의 과정이 진행된다. 한편에서는 시장의존적인 표준화된 생애(biography)에 대한 요구가 여성의 생활에까지 확장된다. 여기서 새로운 것은 원리상 전혀 나타나지 않으며, 발달된 시장사회의 원리들은 오직 성별 구획선을 따라 적용될 뿐이다. 다른 한편 이런 식으로 가족 내부에서 그리고 일반적으로 남성과 여성 사이에서 완전히 새로운 진영이 창출되며, 사실상 산업사회의 봉건적 기초가 폐지되고 있다. 이것은 성찰적 근대화의 특수한 양상이다. 성별 구분을 넘어선 산업사회의 확장은 가족 도덕, 성별 운명, 결혼과 부모됨과 성성에 대한 금기 등의 **해소**, 심지어 가사와 산업노동의 재통합을 마찬가지 방식으로 수행한다.

지위에 기초한 산업사회의 위계는 여러 가지 요소들로 구축된 건물이다. 생산과 가족의 노동영역들의 분리 및 양자의 대조적인 조직, 출생에 의한 생활조건의 귀속, 애정의 약속을 통한 전반적 조건의 은폐 및 사랑과 결혼과 부모됨이 제공하는 외로움의 치유책 등이 그것들이다. 되돌아보건대 이 구조는 저항에 맞서서 구축되어야 했다.

그래서 사람들은 근대화를 지나치게 일면적으로 보려는 경향을 가지게 되었다. 근대화는 사실 두 가지 면모를 가진다. 19세기에 산업사회가 등장하면서 **근대적인** 봉건적 성별 질서가 구축되었다. 이런 의미에서 근대화는 19세기에 **반**-근대화를 수반했다. 생산과 가족 간의 일시적인 차이와 적대가 확립되었으며 정당화되었고 영원한 진리로 변용되었다. 덤으로 남성을 고무하는 철학과 종교와 과학의 동맹이 여성의 '본질'과 남성의 '본질'로 모든 것을 단단히 싸묶는다.

근대화는 농업사회의 봉건적 조건을 해소하는 것일 뿐만 아니라 새로운 봉건적 조건을 창출하는 것이며, 그리고 그 성찰적 단계에서 후자를 해소한다. 근대화라는 동일한 과정이 19세기와 20세기의 전반적으로 상이한 조건 하에서 **대립되는** 결과를 낳는다. 예전에 그 결과는 가사와 임노동의 **분리**로 나타났으나, 오늘날 그 결과는 새로운 **재통합**을 위한 투쟁으로 나타난다. 전에는 **남편의 부양**을 통해 여성의 지위를 저하시켰지만 오늘날에는 여성을 노동시장으로 몰려들게 하고 있다. 전에는 전형적인 남성과 여성의 역할이 **확립**되었지만 이제는 남성과 여성이 성별에 따른 봉건적 명령에서 **해방**되고 있다.

이것들은 산업사회에서 자신이 설치했던 반근대성을 근대성이 오늘날 어떻게 잠식하고 있는가를 보여 주는 징후이다. 생산과 재생산의 분리에 대해 밀착되어 있으며, 핵가족의 간결한 전통이 집중된 공동성과 역할분담과 감성 속에서 제공할 수 있는 모든 것에 서로 동의하는, 양성관계는 분열하고 있다. 함께 살아가는 방식, 누가 무엇을 어디서 어떻게 하는가, 성성과 사랑에 대한 견해 및 결혼과 가족에 대한 그 연관 등의 모든 것이 갑자기 불확실해진다. 부모됨은 분열되어 모성과 부성 간의 충돌이 나타나며, 본래 강한 접착력을 지니고 있는 아이들만이 부부의 이별을 막는 이유가 된다. 노동과 생활, 가사와 임노동의 '통합형태들'에 관한 투쟁과 실험의 일반적 과정이 시작되고 있다. 간단히 말해서 사적 영역은 성찰적이고 정치적으로 되고 있으며 이것은 다른 영역들에도 그 빛을 방사한다.

그러나 이것은 전개방향만을 보여줄 뿐이다. 이 같은 성찰의 두드러진 점은, **기존의** 시장사회의 문제들은 분리된 시장사회의 사회생활형태들과 제도적 구조들 내에서는 극복될 수 없다는 것이다. 전통적인 핵가족의 역할분담에서도, 성별 지위의 기초인 전통적인 핵가족의 이미지를 정확히 **전제하는** 직업적 노동과 사회법률과 도시계획과 학교 등의 제도적 구조들에서도, 남녀는 경제적으로 독립적이지 **않으며** 그렇게 될 수도 없다.

양성관계 내에서 개인적인 죄의식과 실망감을 드러내게 되는 '중심적 갈등'은 제도적 구조를 **영속시키는** 동시에 핵가족의 틀 내에서 (거의) **오직** 남녀의 사적인 대면을 통해서만 전형적인 양성관계에서의 해방을 도모할 수 있는 시도가 계속되고 있다는 사실에도 그 기초를 두고 있다. 이것은 가족 내의 사회구조가 변하지 않은 사회에서 변화를 달성하려는 시도와 같은 것이다. 남는 것은 **불평등의 교환**이다. 정확히 여자들이 스스로 거부하는 것인 이 '근대적 봉건적 존재'로 남자들이 회귀함으로써 여자들은 가사와 남편의 부양에서 어쩔 수 없이 **해방**된다. 역사적으로 보자면 이것은 귀족을 농민의 농노로 만들려는 시도와 같다. 그러나 남자들은 여자들만큼이나 '부엌으로 돌아가!'라는 명령을 따르고 싶어하지 않는다(여자들은 이 사실을 다른 누구보다도 더 잘 알아야 한다). 그러나 이것은 단지 하나의 양상일 뿐이다. 중요한 것은 남녀의 **평등화가 자신들의 불평등을 전제하는 제도적 구조 내에서는 실현될 수 없다**는 것이다. 우리는 새롭고 '둥근' 사람을 노동시장과 고용체계와 도시계획과 사회보장제도 등이 요구하는 '사각형' 구멍에 들어 맞도록 할 수 없다. 이런 일이 시도된다고 할지라도, 사적인 양성관계가 남자와 여자의 '역할교환'이나 '역할혼합'의 줄다리기에 의해서는 결코 적절히 해결될 수 없을 갈등의 무대가 된다는 사실에 아무도 놀라서는 안될 것이다.

남성과 여성역할에서의 해방?

이제 막 서술한 전망은 경험자료와 기묘하게 대비된다. 경험자료들은 결국 성별 지위위계의 재생에 반대되는 경향을 뚜렷하게 보여 준다. 도대체 어떤 의미에서 '해방'이라고 말해도 좋은 것일까? 남녀는 자신들의 '성별 운명'의 명령에서 똑같이 해방되었는가? 어떤 조건이 이 같은 변화를 낳았으며, 어떤 것이 이 변화에 대항하는가?

위에서 언급한 자료가 증명하듯이 지난 수십 년 동안의 본질적인 전환점은 여성성(femininity)에 의해 귀속되는 전통적인 특질들에서 여성들을 다소나마 해빙시켰다. 결코 우연히 연결된 것이 아닌 다섯 가지 중심 조건들을 분명하게 확인할 수 있다.

우선 **기대수명의 연장**에 의해 생애 구조, 생활단계의 연속이 변화되었다. 특히 아더 임호프(Arthur Imhof)가 사회사연구에서 보여 주었듯이 이것은 '여자의 **인구학적 해방**'으로 이어졌다. 통계적으로 보았을 때 예전에는 여자의 일생이 사회적으로 '바람직한' 수의 아이들을 낳아 기르는 데에 완전히 바쳐졌다면, 오늘날 이 같은 '어머니의 임무'는 45세 정도면 끝나게 된다. '아이들을 위한 존재'는 오늘날 여성에게 삶의 **일시적인** 한 단계가 되었다. 전통적으로 여성들의 삶의 집중점이었던 '빈 둥지'의 삶이 평균 30 년이나 계속된다. "오늘날 서독에서만 '전성기'에 있는 500만 명 이상의 여자들이 부모의 역할을 마친 상태이며 … 종종 … 아무런 구체적인 의미있는 활동을 하지 못한 채 살아가고 있다"(Imhof, 1981: 181).

둘째, 근대화는, 특히 2차 대전 이후의 근대화는 **가사를 재구축했다.** 한편에서 가사의 **사회적 격리**는 본래적인 구조적 특성이 결코 아니며, 역사 발전의 결과 즉 생활세계의 탈전통화의 결과이다. 개인주의화 과정의 궤적 속에서 핵가족은 그 구획을 뚜렷하게 해서, 하나의 '섬 같은 존재'가 형성되며, 이 존재는 남아 있는 구속체들(계급문화, 이웃, 친지)에 대해 자율적으로 된다. 오직 이런 식으로만 주부로서 한 존재는 더욱 뛰어난 고립된 노동자가 된다. 다른 한편 **기술의 자동화**는 가사로까지 확장된다. 다양한 기구와 기계와 소비재들이 가족의 일을 덜어주고 없애 준다. 가족의 일은, 산업생산 및 임금용역과 기술적으로 완전하게 만들어진 개별 세대의 가정용 가구류 사이에서, 비가시적이며 결코 종결되지 않는 '남은 일'이 된다. 격리와 자동화는 결합되어 '가사의 **탈숙련화**'를 낳는다(Offe, 1984). 그리고 이것은 또한 '충만한' 삶을 찾아서 가정 바깥의 일을 향하도록 여자들을 인도한다.

셋째, 만일 모성이 아직도 전통적 여성의 역할에 대단히 강력하게 묶여 있다는 것이 사실이라면, 전통적인 요구에서 여자들을 떼어내기 위해서는 **임신중절의 법적 가능성**과 함께 **피임 및 가족계획 시책**의 중요성을 반드시 강조해야 한다. 아이들과 모성은 (전적으로) 더 이상 '자연적 운명'을 구성하지 않으며, 최소한 원리상으로는 **낳기 원한** 아이들과 **낳으려고 의도한** 모성이다. 물론 많은 자료들이 남편에게 경제적으로 의존하지 않고 자녀 양육의 책임이 없는 모성은 다수의 여자들에게 **꿈**일 뿐임을 보여 준다. 그러나 젊은 여자들은 그들의 어머니들과는 달리 아이를 낳을 것인가의 여부, 그리고 언제 몇 명의 아이를 낳을 것인가를 (함께) 결정할 수 있다. 동시에 여성성은 '모성의 운명'에서 해방되며 남성의 규범에 대항하여 의식적으로 발견되고 발전될 수도 있다.

넷째, 이혼의 증가는 **남편 및 가족부양의 취약성**을 보여 준다. 여자들은 그저 '가난'에서 벗어난 '남편'일 뿐인 경우가 흔하다(Ehrenreich, 1983). 거의 70%의 홀어머니들이 한달에 1,200 마르크도 안되는 돈으로 생활해야만 한다[1985]. 그들과 여성 연금생활자들이 구호기관을 가장 자주 찾는 피구호인이다. 이런 의미에서도 역시 여자들은 해방되었다. 즉 평생에 걸친 남편의 부양이 **중단**되었다. 노동시장에 유입되는 여성의 통계적 급증도 많은 여자들이 이 같은 역사적 교훈을 이해했으며, 그 결과를 잘 알고 있음을 보여 준다.

다섯째, 다른 무엇보다도 젊은 여성들 사이에서 강한 **직업적** 동기부여의 표현이기도 한 교육기회의 균등화는(위의 조건들과 — 역자) 동일한 방향으로 작용하는 경향이 있다.

인구학적 해방, 가사의 탈숙련화, 피임, 이혼, 교육 및 직업참여, 이 모든 것들은 함께 결합하여 더 이상 **변경되지 않을 수 없는 근대적 여성의 지위운명의 명령**에서 여자들이 해방된 정도를 표현한다. 이로부터 노동시장, 교육, 이동성, 직업경력 등의 개인주의화의 나선은 가족에게 이중 또는 삼중의 영향을 미친다. 가족은 경력과 연관된 다양한 야망, 사회적 이동에 필요한 여러 가지 조건들, 교육상의 제약요인들, 아이들에 대한 상충하는 의무들, 가사의 단조로움 등으로 꾸며지는 연속 마술극이 된다.

그러나 개인주의화를 향해 나아가는 이러한 조건들은 여자들을 전통적인 성역할에 재연결시키는 다른 조건들에 직면한다. **모든 남녀가 독립적인 경제적 삶을 꾸릴 수 있도록 해 줄 진정으로 확고하게 구축된** 노동시장사회는 그렇지 않아도 이미 말 많은 실업을 배증시킬 것이다. 이것은, 대량실업 및 노동시장에서의 배제라는 조건 하에서, 여자들이 남편의 부양에서 해방되지만 가정 밖의 노동을 통해서 자율적인 삶을 살아**가도록** 해방되는 것은 아니라는 사실을 뜻한다. 이것은 그들이 **더 이상** 존재하지 **않는** 남편들의 경제적 보호에 계속해서 크게 **의존해야** 한다는 것을 뜻한다. 실질적인 임노동자의 행위맥락에서 '~로부터의 자유'와 '~에 대한 자유' 사이의 이 중간적 지위는 그들이 **모성**에 재연결됨으로써 한층 강화된다. 여자들이 아이들을 낳고 기르며, 아이들에 대해 책임감을 느끼고, 아이들을 자기들 삶의 본질적인 부분으로 여기는 한, 아이들은 경제적 자율 및 직업경력에 의식적으로 **반대하게** 하는 유혹인 동시에 직업경쟁에서 내심 바라고 있던 '장애물'로 남을 것이다.

이런 식으로 여자들의 삶은 낡은 귀속역할에서의 해방과 그에 대한 재연결 사이에서 발생하는 모순에 의해 이리저리 끌려 다니고 있다. 이것은 그들의 의식과 행위에도 반영되어 있다. 그들은 가사에서 직업으로 그리고 다시 반대로 옮겨 다니며 삶의 여러 단계에서 모순적인 결정들을 통해 자신들의 다양한 삶의 조건들을 '어쨌든' 결합시키려 한다. 환경의 **모순들**은 그들 자신이 안고 있는 모순을 증폭시킨다. 예를 들어 그들은 직업경력을 왜 경시했느냐는 이혼법정의 질문을 그저 참고 넘겨야만 한다. 가정사와 관련해서는 왜 어머니로서의 의무를 다하지 않았느냐는 질문을 받는다. 그러지 않아도 힘든 남편의 직장생활과 그 직업적 야망을 망쳐 버렸다는 비난을 받는다. 이혼법과 이혼의 현실, 사회보호의 결여, 노동시장의 닫힌 문과 가정사를 떠맡기는 개인주의화 과정이 여성의 생활에 가져온 몇 가지 모순들의 특징이다.

남자들의 상황은 아주 다르다. 여자들이 '다른 사람들을 위한 존재'라는 자신들의 낡은 귀속역할을 벗어 버리고 새로운 사회적 정체성을 찾아야 하는 반면에, **무엇보다도** 경제적으로 안전하기 때문에 남자들에게는 **독립적으로** 생활을 꾸리는 것과 낡은 역할의 정체성이 **일치한다**. '직업인'이라는 전형적인 남성의 역할에서 경제적 개인주의화**와** 근육질의 역할행위가 결합된다. 역사적으로 남자들은 배우자(아내)의 부양을 받는다는 것을 모르며, 그리고 생계를 위해 일'할 자유'는 당연한 것으로 간주된다. 그것을 뒤에서 받쳐주는 노동은 전통적으로 여자의 몫이다. 부성의 즐거움과 의무는 여가활동으로서 **조금만 해도** 언제나 만족을 느낄 수 있었다. 부성은 직업 경력을 쌓는 데 조금도 장애가 되지 않았다. 반대로 그것은 그렇게 하도록 하는 강제력이었다. 다시 말해서 여자들을 자신들의 전통적 역할에서 **밀어내는** 모든 요인들이 남성들 측에는 **결여되어** 있다. 남성의 삶에서 부성과 직업 경력, 경제적 독립과 가족적 생활은 가족 및 사회 내의 조건들과 싸워야 하고 대립해야 하는 모순들이 아니다. 대신에 그것들이 전통적인 남성의 역할과 양립할 수 있다는 사실은 당연시되고 보호되었다. 그러나 이것은 (시장을 매개로 한 생활이라는 의미에서) 개인주의화가 근육질의 역할행위를 **강화**한다는 것을 의미한다.

만일 남자들도 자신들의 성역할의 명령에 대항한다면, 그들은 다른 이유로 그렇게 한다. 남성의 역할을 직업적인 것에 고정시키는 데에도 모순들이 있다. 예를 들자면 즐길 여가도 필요나 능력도 가지고 있지 않은 채 무엇인가를 위해 자신을 희생하는 것, 아무것도 아닌 것을 추구하는 공격적인 경쟁, 동일시할 수 없지만 어떻게든 그렇게 해야만 하는 직업적 및 조직적 목표들로 말미암은 극심한 피로, 진정으로 동일시하기는 커녕 극심한 피로로 말미암은 '무관심' 등이다. 그럼에도 불구하고 근육질의 역할에서의 해방을 위한 본질적인 충돌은 본래적인 것이 아니라, (여성의 변화를 통해) **외부에서 인입된 것으로** 두 가지 의미를 지닌다. 한편에서 더 많은 여성 노동력이 노동시장에 참여하게 됨으로써 남자들은 가족의 **유일한** 부양자로서 짊어져야 하는 멍에에서 **해방**된다. 하지만 그것은 아내와 아이들을 위해 직장에서 자신을 타인들의 의지와 의도에 복속시키는 제약요인들을 느슨하게 한다. 그 결과 상이한 유형의 직장과 가족생활이 형성될 수 있게 된다. 다른 한편 '가족의 화목'은 약해지고 있다. 남성존재의 여성규정적 측면은 균형을 잃어가고 있다. 동시에 남자들은 자신들이 일상문제에서 여자들에게 의존하고 있으며 감성적으로 의지하고 있다는 것을 깨닫게 된다. (직장과 가족의 ─ 여자) 두 영역에서 남성역할의 명령에 대한 동일시가 약화되며 새로운 생활양식을 찾으려는 본질적인 충동이 발견된다.

이 갈등은 남녀의 적대를 더욱 첨예하게 드러낸다. **아이들과 경제적 안전**이라는 두 가지 '촉매요소'가 중심적이다. 두 가지 경우에 모두 이 주제에 관한 갈등은 결혼생활을 유지하는 동안에는 은폐될 수 있으나 이혼할 때에는 공공연하게 모습을 드러낸다. 그 특징에 주목해서 말하자면, 부담과 기회의 분배는 전통적 결혼생활이 맞벌이 형태로 이행하면서 변화한다. 남편부양형에서는, 도식적으로 말해서, 여자는 **이혼** 후에 아이들은 **있지만** 수입은 **없는** 상태가 되는 데 비해, 남자는 이와 대조적으로 수입은 **있지만** 아이들은 **없는** 상태가 된다. 맞벌이형에서는 언뜻 보기에 (지배적인 법적 관행을 따라) 여자가 수입도 있고 아이들도 갖게 되는 것 외에 별다른 변화가 없는 것처럼 보인다. 그러나 여자의 직업활동을 통해서건, 이혼법이나 노인복지제도의 부양규칙을 통해서건, 남자와 여자 사이의 경제적 불평등이 감소되는 정도에 따라, **아버지들은** 부분적으로는 자연적이고 부분적으로 법률적인 **자신들의 불리한 조건에 대해 깨닫게** 된다. 여자는 자신의 자궁의 생산물로서 아이에 대한 소유권을 가지며, 그리고 아이가 생물학적으로도 법적으로도 분명히 여자에게 속한다는 것을 우리는 모두 알고 있다. 난자와 정자 간의 소유관계들은 차별화된다. 아이 속의 아버지 부분은 어머니 부분과 어머니의 판단에 언제나 의존하게 된다. 이것은 중절에 관련된 모든 문제들에도 들어 맞는다. 남성역할과 여성역할에서의 소외가 진척되는 정도에 따라 그 진자운동은 원상복귀하는 경향을 보인다. 직업의 '운명'에서 해방된 남자들은 아이들에게 돌아가지만 집은 텅 빈 둥지와 같다. 이것은 아버지들이 이혼소송에서 맡아 기르도록 허가받지 못한 아이들을 유괴하는 사례가 (특히 미국에서) 늘어가고 있다는 사실로 분명하게 설명된다.

그러나 남녀의 조건을 분리시키는 개인주의화는 역으로 그들을 다시 결합시키기도 한다. **전통이 점점 더 약해지면서** 관계들은 더 많은 약속을 하게 된다. 사라진 모든 것들을 갑자기 다른 곳에서 찾기 시작한다. 먼저 신이 세상을 떠났다(또는 우리가 그를 제거했다). 한때 '경험했음'을 의미했던 '믿음'이라는 단어는 '우리의 더 나은 판단에 반대하는 것'이라는 오히려 초라한 어조를 띠게 된다. 신이 사라지자 신의 사도를 찾아갈 가능성도 사라지고, 따라서 죄가 늘어나도 더 이상 그것을 떨쳐 버릴 수 없게 된다. 옳은 것과 그릇된 것 사이의 구분이 불분명해짐에 따라, (무엇이 죄인가에 대해 — 역자) 첨예한 질문이 제기되는 상황에서 죄의 중요성이 줄어드는 것이 아니라 다만 죄가 더욱더 잘 드러나지 않게 되고 있을 뿐이다. 적어도 견고히 구축된 고통을 해석할 줄 알았던 사회계급의 문화는 삶에서 증발되어 이야기와 통계의 구름 속으로 사라졌다. 기억과 상호작용을 통해 성장해 온 이웃관계는 이사가 빈번해지면서 녹아 없어졌다. 친지관계가 형성될 수도 있지만 그것은 자체적인 회전의 중심점을 가지고 있다. 또 동호회에 가입할 수도 있다. 접촉의 파레트는 더 커지고 더 넓어지고 더 다채로와진다. 그러나 그 다양성은 접촉을 더 덧없는 것으로 만들고 외양에 의해 더 쉽게 지배되도록 만든다. 서로에 대한 공표된 관심 속에서 더 이상의 것을 생각하는 것은 즉각 거부된다. 친교조차 이처럼, 덧없이, 거의 악수처럼 교환될 수 있다.

이 모든 것에서 변화가 계속되고 어떤 '가능성'이 열릴 수도 있지만,

이러한 관계의 다양성이 안정된 일차관계의 정체성 형성력을 대체할 수는 없을 것이다. 관련된 연구결과들이 보여 주듯이 관계의 다양성과 지속적인 친교가 **모두** 필수적이다. 행복한 결혼생활을 하는 주부들이 사람들과의 접촉문제와 사회적 고립으로 고생한다. 자신의 문제를 토로하기 위해 모임을 만든 이혼남들은 모임에 참가한다고 해도 닥쳐오는 외로움을 이길 수 없다.

근대적 사랑의 이상화 속에 근대성의 궤적이 다시금 반영된다. 의기양양한 모습을 드러내는 것은 근대성이 전개되면서 사라진 것들의 대립물이다. 신도, 사제도, 계급도, 이웃도, 어쩌면 그대(Du)마저도 사라진다. 그리고 바로 그대의 고상함(die Größe des Du)은 그렇지 않아도 세상에 만연한 전도된 공허함이다.

이것은 또한 물질적 기초와 사랑보다는 홀로 되는 것에 대한 두려움 때문에 결혼생활과 가족이 유지된다는 것을 의미한다. 결혼생활과 가족을 넘어서는 데서 느끼는 위협과 두려움이 아마도 결혼생활의 가장 안정된 기초일 것이다. 비록 위기와 갈등으로, 즉 외로움으로 가득 차 있다고 해도.

이 모든 것에서 무엇보다도 가족에 관한 논쟁이 근본적으로 상대화된다. 양성의 공존을 형성하는 부르주아 핵가족은 서구의 고도산업국가에서 표준화되었으며, 숭상되거나 저주받았다. 즉 사람들은 위기가 잇따르는 것을 보았거나, 가족 때문에 발생한 위기의 먹구름에서 다시 가족이 발생하는 것을 보았던 것이다. 이 모든 것은 **잘못된 양자택일**의 평결에 묶여 있다. 선한 것이건 악한 것이건 가족에게 모든 짐을 지우려는 사람은 거시적인 안목을 갖추지 못한 것이다. 가족은 **남녀**의 역사적 갈등상황이 **드러나는** 표면일 뿐이다. 가족 내에서 또는 그것을 넘어서 양성은 언제나 서로 마주치게 되며, 따라서 그들 사이의 누적된 모순들도 서로 마주치게 된다.

우리는 어떤 의미에서 **가족과 관련된 해방**에 대해 말할 수 있는가? 개인주의화의 동학이 가족 내부로 확장되면서 함께 살아가는 형태가 **근본적으로** 변하기 시작한다. 가족과 개인의 생애 사이의 관계는 느슨해진다.

남녀의 부모로서의 생애를 가족 내부에 국한시키는, 평생에 걸쳐 지속되는 표준적 가족은 더욱더 드물게 된다. 그리고 특정한 삶의 단계에 따라 다르게 나타나는, 다양한 가족적 및 비가족적인 함께 살기의 형태들 사이를 오가는 것이 법칙으로 된다. 삶의 단계들 사이의 시간축을 따라 개인적 삶에 대한 가족의 속박은 허술해지고 **결국 속박할 수 없게 된다**. 교체할 수 있게 되는 가족관계들 중에서 남녀의 **개인적 생애**의 자율성은 가족의 내부와 외부에서 분리된다. 사람들은 삶의 단계에 따라 각자 비가족적인 생활형태와 함께 몇 가지 가족생활을 통해 살아간다. 그리고 **바로 그 때문에** 더욱더 그/그녀 **자신의 삶**을 살아간다. 이처럼 (가족 내에서 그리고 그것을 넘어서) 개인적 삶과 가족 사이의 우선순위가 역전되는 가족의 개인주의화는 개인적 삶의 **통시적 과정**에서만 드러날 뿐이며, 주어진 순간이나 가족통계에서는 보이지 않는다. 경험적으로 보았을 때 결국 가족에서 해방되는 정도는, 모순적인 상태로 남아 있는 결혼 전, 동안, 그리고 후의, 개별적으로 선택되며 가족에 찬성하느냐 반대하느냐와 관련되어 있는, 함께 살기 형태들과 함께 이혼 및 재혼에 관한 자료를 **전기적으로 살펴봄**으로써 파악된다. 가족 있음과 가족 없음의 극단 사이에 있는 많은 사람들이 모순적이고, 이행 중에 있는 전체적으로 **다원적인 생애**라는 제3의 길을 '선택'하기 시작했으며 그 수는 늘어나는 추세에 있다. 이같이 전 생애에 걸쳐 나타나는 생활형태의 다원주의는, 즉 함께살기 또는 홀로 살기의 다른 형태들이 섞여 있거나 개입되는 여러 가지 형태의 가족들 중에서 어느 하나를 선택하는 것은 개인주의화의 조건들 아래에서 남녀의 협조와 대립을 위한 (역설적) '규범'이 되고 있다.

삶 전체를 고려해 보자면, 대다수 사람들이 이런 식으로 고통스럽고 두려우며 역사적으로 규정된 함께 살기 형태의 시험단계에 들어섰다. 많은 사람들이 남성과 여성의 생애를 **성찰적 방식**으로 느슨하게 하고 조화시키기 시작했으며, 그 결과는 아직은 전혀 예측할 수 없다. 그러나 아무리 '실수'가 고통스럽다고 해도 새로운 '시도'를 막을 수는 없을 것이다.

불평등의 자각: 선택의 기회와 제약들

남녀의 상황에 차이와 적대감이 깃들여 있다는 것은 단지 어제 오늘의 일이 아니다. 하지만 60년대까지는 대다수 여자들이 이 같은 상황을 '자명한 것'으로 받아들였다. 20년 동안 이 상황에 주의를 기울이는 사람들이 계속 늘어났으며 여성의 평등권을 획득하기 위한 정치적 활동들도 전개되었다. 초기의 승리들과 함께 불평등의식이 두드러지게 **부각된** 다. **실제적 불평등,** 그 조건과 원인은 그에 대한 **의식**과 구분되어야만 한다. 남녀간의 적대는 두 가지 측면을 가지며, 이 두 측면은 상황 및 그 정당성 상실의 객관성과 이에 대한 의식을 상당히 독립적으로 변화시킬 수 있다. 만일 불평등이 문제가 된 짧은 시기와 그것이 용납되었던 오랜 시기를 비교한다면, 그리고 동시에 몇몇 불평등을 제거함으로써 비로소 사람들이 그것들에 대해 실제로 눈을 뜨게 되었다는 것을 안다면, 우리는 의식이 가지는 독자적 중요성을 과소평가해서는 안될 것이다. 이제 이 자각의 조건을 탐구해 보도록 하자.

근대화가 진척되면서 의사결정과 그 결정의 제약요인들이 사회행동의 모든 영역에서 증가한다. 다소 과장하자면 '어떻게 해도 좋다'(과학철학자인 화이어아벤트[Feyerabend]가 자신의 극단적인 상대주의를 주장하기 위해 사용한 표현 — 역자)고 말할 수 있다. 누가 돈을 벌어오는가, 누가 이사 여부를 결정하는가, 그리고 정당하게 혼인신고가 된 삶의 동반자하고만 잠자리의 쾌락을 나누어야 하는 이유가 불분명해지고 있는 것과 같이, 누가 요리를 하는가, 누가 우는 아기의 기저귀를 갈아주는가, 누가 장을 보고 집을 진공청소기로 청소하는가가 불분명해지고 있다. 성성과 무관한 결혼이 이루어질 수 있으며, 따라서 부모됨과 무관한 결혼도 이루어질 수 있다. 부모됨은 이혼으로 배증될 수 있다. 그리고 모든 것은 함께 살거나 따로 살기로 구분될 수 있으며, 다양한 주거의 가능성과 결정을 되돌릴 수 있는 항상적인 잠재성에 의해 더 큰 힘을 가지게 된다. 이 같은 산술적 계산에 따르면, 비록 끊임없이 동요할지라도 이

방정식의 우변에 아주 큰 값이 나오게 되며, 도전받지 않고 꿋꿋이 서 있는 '결혼'과 '가족'이라는 용어들을 넘어서서 오늘날 더욱이 자주 은폐되는, 분명히 늘어나고 있는 둥지 속의 그림자 존재들의 다양성을 깨닫게 된다.

생애의 전 차원에서 마치 강제적으로 주어지기라도 하는 듯이 **선택의 기회와 제약**이 생겨난다. 계획과 동의의 총괄기구가 필요해지며, 이 기구는 원칙적으로 철회될 수 있으며 정당성에 기대어 일을 불평등하게 할당한다. 토론과 동의에서, 이 같은 선택과 관련한 실수와 갈등에서, 여러 가지 위험과 결과의 남녀별 차이가 더욱더 분명해진다. 어떤 것을 결정한다는 것은, 체계적으로 살펴보면, 두 가지 의미를 지닌다. **결정하지 않기를 선택하기는 점점 더 불가능해지고 있다.** 첫째, 결정할 기회는 이미 물러설 수 없는 강제적 성격을 획득한다. 사적 관계, 차별적 결과의 문제와 그 균형잡기라는 공작소를 반드시 통과해야만 한다. 그러나 이것은 또한 두번째로, 숙고 끝에 내린 결정들이 그 결정 때문에 불붙게 되는 갈등 및 그 해결을 위한 노력과 함께 이제 그 모습을 드러내고 있는 불평등에 대한 의식의 배양자가 된다는 것을 의미한다. 이것은 이미 이동성에 관한 다소 재래적인 결정으로 시작되었다. 한편에서 노동시장은 개인적 상황과 상관없이 이동성을 요구한다. 결혼과 가족은 그 반대의 것을 요구한다. 그 궁극적인 결과를 숙고해 보면 근대성의 시장모델은 가족과 아이가 **없는** 사회를 함축한다. 모든 사람은 그/그녀의 경제적 존재를 보장하기 위해 시장의 요구에 대해 독립적이고 자유로와야만 한다. 시장 주체는 어떤 관계나 결혼이나 가족에 의해 '방해받지 않는', 궁극적으로 홀로 살아가는 개인이다. 따라서 궁극적으로 시장사회는 **무자녀의** 사회이다. 아이들이 이동하는 홀아버지나 홀어머니와 함께 성장하지 않는다면.

결혼이 여자에게는 직업경력의 포기, 자녀에 대한 책임, 남편의 직업적 운명을 따라 '함께 이동하기'를 의미하는 것이 당연시되는 한, 관계의 요구와 노동시장의 요구 간의 이러한 모순은 단지 은폐될 수 있을 뿐이었다. 배우자가 둘다 임금 소득자로서 생계를 꾸려야만 하거나 그로부터 자유로와지고 싶어하는 경우에 이 모순은 폭발한다. 이 모순의 제도적 해결이나 개량에 대해서는 아주 여러 가지로 생각해 볼 수 있다 (예를 들어서 모든 시민의 최소수입, 직업적 일과 연계되지 않은 사회보호, 결혼한 부부의 동시고용을 막는 모든 방해요소들의 제거, 상응하는 '수용가능성 기준' 등). 하지만 이것들은 현재 이루어지지 않고 있으며 어떤 식으로건 모색되고 있지도 않다. 따라서 부부는 **사적인** 해결책을 찾아야만 하며, 그들이 선택할 수 있는 해결책은 **위험**의 내적 분배에 이른다. 누가 경제적 독립과 안전을 포기할 것인가, 근대사회에서 생활을 이끄는 것으로서 의문의 여지가 없는 바로 그 전제조건들을 누가 포기할 것인가, 이것이 문제이다. 만일 부인이 실제로 자신의 직업경력을 완전히 포기하지 않는다면, 배우자와 함께 이주하는 사람은 결국 (대개) 상당한 직업적 불이익을 감수해야만 한다. 갈등의 수준은 그에 따라서 올라간다. 결혼, 가족 관계는 전적으로 근대화된 시장사회의 개인화된 모순들이 응축되는, 그러나 더 이상 전적으로 응축되지는 않는 징소가 된다.

직업적 이동성이라는 결정적인 문제는 마찬가지로 핵심적인 다른 문제들과 결합되어 있다. 즉 출산시기, 자녀의 수와 부양, 일상잡사의 공평한 배분이라는 항상적인 문제, 피임방법의 '일방성', 끔찍스러운 임신중절 문제, 성 충동의 유형과 빈도의 차이, 마가린 광고에서조차 성차별주의를 의미하는 태도를 보이고 있음을 잊지 않기 등. 남녀가 어떻게 함께 살 것인가에 관한 이 모든 갈등유발적인 핵심사안들 속에서, **위치의 분리**가 자각된다. 즉 부모가 되는 **시기**는 여자의 삶의 맥락보다는 남자의 그것에서 상당히 다른 전제조건과 방해물을 만나게 된다는 등의 사실들이 자각된다.

(서점에 흘러 넘치는 결혼 상담서들이 재산분배에서 혼외 성생활에 이르기까지 모든 것을 포괄하는 계약상의 합의를 통해 요구하는 것처럼) 결혼이 결국 '되돌리기 위해 하는 것', 말하자면 '이혼하기 위해 하는 것'이라면, 피해야 했던 분열은 쉽게 예견될 수 있는 것이며, 모든 결정과 규정의 불평등한 결과들은 더욱더 명백하게 드러난다. 만일 누군가 새로운 기술적 가능성(심리학과 교육학이 예시하고 있는 것처럼 아이들

의 정신을 형성할 가능성, 인간의 유전자를 둘러싼 공상과학물에서 볼 수 있는 것과 같은 현실을 차치하고라도 잉태과정에 개입할 가능성)과 금기의 파괴에 대해 생각한다면, 가족을 공격하고 있는 것이 한때 그 내부에서 통합되어 있던 위치들을 조각조각 분리시키고 있음을 알 수 있다. 즉 남자에 대해 여자를, 아이에 대해 어머니를, 아버지에 대해 아이를. 가족의 전통적인 통합성은 그것을 요구하는 결정들에도 불구하고 깨진다. 그렇게 믿고 스스로를 비난할 수도 있지만 가족이 안고 있는 이 같은 많은 문제들을 사람들이 일으키는 것은 아니다. 갈등을 빚는 거의 모든 사안들이 제도적 측면을 가지고 있다(예를 들어 자녀문제는 본질적으로 자녀의 전문적 위탁보호가 불가능하게끔 제도적으로 잘 보호하고 있는 데에서 비롯된다). 그러나 이러한 통찰은 물론 아이들을 부양하지 않는다! 이런 식으로 외부에서 가족을 공격하는 모든 것(노동시장, 고용체계나 법률)이 개인의 영역으로 들어오는 어떤 불가피성으로 말미암아 왜곡되고 단축된다. 구체적인 관계 내부에서 양성의 불평등이라는 새롭게 명백해진 중심적 운명을 변화시키는 데 필요한 수단들을 포함하는 체계적으로 조건지워진 환상이 가족 내에서 (그리고 모든 종류의 그 대안체 내에서) 생겨난다.

부모됨이라는 가족의 핵심조차 그 구성요소, 즉 모성과 부성이라는 위치들로 해체되기 시작한다. 오늘날 독일에서는 미국과 스웨덴에 비하면 '단지' 10 명 중의 한 명의 아이만이 홀아버지와 홀어머니의 보호하에 자라고 있다. 편부모의 수는 양부모의 수가 줄어드는 것만큼 늘어나고 있다. 홀어머니가 되는 것은 더 이상 꼭 '방기'의 결과가 아니며 스스로 택한 선택의 결과이기도 하다. (진정 아버지에 대해서만 요구될 뿐이며 더 이상 어떤 것을 위해서도 필요하지 않은) 아버지들과의 갈등을 전제로 한다면, 많은 여자들에게 홀어머니가 되는 것은 어느 때보다도 아이를 더 원하는 지금 아이와 함께 살 수 있는 유일한 길로 보인다.

엘리자베스 벡-거른샤임(Elizabeth Beck-Gernsheim, 1988)과 마리아 레리히(Maria Rerrich, 1986)가 보여 주듯이 아이에 대한 채무관계와 그 질은 가족 내부의 개인주의화 과정에 따라 다르다. 한편에서 아이는 개인주의화 과정의 장애물로 보인다. 아이에게는 돈이 들고 손이 필요하며, 아이는 예측할 수 없고 사람을 묶어두고 주의 깊게 짜 놓은 매일의 계획과 생애계획을 희망없는 혼돈 속으로 집어 던진다. 세상에 모습을 나타내자마자 아이는 그 '필요의 독재'를 발전시키고 완성하며, 소리신호와 따스한 미소가 자아내는 순수한 힘으로 그 생물학적 생활주기를 부모에게 강제한다. 그리고 다른 한편 바로 그 때문에 아이는 둘도 없이 귀중한 존재가 된다.

아이는 마지막 남은 **돌이킬 수 없고 바꿀 수 없는** 일차적 관계의 원천이다. 동반자는 떠나도 아이는 남는다. 바라고 있지만 관계 속에서 실현될 수 없는 모든 것이 아이에게로 향한다. 양성간의 관계가 약해질수록 아이는 실제적인 동반관계에 관한, 그렇지 않아도 점점 더 드물어지고 의심스러워지고 있는 감정의 생물학적 주고받기에 관한 독점권을 획득한다. 여기서 하나의 시대착오적인 사회적 경험이, 바로 개인주의화 과정 때문에 일어날 것 같지 않았고 몹시 바라게 되었던 사회적 경험이 축복받으며 배양된다. 아이에 대한 지나친 애정, 아이(라는 가련하고 지나치게 사랑받는 피조물)에게 허용되는 '아동기의 단계', 이혼소송 중과 이혼 후에 아이를 둘러싼 불쾌한 투쟁은 이 같은 사실을 보여 주는 몇 가지 징후이다. 아이는 사랑이 사라질 가능성에 맞서서 구축될 수 있는, **외로움에 대한 마지막 대안**이 된다. 아이는 **매력이 소생**하는 사적 유형이며, 매력의 상실과 함께 나타나고, 매력의 상실에서 자신의 의미를 끌어낸다. 신생아의 수는 줄어들고 있지만, 아이의 중요성은 **커지고 있다**. 한 명의 아이가 전부인 것이 보통이다. 그보다 더 많은 경우에는 비용을 거의 감당할 수 없다. 그러나 (경제적) 비용 때문에 사람들이 아이를 갖지 않는다고 믿는 사람들은 스스로 파놓은 비용-편익분석의 함정 속에 쉽게 걸려들고 있다.

산업사회가 보존했을 뿐만 아니라 생산했던 중세의 재갈은 녹아 없어지고 있다. 사람들은 자연의 형상을 하고 있던 양성의 봉건적 속박에서 해방되고 있다. 이 점을 그 역사적 차원들 속에서 인식하는 것이 중요하다. **왜냐하면** 이 사회역사적 변화가 사적이고 개인적인 갈등으로서 일어났기 때문이다. 심리학(과 심리요법) 전체는 지금 자신들이 찾도록 위탁받은 고통의 원인을 아동기의 초기 사회화의 개별적인 과정에까지 거슬러 올라가서 찾아내려고 하지만 이 같은 노력은 방해에 부딪히고 있다. 사람들이 지시 받은 생활형태에 대해 갈등을 느끼는 곳에서, 생활방식의 표본을 잃어버린 곳에서, 사람들의 병은 더 이상 개별적인 생활사에서 범한 실수와 행한 결정들에서 연원할 수 없다. 근대적인 봉건적 성별 운명에서 남녀가 해방되는 조건 아래에서 성성, 결혼, 성애, 그리고 부모됨은 불평등, 직업경력, 노동시장, 정치, 가족, 그리고 이것들의 내부에 구현되어 있으면서 미래와의 연관성을 잃어버린 생활형태와 아주 큰 관련이 있다. 만일 문제를 가지고 있는 바로 그 사람들 속으로 문제를 이동시킴으로써 이득을 보는 심리학이 개인성의 겉모습에 걸려 좌초하지 않으려면, 심리학은 이제 그 사고형태를 이처럼 역사화하고 사회역사적으로 개정해야만 한다.

예상되는 미래의 전개상

근본적인 갈등들이 형성되고 있다. 그러나 그것들을 공적으로 그리고 사적으로 '극복할' 방안은 거의 미지수이다. 앞에서 말한 해방의 **객관적 요소들**에서 남녀의 의식과 행위에 관한 결론을 끌어내서는 안된다. 이것은 가족관계와 친교관계 내에서 개인이 차지하고 있는 자리(constellations)와 자리바꿈(arrangements)의 가능성은 물론이고 본질적으로 정치적 발전과 제도적 부양 및 보상의 가능성에 달려 있다. 역사적으로 나타나고 있는 가능성의 전망들은 여기서 (결코 상호 배타적이지 않은) 전통적인 형태의 가족으로 회귀, 남성 모형에 따른 **평등화**, 남성과 여성의 역할을 넘어선 새로운 생활형태의 실험 등의 세 가지 변수로 정리할 수 있을 것이다.

핵가족으로 돌아가기

'이' 가족의 미래에 대한 문제에서 사람들은 흔히들 잘못된 전제에서 출발한다. 즉 잘 알려진 핵가족 형태는 '가족들의 결핍'이라는 다소 모호한 통념에 직면해 있다거나 다른 가족유형이 핵가족을 대체하는 중이라는 것이다. 이 분석이 정확하다면 한 가지 가족유형이 다른 것을 대체하는 것이 아니라 가족적 및 가족 외적인 함께 살기 형태들의 **폭넓은 변형태들**이 나타나서 계속 공존해 갈 가능성이 훨씬 더 높다. 그 특징에 주목해서 말한다면, 많은 형태들(혼자 살기, 결혼 전과 동안의 함께 살기, 공동생활, 한두 차례 이상의 이혼을 통해 여러 가지 부모됨을 경험하는 것 등)이 한 **사람**의 전체 삶 속의 여러 단계에서 나타날 것이다.

그러나 근대세계의 문화적 생활가치와 기초에 대한 많은 위협들은 생활형태의 이 같은 차별화와 다양화를 근대화의 결과로 보고 폐기시킨다. 많은 사람들에게 결혼과 가족에서의 탈출은 과도한 개인주의이며, 가족부양을 목표로 하는 대항수단들은 이것을 제도적으로 저지해야만 한다. 가사와 남편의 부양에서 떠맡게 되는 귀속역할을 넘어서 '자기 자신의 삶'을 찾고자 하는 편은 물론 여자이며, 그들의 사적 및 정치적 노력들은 위협과 회의와 저항에 부딪히게 된다. '이' 가족을 구하기 위한 수단들은 이리하여 가정생활의 표준규범(밥벌이하는 사람으로서 남편, 요리하는 아내와 두세 명의 자녀)으로 자리 잡는다. 그러나 이 규범은 19세기 초에 산업사회와 함께 나타난 것일 뿐이다. 개인주의화와 해방을 향한 명백한 경향들에도 불구하고 '부엌으로 돌아가라!'는 요구를 강조하는 조건과 상황도 역시 존재한다.

여자들의 압도적인 다수가 경제적으로 독립적이고 직업적으로 보장된 삶에서 멀리 떨어져 있다. 이것은 여자들의 직업참여도를 보여 주는 수치에조차 반영되어 있다. 독일에서는 비록 그 비율(1983년에는 50.7%)이 늘어나고는 있지만 1988년에 15-65세 사이의 여자들의 **절반을 조금 넘는 정도**(51.7%)만이 노동을 하고 있었던 것으로, 즉 가정 밖에서 일했거나 실업상태인 것으로 공식기록되었다. 같은 연령의 남자들 중에서는 4/5가 노동하고 있었다. 다시 말해서 이것은 많은 여자들이 결혼과 남편의 부양에 의존하고 있다는 것을 의미한다. 계속되는 대량실업, 그리고 한정되어 있으며 더 위축될 것 같은 노동시장의 일반적 상황은 남녀의 **전통적 역할과 책임을 보전하고 재안정화할 것이다.** 임노동에서 남편의 부양으로 향하는 이 같은 해방의 경향은 아이를 갖고자 하는 많은 여자들의 바람에 의해 지지된다. 여성 역할의 안정화 요인, 즉 실업과 자녀에 대한 욕망은 젊은 여자들이 교육이나 새로운 직업교육을 계속해서 충분히 받지 못하는 곳에서 특히 효과를 발휘할 것이다. 그 결과 교육적 위계를 따라 젊은 여자들의 **삶의 유형이 양극화할** 수도 있을 것이다.

그러나 노동시장의 닫힌 문 뒤에서 가족의 구원을 보는 사람은 남녀가 이러한 조건 아래에서 함께 살아야만 하며 살고 싶어한다는 것을 간과하고 있다. 분명하게 겉으로 드러난 직업적 바람의 좌절에, 그리고 그와 연관된 남편에 대한 종속에 젊은 여자들이 어떻게 대처할 것인지는 현재로서는 전혀 불분명하다. 마찬가지로 많은 젊은 남자들이 밥벌이하는 사람의 역할을 기꺼이 다시 떠맡을 것인지도 (그리고 그들의 직업상황에 비추어 보았을 때 그렇게 할 수 있을지도) 똑같이 불분명하다. 어쨌든 평등에 대한 여자들의 기대와 직업 및 가족 내에서의 불평등의 현실 사이에서 터져나오는 차이들은 가족의 내부와 외부의 사적인 영역으로 옮아가고 있다. 따라서 **사적인 관계에서 빚어지는 갈등들이** 외적인 요인들로 말미암아 더욱 **증폭될 것이라고** 예측하기는 어렵지 않다. 일과가 끝날 무렵 노동시장의 장벽들은 핵가족을 안정시키기 위해서 비로소 그 **모습을 나타낼** 것이다. 현실에서 이 장벽들은 이혼법정의 복도나 결혼상담소와 심리치료소의 대기실을 가득 채울 것이다.

동시에 이런 식으로 여자들의 새로운 빈곤이 예정된다. 늘어가는 이혼율에도 불구하고 여자를 노동시장에서 몰아내고 부엌으로 돌려 보내려는 사람이라면 최소한 그 또는 그녀가 사회의 다수를 위한 **사회적 안전망에 구멍을 내고 있다는 것을** 알고 있어야만 한다.

이것은 직업과 가족에서 남녀의 낡은 관계를 복구하려는 모든 시도들의 이론과 실천에 근본적인 결함이 있음을 보여 준다. 우선 그 시도들은 사회적 지위의 불평등이 출생에 의해 귀속되지 않고 모든 사람에게 열려 있는 노동참여와 그 성취를 통해 획득되는 근대 민주사회의 법적 원리와 모순 된다. 둘째, 가족 내부와 양성 사이의 변화들은 사적인 문제로 단축되며, 사회적 및 문화적 근대화에 대한 연관은 무시된다. 해체되고 있는 가족적 조화를 다시 단단하게 굳힐 수 있다고 종종 추천되곤 하는 견해들은 이 같은 점을 조금도 반영하고 있지 않다. 어떤 사람들은 특정한 '가족교육과정'이 치료제를 제공할 수 있다고 믿는다. 다른 사람은 배우자 선택의 전문성이 핵심적인 치유책이라고 본다. 만일 결혼상담소와 치료소들이 충분히 설립된다면, 그것만으로도 문제는 거의 해결될 것이라고 믿는 사람들도 있다. 포르노그래피에서 합법적 유산과 페미니즘까지, 모든 것을 '가족의 위기'로 비난하고 적절한 대응책을 요구한다. 여기서는 당혹감과 무력감이 모든 것을 설명한다. 갈등이 자라나는 역사적 상황과 사회적 맥락이 시야에서 완전히 벗어나 있다.

그러나 막스 베버의 비유를 빌자면, 근대화는 마음에 들지 않는다고 해서 다음 모퉁이에서 내릴 수 있는 승용차가 아니다. 정말 50년대의 형태로 핵가족을 복구하려는 사람은 근대화의 시계를 되돌려야만 한다. 그것은 여성을 노동시장에서 (예를 들어 모성보조금을 지급하거나 가사의 이미지를 빛나게 하는 식의) 단지 은밀한 방식으로만이 아니라 공공연하게, 그리고 단지 노동시장에서만이 아니라 교육에서도 마찬가지로 내모는 것을 의미한다. 남녀 사이의 임금격차는 커져야 할 것이다. 평등한 법적 권리는 유보되어야 할 것이다. 악마가 보편선거권을 실시한 것은 아닌지를 확인해야 할 것이다. 이동성, 시장, 새로운 매체와 정보기술들은 제한되거나 금지되어야 할 것이다. 간단히 말해서 나눌 수 없는 (indivisible) 근대성의 원리들을 **나누어서** 한 성에는 자연적으로 귀속시키고 다른 한 성에는 자연적으로 유보시켜야 할 것이다. 영원히.

남녀의 평등

 하나의 대안으로서 사회의 모든 영역에서 여성의 **평등**을 요구하게 된다. 근대성의 보편적 원리들은 가사의, 의회와 정부의, 공장의, 경영의 가부장적 분리에 맞서서 정당함을 입증하고 확립되어야 한다. 여성운동의 논쟁에서 평등의 요구는 대개 '근육질의 노동세계'를 바꾸려는 요구와 결합되어 있다. 그 투쟁은 여성의 경제적 안전, 영향력, 공동결정을 위한 것이며, 또한 사회생활을 다른, '여성적인' 방향으로 이끌려는 것이다. 여기서 토론의 대상은, 대개는 드러나지 않지만, 특정한 해석의 결과일 것이다. 만일 평등이 모든 사람을 위한 노동시장사회의 확립이라는 의미에서 해석되고 작동한다면, 아마도 그와 함께 **독신자들의 완전한 이동사회**가 만들어질 것이다.

 만일 그 결과를 숙고해 본다면, 완숙한 근대성의 기본 인물은 **독신인**이다. 시장의 요구 속에서 가족, 결혼, 부모됨 또는 부부관계의 요구는 무시된다. 이런 의미에서 사적인 이해관계와 무관하게 노동시장에서의 이동을 요구하는 사람들은 바로 시장의 사도로서 자신들이 지니고 있는 역량을 이용하여 가족의 해체를 추구하는 것이다. 노동시장과 결혼(또는 관계 일반) 간의 이러한 모순은, 여자들에게 결혼이 가족적 책임을 지고 직업이나 이동을 포기하는 것과 동의어였던 상황에서는 은폐될 수 있었다. 오늘날 그 모순은 (결혼한) 쌍이 가족과 직업적 노동 사이의 분리를 어느 정도로 신중하게 고려하고 있는냐에 따라 다르게 분출한다. 시장에 순응하는 평등의 요구에 대한 이 같은 해석으로, 개인주의화의 나선은 남녀의 관계를 더욱더 통제하게 된다. 이것이 단지 사고실험이 아니라는 것은 독신가구와 편모편부의 수가 독일과 다른 나라들에서 급속히 늘어가고 있다는 것으로 알 수 있다. 이것은 또한 이 같은 조건 아래에서 사람들에게 요구되는 생활유형을 보더라도 분명해진다.

 기본적으로 혼자 살아야만 하거나 그럴 수밖에 없는 생활 속에서는, 개인의 온갖 사회적 정향과 다양성에도 불구하고, 본래적인 위해에 맞서

이 같은 생활방식을 보호하기 위해서는 세심한 주의가 필요하다. 대단히 다양한 이유로 많은 모임을 가지고 유지해야만 한다. 이 때문에 사람들은 다른 사람의 짐을 져줄 수 있는 준비를 잘 하고 있어야 한다. 우정을 다지는 것은 여전히 필수 불가결하며, 또 독신생활이 베푸는 즐거움이기도 하다. 잘만 선택한다면 허망하게 사라지는 것에서조차 나름대로의 매력을 느낄 수 있다. 이 모든 것은 수입원으로서, 자기확인으로서, 그리고 사회적 경험으로서 가능한 한 안정된 직업적 지위를 전제한다. 따라서 그러한 지위를 확보해야만 한다. 이런 식으로 나타나는 '개인적 삶의 우주'는 에고(ego)를 중심으로, 그 민감성과 가능성과 허약함과 강함을 중심으로 형성되며 균형을 잡는다.

그러나 이러한 개인주의화된 존재양식이 성공하는 만큼, 사람들이 여전히 기본적으로 욕망하는 관계(결혼, 가족)에 대해 넘을 수 없는 장애가 될 수도 있는 위난이 커간다. 독신생활에서 타지에 대한 열망은 이제 진정 '자기 자신의 것'인 삶의 틀 안으로 타자를 통합할 수 없는 것만큼이나 커진다. 저 삶은 타자의 비현전(non-presence)으로 충만했다. 이제 그 또는 그녀를 위해 남아 있는 공간은 없다. 모든 것은 외로움에 대한 저항을 호흡한다. 즉 관계의 다양성, 각각의 관계에게 허락되는 다양한 권리, 생활습관, 생활계획의 통제, 화려한 겉모습 뒤에 숨겨진 고통스러운 아픔에 대처하기 위해 물러나기. 미묘하고 세심하게 조정된 이 모든 것의 균형은 사람들이 부부관계를 욕망하면서 위태로와진다. 독립을 위해 마련한 것들이 외로움의 감옥이 된다. 개인주의화의 원은 닫힌다. '자기 자신의 삶'을 더 잘 보호해야만 하며, 고통을 막기 위한 것이지만 고통을 일으킬 수도 있는 담벽을 훨씬 더 높이 쌓아야만 한다.

독신인의 존재형태는 근대성의 경로에서 일탈한 사례가 아니다. 그것은 완숙한 노동시장사회의 원형이다. 시장논리 속에서 영향력을 행사하는 사회적 연대의 부정은 그 가장 진전된 단계에서 지속적인 동반관계의 전제조건을 해체하기 시작한다. 따라서 그것은 역설적인 사회화 사례이며, 이 경우에 파열되는 사회성의 정도는 더 이상 분명하지 않다. 여기서 제시된 대로 이 같은 반영은 이제 단지 '이념형적 특징'을 드러낼 뿐이다. 하지만 자료가 보여 주는 대로 현실에 들어맞는 부분들이 확실히 늘어가고 있다. 더욱이 현재의 제도적 조건 아래서 양성간의 평등의 요구는 아마도 보이지도 원하지도 않는 결과를 낳게 될 것이다. 대개의 여성운동과 같이 근대성이 시작된 조건들을 확장하는 것, 그리고 시장에 순응하여 남녀의 평등을 확증하고 추구하는 것은 전적으로 각자의 권리이다. 하지만 아마도 이 길의 끝에서는 평등권과의 조화가 아니라, 서로 어긋나고 멀어지는 격리상황이 전개될 것이라는 점을 알아야만 한다. 사람들이 함께 살아가는 이면에서 이에 대한 많은 지표들이 이미 나타나고 있다.

남성과 여성의 역할을 넘어서

앞의 극단적인 두 가지 변수들은 모두 여기서 중심을 차지하는 기본 사태를 오해하고 있다. 가족과 노동시장 사이에서 나타나고 있는 모순들은 가족을 보존하는 첫번째 모델이나 노동시장을 일반화하는 두번째 모델에서는 해결되지 않는다. 남녀 사이의 불평등은 가족과 직업적 영역의 구조와 형태들 내부에서 정정될 수 있는 피상적인 문제가 아니라는 사실이 여전히 인식되지 않고 있다. 오히려 이 같은 시대적 불평등들은 산업사회의 기본계획, 생산과 재생산 사이에서 그것이 맺고 있는 관계, 그리고 가족노동과 임노동 사이에서 그것이 맺고 있는 관계로 확립되었다. 그러한 관계들에서 모순들은 산업사회 내부의 근대성과 반-근대성 사이에서 나타난다. 따라서 가족과 직업 사이의 '선택의 자유'가 커진다고 해서 이 모순들이 제거되지는 않는다. **불평등과 결합되도록 고안된 제도적 구조들을 통해서는 남녀의 평등을 이룰 수 없다.** 발전된 산업사회의 전체 제도적 구조를 꼼꼼히 검토하고 가족들과 관계들의 사활적 요구를 반영하도록 변화시킬 때에만, 남성과 여성의 역할을 넘어서는 새로운 유형의 평등이 점차로 실현될 수 있다. 가족의 소생 또는 시장권력의 전면화와 같은 사이비 대안들은 사회적 생활형태의 신중한 실현과 관련하여 시장관계를 제한하고 완충하는 제3의 길과 대비된다. 이어서 그 기본개념의 개요를 살펴보자.
 그 원리는 여기서 묘사된 이론적 해석의 정확한 거울 이미지로 이해될 수 있다. 가족의 개인주의화와 함께 생산과 재생산의 분리가 가족 내부의 두번째 역사적 단계에서 다시 수행된다고 할 수 있다. 이 단계에서 등장하는 모순들은, **노동과 삶을 재통합할 수 있는 제도적 가능성**이 이미 이루어진 분리수준에서, 그리고 다양한 시장적 삶의 모든 구성요소들에서 마련되거나 만들어질 수 있을 때에만, 비로소 해결될 수 있다.
 노동시장이 요구하는 **이동성**에서 시작해 보자. 우선 이동성 자체가 지닌 개인주의화 효과의 완충을 생각할 수 있다. 이제까지 직업적 이동은 당연히 **개별적 이동**이었다. 가족은, 따라서 아내는 남편을 따라 이사한다. (장기적으로 많은 영향을 미치게 되는) 아내의 직업포기나 (이혼에 이르는 첫걸음인) '분가'와 같은 현재의 대안은 결혼한 쌍들에게 개인적 문제로 남아 있다. 이와 달리 협동적인 이동유형은 원칙적으로 다음과 같이 시도되고 제도화될 수 있다. 즉 만일 여러분이 그 또는 그녀를 원한다면 그의 또는 그녀의 배우자에게 취직할 수 있도록 해 주어야 한다. 취업상담소는 직업상담과 **가족들을 위한** 알선업무를 해야 할 것이다. 기업(과 정부)는 '가족의 가치'를 일깨울 뿐만 아니라 (몇 개의 조직을 포괄하는) 협동적인 고용모델을 통해 그것의 안정을 돕도록 해야 할 것이다. 동시에 특정 영역(가령 시간제 강사시장)에서 현재와 같은 이동의 제약요인들을 줄일 수는 없는 지도 검토해야만 할 것이다.
 물론 (독일의) 200만이 넘는 상시적인 대량실업으로 보면, 이동의 전반적인 감소를 요구하는 것은 기존의 요구보다 훨씬 더 비현실적인 것이다. 가령 **노동시장에 참여하는 것과 생계를 꾸리는 것 사이의 관련**을 일반적으로 느슨하게 함으로써, 출발점은 아주 다를지라도 어쩌면 비슷한 결과들을 거둘 수도 있을 것이다. 모든 국민의 최소수입을 보장해 주는 방향으로 사회적 부조가 늘어날 수도 있을 것이고, 노약자들의 보호문제도 임노동과는 무관해질 수 있을 것이다. 노동시장의 조임쇠를 이처럼 느슨하게 하는 것은 복지국가의 사회보장, 노동일의 감축과 같은 나름대로의 전통을 가지고 있다. 대량실업으로 표현되고 있는 압박의 효과를, 즉 노동생산성 향상을 통한 필요노동력의 감소와 동시에 전개되는 노동시장에의 여성의 돌진(6장을 보라)을 고려하면, 이 같은 완화는 어쨌든 정치적 의제가 될 것이다.

그러나 '친가족적' 방식으로 교살된 노동시장의 동력조차 해결책의 한 측면에 불과했을 것이다. 사람들은 다시금 사회적으로 공존할 수 있어야 할 것이다. 사회적 관계가 희석된 핵가족은 노동의 엄청난 강화를 재현한다. 여러 가족들이 협동하면 (더) 쉽게 이룰 수 있는 많은 것들이 한 가족의 일이 되면 오랫동안 고생해야 하는 지나친 짐이 된다. 가장 좋은 예가 부모의 일이다. 그러나 여러 가족들이 협동하여 생활하는 것은 대개의 경우 **주택 사정**만으로도 이루어질 수 없는 일이 된다. 직업적 이동과 독신생활의 경향은 이미 글자 그대로 구체화된 상태이다. 소형 아파트들이 점점 더 늘어나고 있다. 아파트는 계속 개인가족들의 이동성을 고려하여 설계된다. 아파트와 단독주택과 공동주택의 계획에서 여러 가족들이 함께 살 가능성은 배제된다. 그리고 이것은 단지 한 가지 예일 뿐이다. 개인주의화를 규정하고 사회적 삶을 가로막는 것은 아파트와 단독주택과 공동주택만이 아니다. 구체적인 변화를 꿈꾸어 보는 데는 거의 아무런 제한이 없다. 예를 들어 이웃의 도움을 받을 가능성이 있다면, 또한 (보모[day mothers]와 같은) 새로운 전문직을 법적으로 승인하거나, 부모의 학습지도를 '숨겨진 교과목'의 일부분으로 거의 활용하지 않는 학교체계를 이용할 수 있다면, 자녀의 양육은 한결 쉬워질 것이다.

이 같은 '유토피아'의 실현성과 재정부담에 관해서도 얘기해야 할 것이 분명히 있다. 하지만 이 문제는 여기서 우리의 관심사는 아니다. 여기서 우리는 이론적 주장에, 특히 가족 보수주의와 시장 순응성 사이의 잘못된 대안을 깨는 데 주로 관심을 기울였다. 확실히 이런저런 제도적 개혁들은 **가능성**의 영역을 만들어 내고 보호하는 것을 의미할 뿐이다. 남녀는 각자 스스로 봉건적으로 귀속된 역할들을 넘어서 함께 살기의 새로운 형태들을 고안하고 시험해야 할 것이다.2)

이렇듯 크게 손상된 '개인권과 내밀함의 피난처'는 중심적인 중요성을 획득한다. 단지 한 번 흘낏 보는 것만으로도 70년대의 사회운동들이 '주관적인 자기반영'으로 기울어졌다는 것을 분명하게 알 수 있다. 가까운 곳에서도 먼 곳에서도, 미래에 걸맞지 않는 생활방식의 부담을 지고, 결혼과 가족 안팎의 일상적인 관계와 관여의 현실 속에서, 고된 노동이 수행되고 있다. 전체적으로 보자면 사적인 현상으로 파악하는 우리, 자신의 어리석음을 깨우쳐야만 하는 변화들이 지금 일어나고 있다. 성찰적 기획이 되고 있는 생애는 다소간 혁명적 잠재력조차 지니고 있다. 이 기획을 보강하고 있는 것은 온갖 종류의 공동생활을 예민하게 실행하는 것, 좌절을 경험할지라도 양성간의 관계를 혁신하고자 시도하는 것, 그리고 **공유되고 시인된** 억압에 기초하여 유대를 소생시키는 것이다. 진보의 회귀는 수많은 요소들에서 비롯되지만, 억누르는 제도적 부담의 무게에서도 확실히 비롯된다. 남녀가 오늘날 서로에 대해 가하는 비난들 중의 다수는 그들이 개인적으로 책임져야 할 것이 아니다. 만일 이리한 견해가 장애물을 극복하고 진척될 수 있다면, 많은 것들을 성취할 수 있을 것이다. 어쩌면 변화를 위해 필요한 정치적 에너지까지도.

---

2) 여기서 일반화되고 있는 실수들에 관해 많이 알고 있던 라이너 마리아 릴케는 금세기의 전환기에 이미 다음과 같은 희망을 드러내 보였다(1904). "새로운 개인적 발전을 경험하면서 아가씨와 여자들은 단지 일시적으로만 근육질의 특성과 결점들의 모방자로, 그리고 그들의 직업경력의 반복자로 남을 것이다. 그 같은 불안한 이행기가 지나고 나면 여자들이 현실을 왜곡시키는 다른 성의 영향력에서 자신들의 가장 심오한 본질을 해방시키기 위해 폭넓고 다양한 그(종종 우스꽝스러운) 위장을 단지 경험했을 뿐임을 알게 될 것이다… 고통과 지위의 저하를 맛보며 태어난 여자들의 이 같은 인간성은 여자들이 단순한 여성성의 관례들을 자신의 외적 상황을 변혁시키는 중에 발산했을 때 드러나게 될 것이다. 그리고 아직 그것의 도래를 감지하지 못하고 있는 남자들은 그 때문에 크게 놀랄 것이다. 어느날(이에 대해서는 믿을 만한 지표들이 오늘날 이미, 특히 북구의 국가들에서 분명하게 확인되고 있다) 그 이름이 단지 근육질의 반대를 의미하지 않고 자신의 것을, 보완이나 제한이 아니라 오직 존재와 삶을 뜻하는, 즉 여인(female person)을 뜻하는 아가씨와 여자들이 나타날 것이다. 많은 것들이 우선 남자들의 의지에 대항할 것이다. 이 같은 진보는 지금은 변태로 가득 찬 사랑의 경험을 근본적으로 바꾸어 놓을 것이며, 그것을 재구성하여 더 이상 남자에게서 여자에게로 이어지는 관계가 아니라 사람에게서 사람으로 이어지는 관계로 만들 것이다. 그리고 (부드럽게 그리고 무한히 숙고함으로써 자명해질, 또한 묶어 두면서도 풀어주는 중에 좋아지고 분명해질) 더욱 인간적인 이 사랑은 우리가 많은 노력과 투쟁으로 준비하고 있는 것, 즉 서로를 보호하고 제한하고 기꺼워하는 두 외로움으로 구성되는 사랑과 비슷한 것이 될 것이다"(Rilke, 1980: 79f.).

제5장 개인주의화, 제도화 그리고 표준화 / 생활상황과 생애의 유형

'개인주의화', 너무 많은 의미를 가지고 있어서 애매할 뿐더러 어쩌면 기피되기까지 하지만, 그러나 분명히 중요한 것으로 지적되는 개념. 이제까지 사람들은 중요하다는 측면에서, 현실이라는 측면에서 이 개념에 접근하려 했다. 그 과정에서 이 낱말의 생생한 의미는 어느 정도 무시되었다. 이제 2단계의 논증을 통해 약간의 개념적이고 이론적인 명료화를 시도할 것이다. 첫째, 일반적이고 분석적이고 비역사적인 **개인주의화 모델**을 서술할 것이다. 맑스에서 베버를 거쳐 뒤르께임과 지멜에 이르는 고전적 논의의 많은 부분을 여기서 볼 수 있을 것이며, 어쩌면 약간의 중심적인 오해들도 밝혀낼 수 있을 것이다. 둘째, 이 '모델'은 이전의 논의들을 넘어서서 전후의 조건과 관련하여 보완되고 명료해질 것이다. 그렇게 하면서 개인주의화 이론은 다음과 같은 중심적인 테제들로 압축될 것이다. 독일에서 (그리고 어쩌면 다른 산업국들에서도 마찬가지로) 지난 20년 간 자명해진 것은 기왕의 개념화 틀 내에서는 더 이상 이해될 수 없다. 대신에 (만일 이 괴물 같은 용어를 쓴다고 해도 나를 용서해 준다면) 그것은 **새로운 사회화**(societalization) 양식의 시작으로, 즉 개인과 사회의 관계에서 일종의 '변형' 또는 '범주적 변천'이 시작된 것으로 인식되어야만 한다.[1]

---

[1] Kohli and Robert(1984)는 '(역사적으로 새로운) 사회화 형태로서 개인주의성'에 대해 말할 때 비슷한 것을 염두에 두었음에 틀림없다.

개인주의화의 분석적 차원들

'개인주의화'는 20세기 중반에 나타난 하나의 현상이 아니라 발명품이다. 이에 상응하는 '개인주의화된' 생활양식과 생활상황은 폭발적인 이촌향도 과정에서(Lederer, Kocka)와 마찬가지로, 르네상스기에서도(Burckhardt), 중세의 궁정문화에서도(Elias), 프로테스탄티즘의 내향적 금욕주의에서도(Weber), 봉건적 속박으로부터 농민의 해방에서도(Marx), 세대간의 가족결속이 느슨해지는 19세기와 20세기 초에도(Imhof) 발견된다. 이러한 일반적인 의미에서 '개인주의화'는 문명화과정(Elias, 1969의 의미에서)의 특정한 주관적-생애의 측면들을 가리키며, 특히 산업화와 근대화의 마지막 단계(내용상으로는 Beck-Gernsheim, 방법론상으로는 Bolte의 의미)에서 그러하다. 근대화는 중앙집중된 국가권력의 형성, 자본의 집적, 훨씬 더 촘촘한 분업 및 시장관계의 망, 이동과 대중소비 등만을 낳지는 않는다. 그것은 또한 다음과 같은 삼중의 '개인주의화'를 낳는 데, 여기서 우리는 일반모델을 구성하게 된다. 첫째, 전통적인 지배와 부양의 맥락이라는 의미에서 역사적으로 규정된 사회적 형태와 속박의 제거('해방의 차원'). 둘째, 실제적 지식과 믿음과 지도규범과 관련된 **전통적인 안전의 상실**('탈주술화의 차원'). 셋째, 그 의미가 반대의 것으로 사실상 전환되는 **새로운 유형의 사회적 속박**('통제' 또는 '재통합의 차원').

제거(또는 해방), 안정성의 상실, 재통합의 이 세 가지 요소들은 그 자체가 무한한 오해의 원천이다. 이것들은 일반적이고 **비역사적인 개인주의화 모델**을 구성한다. 하지만 특수하게는 이것을 (객관적인) 생활상황과 (주관적인) 의식(정체성, 개성화[personalization])의 두 가지 차원으로 재구분하는 것이 본질적으로 중요해 보인다. 이렇게 하면 다음과 같은 여섯 개의 영역이 생긴다.

개인주의화

	생활상황: 객관적	의식/정체성: 주관적
해방		
안정성의 상실		
재통합		

'개인주의화'라는 용어와 관련해서 발생하는 한 가지 커다란 오해는 이것을 상단의 오른쪽 영역과 등치하는 데서 비롯된다. 많은 사람들이 '개인주의화'를 개인화(=개성화=독특성=해방)와 결합시킨다. 그럴 수도 있다. 그러나 그 반대가 옳을 수도 있다. 이제까지 오른쪽 전체에 대해서는 아주 조금밖에 이야기하지 않았거나 전혀 아무것도 이야기하지 않았다. 이것만으로도 한 권의 책을 써야 할 것이다. 본질적으로 논의는 왼쪽의 객관적인 측면에 한정되었다. 말하자면 개인주의화는 사회학적 범주로 이해되었으며 개인의 삶과 생활상황에 대한 연구의 전통 속에서 해명되었다. 그 전통은 사람들에게 일어난 일과 그들이 자신들의 행위와 의식 속에서 그것을 어떻게 다루는가를 잘 구분할 수 있다고 가정했다.[2] 의식, 정체성, 사회화, 해방에 주로 관심을 쏟는 연구들과는 대조적으로 이 장의 주된 문제의식은 다음과 같다. 개인주의화는 어떻게 생활상황과 생애의 유형에서 일어난 하나의 변화로 이해될 수 있는가? 발전된 노동시장의 조건 아래에서는 어떤 생활상황, 어떤 생애가 지배적인 유형이 되는가?

개인주의화의 재고찰

어떻게 하면 이러한 일반모델을 더욱 구체화할 수 있는가? 즉 사람들

---

[2] 오른쪽은 본질적으로 문화비판의 중심주제('개인의 종언')이다. Adorno(1982)와 Landmann (1971)의 저작이 그 예이다. 방법은 다르지만 (Geulen, 1977의 저작에서 요약된 것과 같이) 상응하는 연구들이 사회화이론과 조사의 목적이었다. 나는 루만의 최근 연구(1985)도 여기에 속한다고 본다. Nunner-Winkler(1985)의 요약도 비교하라.

은 어떤 사회적 부양형태와 보험에서 자유로와지고 있는가? 어떤 조건과 매체가 이 과정을 진척시키는가? 그것들이 낳고 있는 새로운 형태의 통제와 사회화(societalization)는 어떤 것인가?

이제까지 해방은 두 가지에 초점을 맞추어 왔으나, 앞으로는 또 다른 두 가지가 주목받을 것이다(이것은 다음 장의 주제이다). 첫째, 우리는 금세기의 시작으로 소급할 수 있으나 이제는 새로운 질을 획득하고 있는 **지위에 기반한 계급에서의 이탈**에 관심을 기울였다. 이 해방은 **재생산의 영역**에서 나타나고 있는 사회-문화적인 계급속박과 관련된다. 거기에는 물론 일반적인 교육수준과 가용소득의 향상, 노동관계의 법제화, 근본적으로 불평등한 사회관계의 보전과 관련된 사회관계의 변화 등과 같은 생산영역의 변화가 수반된다. 이것은 가족구조, 주거조건, 지리학적 분포, 이웃관계, 여가행위, 동호회 가입 등의 변화에서도 나타난다. 전체 사회구조에 투영된 이 같은 '프롤레타리아 환경의 해체'(Mooser, 1983)는 차별화와 다원화를 향한 경향의 견지에서 계급·계층의 연구 모형들을 경험적으로 의미있게 해석하고자 할 때 부딪치게 되는 고유한 난점들에 의해 드러난다. 이 같은 난점들은 한편에서 **계층의 경계를 결정짓는 데서 방법론적으로 은폐된 인습주의**(첫번째 사례로는 Bolte, 1983을 보라)를, 다른 한편에서 계급적대의 비역사적 **선험성으로의 후퇴**를 낳았다.

해방의 두번째 요점은 여성들이 처한 상황의 변화에 있다. 여성들은 남편의 부양에서, 즉 전통적인 주부라는 존재의 물질적 초석에서 자유로와졌다. 이렇듯 가족적 결속과 부양의 전체 구조는 개인주의화의 압력을 받게 되었다. **협상으로 맺어진 임시적 가족유형이 나타난다.**3)

계급문화 및 가족적 관계구조와 함께 해방의 또 다른 두 가지 요점이 있다. 그것들은 더 이상 재생산의 영역이 아니라 오히려 생산영역에서 출발하며, 직업 및 기업과 관련된 해방으로 나타난다. 특히 (전자기술의

---

3) 이 같은 사태가 부모들만이 아니라 아이들과 청년들에게도 적용된다는 사실을 the Shell Youth Study는 보여 주었다. 이에 관한 뒤의 연구들로서 Rosenmary(1985), Hornstein(1985), Baethge(1985)는 더 최근에 더욱 철저한 이론적 기초 위에서 이 사실을 드러내 보였다. 아가씨들과 젊은 여성 노동자들의 특별한 문제들에 관해서는 특히 Diezinger and Biden(1982)를 보라.

발달에 따른 재택근무가 그 단적인 예인) **노동시간의 유연화와 노동장소의 탈집중화**가 그렇다. 이런 식으로 새로운 유형의 유연하고 다원화된 저고용이 등장한다(6장을 보라). 이러한 변화는 (복지법에 따른) 부양의 문제를 야기하는 동시에 새로운 유형의 생활상황과 생애의 발전유형을 만들어 낸다.

이 논의는 이 정도로 요약하고 이제 더 생산적인 질문을 살펴보자. 어떤 **재통합 및 통제양식**이 이처럼 현재 대두되고 있는 개인적 상황들에 연결되어 있는가? 우선 나는 세 가지 테제를 제시하겠다.

(1) 개인주의화의 본질적인 특이성은 그 **결과들**에 있다. 그것은 더 이상 문화적 생활영역의 **집합의식**이나 사회적 준거단위에 의해 상쇄되지 않는다. 아주 도식적으로 말하자면 지위집단들의 위치를 차지하는 것은 더 이상 사회계급들이 아니며, 또는 사회계급적 속박의 위치를 차지하는 것은 더 이상 안정된 준거틀로서의 가족이 아니다. **개인으로서 그 또는 그녀 자신이 생활세계에서 사회적인 것의 재생산** 단위가 된다. 달리 말해서 가족은 세대들 및 양성간 생활상황의 '끝에서 두번째의' 종합으로서 붕괴하며, 가족 내외의 개인들은 자신들의 생애를 계획하고 조직할 뿐만 아니라 시장을 매개하여 자신들의 생계를 꾸려가는 행위자가 된다.

(2) 사회-생애적 상황의 이 같은 분화는 동시에 높은 수준의 **표준화**를 수반한다. 더 정확히 말해서 개인주의화를 유발한 바로 그 매체가 표준화도 유발한다. 이것은 시장, 돈, 법률, 이동, 교육 등에도 그 나름대로의 방식으로 적용된다. 대두하고 있는 개인적 상황들은 **노동시장**에 철저히 의존한다. 그것들은 말하자면 생계(영위)의 모든 측면으로 시장 종속성을 확장하는 것이며, 복지국가 후기단계의 결과이다. 그것들은 **충분히 확립된 시장 및 노동시장** 사회에서 나타나며, 이 사회는 전통적인 부양의 가능성을 더 이상 거의 기억하지 않는다. 게오르그 지멜(1958a)은 돈이 어떻게 개인주의화하고 또 표준화하는가를 이미 생생하게 보여 주었다. 이것은 돈-의존적인 대량소비와 '노동시장에서의 해방'에 대해서 적용될 뿐만 아니라, 훈련과 법제화와 과학화 등을 통해서 시장사회에서 벗어나고 그것에 재결합되는 데에도 적용된다.

(3) 그러나 개인주의화와 표준화의 동시성은 새롭게 등장하는 개인적 상황들을 아직 적절하게 포괄하지 못하고 있다. 그것들은 **새로운 성격을** 보여 주고 있기 때문이다. 그것들은 **사적 영역의 분리된 구역들과 공적 영역의 다양한 구역들에** 걸쳐 있다. 그것들은 더 이상 단순히 사적 상황들이 아니라 언제나 제도적이기도 하다. 그것들은 **제도적으로 의존적인 개인적 상황들의** 모순적인 양면을 가지고 있다. 제도들의 명백한 외부는 개인적 생애의 내부가 된다. 이처럼 여러 가지 제도적 경계들에 걸쳐 있는 생활상황들의 설계는 (가장 넓은 의미에서) 그 제도적 종속성에서 비롯된다. 해방된 개인들은 노동시장에 의존하게 되며, 그리고 그 때문에 교육, 소비, 복지국가의 법령과 생활보조, 교통계획, 소비자 공급에 의존하게 되며, 그리고 의학적, 심리학적, 교육학적 상담과 보호의 가능성과 방식에 의존하게 된다. 이것은 모두 개인적 상황들의 **제도-의존적인 통제 구조**를 보여 준다. 개인주의화는 시상, 법, 교육 등에 의존하는 **가장 진전된 사회화 형태**가 된다.

생애유형의 개인주의화

계급차이와 가족연관은 개인주의화 과정에서 실제로 무화되지는 않는다. 그렇기보다는 그것들은 생애계획의 새로운 '중심'과 관련된 배경으로 물러난다. 생애도 **성찰적으로** 되고 있다. 같은 소득수준의, 또는 낡은 방식으로 말하자면 같은 '계급'의 사람들이 다른 생활양식, 하위문화, 사회적 유대나 정체성을 선택할 수 있거나 심지어 해야만 한다. 어떤 사람의 '계급'지위를 아는 것으로는 더 이상 그 사람의 개성적인 세계관, 관계들, 가족지위, 사회적 및 정치적 이념이나 정체성을 규정할 수 없다. 동시에 새로운 종속성들이 나타난다. 이것들은 **개인주의화 과정에 고유한 모순들**을 보여 준다. 선진 근대성 속에서 개인주의화는 개인적 자율화를 더욱더 불가능하게 만드는 사회화과정이라는 일반적 조건 하에서 전개된다. 개인은 전통적 속박과 부양관계에서 실제로 풀려나지만, 그 대신에 표준화되고 통제받는 노동시장 내의 존재 및 소비자로서 제약당하게 된다. **보조적인 기관과 제도들이** 전통적 유대와 사회적 형태(사회계급, 핵가족)의 위치를 차지하게 되며, 이것들은 개인의 생애에 깊은 흔적을 남기고 의식 속에 확고히 자리 잡는 개인적 통제의 이미지와는 달리 그 개인을 유행, 사회정책, 경제주기와 시장에 의존하게 만든다.

따라서 개인주의화된 사적 존재야말로 자신의 힘이 미치지 못하는 상황들과 조건들에 더욱더 분명하고 강력히 의존하게 된다. 이와 함께 그 기원과 설계상 개인적으로 처리하기 어려운 위험갈등들이 발생한다. 알려져 있다시피 여기에는 정치적 및 사회적으로 논란이 되고 있는 거의 대부분의 쟁점들이 포함된다. 이른바 '사회안전망의 구멍들'에서, 임금과 노동조건의 협상에 이르기까지, 관료제의 고압성을 막고 환경파괴를 방지하는 등에 이르기까지. 이렇듯 개인주의화는 바로 개인적인 사적 존재의 자율성을 이전보다 훨씬 덜 허용하는 일반적 사회조건 아래에서 그 효력을 발휘한다.

지위의 영향을 받는, 계급문화적 또는 가족적 생애주기는 입학과 졸업, 취직과 퇴사, 사회정책에 기반한 은퇴연령의 결정 등의 **제도적 생애유형과** 겹치거나 그에 의해 대체된다. 그리고 이 모든 것은 일상의 주기와 시간의 경제(가족의 화목, 학교생활과 직장생활)에서와 마찬가지로 생애의 통시적 부문(아동기, 사춘기, 성인기, 은퇴와 노령기)에서 존재한다. 겹치는 영역은 여자의 '표준적인 생애'의 경우에 특히 분명하다. 남자들의 생애가 본질적으로 가족사의 영향을 받지 않는다면, 여자들은 가족과 조직에 의해 똑같이 영향받는 모순적인 이중의 삶을 살아간다. 여자들에게 가족의 주기는 **여전히** 적용되고 있으며, 대부분의 경우에 교육과 직업의 주기도 마찬가지로 **이미** 적용되고 있다. 이 때문에 갈등을 빚는 위기들이 발생하고 양립할 수 없는 요구들이 지속된다.

개인주의화는 삶의 모든 차원이 시장에 종속됨을 의미한다. 등장하고 있는 존재형태들은 자각되지 않은 고립된 **대중시장**이며, 대중매체를 통해 시작되고 채택되는 여론, 습관, 태도, 생활양식과 함께 총괄적으로 설계된 주택, 가구, 일상재화의 **대중소비**이다. 다시 말해서 개인주의화는 가족적이고 봉건적인 하위문화의 비영지(enclaive)에서는 알려지지 않았던 **외적 통제와 표준화** 쪽으로 사람들을 옮겨간다.

제도가 생애를 형성하는 이 같은 방식들은 교육체계의 규제(가령 수업시간), 직업생활의 규제(가령 하루 중의 그리고 전 생애에서의 노동기간), 그리고 사회보호체계의 규제가 **사람들의 생애단계와 직접적으로 맞물린다**는 것을 의미한다. 또한 제도적 결정과 개입은 (암묵적으로) 인간의 생애에 대한 결정이고 개입이기도 하다. 예를 들어 보육원에 맡길 수 있는 최소연령을 높임으로써 여자들이 어머니로서의 의무와 직업상의 의무를 둘다 충족시키는 것을 어렵게 하거나 불가능하게 만들 수 있다(이것은 또한 여자들이 노동시장 밖으로 축출된다는 것을 의미한다). 정년퇴임 연령을 낮추면 모든 세대의 '사회적 노령'의 길이가 늘어나게 된다(그리고 이와 관련하여 온갖 기회와 문제들이 발생한다). 동시에 젊은 세대들의 노동참여가 증가한다. 이처럼 개인주의화는 바로 **제도화**, 제도적 형성, 따라서 생애와 생활상황을 **정치적으로 구성할 수 있는 능력**을 의미한다. 실제의 형성은 조직 내부의 문제들(교육체계, 노동시장, 노동 등)과 분명히 연관된 결정들의 '잠재된 부수효과'로서 대개 '보이지 않게' 일어난다. 별것 아닌 사례 같지만 텔레비젼으로 이 같은 연관을 설명할 수 있을 것이다.

텔레비젼은 격리하는 **동시에** 표준화한다. 한편에서 그것은 전통적으로 형성되고 한정된 대화와 경험과 삶의 맥락들에서 사람들을 떼어 놓는다. 하지만 동시에 모든 사람은 유사한 처지에 놓이게 된다. 호놀룰루에서 모스크바와 싱가폴에 이르기까지 모든 사람들이 제도적으로 생산된 텔레비젼 프로그램을 소비한다. 개인주의화는, 더 정확히 말해서 전통적인 삶의 맥락에서의 이탈은 생활형태의 단일화와 표준화를 수반한다. 모든 사람은 가족 내에서조차 격리된 채 앉아 있으며 텔레비젼 세트를 넋을 잃고 바라본다. 이리하여 격리된 대중적 청중의 사회적 이미지가 대두된다. 아니 좀더 분명히 말하자면 격리된 대중적 은자들이라는 표준화된 집합적 존재가 대두된다(Anders, 1980).

이것은 초-문화적인 동시에 초국적으로 나타난다. 세계 전역에서 매일 저녁마다 사람들은 텔레비전이라는 마을광장에 모여서 뉴스를 소비한다. 이런 의미에서 개인의 상황들은 더 이상 국민국가에 제도적으로 의존하는 것으로 규정될 수조차 없을 것이다. 그것들은 지구적으로 표준화된 매체망의 부분이다. 더 나아가 제도적 및 국가적 경계들은 확실히 더 이상 유효하지 않다. 매체를 통해 우리는 일종의 시공간 상으로 이중적인 삶에 이르게 된다. 우리는 이곳에 있으면서 동시에 다른 곳에도 있게 된다. 우리는 각자 홀로 있지만, 뉴욕 필하모닉의 똑같은 연주회를 듣고 있다. 여기서 따로 저녁을 먹으면서 저 멀리 레바논에서 벌어지는 내전의 끔찍한 장면들을 지켜본다. 점차 그 모습을 드러내고 있는 이 같은 종류의 생활상황들은 그 '양면성(bilocality)' 속에서 개인적이고 제도적인 정신분열증을 드러내 보이는 것 같다. 하지만 면밀히 살펴보면 상당히 비대칭적인 기회들이 드러난다. 여러분이 내부에 있다면 투명성은 상당히 제한되겠지만, 외부에 있어서 그 논란을 벗어나 있는 사람들은 훨씬 더 투명하게 볼 수 있다. 더욱이 안과 밖의 경계는 존재하는 동시에 존재하지 않는다.

통제하고 영향을 미칠 수 있는 새로운 유형의 기회들은 또한 이러한 사실과 연결되어 있다. (못보게 하면 금단현상을 일으키는) 많은 사람들의 시청습관을 보면 텔레비전 프로그램이 그 가족의 하루 일과와 한 주의 일정을 한 번에 정하고 있음을 알 수 있다.

사적 영역은 겉으로 보이는 그것, 즉 환경과 분리된 영역이 아니다. 그것은 사적 및 생애상의 결과를 염두에 두지 않는 텔레비전 네트웍, 교육체계, 기업이나 노동시장, 수송체계와 같은 다른 곳에서 형성된 조건과 결정들이 내부화하여 사적으로 된 외부이다. 이것을 못보는 사람은 선진 근대성 단계의 사회적 생활방식의 본질적이고 기본적인 특징, 즉 태동하는 개인주의화된 개인권(privacy)이 교육, 소비, 수송, 생산, 노동시장 등의 겉보기에 분리된 구역들 및 생산부문들과 겹치고 네트웍을 형성하는 것을 잘못 이해한다.

이 같은 제도적 종속성이 커지면서 태동하는 개인적 상황들의 위기에 대한 민감성도 커진다. 제도적 종속성은 일반적으로 존재하는 것이 아니라 특정한 우선순위를 가지고 있다. 생계의 관건은 노동시장에 놓여 있다. 노동시장에 적합한 존재가 되기 위해서는 교육을 받아야 한다. 이 두 가지 중의 한 가지에라도 접근하지 못하는 사람은 사회적으로 물질적으로 잊혀진 존재가 된다. 적정한 교육을 받지 못한다면 교육을 받더라도 마땅한 직업을 갖지 못하는 식으로 상황은 매순간 악화 된다. 이 같은 조건 하에서만 직업훈련제도를 통과하지 못한 사람들이 사회적 심연으로 떨어지게 된다. 따라서 도제가 되느냐 마느냐는 젊은이들이 사회에 진입하느냐 그로부터 배제되느냐의 문제가 된다. 동시에 경제적 또는 인구학적 '상승과 하강' 때문에 **모든 세대들이 사회의 주변으로 떠돌아**들어가게 될 수 있다. 말하자면 제도적으로 의존하는 개인적 상황들 때문에 경제적 및 노동시장의 주기가 비슷한 **동년배 집단의 상황들** 속에서 세대-특수적인 불리나 특권이 생겨난다. 하지만 이것늘이 정부기관의 불충분한 보호나 생활보조업무처럼 언제나 자명하게 드러나는 것은 아니다. 정부기관들은 전 세대, 생활기간이나 연령집단이 맞게 되는 제도적으로 예정된 기회부족을 막아야 한다는, 또는 그 부족을 법적 규제와 복지국가의 소득재분배로 보충해야 한다는 압력을 받게 된다.

제도는 법적으로 규정된 표준적 생애의 범주들 속에서 작동하며 그것과 **현실은 더욱더 일치하지 않게 된다.** 표준적 생애의 근간은 표준적 노동관계이다. 이처럼 사회보호체계는 임노동에의 참여와 맞물려 있다. 동시에 어떻게 해도 고용체계에 진입할 수 없는, 또는 제 아무리 좋은 의도를 가지고 있다고 해도 크게 고생해야만 간신히 진입할 수 있는 사람들이 항상적으로 늘어나고 있다. 사회보험은 항상적인 대량실업을 고려한다면 충족시키기가 더욱더 어려워지고 있는 듯한 정상성의 기준들에 기초하고 있으며, 이에 대해 가족 내의 그리고 남녀의 생활조건은 더욱더 상응하지 않는다. **가족의 부양자**라는 개념은 소득수입자와 공급자, 보호자와 양육자의 역할이 단계와 결정에 따라 공유되고 대체되는 가족으로 대체되었다. '본래의' 가족의 위치는 대단히 다양한 유형의 '깨진 가정들'로 대체되었다. 늘어나는 홀아비 집단은 어머니가 아이의 양육을 독점하도록 정한 이혼법의 차별에 직면해 있다.

사회계급, 핵가족, 성역할, 직업경력과 같은 산업사회의 생활양식의 축에서 벗어나 발전하고 있는 사회의 인적 서비스, 행정 및 정치제도들의 체계는 **사라져가는 산업시대의 대의기능**이라는 성격을 이제 점점 더 많이 갖게 된다. 그것들은 공식적인 정상성의 기준들에서 '일탈하는' 생활방식에 교육적이고 규율적인 조치들을 통해 개입한다. 그것들은 이제는 숫적으로 줄어들고 있는 사람들에게만 적용될 뿐인 이전의 확실성을 환기시키고 옹호한다. 이런 식으로 **제도적으로 계획된 정상성**과 **사회적으로 유효한 정상성** 사이의 대비는 더욱더 분명해지며, 산업사회라는 거대한 건축물은 규범적 법률존중주의로 빠져들 우려가 있다.

제도적 종속성을 통해 개인주의화된 사회는 동시에 전통적인 (계급) 경계들을 가로질러 모든 종류의 갈등과 속박과 연합에 취약하게 된다. 노동시장 양편의 적대감은 한정된 대비로 그 중요성이 줄어들며, 사적 생활에서 느낄 수 있는 다양한 형태의 억압된 사회성들이 그 중심에 자리 잡는다. 뒷뜰 가까이에 건설되는 고속도로, 학교부지 선정의 악화, 부근에 건설되고 있어서 '집합적 운명'을 뚜렷이 의식하게 하는 핵폐기물 처분장과 같은 것들이 그 예이다.

하지만 결정적인 것은 제도적으로 형성된 집합적 운명이 개인주의화된 사회에서 살아가는 사람들의 삶의 맥락에서 **어떻게 나타나는가**, 어떻게 인식되고 취급되는가이다. 이것을 형이상학적으로 표현하자면, 계급의식의 오목거울이 부숴지지만 산산조각나지는 않고, 작은 틈과 균열이 무수히 많이 있는 거울의 표면이 통일된 이미지를 만들어 낼 수는 없을지라도 각 조각은 자체적인 총체적 상을 만들어 낸다고 말할 수 있다. 반복해서 몰아쳐 오는 개인주의화의 격랑을 통해 사람들이 사회적 속박에서 풀려나고 사유화되면서 이중의 효과가 나타난다. 한편에서 인식형태들이 사적으로 되는 동시에 시간축을 따라 인식할 수 있는 것이지만 **비역사적**으로 된다. 아이들은 조부모는 물론이고 더 이상 부모의 생활맥락조차 모른다. 말하자면 결국에 **역사가** (영원한) **현재**로 오그라들 때까지 인식의 시간적 지평이 점점 더 협소해지고, 모든 것이 자신의 개인적 자아와 삶의 축을 중심으로 회전한다. 다른 한편 공동으로 조직된 행동이 개인적 삶에 영향을 미칠 수 있는 영역들은 계속해서 줄어들고, 자기 자신의 삶을 살기 위한 제약요인들이, 정확히 말해서 또다시 새로운 제도적 조건의 생산물인 영역들이 늘어난다.

이런 의미에서 개인주의화는 각자의 생애가 기존의 결정요인들에서 벗어나서 그 또는 그녀 자신의 손으로 결정됨을 의미한다. 근본적으로 각자가 결정할 수 없는 생활기회의 비중은 줄어들고 있으며, 각자가 결정할 수 있으며 개인적으로 결정해야만 하는 생애의 비중은 늘어나고 있다. 생활상황과 과정의 개인주의화는 이리하여 생애가 **자기성찰적**으로 됨을 의미한다. 즉 사회적으로 규정된 생애가 자가생산되고 계속해서 생산되는 생애로 변형된다. 교육, 직업, 직무, 거주지, 배우자, 자녀의 수 등에 관해 따라야 하는 결정들은 더 이상 없으며, 각자가 결정해야만 한다. 그에 대한 의식도 그 대체어도 없기 때문에 '결성'이라는 낱말이 너무 거창한 경우에조차 개인은 내리지 않은 결정들의 결과에 대해 '대가를 지불해야' 할 것이다. 이것은 제도 및 생애의 규정들을 통해 **생애를 조합할 수 있는 조립도구들**이 만들어지고 있음을 의미한다. '표준적인 생애에서 선택한 생애로'(Ley, 1984) 이행하면서 갈등을 빚으며 역사적으로 전례가 없는 유형의 스스로 알아서 사는 생애가 분리되어 나온다(Gross, 1985). 부유한 삶이냐 보잘 것 없는 삶이냐의 선택, 또는 여러 갈등상황들 중의 선택은 특별한 사적 및 제도적 계획을 요구하는 삶의 특정단계에 특수한 문제들(예를 들어 젊은이들의 경우에 결혼, 아이, 배우자의 직업에 관한 의사수렴)의 누적으로 말미암아 상대화된다.

그러므로 개인주의화된 사회에서 개인들은, 불이익을 영구히 감수한다는 조건으로, 그 자신 또는 그녀 자신을 그/그녀 자신의 생애, 능력, 지향 관계 등과 관련된 행동의 중심이자 설계소로 간주할 수 있어야만 한다. 성찰적 생애의 조건 아래서 '사회'는 '변수'로서 개인적으로 조작되어야만 한다. 확실히 교육기회의 부족은 모든 사람에게 영향을 미치는 문제이지만, 어느 누구도 나를 위해 줄 수 없는 나만의 운명을 단련시키는 데 그것이 무슨 의미를 가지는가? 보통 수준만큼이라도 의학을 공부

할 수 있기 위해서 나는 무엇을 할 수 있는가, 무엇을 해야만 하는가? 이렇게 해서 자신의 삶에 영향을 주는 사회적 결정요인들이 자신의 행동영역에 적합하고 가능한 접촉 및 활동의 '내적 차이들'에 상응하는 '창조적 계산'을 통해 자신의 개인적 생활공간을 위해 수정되거나, 전복되거나, 무화될 수 있는 '환경변수'로 인식되는 것이다.

필요한 것은 **일상생활의 강건한 행동모델**이다. 이것은 자아를 중심에 놓고, 자아에 대해 행동기회를 할당하고 열어주며, 이런 식으로 자아는 자신만의 생애와 관련하여 결정하고 조정할 수 있는 가능성을 의미깊게 운용할 수 있게 된다. 지적 섀도우 복싱의 외양을 띠고 있지만, 이것은 살아남기 위해서는 자아와 세계의 관계를 거꾸로 세우고 개인적 생애의 형성을 위해 이용할 수 있다고 생각하는 **자아중심적 세계관**을 발전시켜야만 함을 의미한다.

그 결과 제도와 사회에 의해 생산된 위험과 모순들의 주관주의화 및 개인주의화를 위해 수문이 활짝 열린다. 개인들을 규정하는 제도적 조건은 더 이상 그들에게 일어나는 사건이나 상황일 뿐만 아니라, **그들이 스스로 내린 결정의 결과이기도** 하다. 그들은 그것을 있는 그대로 보고 다루어야만 한다. 개인들을 정해진 길 밖으로 내던지는 전형적 움직임들의 성격에 내밀한 변화가 일어난다는 사실도 여기에 유리하게 작용한다. 전에는 신이나 자연이 불어대는 '운명의 바람', 가령 전쟁, 자연재해, 배우자의 죽음, 간단히 말해서 전혀 그들의 책임이 아닌 사건이 그들을 공격하는 것으로 간주되었다. 그러나 오늘날에는 시험의 낙방에서 실업이나 이혼에 이르기까지 '각자의 실수'로 간주되는 사건들이 그들을 훨씬 더 많이 공격하는 것으로 보인다. 우리는 심지어 자기 자신의 사회적 정체성과 가입집단을 선택해야만 할 정도이며, 이런 식으로 자기 자신의 자아를 관리하고 그 **이미지**를 바꾸어야 한다. 개인주의화된 사회에서 위험은 양적으로 늘어나는 데 그치지 않는다. 질적으로도 새로운 유형의 개성적 위험이, 선택되고 변화된 개성적 정체성의 위험이 발생한다. 그리고 덧붙여서 새로운 형태의 '유죄 귀속'이 나타난다. 생애의 개성적이고 성찰적인 운용, 계획, 생산에 대한 이 같은 제약들은 조만간 교육, 구호,

치료와 정치에 대한 새로운 요구를 낳을 것이다.

결론적으로 최종적인, 명백히 모순적인 기본특성을 지적해 보자. 한편에서 자기형성에 구조적으로 재연결되는 개인주의화된 생애들은 다른 한편에서 실제로 무한한 것이 된다. 체계이론의 관점에서는 분리된 것으로 보이는, 가족과 임노동, 교육과 고용, 행정 및 수송체계, 소비, 교육학 등의 모든 것이 개인적 생애의 통합적 요소가 된다. 하위체계의 경계들은 하위체계들에 적용되며, 제도적으로 의존하는 개인적 상황들에 처해 있는 사람들에게 적용되지 않는다. 또는 하버마스 식으로 표현하자면 개인적 상황들은 체계와 생활세계 사이의 구분을 가로지른다. 하위체계의 경계들은 말하자면 체계의 경계들로 분리되는 체계의 생애적 측면인 개인적 상황들을 통과한다. 이런 식으로 생각하면 우리는 개인주의화된 상황들에 관심을 기울이게 되며, 이 상황들의 연결과 파열은 (체계의 수준에서는 무시되지만) 개인적 생애들의 내부 및 사이에서 마찰과 불화와 모순을 지속적으로 생산한다.

이러한 조건들 아래에서 살아가는 방법은 (예컨대 교육과 고용 사이에서, 또는 법적으로 가정된 표준적 생애와 실제의 표준적 생애 사이에서 발생하는) 체계적 모순들의 생애적 해결책이 된다.4) 루만(1985)과 달리 생애는 체계합리성들의 총합이지 결코 그것들의 환경이 아니다. 길 모퉁이의 가게에서 커피를 사는 것은 어쩌면 남미의 플랜테이션 노동자들의 착취를 공모하는 것에만 그치지 않을지도 모른다. 그리고 도처에서 살충제가 사용된다는 것을 전제하면 (반[anti]) 화학의 기본경로는 생존의 전제조건이 되는 것에만 그치지 않는다. 교육학과 의학, 사회법과 교통계획은 능동적인 (이것들이 종종 아주 멋지게 일컫고 있는) '생각하는 개인들'을 전제하는 데 그치지 않는다. 이 개인들은 곧 사라질 것들로

---

4) 실제 조사결과들 중의 하나는 가족의 발걸음을 좇을 뿐인 생애조사나 계층조사가 점점 더 의문시된다는 것이다. 개인적 상황들의 표준화와 (함축적인) 정치화의 가능성을 연구하려는 사람은 교육, 고용조건, 산업노동, 대중소비, 사회법, 수송체계, 도시계획에 관해서도 알아야만 한다. 이런 의미에서 (적어도 그에 대해 부과되는 요건들을 고려한다는 점에서) 생애조사는 주제의 전망부터 학제적 사회조사가, 즉 전문화된 사회학의 틀을 가로지르는 조사가 될 것이다.

이루어진 이 정글에서 스스로 명확한 전망을 세움으로써 자기의 길을 찾아야 한다. 이런저런 모든 전문가들이 자신들의 모순과 갈등을 개인들의 발치에 쏟아 놓고 그 또는 그녀에게 이 모든 것을 그 또는 그녀 자신의 사고에 기초하여 비판적으로 판단하도록 정말로 좋은 의도로 권고하면서 내버려 둔다. 탈전통화가 진행되고 지구적인 매체 네트웤이 형성되면서 생애는 그 직접적인 접촉영역들에서 점점 더 벗어나게 되며, 개인들을 잠재적으로 하나의 지속적인 태도를 취해야 하는 위치에 두는 **장기적인 도덕성** 때문에 국가들과 전문가들의 경계를 가로질러 전개된다. 그 또는 그녀가 무의미성 속으로 가라앉는 것과 동시에 그 또는 그녀는 세계 형성자라는 분명한 왕좌에 오르게 된다. 정부들이 (여전히) 국민국가의 구조 내에서 작동하고 있는 반면, 생애는 이미 세계사회에 개방되고 있다. 더욱이 세계사회는 생애의 한 **부분**이 된다. 비록 듣지 않고, 단순화하고, 냉담한 정반대의 반응을 통해서만 이 지속적인 과도한 요구를 용인할 수 있을지라도.

제6장 노동의 탈표준화

Risikogesellschaft

노동이 산업사회에서 획득한 중요성은 역사상 유례없는 것이다. 고대 그리스의 도시국가에서 노예들은 생존에 필요한 노동을 수행하는 역할을 맡았으며, 그 노동은 일상의 욕구를 충족시키는 데에 모두 사용되어 생계를 잇고 나면 아무것도 남지 않았다. 자유시민들은 정치활동과 문화창조에 몰두했다. 노동이 여전히 수작업으로 이루어지던 중세시대에서조차 노동의 분리는 다른 의미를 지녔다. 귀족들에게 노동은 비천한 것이었다. 그것은 하층민들에게나 어울리는 것이었다. 한 세계가 몰락하고 있음을 보여 주는 가장 확실한 지표는, 존경받는 귀족가문의 남성 후예가 '평민의 직업'을 수행해야 했을 때, 즉 의학이나 법률의 중심으로 내려가야 했을 때, 나타났다. 누군가 지난 시대의 사람들에게 임노동의 쇠퇴나 소멸에 관한 최근의 예측을 알려주었다고 해도, 그들은 그 메시지의 의미나 그로 말미암은 흥분을 이해하지 못했을 것이다.

산업사회의 사람들의 삶에 대해 노동이 갖는 의미는, 적어도 근본적으로는, 노동 그 자체에 기초하고 있지 않다. 확실히 그것은 노동력의 비용이 생계를 잇는 기초라는, 특히 개인주의화된 생활방식에 대해 그렇다는 사실에서 비롯한다. 그러나 이것조차도 노동사회의 쇠퇴 소식이 일으킨 충격을 부분적으로만 설명할 뿐이다. 임노동과 직업은 산업시대에 **생계**의 **축**이 되었다. 가족과 함께 이 축은 이 시대에 삶이 처하게 되는 서로 대등한 양극체계를 형성한다. 이것은 원상대로의 산업세계라는 이념형을 통시적으로 살펴봄으로써 설명될 수 있다. 아직 가족에게 완전히 묶여 있는 아동기에 이미 아이들은 그 또는 그녀의 아버지를 통해 직업을 세계에 이르는 열쇠로 경험한다. 조금 시간이 지나면 교육이 모든 단계를 통해 직업의 잃어버린 '반쪽'에 연결된다. 성인이라는 존재는, 단지 노동 자체가 시간에 관해 제기하는 요구 때문만이 아니라, 숙고하고 계획하느라고 노동하기 전과 그 후에 소비하는 시간 때문에도, 완전히 임노동의 지배를 받게 된다. '노령'조차 무직으로 정의된다. 노령은 노동의 세계가 사람들을 방출하는 곳에서 시작된다. 사람들이 스스로 늙었다고 느끼건 그렇지 않건 상관없이.

서로 모르는 두 사람이 만나서 '당신은 어떤 사람입니까?'라고 묻는 상황처럼 산업세계에서 사람들의 삶에 대해 임노동이 지니는 의미를 명확하게 보여 주는 것은 아마도 없을 것이다. 사람들은 취미를 들어서 '비둘기 애호가'라거나, 종교적 정체성에 따라 '천주교 신자'라거나, 미적 선호와 관련하여 '그래요, 당신이 보다시피 저는 가슴이 풍만한 빨강머리예요'라고 대답하지 않고, 어디서나 분명히 직업을 들어서 '지멘스의 숙련노동자'라는 식으로 대답한다. 상대방의 직업을 알면 우리는 그 또는 그녀를 안다고 생각한다. 직업은 서로의 신분을 확인할 수 있는 장치로 사용되며, 이를 통해 우리는 각자의 경제적 및 사회적 위치와 함께 욕구와 능력을 평가할 수 있다. 기이하게도 그 또는 그녀가 가진 직업과 그 사람을 동일시하는 것이다. 삶이 직업의 줄을 따라 흔들리는 사회에서 직업은 사실 소득, 지위, 언어구사능력, 가능한 이해관계, 사회적 접촉선 등의 확실한 핵심정보를 분명히 함축하고 있다.[1]

60년대 중반에도 헬무트 쉘스키(1942)는 여전히 이런 의미에서 근대인의 안전을 보장하는 두 가지 거대한 제도로서 가족과 직업에 관해 이야기했다. 이 제도들은 삶에 '내적 안정성'을 제공한다. 직업활동을 통해 개인들은 사회활동에 접근할 수 있게 된다. 아마도 '직업을 가진 자'는 직무의 바늘구멍을 통과하여 소규모 '세계의 공동형성자'가 될 수 있다고까지도 말할 수 있을 것이다. 이런 점에서 직업은 (가족과 마찬가지로) 근본적인 사회적 경험을 보장해 준다. 직업은 우선 말하자면 참여

---

[1] 이에 대한 더욱 폭넓은 논의로는 Beck et al.(1980)을 보라.

속에서 경험할 수 있는 사회적 현실이다.2)

이 이미지가 60년대의 상황을 정확히 반영하고 있는가의 문제는 잠시 제쳐두고 오늘날 또는 가까운 장래에는 많은 경우에 더 이상 유효하지 않다. 다른 한편에서 가족과 똑같이 직업은 예전에 가지고 있던 보장과 보호기능을 많이 상실하였다. 직업과 함께 사람들은 산업시대에 비롯된 삶의 내적 근간을 잃는다. 임노동의 문제와 요구는 전 사회로 확산된다. 노동의 외부에서조차 산업사회는 그 삶의 계획에서, 그 즐거움과 슬픔에서, 그 성취의 개념에서, 그 불평등의 정당화에서, 그 사회복지법에서, 그 권력균형에서, 그 정치와 문화에서 **철두철미하게 임노동사회이다**. 산업사회가 임노동의 체계적 변혁에 직면해 있다면, 그것은 사회적 변혁에 직면해 있는 것이다.

표준화된 완전고용체계에서 유연하고 다원화된 저고용체계로

서구 산업국들의 대량저고용의 문제는 여전히 낡은 사안 및 개념이라는 견지에서 논의되고 있다. 거의 모든 정치적 및 경제적 진영에서 경제가 소생하여 90년대에는 완전고용이 회복될 것이라는 희망이 여전히 지배적이다. 그 과정에서 단지 직업과 자격구조만이 재분류되는 것이 아니라 이전부터 있어 온 고용체계의 **원리들이 위태로워질 반**(counter)-**산업적 합리화과정의 출발점에 우리가 서 있다는 것**, 이것은 이론적으로나 정치적으로나 이제까지 체계적으로 검토되지 않았던 가능성이다.

모든 논쟁에도 불구하고 전문가들은 적어도 한가지 점에는 일치하고 있다. 즉 2% 내지 4%의 경제성장률을 이룬다고 해도 **200만 명의 한도를 넘는 높은 실업이 (독일에서) 90년대 이전에는 줄어들지 않을 것이다**.

---

2) "우리의 생활과 직업의 연속성은 아주 밀접하게 연결되어 있는 반면에, 우리는 더욱더 기꺼이 우리의 사회적 또는 지역적 환경을 바꾸고자 한다. 우리는 오늘날 상대적으로 쉽게, '뿌리내리지 않은' 채 주거지를, 심지어 나라와 사회마저도 바꿀 수 있다. 그 같은 변화를 통해 일자리가 생겨 취업할 수만 있다면"(Schelsky, 1942: 32).

그 뒤에라야 겨우 아이를 잘 낳지 않는 시절에 태어난 세대가 사회에 진입함으로써 '운좋게도 고용된 사람들'이 엄청나게 늘어날 가능성이 줄어들 것이며, 그와 동시에 직업의 수요도 80년대 초의 수준으로 떨어질 것이다. 이 같은 숫자의 마술에는 알려지지 않은 여러 가지 양적인 문제들이 관련되어 있다. 예컨대 지난 수년 동안에 지속적으로 늘어난 여성들의 노동참여, 또는 평균적으로 정보기술 및 로봇생산의 이용이 급속히 늘어남으로써 그 때문에 파괴된 직무들이 판매증가로 상쇄될 수 있는 정도, 마지막으로 모든 전일직이 광범위한 시간제의 지위로 전환되는 정도, 그리고 이에 따라 본질적으로 전일직의 견지에서 임노동의 양을 측정하는 이제까지의 모든 계산들이 시대의 변화와 함께 사라지는 정도.

이러한 계산들을 둘러싼 불확실성 때문에 그것이 지닌 중대한 정치적 의미에 관해 환상을 품어서는 안된다. 왜냐하면 발전에 대한 이러한 평가는 90년대에 들어서서도 오랫동안 목마른 시기가 계속될 것으로 예측하지만, 그처럼 '야윈' 시절이 지나면 '살찐' 시절이 노동시장에 다시 돌아올 것으로 예상하고 있으며, 이런 식으로 **무정책의 동면기**를 (직간접적으로) 옹호한다는 결정적 결과를 낳기 때문이다. 정책결정자들이 받는 압력을 제거해 주는 이 같은 설명에 따르면 필요한 모든 것은 '영향받는 세대들'이 처한 상황을 완화하기 위한 '과도적인 조치들'이다. 경제정책, 교육정책, 노동시장정책의 기본경로를 경험할 필요는 전혀 없을 뿐만 아니라 궁극적으로는 그렇게 해서도 안된다.

학계와 정치권 모두에서 최근에 주도적인 흐름이 되고 있는 이 같은 해석은 여기서 체계적으로 검토될 전제와 함께 부침을 거듭한다. 전통적인 고용체계와 기업, 직무, 경력, 임노동 등과 같은 그 버팀목들의 **연속성**이 그것이다. 그 해석은 사회정책 및 법률의 대대적인 근대화와 함께 정보기술의 논리를 통해 고용체계의 성찰적 근대화, 그 **근원적인 개혁**의 가능성을 배제한다. 이어서 임노동의 그 같은 **체계적 변혁**의 가능성에 대해 살펴보겠다.

나는 경애하는 포퍼 옹을 따라 경험적 검증은 반대명제에 대한 것조차도 이론적 대안이 있을 경우에만 실행될 수 있다는 가정에서 시작한다. 따라서 우리는 계속해서 더도 말고 덜도 말고, 아직 비판적으로 논의되지 않았고 경험적으로 검증되지 않았지만, 그 중심기능이 연속성 사고에 대한 지배적인 (그리고 정치적으로 대단히 중요한) **이론적 일원론**을 깨는 것인, 일련의 가정들에 관심을 기울인다. 고용변화에 대한 해석에서 연속성과 단절이 결과적으로 경쟁해야만 양 관점을 경험적으로 검증할 수 있다. 이런 의미에서 임노동의 성찰적 근대화가 무엇을 의미할 수 있는지를 우선 설명하겠다(8장도 보라). 다음에 이 체계적 변화가 의미하는 것, 진척방식과 그에 따른 **결과들**, 마주치게 될 저항, 생산하는 위험 등을 상세히 구분해야 할 것이다.

2000년까지 저고용의 전개를 통계적으로 추정할 때, 정치적 사고 및 행동과 함께 사람들의 교육과 경력계획에서도 현재의 직업체계의 기본특성은 변하지 않을 것으로 간주된다. 이 같은 평가에는 현재의 근대화 및 자동화 물결에서 점점 의문시되고 있는 다음과 같은 가정이 들어가 있다.

지난 세기에 격렬한 사회적 및 정치적 갈등과 위기에서 발생한 고용체계는 **노동계약, 작업장소, 노동시간** 등의 그 모든 본질적 차원들에서 높은 수준의 **표준화**에 기초하고 있다. 그 법적 조건들에서 노동자의 고용은 표준화된 계약을 따르며, 이 계약은 전체 산업분야들과 고용집단들의 일반적 견지에서 때로 집단적으로 체결된다. 우리는 노동이 (거대한) 기업조직들로 공간적으로 집중되어 수행된다는 것을 전적으로 당연시해야만 하게 되었다. 1970년대에 들어와서도 오랫동안 '평생 전일노동'은 생애의 맥락에서와 마찬가지로 공장에서 노동력(Arbeitskraft)을 계획하고 이용하기 위한 일시적인 조직적 표준이었다. 원칙적으로 이 체계는 시공간적으로 결정될 수 있는, 노동과 비노동 사이의 명확한 경계를 허용하지만, 또한 고용과 비고용의 상호배타적인 사회적 및 법적 지위를 포괄한다. 현재의 그리고 도래하고 있는 자동화의 물결 속에서 이 같은 **표준화된 완전고용체계**는 노동법, 노동장소, 노동시간이라는 그것의 세 가지 버팀목이 유연화하면서 완화되고 닳아빠지게 된다. 따라서 **노동과**

비노동 사이의 경계들은 유동적으로 되어 간다. 유연하고 다원화된 저고용형태들이 확산되어 간다.
  평생 전일노동의 규범이 다양한 노동시간의 유연화 형태들에 의해 깨지고 있다는 것은 이제 가장 후미진 곳에서조차 분명해졌다. 그러나 이것이 임노동의 공간적 집중을 특징 지우리라는 것은 잘 알려져 있지 않다. 기업의 여러 가지 기능들은 최소한 (행정, 타자, 관리, 서비스와 같은) 특별한 영역들에서는 이미 전자적으로 연결될 수 있으며, 따라서 **탈집중적으로** 조직될 수 있고, 말하자면 '지리적으로 확산될' 수 있으며, 또는 심지어 '지리와 무관하게' 될 수도 있다. 임노동의 이 같은 탈집중화는, 출근율의 이완에서 각 부서들 간의 지리적으로 확산된 네트웤 형성, 부분적이거나 완전한 전자적 재택근무를 통한 부차적 기능들의 외부화에 이르는, 여러 가지 다양한 형태들로 나타날 수 있다. 그러나 모든 것들은 동일한 결과에 연결되어 있다. 사회적 노동과 생산과정 사이의 연결은 느슨해지고 직접적인 협동이 '동일한 장소에서 함께 일하기'를 의미하는 확실성은 침식된다. 그 과정에서 고용체계는 결정적인 방식으로 그 외양을 변화시킨다. 공장의 작업장과 높은 건물들에 집중된, 노동의 특징이 **가시화되는** 장소는 기업의 비가시적인 조직으로 대체된다. 낡은 고용체계에서 새로운 것으로의 이 같은 이행의 주목할 만한 징후는 대규모 작업장들의 점차적인 포기일 것이다. 산업시대의 공룡 같은 이 작업장들은 단지 우리에게 죽어가는 시대를 더욱더 일깨워 주게 될 뿐이다. 궁극적으로 거기에서 본질적으로 새로운 것은 전혀 일어나지 않을 것이다. 이것은 다만 실질적인 노동의 조직수준에서 서로 맞물려 있는 자본의 비가시성의 전치(轉置)를 반영할 뿐일 것이다. 덧붙여 말하자면 이것은 조직을 은폐하고 네트웤을 재구성할 수 있는 것과 유사한 성과를 경영층에게 제공할 것이다.
  임노동의 이러한 시공간적 유연화가 단일한 형태로 그리고 고용체계의 모든 부수적 영역에서 동일하게 진행될 필요가 없다는 것은 말할 것도 없다. 노동시간과 노동장소의 다양화는 서로 무관하게 또는 연속적으로 진척된다고 가정해야 할 것이다. 오늘날 유연화가 영구적으로 또는 일시적으로 객관적 그리고/또는 정치적 한계를 만나게 될 곳이 어디인가는 알 수 없으며, 그 때문에 어떤 기능영역들이 (따라서 어떤 직업집단들, 부문들, 부서들이) 배제될 것인지는 알 수 없다. 하지만 노동시간의 유연화, 전일제의 광범위한 시간제 직무화가 수입과 관련하여 중립적으로 이루어질 수는 없을 것이라는 점은 미리 말할 수 있다. 즉 (결국 고용증가를 위한 것이 아니라 저고용의 발생, 실업의 감소를 위한) 노동시간의 분리는 (전문성, 직업, 위계의 차이를 가로질러) 전체적으로 쇠퇴한다는 의미에서 수입, 사회보호, 조직 내에서 경력을 쌓을 기회와 차지하는 지위의 **달갑지 않은** 재분배를 수반한다. 이런 의미에서 노동시간정책은 언제나 **재분배정책**이기도 하며, 그리고 새로운 사회적 불안과 불평등을 낳는다. 최근에 노동조합이 저항하는 것의 기초와 많은 기업들이 밀고 나가기 위해 적극적으로 서두르는 것의 기초는 여기에 있다. 비록 저고용의 유연한 형태들이 (젊은) 남녀 사이의 증가하는 이해관계를 만족시키고, 사실 임노동과 가사노동, 노동과 생활을 더 공평하게 균형잡기 위해 그들이 이 같은 형태들을 실제로 요구할지라도, 이것은 분명한 사실이다. 뒤에서 보겠지만 노동하는 사람들이 자신들의 노동에 대한 주권을 획득하는 것은 임노동의 공간적 유연화를 통한 **노동의 육체적 및 정신적 건강위험**의 사유화와 결합될 수 있다. 노동자를 보호하기 위한 규범들은 탈집중화된 노동형태의 공적 강제에 저항하며, 그리고 위반 또는 복종의 비용은 (많은 전자장비를 유지하기 위해 비용을 들이는 것에서 기업이 집중화된 임노동 조직의 비용을 줄이는 것과 똑같이) 노동자 자신에게로 전가된다.

만일 노동시간과 노동장소의 탈집중화의 이러한 결과들을 총체적으로 고려한다면, 실업이라는 급진적 대안을 가지고 있는 단일한 산업지에 조직된 평생 전일직의 단일체계에서 **유연하고 다원화하고 탈집중화한 저고용의 위험천만한** 체계로의 이행이 산업사회에서 진행 중이라고 말할 수 있다. 하지만 이 저고용은 부불 작업이 완전히 사라진다는 의미에서 실업문제를 더 이상 제기하지 않을 수도 있다. 이 체계에서 다양한 저고용의 형태들로 가장되어 있는 실업은 고용체계에 '통합'되지만, 그 대신에 산업사회의 '낡은' 단일한 완전고용체계에서는 알려지지 않았던 **고용 불안정**을 발생시키게 된다. 19세기에서와 같이 이러한 발전도 **근본적으로 두 얼굴을 지닌 야누스**를 생각하게 한다. 진보와 빈곤화는 새로운 방식으로 상호침투한다. 기업의 생산성 향상은 통제문제를 수반한다. 노동자들은 약간의 노동에서의 자유를 새로운 유형의 제약 및 물질적 불안정과 교환한다. 실업은 사라진다. 그러나 새로운 유형의 일반화된 위험천만한 저고용이 재등장한다. 이 모든 것은 모호하고 모순적인 발전이 시작되었음을 의미한다. 그 장점과 단점은 떼어낼 수 없이 서로 결합되어 있으며, 그 장기적인 결과와 위험은 정치의식과 행동으로도 계산할 수 없다. 바로 이것이 **위험사회**의 저고용체계가 의미하는 것이다.

오랜 시간이 지나서 익숙해지는 임노동은 **가정 밖**에서 수행되어야 한다는 것이 산업사회에서 당연시되기에 이르렀다. 이 같은 가사와 임노동의 분리는 출근율의 이완, 탈집중화된 노동장소의 전자석 네트웍 등을 통해 위험사회에서 다시 보존된다. 그 장기적인 사회적 결과들은 단지 추측할 수 있을 뿐이다. 거기에는 다음과 같은 것들이 포함될 수 있을 것이다. 통근교통의 완화, 그에 따른 자연 및 인간환경에 가해지는 압력의 감소, 도시의 탈도시화, 어떤 점에서 전자적으로 대체될 수 있으며 그에 따른 공간적 비이동성에도 불구하고 늘어날 수 있는 일상적인 지역 이동성의 제한 등.

(기업, 직업경력, 임노동과 같은) 지금까지의 근본적인 범주들은 점점 더 비가시화하는 노동조직의 새로운 현실을 더 이상 포착할 수 없다. 그 범주들을 새롭게 등장하고 있는 저고용체계에 적용하는 것은 봉건사회의 노동개념들을 산업사회의 노동관계에 적용하는 것과 같다. 그렇다고 해서 이 같은 발전과 함께 임노동이 능동적인 의미에서 부정된다는 뜻은 아니다. 그와 반대로 새롭게 등장하고 있는 유연하고 다원적인 저고용 형태들은 어느 때보다도 **더 철저한** 임노동 형태이면서 **더 이상 전혀 임노동이 아니다**. 하지만 이것은 산업사회의 개념들을 살펴봄으로써 새롭게 등장하는 노동현실을 이해하고자 눈을 부릅뜬다는 것을 의미할 뿐이다.

(공식노동과 비공식노동, 고용과 실업처럼) 이제껏 반대명제로 제기되었던 측면들이 장래에는 유연하고 다원적이고 위험천만한 저고용 형태들의 새로운 체계로 **흡수**될 것이라는 식으로 여기서 전개되고 있는 관점을 정리해 볼 수도 있다. 임노동관계의 다원화를 통한 저고용의 통합은 가족적 고용체계를 완전히 대체하지 않을 것이며, 그것과 중첩되거나 그것을 침식할 가능성이 더 크며, 임노동자의 양이 전반적으로 줄어들고 있음을 고려하면 그것에 대해 적응을 위한 압력을 지속적으로 가하게 될 것이다. 이 같은 발전은 (시간, 공간, 사회복지법과 관련하여) 정상적인 표준화의 선을 따른 노동시장의 분기로 설명될 수도 있다. 이런 식으로 노동시장은 단일한 표준적인 산업사회의 노동시장과 유연하고 다원적인 위험사회의 저고용시장 사이에서 새롭게 분리된다. 그리고 후자에서 이차시장이 양적으로 확장되고 있으며 일차시장을 점점 더 지배해 가고 있다. 왜 그런가? 이제까지 우리는 단지 이론적으로만 구분하고 하나의 유형학을 서술했을 뿐이다. 이제 우리는 기술을 통한 고용체계의 근대화가 이미 이 같은 방향을 벗어났다는 평가를 정당화해야만 한다.

정부적 차원이나 기업 내부의 차원을 막론하고 모든 노동정책은 적어도 80년대 이래 **체계적으로 생산된 노동의 부족을 재분배**하기 위한 법칙을 조건으로 해 왔다. 만일 사람들이 이전에는 경기회복이 실업의 감소도 낳을 것이라고 가정했다면, 지난 몇 년 사이에는 이 두 가지가 상호 독립적인 변수들이라는 점이 분명해졌다. 많은 기업들이, 그리고 독일 산업계의 거의 모든 거대기업들이 지난 몇 년 동안 직원의 교체를 늘려 왔으며, 동시에 **감원조치**를 단행해 왔다. 이것은 남아 있는 극소전자기술의 광범위한 도입과 노동자의 재조직화를 통해 이루어질 수 있었다. 수치제어기계들, 전자적인 '근대의 자동화 노예들'은 우선 생산영역(자동차, 화학 및 기계장치산업)에서 많은 부분의 작업을 대체하고 있지만, 컴퓨터는 행정사무직의 작업도 희석시키고 있다. 이 같은 발전의 정도와 폭발력은 1977년과 1984년 사이의 생산성 증가를 살펴보면 분명하게 알 수 있다. 제조업과 광업의 시간당 생산성 증가가 1977년는 2.7%였으나, 1979년에는 4.7%로 늘었고 그 뒤에는 갈팡질팡하다가 1.5%로 줄었다. 1983년의 마지막 분기가 되어서 갑자기 급상승했으며, 1984년에는 10.8%(추정치)로 늘었다. 이것은 불과 1년이 조금 더 되는 사이에 생산성이 크게 향상되었음을 의미한다!(*Der Spiegel* 1984, no. 21: 22ff.). 이 같은 발전은 산업로보트의 이용에서도 비슷하게 이루어졌다. 그 수는 1980년에 단지 1,255대였으나 1984년에는 이미 6,600대로 늘어났다(*Süddeutsch Zeitung* February 8, 1985: 23). 그리고 여기서 우리는 그 종점을 상상조차 할 수 없는 발전의 첫물결만을 다루고 있을 뿐이다.

지배적인 전일직의 고용체계에서 실업은 모호하지 않은, 고용이냐 실업이냐의 명백한 유형을 따라 분배되었다. 현재의 위기상황에서 노동시간 정책의 감춰진 자산이 드러나고 있으며 그것은 조직의 구세주이자 그 장단점이 모두 연구된 것으로 선전되고 있다. 여전히 전일급을 받는 노동일의 표준화된 감소가 지속되는 경우는 극히 제한되어 있다는 것은 곧 명백해진다.3) 이것은 주당 35시간 노동을 위한 투생의 결과가 명백히 보여 주고 있는 것처럼 노동일에 대해 타당하다. 하지만 그것은 정년의 조기화나 의무교육의 연장에 대해서도 똑같이 적용된다. 양자는 단체협상의 힘을 벗어나는 임노동자의 전반적인 양적 감소를 가져온다. 표준

---

3) 이처럼 (실업을 제외한) 비작업을 고용체계로 통합하는 것은 여러 가지 형태를 취할 수 있다. 다음과 같은 것들이 잘 알려져 있다. 최초 고용의 평균연령을 올리는 것, 퇴직 또는 연금수령 연령을 낮추는 것, 시간제 작업의 확립, 평생직을 줄이거나 일일 또는 주당 노동시간을 줄이는 것, 휴가와 휴일과 휴식의 평균기간을 늘리는 것, 노동생활의 전 과정에서 추가훈련과정에 참여하기 위한 작업단절의 빈도를 높이는 것. 이 모든 지표들은 금세기에 들어 (다양한 정도로, 모든 서구 산업국들에서) 임노동사회가 위축하고 있음을 보여 준다. 독일에서는 일일, 주당, 연간, 평생 노동시간이 지난 100년 사이에 눈에 띄게 줄었다. 1880년의 주당 노동일은 65시간이었으며, 제1차 대전 이전에는 아직도 55시간이었다. 1920년대에는 공식적으로 48시간으로 줄었다. 50년대 중반이 지나자 47시간을 유지했으며 주 6일 노동에 연 평균 휴가기간은 거의 2주에 달했다. 이와 대조적으로 현재의 평균 휴가기간은 약 6주이며 주당 노동일은 주 5일 노동에 40시간이다. 조기퇴직이 늘어나고 있는 것과 마찬가지로 평생 노동시간은 줄어들고 있다. 많은 피고용자들의 노동생활은 57세에서 60세 사이에 이미 끝난다. 동시에 젊은이들이 고용체계에 진입하는 때는 점점 더 늦어지고 있다. 50년대에 평균적인 남성 노동자의 연간 노동시간에 대한 비작업시간은 2.9시간이었다. 1980년에 이 시간은 4.1배나 늘었다. 계속적인 교육측정과 그에 쓰인 시간은 지난 수십 년 사이에 공장에서도 폭발적으로 늘었다. 그 결과 훈련과 교육을 노동과 고용체계로 재통합하는 것도 분명히 거론할 수 있을 정도이다.

화된 완전고용체계의 이 같은 조건 아래서 다음과 같은 결과가 나타나고 있다. 임노동자의 감소는 반드시 실업자의 배제를 낳는다. 이에 상응하여 고용조건에서 노동시간의 유연화를 위한 압력이 증가하고 있다. 대량실업이라는 '정치적 추문'의 견지에서 행동하도록 압력받는 정부기관들을 포함하여 많은 옹호자들이 이것을 지지한다. 여자들과 젊은 피고용자들은 가사와 임노동의 조화 또는 '시간에 대한 자율성'을 더욱더 바란다. 그리고 기업들은 노동시간의 조직적 이용에서 의심받지 않는 생산성의 원천들을 찾아낸다. 국가, 피고용자 사회의 커다란 부분, 조직적 관리의 이 **거대한 연합**은 전통적인 고용체계의 근원들과 그 자신의 강력한 지위가 급격히 흔들리고 있음을 아는 노동조합(과 전통적 사회민주노동당)의 **저항**에 직면한다.

이처럼 명백한 난국에서 기업들은 **생산력으로서의 시간제 노동과 저고용**, 또는 더 일반적으로 극소전자기술에 기초한 생산성 향상을 포함하는 노동의 규범적 이용방식의 탈표준화와 그 조직적 가능성을 찾아내고 있다.4) 물론 이것은 모순적이고 단일하지 않으며 단절된 방식으로 나타난

---

4) 하지만 이처럼 조직적 노동력으로서 노동시간의 변화를 통해 임노동체계가 축소한다는 것은 더 오래 전에 발견되었다. 이런 의미에서 Martin Sklar(1968)는 미국에서 노동사회의 침식을 보여 주는 최초의 지표들을 제1차 대전 전후의 시기로 거슬러 올라가서 찾는다. 물론 통계적으로 검증할 수 있는 발전추세는 뒤집어질 수도 있었기 때문에 오랜 시간에 대해서는 이런 식으로 해석되지 않았다. 본질적으로 3가지 사실들이 확실했다. 첫째, 공장의 생산직 노동자들의 수와 재화 생산의 수준은 1919년까지 전반적으로 확대되었다. 반면에 노동자들의 수는 1919년에서 1929년 사이에 줄었으며 동시에 생산성은 65%나 늘었다. 둘째, 전체 경제 내부에서 이루어진 노동참여는 연도별 사람수로 측정했을 때 1890년에의 2,830만 명에서 1910년의 4,250만 명으로 늘었다. 1910년에서 1920년 사이에는 단지 100만 명이 늘었을 뿐이며 결국 1920년대에는 전혀 늘어나지 않는 수준으로 줄어 들었다. 이처럼 통계적으로 기록할 수 있는 발전과 관계에 대한 스클레어의 해석은 새로운 생산력이 20세기 초에 그 효력을 보이기 시작했다는 것이다. 이런 식으로 (노동시간으로 측정된) 노동참여의 확대와 독립적으로 생산성을 향상시킬 수 있었다. 그런 만큼 우리는 여기서 '낡은' 산업체계의 침식을 보여 주는 첫번째 징후들과 '새로운' 노동체계의 기원을 발견한다. 3가지 핵심적인 경영혁신이 20세기의 생산력 발전을 도왔다. 첫째, 테일러주의가 20년에 걸친 저항 끝에 공장에서 폭넓게 실행되었다. 둘째, 새로운 가능성을 지닌 전력이 전 생산체계를 가로질러 확산되었다. 셋째, 지리적으로 아주 멀리 떨어진 기업들의 집중화와 탈집중화를 균형있게 추진하기 위해 새로운 조직기술들이 응용되었다. 이 초기단계에서 이미 정보, 기술, 조직관리의 합리화는 생산성의 향상과 그 이용을 실현시켰다. Hirschorn(1979)도 보라.

다.

 산업사회학의 관찰자들에게는 놀랍게도 "중심적인 산업부문들에서 남아 있는 노동력의 이용의 근본적인 변혁이 바로 우리의 눈앞에서 [일어나고 있다.] 이것은 테일러주의의 위기라는 진부한 설명으로는 너무 협소하게 그리고 너무나 일방적으로 이해될 것이다. 핵심부문의 공장에서 패러다임의 변화가 일어나고 있다고 확실히 말할 수 있다"(Kern and Schumann, 1984: 149). 테일러주의적 노동형태들의 조건 아래서 인간노동의 대체와 재조직화는 원래 유효했던 '경영철학'의 완전한 역전으로 나타난다. 제한적인 부분적 활동들은 현재의 또는 도래하는 자동화 과정에서 생산로보트들이 완전히 또는 대부분 맡게 될 것이며, 그 결과 새로운 감독임무와 지도·유지임무는 몇몇 고도로 숙련된 전문 지위로 응집될 수 있다. 노동분리의 원리, 또는 더 정확히 말해서 노동파괴의 원리는 더 높은 수준의 숙련과 전문화된 주권에 기초한 무분석 임무들의 정리동합의 반(反)-원리로 대체된다. 많은 수의 비숙련 또는 반숙련 노동자들은 적은 수의 '전문화된 자동화 노동자들'로 대체된다. 조직적 유연화의 범위확대와 대폭적인 감원은 남아 있는 노동자의 정리통합과 전문화 향상을 통해 이루어지는 이 같은 공장 자동화 단계에서 수행될 수 있다.

 처음에 이것은 본질적으로 핵심산업부문들의 생산영역의 상황에만 적합할 뿐이다. 거의 동시에 다양한 시간제 노동관계로 전일제의 변형이 추진되고 있으며, 특히 서비스부문(소매업, 백화점, 호텔과 음식점업)에서 그러하다. 초기의 저항시기가 지나자 기업이 이를 통해 얻는 생산성 향상은 분명해지고 있다. 이 같은 이득은 본질적으로 한편에서 기업들이 수주와 관련하여 노동시간을 유연하게 정리할 수 있다는 사실에서 비롯된다. 이런 식으로 기업경영에 따른 위험의 많은 부분들은 명백한 실업으로 대표되는 억제점의 견지에서 유연한 저고용으로서 피고용자들에게 전가된다. 다른 한편 고용주들은 이런 식으로 생산시간과 노동시간을 떼어 놓을 수 있으며 따라서 더 길게, 더 강도높게, 더 빡빡하게 생산협정을 이용할 수 있다. 마지막으로 시간제 노동과 저고용은, 작업변화를 더 쉽게 관철시킴으로써, 새로운 기술적 요구에 따른 숙련의 가치저하를 더 빠르게 상쇄함으로써, 다양화를 통해 직원의 힘을 일반적으로 약화시킴으로써, 직원정책에서 기업의 활동범위를 일반적으로 확장한다.

이런 의미에서 테일러의 '분할의 철학'은 여기서 노동의 실질적인 측면으로부터 일시적인 계약고용관계로 이전된다고 말할 수 있다. 이 새로운 '고용관계의 테일러주의'의 출발점은 더 이상 노동과 기계의 조합에 위치하지 않으며, 시간적인 제한, 법적 (비)보호, 계약에 의한 노동자 고용의 다양화에 위치한다. 그리고 극소전자기술에 기초하여 노동시간을 유연하게 배열할 수 있는 가능성은 결코 소진되지 않는다. 이 같은 조직적 '시간 알아맞추기 놀이'의 중심수단은 (1985년의 상반기에 독일에서 이미 600만 명을 넘는 노동자들에게 적용된) 유연시간과 (주 또는 월 단위로 직무를 분담하는, 대부분이 여자들인 200만 명 이상의 사람들을 피고용자들로 이용할 수 있는) 다양한 시간제 고용형태들이다.

작업시간의 합리화 가능성과 함께 기업들은 부수적 기능들을 **외부화**함으로써 생산성을 비축해 두려는 초기실험을 시작하고 있다. 이 같은 발전은 사무행정직의 재조직화에 그 기원을 두고 있다. 그러나 이것은 현재의 생산력 발전단계에서 근본적인 가능성이며, 시험단계가 성공을 거두면 다른 기능영역들에도 확실히 적용될 수 있을 것이다. 정보기술을 이용하여 노동의 분리 내부에서 서로 연결되어 있는 기능영역들 사이의 직접적인 협동의 요구를 줄이거나 아주 제거하는 것이 극소전자기술의 잠재력에 대해 핵심적이다. 이런 의미에서 원거리통신의 이용과 적합한 저장수단이 있으면 노동과 생산과정의 **시공간적 분할**이 확산될 수 있으며, 따라서 많이 논의된 '전자오두막 산업'은 그 중에서 단지 **하나**의 극단적 사례일 뿐인 새로운 유형의 **탈집중화**된 노동도 확산될 수 있다. 여기서도 특별한 점은 생산력의 발전이 전통적인 집중화된 노동조직 패러다임의 재조직화와 일치한다는 사실에 있다. 생산성 향상, 새로운 형태의 비전문적인 인간 노동조직 및 작업장에 기초하지 않은 조직의 시험과 실행은 여전히 동전의 양면을 이룬다.

계약으로 **보호되지** 않거나 **조직되지** 않은 고용형태들이 이미 독일에서 (또는 다른 서구 국가들에서) 확산된 정도만큼 (신뢰할 만한) 정보나 자료를 손에 넣기는 대단히 어렵다. 그 정도 및 그 부문-특수적이고 유형-특수적인 분배의 견지에서 노동시장의 이 부분은 조사지도 위의 '공백지점'이다. 임시적 계약에 따른 합법 노동에 관한 카롤라 뮐러(1982)의 자료에 따르면, 약 43,000 명의 임시직 피고용자들이 1981년에 등록되었다. 불법 임시직은 6-9 배나 더 많은 것으로 추정된다. 그것은 특히 금속제조와 건설업에서 주로 노동 및 용역을 위한 가계약, 외국인 노동자의 이용을 통해 확산된다. 그녀는 **미미한 고용**(실업급부를 못받는 주당 24 시간 이하의 고용, 건강 및 노령보험도 못받는 15 시간 이하의 고용. 1979년에 양자의 형태로 고용된 사람들은 거의 124만 명이었으며, 그 대부분은 여자들이었다), **계절적 고용**(제한된 기간 동안의 완전고용-), **능력에 따른 다양한 노동시간**에 관한 수치들도 인용하고 있다. 마지막의 것은 노동자가 대기하고 있어야만 하는 노동시간을 설정하지 않은 일시적으로 제한된 노동계약이다. 기업 측에게 압도적으로 이익이 되기 때문에 그 실행은 명백히 늘어나고 있으며, 특히 소매업에서 그러하다. '생산 및 용역계약', '자유직', 불법노동 등도 거론해야만 한다(Müller, 1982: 183-200).

늘 그렇듯이 상황의 폭발성은 생산력의 발전에 있다. 그러나 생산력은 이제 더 이상 맑스가 예견했던 것처럼 소유관계를 부수지 않는다. 맑스주의의 용어로 생각한다면 생산력의 혁명적 잠재력은 그 대신에 '맞불을 놓겠다'고 위협한다. **그것은 노동계약관계와 노동시장**, 산업사회의 노동력 제공과 이용형태를 **부술 것**이며, 이런 식으로 노동시장의 당사자들과 그 이익단체들 간의 완전히 새로운 **권력 불균형**을 낳을 것이다. 지배적인 임노동체계와 그 정치적 및 조직적 힘으로 둘러싸인 이해관계의 견지에서, 이러한 산업사회의 체계적 변형이 상당한 저항에 부딪힐 것이며 오랫동안 지속될 것이라고 예측하기는 어렵지 않다. 그 때문에 오늘날 산업사회의 노동체계의 어떤 부분들이 이 성찰적 근대화의 영향을 받거나 받지 않을 것인지에 관해 예측할 수는 없다. 그럼에도 불구하고 유연하고 다원화된 저고용과 탈집중화된 노동형태들의 새로운 체계는 이제까지 언제나 결정적이었던 생산성 향상에 호소할 수 있다. 새로운 노동체계의 '역사적 우월성'은 노동부족의 악화가 공공연한 실업이라는

Risikogesellschaft

정치적 위협으로 되는 것을 방지하고 그것을 재분배하며 심지어 그것을 생산력 발전으로 변형시킬 수 있는 가능성에 있다. 피고용자의 관점에서 저고용 형태에 수반되는 위험은 자기 자신의 생명을 조정할 수 있게 됨으로써 얻은 부분적 자유 및 주권에 필적한다.

많은 사람들이 전일제를 시간제로 변형함으로써 실업을 해결하기 위한 본질적인 변화가 이루어질 수 있다는 견해를 보일 것이다. 그 반대의 경우도 나타날 것이다. 개인주의화가 진척되면 사람들은 노동시장으로 진입할 수밖에 없다. 유연하고 다원적인 저고용과 일시적 고용의 가능성들이 생겨나면서 **줄어든 노동시장사회의** 남아 있는 뚝들이 터져 버린다. 노동과 가사, 노동과 공부의 양립불가능성과 같은 여전히 참여를 가로막고 있는 장벽들은 제거되며 '감춰진 예비인력'으로 대기하고 있는 여자들과 젊은이들은 유연한 저고용시장으로 달려갈 수 있다. 적절한 공급이 이루어지면 수요는 **급격히 늘어날** 수 있을 것이다. 수요는 폭증할 수도 있으며, 이에 따라 이전의 평가들은 모두 휴지조각이나 다름없게 될 것이다.

이 개관에서 우리는 가장 발전한 단계의 산업사회 체계의 **자기혁명화론**에 관심을 기울인다. 합리화과정은 더 이상 엄격히 임노동의 산업적 형태들과 과정 **내에서** 진행되지 않으며 점점 더 그것들에 대항하여 진행된다. 미리 가정된 노동력과 직무범주들의 양적인 분배가 속박에서 풀려난 혁신의 동력에 의해 바뀔 뿐만 아니라, 그 사회적 형태들과 조직원리들 자체가 **재형성**된다. 이러한 성찰적 근대화론에서 사회발전의 연속성과 단절은 특정한 방식과 조건에서 서로 뒤얽힌다. 알려진 표준화된 산업체계에서 다원화되고 유연하며 탈집중화된 미래의 저고용체계로의 파열은 이윤지향적 합리화의 변함없는 논리 아래서 이루어진다. 생활단계에 특수한 대량실업의 분배에 필적할 만한 것은, 실업의 생활단계가 이미 많은 사람들의 표준적인 생애의 구성요소가 된 것과 똑같이, 이제 완전고용과 실업의 종합으로서 저고용이 고용체계로 '통합'되고 있다는 것이다. 그 결과는 아직 알 수 없지만 하나의 제도적 규범화가 이러한 생애의 '규범화'에 상응한다. 정치적 대응은 여전히 본질적으로 중요하다. 사회보호체계를 확장하지 **않는다면**, 빈곤이 미래를 위협할 우려가 있다. 모든 사람에게 최소수입을 법적으로 보장해 **준다면**, 그 발전을 통해 약간의 자유를 힘들게나마 획득할 수 있을 것이다.

제3부 성찰적 근대화:
과학과 정치의 일반화에 관해

Risikogesellschaft

앞의 1부와 2부에서는 위험분배의 논리의 기초(제1부), 개인주의화 원리의 기초(제2부)라는 두 가지 논쟁선을 따라 산업사회의 성찰적 근대화라는 지도적인 이론적 개념을 다뤘다. 이 두 가지 논점은 서로 그리고 근본개념에 어떻게 연결되어야 하는가?

(1) 개인주의화 과정은 성찰성의 생산물로 이론적으로 개념화되며, 복지국가의 보호를 받는 근대화 과정은 성찰성 속에서 산업사회로 확립된 생활방식들을 탈전통화한다. 산업사회의 '전통' 자체는 전근대성을 대체한다. 봉건 농업사회의 생활 및 노동형태들이 19세기로 전환된 시기에 해체되었던 것과 똑같은 일이 오늘날 발전된 산업사회의 그것들에게서도 일어나고 있다. 사회계급 및 계층, 남녀의 '표준적인 생애'가 자리 잡고 있는 핵가족, 노동의 표준화 등이 그 예들이다. 이에 따라 오늘날까지 과학과 정치와 일상생활에서 사고와 행동을 계속해서 지배해 온 19세기의 신화가, 즉 산업사회는 노동 및 생활계획의 면에서 근대사회라는 전설이 탈신비화된다.

반대로 우선 산업사회의 형태로 승인된 근대성의 기획이 그 형태 내에서도 제도적으로 축소되었다는 사실이 분명해지고 있다. 본질적인 원리들 속에서, 예를 들어 노동시장을 매개하여 생계를 꾸린다는 '규범성' 속에서, 산업사회의 완성은 또한 그 부정을 의미한다. 복지국가의 보호를 받는 노동시장사회의 일반화는 핵가족과 마찬가지로 계급사회의 사회적 기초들을 해체한다. 여기서 사람들에게 타격을 가하는 충격은 이중적이다. 사람들은 외관상 중립적으로 운명지워진 산업사회의 생활방식과 확실성에서 해방되며, 이 같은 '후사(post-history)'의 종언은 그 사고와 생활과 노동의 형태들에 대한 역사적 의식의 상실과 일치한다. 사회심리적 환경, 가족, 결혼, 남성-여성의 역할을 통해 고통과 불안에 대처하는 전통적인 형태들은 실패하고 있다. 그에 비례하여 개인들 자신이 고통과 불안에 대처하도록 요구받는다. 조만간 사회적 및 문화적 충격과 혼란 때문에 교육, 상담, 치료, 정치의 사회제도들에 대한 새로운 요구들이 제기될 것이다.

(2) 근대화 과정의 성찰성은 부의 생산과 위험의 생산 간의 관계를 예로 하여 설명될 수도 있다. 근대화 과정이, 산업사회에 뿌리를 두고 있는 자신의 기초들을 탈전통화하자마자 산업사회의 용어들을 이용하는 사고방식이 위험의 분배를 부의 분배논리에 복속시키는 일원론은 약화된다. 산업사회와 위험사회를 구분하는 것은 위험을 다루는 것이 아니다. 그것은 단지 자동화와 신기술들이 질적 및 양적으로 더 큰 위험을 낳는다는 것을 의미하지도 않는다. 요점은 사회구조적 조건늘이 성찰석 근대화가 진행되면서 급진적으로 변형된다는 것이다. 즉 근대화의 위험이 과학화됨에 따라 그 잠재성이 제거된다. 산업체계가 승승장구하면서 자연과 사회의 경계는 불분명해 진다. 따라서 자연파괴는 더 이상 '환경'에만 전가될 수 없으며, 산업이 자연파괴를 보편화함에 따라 자연파괴는 산업체계에 고유한 사회적, 정치적, 경제적, 문화적 조건이 된다. 그 잠재성을 상실하고 산업체계의 결과로서 지구화되는 근대화의 위험은, 더 이상 산업사회의 모델에 기반한 불평등구조에 순종할 것을 암묵적으로 가정하는 방식으로 다루어질 수 없다. 대신에 이 위험은 산업사회의 생산 및 재생산 유형, 계급, 정당, 하부체계에서 벗어나는 갈등의 동학을 발전시킨다.

그러므로 위험사회와 산업사회의 구분은 부의 생산과 위험의 생산 사이의 생산 및 분배의 '논리' 사이의 구분과 일치할 뿐만 아니라, **일차적 관계가 역전된다**는 사실에서 비롯된다. 산업사회의 개념은 '부의 논리'의 **지배**를 전제하고, 그것과 위험분배의 양립가능성을 확언한다. 반면에 위험사회의 개념은 부의 분배와 위험분배의 양립불가능성 및 그 '논리들' 간의 **경쟁**을 확언한다.

제3부에서는 이러한 주장들이 두 가지 방향으로 더욱 발전될 것이다. 산업사회의 모든 개념들은 과학지식과 정치행동의 **전문화 가능성**을 가정한다. 즉 이것들이 설명되고 독점될 수 있다고 가정한다. 이 같은 가정은 2가지 체계, 즉 '과학체계'와 '정치체계'를 위해 계획된 사회체계와 제도들에서만 표명되는 것이 아니다. 그와 대조적으로 여기서는 다음과 같은 관점을 발전시킬 것이다. **고도로 발전된** 민주주의와 **굳게 확립된** 과학화의 조건에 직면하는 성찰적 근대화는 과학과 정치의 **속박**을 특유한 방식으로 **해체**한다. 지식과 정치행동의 독점은 분화되어가며, 그 지정된 장소를 떠나 특정한 변화된 방식으로 더욱 일반적으로 이용할 수 있게 된다. 따라서 민주적 동의와 투표를 **벗어나서** 사람들이 함께 살아가는 방법을 결정할 수 있는 일차적 권위를 여전히 가족정책이 지니고 있는가, 아니면 **이미** 유전공학으로 넘어 갔는가가 갑자기 더 이상 분명하지 않게 된다. 이것은 이미 발전된 특성들에 덧붙여 오늘날 나타나고 있는 위험들이 우선 **사회변동의 범위**에서(제8장), 다음에 특유의 **과학적 구성**에서(제7장) 이전의 온갖 위험들과 구분된다는 것을 의미한다.

제 7 장 진리와 계몽을 넘어선 과학?

Risikogesellschaft

만일 우리가 전에는 (신이나 자연에 의해) **외적으로** 야기된 위난들에 관심을 기울였다면, 오늘날의 위험이 가진 역사적으로 새로운 질적 차원은 **내적인 결정**에서 도출된다. 이 위험은 과학적 구성 및 사회적 구성에 동시에 의존한다. 과학은 위험을 유발하는 **원인들 중의 하나**이며, 위험을 **정의하는 매체이자 그 해결책의 원천**이다. 바로 이 때문에 과학은 스스로 과학화의 새로운 시장을 개척한다. 과학이 그 발생과 해명에 도움을 주었던 위험들 간의 호혜적 상호작용과 동일한 위험들에 대한 공적 비판에서, 기술-과학의 발전은 **모순적으로** 된다. 이 관점은 네 가지 명제로 다듬어 설명할 수 있다.

(1) 전통의 근대화와 산업사회의 성찰적 근대화 간의 구분에 상응하여 과학적 실천과 공공영역의 관계 내에서 **일차적** 과학화와 **성찰적** 과학화라는 두 가지 위상을 구분할 수 있다. 처음에 과학은 자연과 사람과 사회라는 '주어진' 세계에 적용되었다. 성찰적 단계에서 과학은 자신의 생산물, 결함, 부수적 문제들과 대면하게 된다. 즉 과학은 **문명의 이차적 피조물을** 만난다. 첫번째 단계의 발전논리는 **불완전한** 과학화에 의존한다. 그 과정에서 지식과 계몽에 대한 과학적 합리성의 주장은 아직 자신에 대해서는 과학적 회의주의를 적용하지 않는다. 두번째 단계는 **완전한** 과학화에 기초하며, 이것은 과학 자신의 고유한 기초와 외적 결과에도 과학적 회의주의를 적용한다. 이런 식으로 **진리 및 계몽에 대한 과학의 주장은 탈신비화**된다. 전자의 위상은 과학화의 **연속성** 내에서 후자의 위상으로 이행하지만, 바로 그 때문에 과학작업의 내적 및 외적 관계는 **변하기** 시작한다.

일차적 과학화는 전통과 근대성의, 일반인과 전문가의 대비에서 그 동력을 획득한다. 이 같은 구획을 조건으로 해서만 과학적 결과가 외적 관계들 내부에서 **권위주의적** 방식으로 적용되는 것과 동시에 **회의주의**가 과학의 내적 관계들 내부에서 일반화될 수 있다. 과학과 진보에 대한 깨지지 않은 신뢰를 보여 주는 이 같은 양상은 (확실히 줄어들고 있음에도 불구하고) 20세기 전반기에 산업사회에서 진행된 근대화의 특징이다. 이 단계에서 과학은, 이제까지 거둔 명백한 성공에 기대어 아직 파악되지 않은 제약들에서 해방될 수 있음을 약속함으로써, 그 저항을 일소할 수 있는 실천과 공공영역을 대면하게 된다. **성찰적** 양상이 중요해지는 정도에 따라 상황은 근본적으로 변한다(그리고 이것의 징후들은 인지사회학, 이데올로기 비판, 과학이론의 오류가능론이 발전하는 20세기의 초까지 거슬러 올라가 찾을 수 있다).

실천에 옮겨질 때 과학은 자기 자신의 객관화된 과거 및 현재와 대치하게 된다. 즉 분석되고 극복되어야 할 실재 및 문제들의 생산물이자 생산자로서 자신과 대치하게 된다. 이런 식으로 과학은 문제의 해결책의 원천으로서 뿐만 아니라, **문제의 원인**으로서도 목표물이 된다. 실천과 공공영역에서 과학은 자신의 패배뿐만 아니라 그 승리에 대해서도 꼼꼼히 타산해 보아야 한다. 그리고 그와 함께 지키지 못한 약속을 더욱더 분명히 반영해야 한다. 그 이유는 다양하다. 성공을 거둠에 따라 과학기술의 발전의 위험이 더욱더 빠른 속도로 커간다. 실천에 옮겨지자 해방의 방책과 약속은 그 부정적 측면도 명백하게 드러내었으며, 이어서 이 부정적 측면들은 과학적 분석의 대상이 되었다. 그리고 대단히 역설적이게도 과학적으로 분할되고 전문적으로 관리되는 세계 속에서 과학이 확장될 수 있는 미래의 전망과 가능성도 과학의 비판에 연계되었다.

과학이 과학에 집중하는 시기에 과학의 **확장**은 과학의 **비판**과 현재 행해지고 있는 전문가의 실천을 전제하고 수행한다. 그러므로 과학적 문명은 자신의 기초와 자기인식을 뒤흔드는 공개적으로 전이된 비판에 자신을 복속시키고 있다. 과학적 문명은 그 기초 및 결과와 관련하여 자신이 폭로하는 위험의 잠재력과 발전전망을 통해서만 넘어설 수 있는 불안의 정도를 드러낸다. 이런 식으로 과학의 탈신비화 과정이 시작되며, 그 과정에서 과학과 실천과 공공영역의 구조는 근본적인 변혁을 겪게 될 것이다.

(2) 그 결과 **과학적 지식의 탈독점화**에 대한 중대한 요구가 나타난다. 과학은 더욱더 필수적인 것이 되지만, 그와 동시에 사회적으로 구속된 진리의 정의는 **더욱더 충족시키지 못하게** 된다. 이 같은 기능상실은 우연이 아니다. 그것은 또한 외부에서 과학에 대해 부과된 것도 아니다. 그것은 과학적 타당성 주장의 승리와 분화의 결과로 나타난다. 즉 그것은 위험사회의 조건 아래서 기술-과학적 발전의 **성찰성**이 낳은 산물이다. 한편에서는 그 내적 및 외적 관계 양자에서 그 자신과 만나게 됨에 따라 과학은 자신의 기초 및 실천적 결과에 자신의 회의주의가 지닌 방법론적 힘을 확장하기 시작한다. 따라서 과학과 계몽에 대한 주장은 **성공적으로** 개진된 오류가능론에 직면하여 체계적으로 철회된다. 과학이 실재 및 진리에 접근할 수 있다는 주장은 마찬가지로 결국 그렇지 않을 수도 있다는 것을 증명할 수 있었던 결정과 규칙과 협약으로 대체된다. 탈신비화는 탈신비화하는 것에게로 확산되며 그리하여 탈신비화의 조건들을 변화시킨다.

다른 한편에서는 과학이 더욱 분화됨에 따라 조건적이고 불확실하고 고립된 세부결과들의 홍수를 이루어서 조사하기가 불가능하게 된다. 이러한 가설적 지식의 **극-복합성**(hyper-complexity)은 수학적 실험률로 더 이상 통제할 수 없다. 세평, 공표의 유형과 장소, 제도적 기초와 같은 대체적 기준들조차도 소용없다. 따라서 과학화가 진전되면서 체계적으로 생산된 불확실성은 외적 관계들로 확산되며, 정치계와 실업계와 공공영역 속에 있는 과학적 결과들의 목표집단들과 적용대상들을 거꾸로 지식 정의의 사회적 과정 속의 **능동적 공동생산자**로 만든다. 또한 과학화의 '대상들'이 과학적 해석의 이종적(異種的) 공급을 능동적으로 조작할 수 있고 해야만 한다는 의미에서 그것의 **주체들**이 된다. 그리고 이것은 고도로 전문화된 모순적인 타당성 주장들 사이의 선택을 뜻하는 데 그치지 않는다. 이 주장들은 서로 결승전을 벌일 수도 있으며 어쨌든 행동하기에 적합한 이미지로 재조합되어야만 한다. 과학의 목표집단들과 적용 대상들에게 성찰적 과학화는 이리하여 과학적 결과의 생산 및 응용과정에서 **영향력을 획득하고 발전을 지속할 새로운 가능성을** 열어준다. 이것은 중대한 양가성의 발전이다. 그것은 과학을 **통해** 과학에서 사회적 실천을 해방시킬 기회를 안고 있다. 또한 그것은 사회적으로 확산되어 있는 이데올로기들과 관심을 끌고 있는 관점들이 계몽된 과학적 주장에 대해 **면역되도록** 하며, 경제적 및 정치적 이해관계와 '새로운 교조'를 통해 과학적 지식실천의 봉건화를 향해 문을 열어 젖힌다.

(3) 과학적 지식주장의 승리에 반대하여 생겨나는 새로운 **불가변성의 금기들**은 과학적 연구의 독립을 위한 시금석이 되고 있다. 과학화가 더욱 진척되고 위험상황과 갈등에 대한 공적 의식이 더욱 명확해질수록, 행동을 위한 압력은 더욱 커지고 기술-과학사회가 과학적으로 산출된 '금기사회'로 변형될 우려는 더욱 높아진다. 원칙적으로 언제나 변할 수 있는 부문과 기관과 조건들이 '객관적인 제약요인', '체계의 제약요인', 그리고 '자기 동학'의 구성을 통해 이러한 변화의 기대에서 체계적으로 배제되는 예가 더욱더 늘어나고 있다. 과학은 금기의 **파괴자**라는 전통적인 계몽의 지위를 더 이상 유지할 수 없다. 또한 과학은 금기의 **구성자**라는 정반대의 역할을 채택해야만 한다. 따라서 과학의 사회적 기능은 행동기회의 개방과 폐쇄 사이에서 동요한다. 그리고 이렇듯 모순적인 외적 기대는 전문가 내부의 갈등과 분할을 크게 부추긴다.

(4) **과학적 합리성의 기초들**조차 변화에 대한 일반화된 요구에서 벗어날 수 없다. 사람들이 만든 것은 사람들이 바꿀 수도 있다. 과학적 합리성이 스스로 부과한 금기들을 가시적이고 의문스럽게 만드는 것은 바로 성찰적 과학화이다. 우리가 품게 되는 의심은, 기술-과학적 발전의 '자율적 동학'을 대표하는 '객관적 제약요인', '잠재적 부수효과' 자체가 **만들어진** 것이고 따라서 원칙적으로 **설명될 수 있다는** 것이다. 근대성의 기획, 계몽의 기획은 종결되지 않았다. 과학과 기술에 대한 산업적 이해에서 나타난 그것의 실제적인 경직화는 이성의 재생에 의해 깨질 수 있으며, 역사적 경험을 소화하고 그리하여 학습할 수 있는 방식으로 스스

로를 더욱 발전시키는 동적인 과학적 합리성론으로 전환될 수 있다.

과학이 이런 식으로 그 실제적 위험에 대한 자기제한과 자기통제에 기여할 수 있는가의 문제에서 결정적으로 중요한 것은 그 결과의 응용에서 자신의 영향범위를 넘어서서 (정치적) 표결과 결별할 수 있느냐는 것이 아니다. 본질적인 것은 **어떤 유형의 과학이 측정할 수 없다고 추정되는 부수효과들의 측정가능성과 관련하여 수행되느냐는** 것이다. 이런 식으로 결정적으로 중요한 것은 스스로 부수효과들을 생산하고 따라서 그 불가피성을 확증하는 것으로 보이는 **과잉전문화**를 지속할 것인가, 또는 **전문화의 이면에 있는 권력을 새롭게 밝혀내고 발전시킬 것인가**, 즉 실천적 결과들을 처리할 수 있는 학습능력을 다시 획득할 수 있을 것인가, 또는 실천적 결과들을 무시함으로써 **오류불가능성의 주장에 기초하여 실천적 실수에서 배우는 것을 처음부터 불가능하게 만드는 비가역적인 상황들을 만들어 낼 것인가**이다. 어느 정도로 근대화의 위험을 다루는 데서 징후들의 처리가 진정한 원인제거로 대체될 수 있는가, 그리고 어느 정도로 위험에 관한 실천적 금기들이 과학적으로 설명되거나 고려된 변수들과 원인들을 통해 깨질 수 있는가가 중요하다. 말하자면 중요한 것은 위험과 위협이 조직적이고도 객관적으로 해석되는가의 여부, 또는 경시되고 은폐되는가의 여부이다.

일차적 과학화와 성찰적 과학화

일반인들이 마치 아메리카 원주민들처럼 자신들의 '사냥터'에서 쫓겨나 '보호구역'으로 밀려났던 **일차적 과학화**의 시작단계는 오래 전에 끝났으며, 그와 함께 과학과 실천과 공공영역의 관계를 특징 지우는 완전한 우월성의 신화와 급격한 힘의 강화가 창출되었다. (결국 고전사회학의 중심주제인) 이 시기의 발전논리는 오늘날 근대화의 주변영역에서만 찾아볼 수 있을 뿐이다.1) 거의 모든 곳에서 성찰적 과학화의 갈등과 관계들이 그 자리를 차지했다. 과학적 문명은 이제 더 이상 자신이 그저 자연과 사람과 사회를 과학화하는 단계가 아니라, 더욱더 자신을, 자신의 생산물과 효력과 실수들을 과학화하는 단계에 들어섰다. 과학은 더 이상 **선재하는** 종속상태에서의 '해방'에 관심을 기울이지 않으며, **스스로 생산하는** 실수와 위험의 정의 및 분배에 관심을 기울인다.

일차적 과학화 단계의 실수관리과정에서 전형적이었던 것과는 다른 조건과 과정, 다른 매체와 행위자들이 성찰적 과학화의 특징이다. 첫번째 국면에서 여러 분야의 과학자들은 민간의 지식 및 실천과 같은 전통적인 지식의 기초들과 관련하여 (때로는 실제적으로, 때로는 단지 외관상으로만) 과학적 합리성과 사고방법의 우월성에 의존할 수 있었다. 이 우월성은 과학적 작업에서 실수를 줄이는 데는 거의 기여할 수 없지만, 그 단계에서 **실수와 위험의** 처리가 사회적으로 조직되는 방식에 기여할 수 있다.

우선 아직 과학의 손길이 미치지 않은 세계에 대한 과학적 해명은 문제의 해결책과 원인을 분명히 구분할 수 있도록 하며, 이 경계는 과학들을 한편으로 하고 그 (실제적 및 잠재적) '대상들'을 다른 한편으로 해서 설정된다. 과학은 문제와 실수를 분명히 **대상화한다는** 태도로 응용된다. 야성의, 이해되지 않은 상태의 자연과 깨지지 않은 전통의 강제는 사람들에게 고통을 안겨주는 질병과 위기와 재난 때문에 '비난받아야' 한다.

이처럼 아직까지 탐사되지 않은 과학들의 무인지경 속으로 문제와 실수의 원천들을 투사하는 것은 과학들이 그 응용분야들에서 아직까지 의미깊게 중첩되지 않았다는 사실과 명백히 연결되어 있다. 이것은 또한 실수에 대한 과학들 자체의 이론적 및 실천적 원천들이 체계적인 방식으로 조직되었다는 사실과도 연결되어 있다. 과학사가 지식의 획득사였다기보다는 언제나 실수와 실천적 실책의 역사였다는 관점에서 시작할

---

1) 예컨대 가족 및 결혼상담에 관한 전문가의 부각에서 볼 수 있듯이 현재 일고 있는 '가족의 과학화'의 물결에서. 그러나 여기에서조차 과학화는 전문적으로 그리고 과학적으로 미리 형성되고 다양한 방식으로 영향을 받는 실천영역과 만난다.

수 있는 충분한 이유가 있다. 과학적 '지식' 및 '설명'과 실천적 '해결방안의 제시'가 동서고금을 막론하고, 상이한 사상학파와 문화 등에서 서로 완전한 모순관계에 빠져드는 것은 이 때문이다. 그렇다고 해서, 과학이 자신의 실천적 결과들이 야기하는 실수와 실책과 비판을 본질적으로 과학 내부에서 성공적으로 처리할 수 있는 한, 과학적 합리성 주장의 신뢰성이 상실된다고 생각할 필요는 없다. 이런 식으로 과학은 한편으로는 비전문화된 공공영역에 맞서 합리성에 대한 독점적 주장을 유지하며, 다른 한편으로는 그 분과 내부에서 비판적 논의를 위한 토론장을 준비한다.

반대로 이러한 사회구조에서는 터져나오는 문제들, 과학화의 기술적 단점과 위험을 선행하는 과학적 지원체계의 불충분한 **발전정도**에까지 소급하여 추적할 수조차 있으며, 이 지원체계는 이어서 **새로운** 기술발전 계획과 그 격렬한 전개로, 따라서 궁극적으로는 합리성에 대한 과학적 독점의 공고화로 전환될 수 있다. 이처럼 **실수와 위험이 과학과 기술의 확장적 발전기회로 변형되는 것**은 첫단계에서는 일반적으로 근대성과 문명에 대한 비판에 맞서 과학적 발전의 면역력을 길러주는 경향을 보였으며 말하자면 그것을 **초안정적인** 것으로 만들었다. 하지만 사실상 이같은 안정성은 방법론적 회의주의의 약화에 기초하고 있다. 과학 내부에서는 (적어도 그 겉모습에 따르자면) 비판의 규칙은 일반화되었고, 반면에 그와 동시에 과학적 결과는 **권위주의적** 방식으로 외부를 향하도록 강제되었다.

명백히 이러한 조건은 과학이 학제적 방식으로 과학에 주목하는 정도에 따라 침식되기도 한다. 반대로 실수와 문제의 원인에 대한 투사전략은 이제 **과학과 기술을 문제 및 실수의 가능한 원인**으로 보도록 해야만 한다. 성찰적 근대화에서 중심적인 주목의 대상이 되는 위험은 실수를 발전기회로 변형시키는 학제적 유형을 파괴한다. 동시에 위험은, 전문가와 실업과 정치와 공공영역 사이의 조화로운 권력관계를 통해 19세기에 폭넓게 확립된 일차적 과학화 모델을 해체한다.

근대화 위험에 관한 과학적 발견과 조사는 학제적 매개 속에서 이루어지는 기술-과학적 발전 자체가 문제임을 보여 준다. 이제 과학화가 하나의 문제로서 과학화된다. 그 덕분에 과학과 전문가가 서로를 다루는 데서 부닥치게 되는 온갖 문제와 난점들이 즉각적으로 터져나올 것이다. 이제 과학이 과학을 만나고 있기 때문이며, 이로부터 하나의 과학이 다른 과학에 대해 보여줄 수 있는 온갖 회의주의와 경멸이 비롯된다. 일반인들의 종종 공격적이며 무능한 저항은 과학들이 가지고 있는 저항의 기회로 대체된다. 반비판과 방법론적 비판뿐만 아니라, 자원을 둘러싼 전문적 경쟁이 전개되는 모든 분야에서 볼 수 있는 패거리들 간의 '방해행위'가 그 예이다. 이런 의미에서 근대화의 결과와 위험은 상이한 과학들의 과학적 서비스체계에 대한 **비판**(과 반비판)을 통해서만 파악될 수 있다. 성찰적 과학화의 기회는 따라서 근대화의 위험과 단점의 목록에 정비례하여, 그리고 기술-과학적 문명의 진보에 대한 확고한 믿음에 반비례하여 늘어나는 것으로 보인다. 위험이 과학적으로 드러나고 처리될 수 있는 문은 과학에 대한 비판, 진보에 대한 비판, 전문가에 대한 비판, 기술에 대한 비판으로 불린다. 위험은 실수를 내적으로 처리할 수 있는 기회를 파괴하고, 과학과 과학적 실천과 공공영역의 관계 내부에서 **새로운 형태의 분업**을 강제한다.

이런 식으로 이전의 근대화의 위험을 드러내는 것은 반드시 과학적 전문가들 사이의 경쟁적 관계라는 벌집을 들쑤시게 마련이며, 자신만의 '특별한 문제들'과 주의깊게 마련한 '연구기금 통로'에 대한 '확장주의적 침식'에 맞서 과학적 전문가가 수세대에 걸쳐 (과학적 힘을 포함한) 온갖 힘을 다 기울여 저항하도록 분명히 자극한다. 위험에 대한 사회적 승인과 처리는 여기서 분출되는 경쟁적 문제들의 주위를 맴돌 것이며, 근대화의 특정한 문제적 영역들에 관한 **공공**의 감수성이 자라지 않는 한 사상학파들 간의 해결될 수 없는 갈등은 비판과 심지어 사회운동으로도 전화할 것이며, 과학과 기술에 맞서는 저항자로 자신을 접합하고 해방시킬 것이다. 근대화 위험은 공공의 승인을 통해서 **그 외부로부터** 과학에 '강제되고', '지시될' 수 있을 뿐이다. 그것은 과학들간의 **정의와 관계**가 아니라 **전체적인 사회적 정의와 관계**에 기초한다. 과학들 내부에서조차 위험은 사회적 의제라는 배경의 동기들을 통해서만 그 힘을 키울 수 있다.

이것은 다시 과학과 문화의 비판이 지닌 이제까지 알려지지 않은 힘을 전제하며, 이 비판은 적어도 부분적으로는 **대안적 전문지식의 수용**에 기초하고 있다. 성찰적 근대화와 함께 공중의 위험의식과 위험갈등은 **과학에 맞서는 저항의 과학화**를 낳는다. 우리가 경험하고 있는 진보와 문명에 대한 비판은 지난 200년 간의 비판과는 다르다. 비판의 주제가 일반화된다. 비판은 적어도 부분적으로는 과학적으로 지지되며, 이제 과학의 충분한 의사결정력을 가지고 과학과 대치한다. 이런 식으로 운동이 시작되며, 그 과정에서 과학자들은 내적으로는 오래 전부터 잘 알려져 있던 자신들의 서투름, 갖가지 한계와 '태생적 결점' 등을 모든 사람들 앞에서 더욱더 확연히 드러낼 수밖에 없을 것이다. 모든 '과학의 마술'을 상이한 원리와 이해관계에 연결시키는, 그러므로 정반대의 결론에 이르는 '대안과학'과 '변호과학'들이 형성된다. 간단히 말해서 **과학에 맞서는 저항의 과학화** 과정에서 과학은 자신에게 태형을 가할 수밖에 없다. 공공지향의 새로운 과학 전문가들이 나타나며, 과학적 논증의 모호한 측면들이 반(反)-과학의 철저한 검사에 의해 드러나고, 많은 과학들이 현실에 응용됨으로써 이전에 알려지지 않은 정도의 '정책화 시험'을 치르게 된다.

이런 식으로 과학은 그 공적 신뢰성의 빠른 감소를 경험하고 있을 뿐만 아니라, 스스로 **새로운 활동 및 응용영역**을 열어준다. 예를 들어 자연과학 및 공학은 그에 대한 여러 가지 공적 비판을 받아 들여 그것을 확장기회로 변형시킬 수 있었다. 이 비판들은 '아직' 또는 '더 이상' 참을 수 있/없는 위험, 건강상 위협, 노동의 심리적 압박감 등의 개념적, 도구적, 기술적 구분과 연결된다. 여기서 그 성찰적 단계에서 나타난 과학발전의 자기모순이 분명해진다. 즉 이전의 발전에 대한 공개화된 비판은 확장의 동력이 된다.

이것은 근대화 위험이 과학과 과학적 실천과 공공영역의 밀접한 상호작용을 통해 구성된 다음에, 이어서 과학과 급격히 진행되는 '정체성 위기'와 노동 및 조직의 새로운 형태들과 새로운 이론적 기초들과 새로운 방법론적 발전 등에 반작용되는 발전의 논리이다. 따라서 실수와 위험의 동화는 말하자면 전체적인 사회적 토론에 연결되며, 다른 것보다도 과학과 근대화에 결정적인 사회운동들과의 대치와 혼합 속에서 나타난다. 그럼에도 불구하고 여기서 속아서는 안된다. 즉 과학적 확장의 경로는 온갖 모순들을 통해 열린다. 근대화 위험에 대한 공적 토론은 성찰적 과학화의 조건 아래서 실수를 확장기회로 변형시키는 정해진 길이다.

문명의 비판과 학제적 혼합과 공적으로 유효한 저항운동들에 대한 이러한 해석은 **환경운동**의 경우에서 특히 분명하게 확인할 수 있다.[2] 보존운동은 산업화가 시작될 때부터 전개되어 왔다. 하지만 (많은 비용을 들이지도 않고 산업화를 근본적으로 비판하지도 않은) 보존운동조직들이 표명한 선별적 비판은 그것을 에워싼 진보와 후진에 대한 적대적 분위기를 결코 털어버릴 수 없었다. 이 같은 상황은 산업화를 통해 자연에 가해지는 위협이 커지는 동시에 낡은 보존의 이념에서 완전히 분리된 과학적 해석이 개진되고 수용되었을 때 비로소 바뀌었다. 이 해석들은 명백히 파괴적인 산업화의 결과들을 가지고 늘어나는 공중의 불만을 설명했고, 지지했으며, 구체적인 개별사례들과 정황들에서 해방시켰고, 일반화했으며, 산업화 및 기술화에 맞선 광범위한 저항에 합류했다.

미국에서 이러한 변화는 본질적으로 자연 생물계에 대한 산업화의 파괴적 결과들에 집중한 결정적으로 중요한 생물학적 조사를 통해 이루어졌으며, 그 낱말의 가장 진정한 의미에서 '경고'를 발하였다. 말하자면 일반 대중이 이해할 수 있는 과학적 주장과 언어를 사용하여 연구자들은 지구상의 생물에 대해 산업화가 미치는 현재의 긴박한 영향들을 조사했고 이것들을 어렴풋이 그 모습을 드러내고 있는 파괴의 이미지로 집중시켰다.[3] 저항운동이 이러한 주장들을 받아들이면서 위에서 특정한 형태의 과학화에 맞서는 저항의 과학화로 언급한 과정이 시작되었다.

---

[2] 나는 여기서 특히 (미간행으로 생각하는 데) Robert C. Mitchell(1979)의 논의에 의존하고 있다. 또한 같은 주제에 대해 Novonty(1979), Weingart(1979), Küppers et al.(1980)을 보라.
[3] 나는 특히 1962년에 간행되어 석달만에 100,000 부가 팔린 Rachel Carson의 *Silent Spring*과 Barry Commoner의 *Science and Survival*(1963)을 생각하고 있다.

Risikogesellschaft

　환경운동의 목표와 주제는 (입산금지나 특정 생물종의 보호를 통해) 궁극적으로 쉽게 충족될 수 있는 구체적 정황들과 개별적 요구들에서 점차 분리되었고 산업화 자체의 조건과 전제들에 맞서는 일반적 저항으로 옮겨갔다. 더 이상 저항은 (석유 유출, 산업폐기물에 의한 강의 오염 등과 같이) 가해의 책임을 되밝힐 수 있는 개별사례나 가시적인 위협들에만 국한하여 일어나지 않는다. 더욱이 일반 대중이 종종 볼 수도 없고 만질 수도 없는 위협들이, 때로는 영향받은 개인들에게는 평생동안 아무런 해도 미치지 않고 그 후손들에게만 영향을 미칠 수 있는 위협들이 문제의 중심자리를 차지하게 된다. 어느 경우에나 이것들은, 조금이라도 위협으로 인식되고 해석될 수 있기 위해서는 이론, 실험, 측정도구 등과 같은 과학의 이차적 기관들을 요구하는, 위협들이다.

　역설적으로 들릴 수도 있겠지만 과학화된 생태운동에서 저항이 일어나는 정황과 저항의 주제는 저항 행위자들 및 영향받은 일반인들에게서 크게 독립되어 있다. 제한적인 의미에서 위협들은 심지어 어떠한 인식가능성에서도 분리되었으며, 과학에 의해 전파될 뿐만 아니라 엄격한 의미에서 과학적으로 구성된다. 이것은 '일반인의 저항'이 덜 중요해진다는 것을 뜻하지 않으며 그것이 '반(反)-과학적' 매개에 의존한다는 것을 보여 준다. 과학적 측정과 실험과 논증도구의 도움을 받아야만 위협을 진단하고 그 원인에 맞서서 투쟁할 수 있는 경우가 흔히 있다. 이러한 진단과 투쟁은 일반적으로 상당히 비싼 기술장치와 측정도구와 함께 상당히 특별한 지식, 그리고 관습에 얽매이지 않는 분석을 감행할 수 있는 자세와 능력을 요구한다.

　이 예는 다른 많은 것들을 대표한다. 그러므로 과학은 문명의 위험상황들의 기원 및 심화와 그에 상응하는 3가지 위기의식과 연관되어 있다고 할 수 있다. 과학적 결과의 산업적 이용은 문제를 만들어 낼 뿐만 아니라 과학은 문제를 도대체 문제로서 승인하고 제시하기 위한, 또는 그렇게 하지 않기 위한 (범주와 인식도구 같은) 수단도 제공한다. 결국 과학은 자신이 만들어 낸 위협을 '극복하기' 위한 전제조건들도 제공한다. 따라서, 다시 한 번 환경문제를 예로 들자면, 오늘날 생태운동의 전문화된 부분들 내에서는 이 운동이 전에 널리 선전했던 자연에 대한 행동절제는 거의 찾아볼 수 없다.

확실히 그와는 반대로 물리학, 화학, 생물학, 체계연구와 컴퓨터 시뮬레이션이 제공해야 하는 최신의 최상의 결과들에 기초하여 적절한 주장들을 제기한다. 생태계 조사에서 사용되는 개념들은 대단히 현대적이며 자연을 개별부분들로서 다룰 (그리고 그로써 체계적으로 생산된 무지로 말미암은 2차에서 n차까지의 피해와 결과들을 유발할 위험을 무릅쓸) 뿐만 아니라, 총체로서 다룬다. … muesli를 먹고 자연섬유 가방을 들고 다니는 것은 새로운 근대성의 전조이며, 그 특징은 훨씬 더 완전하고 충분한, 그러나 무엇보다도 훨씬 더 포괄적인 자연의 과학화와 기술화일 것이다(Weingart, 1984: 74).

반과학적 태도 내부에서 그처럼 격렬한 신랄함과 비합리성을 낳는 것은 바로 자신이 저항하는 대상에 자신이 의지하고 있다는 자각이다.

과학의 탈독점화

과학은 실패했기 때문이 아니라 성공했기 때문에 **왕좌를 내놓게 되었다**. 심지어 금세기에 과학들이 더 큰 성공을 거두었을수록 그만큼 훨씬 더 빠르게 훨씬 더 철저하게 그 원래의 타당성 주장은 상대화되었다고 말할 수도 있을 것이다. 이런 의미에서 금세기 후반기에 이루어진 과학적 발전은 (이미 밝힌 바와 같이) 그 외적 관계에서 뿐만 아니라 (이제 밝히겠지만) 그 내적 관계에서도, 즉 자기가 자기를 보는 사회적 및 이론적 관점, 그 방법론적 기초와 응용에 대한 관계에서도 **연속성의 단절**을 경험하고 있다.

일차적 과학화의 모델은 과학의 방법적 회의주의가 한편으로는 제도화될 수 있고, 다른 한편으로는 과학의 **대상들**에 아직 제한될 수 있다는

'소박성'에 기초하고 있다. 과학적 지식의 기초는 과학적 결과들의 실천적 응용의 문제들이 그러하듯이 회의주의의 대상이 되지 않은 상태이다. 도전적인 문제들과 내적인 회의주의에 빠지기 쉬운 것은 외적으로 **교조화**한다. 그 이면에서 '행동이 따르지 않는' 연구실천과 체계의 조건으로서 회의주의가 중단되고 분명한 행동계획으로 대체되어야만 하는 실천 및 정치행동의 제약요인 사이의 차이만이 은폐되는 것이 아니다. 내부와 외부의 경계를 따른 이 같은 과학적 합리성의 양분은 특히 과학 전문가 집단들이 가지는 시장에서의 **그리고 전문가로서의 이해관계에** 조응한다. 과학적 서비스와 지식의 소비자들은, 그것이 아무리 교묘하게 개진된다고 해도, 허용되거나 드러난 오류, 잘못된 가설, 자기의심에 대해서는 대가를 지불하지 않으며, 오직 '지식'에 대해서만 대가를 지불한다. 경쟁하는 전문가와 일반인 집단에 맞서 시장에서 지식 주장을 성공적으로 확증할 수 있는 사람들만이 내적으로 (기본연구로서 불리는) '회의주의의 호사' 속으로 빠져들기 위한 시장적 및 제도적 전제조건들을 언제나 마련할 수 있다. 합리성의 관점에서 일반화되어야 하는 것은 시장에서 지배적인 것을 위해 정반대의 것으로 변해야만 한다.

교조화하는 것과 의심의 기술은 '성공적인' 과학화 과정에서 서로 보완하는 동시에 모순을 일으킨다. 내적 성공이 '실험복을 입은 반신반인'의 파괴에 기초하고 있는 반면, 외적 성공은 그와 반대로 모든 '비합리적 비판의 의심'에 맞선 동일한 반신반인의 의도적인 **구성**, 아첨, '무오류성 주장'의 완강한 방어에 의존한다. 그 산출조건에 의해 언제나 '요구에 따라 오류'가 될 수 있는 결과들은 동시에 영원히 타당한 '지식'으로 양식화되어야만 하며, 이 점을 실제로 무시하는 것은 무지를 뚜렷이 드러내는 일이 될 것이다.

이런 의미에서 **근대성과 반(反)-근대성**은 일차적 과학화의 모델 속에서 **모순적인 방식으로** 언제나 융합되어 있었다. 비판의 개별 원리들은 분리되었다. 그 타당성의 범위는 축소되었다. 외적 관계들 속에서 개진된 지식의 절대성 주장은 내적으로 규범의 수준까지 격상된 의심의 일반화와 기묘하게 대비된다. 과학과 접촉하게 되는 모든 것은 **과학적 합리성**

자체를 제외하고는 변할 수 있는 것으로 계획된다. 제한할 수 있는 것의 이 같은 제한은 우연히 생겨난 것이 아니며, **기능적으로 필연적이다.** 이 같은 제한만이 과학에 널리 퍼져 있는 전통과 일반적인 관행에 대해 인지적 및 사회적 우위성을 제공할 수 있다. 오직 이런 식으로만 비판적 지식 주장과 **전문화를 위한 노력은** 서로를 (모순적으로) 제약할 수 있다.

이러한 평가는 두 가지 결과를 낳는다. 첫째, 19세기부터 지금까지 진행된 과학화 과정은 교조화 과정으로서, 과학의 '교조들'이 요구한 의심받지 않은 타당성의 실천으로서도 이해되어야만 한다. 둘째, 일차적 과학화의 '교조들'은 과학이 그에 맞서 승리를 거둔 (종교나 전통의) 교조들과는 아주 다른 방식으로 불안정하다. 즉 **그것들은 자신의 내부에 자기 자신의 비판과 폐기의 기준들을 들여 온다.** 이런 의미에서 과학적 발전은 그 성공의 연속성을 통해 그 자신의 한계와 기초를 침식한다. 과학적 논증규범의 **승리와** 일반화 과정에서 완전히 나쁜 상황이 발생한다. 과학은 **없어서는 안될 것이 되는 동시에** 그 원래의 타당성 주장은 **완전히 사라진다.** 똑같은 방식으로 '실천적인 문제들'이 불거진다. 과학이 그 외적 및 내적 관계들 양자에서 안전의 상실을 방법적으로 추구함에 따라 그 힘이 쇠퇴하게 된다. 그 결과는 합리성이 고양되는 데서 전문가와 일반인 사이의 갈등적인 **동일화 경향이** 나타난다는 것이다(예컨대 한 가지 좋은 지표로 '의료 과실'의 증가를 들 수 있다). 더욱이 근대성과 전통, 전문가와 일반인, 결과의 생산과 응용과 같은 보통의 개념들로는 이 같은 고양을 반영하지 **못한다.** 성찰적 과학화의 조건에서 나타나는 이 **같은 회의주의의 해방은** 과학이론과 **연구실천의** 면으로 나누어 살펴볼 수 있다.

과학이론의 오류성

일차적 과학화에서 성찰적 과학화로의 이 같은 이행은 그 자체로는 과학적이자 제도적으로 수행된다. 단절의 수행자는 과학을 과학 자체에 비판적으로 응용하는 분과들, 즉 과학이론 및 과학사, 인지사회학 및 과학사회학, 심리학 및 과학의 경험적 인종학 등이다. 이것들은 금세기 초부터 다양한 정도로 과학적 합리성의 자기교조화의 기초를 부식해 왔다.

한편에서 이 분과들은 전문적이자 제도적으로, 그리고 특히 **아직도** 타당한 일차적 과학화의 모델의 주장 아래서 수행된다. 다른 한편 이것들은 그 응용의 조건을 제거하며, 이런 의미에서 성찰적 과학화의 자기비판적인 변수를 이미 보여 주고 있다. 이런 의미에서 '대안 과학'은 6-70년대의 발명품이 아니다. 그것은 처음부터 과학의 계획이었다. 이런 의미에서 오늘날까지 장기적인 영향을 미치고 있는 '대안 전문가들'의 최초의 예들 중의 하나는 '부르주아 과학'에 대한 맑스주의적 비판이다. 이 비판은 특정 사례에 대한 과학의 신념과 현존 과학에 대한 일반화된 이데올로기 비판 사이의 전적으로 모순적인 긴장을 함축했다. 이 같은 관점은 만하임의 인지사회학으로, 포퍼의 반주의나 쿤의 규범주의에 대한 역사적 비판으로, 과학이론 내부에서 계속해서 새로운 형태로 제시되었다. 여기서 차츰차츰 나타나는 체계적인 '집안의 약점 들추기'는 처음에는 단지 부분적으로만 제도화되었던 오류성을 자신에게 지속적으로 적용하는 것이다. 그리고 이 같은 자기비판의 과정은 흔들림없이 진행되지 않았으며, 과학적 작업의 '합리적 핵심'을 구출하려는 반복된 시도들의 지속적인 해체 속에서 진행되었다. 이 궁극적으로 불경한 '추측과 논박'의 과정은 많은 예들에서 찾아 볼 수 있을 것이다. 그러나 금세기에 전개된 과학이론의 논쟁과정에서 만큼 두드러진 방식으로 진행된 것은 없다.

궁극적으로 포퍼는 거짓주장을 막으려고 세운 반증원리의 '기초를 다지려는' 그 자신의 모든 '시도들'에 대해 사용되는 것과 동일한 '칼'을 기초사고에 대해 이미 사용했다. 반증원리에서 '기초들의 잔여물'은 반증원리가 의존해야 했던 기둥들이 파괴될 때까지 자신에게 지속적으로 적용됨으로써 모두 점차 드러나고 제거된다. '어떻게 해도 좋다'는 파이어아벤트의 유명한 문구는 그토록 강력한 과학적 능력과 꼼꼼한 엄밀성으로 달성된 이 상황을 요약해 줄 뿐이다[4]

연구실천의 오류성

그러나 과학실천에서는 다음과 같이 물을 수 있고, 또 사람들은 분명히 묻는다. 그래서 어쨌다는 거냐? 과학이론이 관심을 가지지 않았던 연구실천에 대해 '철학적 무화과 잎사귀'일 뿐이었던 과학이론이 자신을 쓸모없는 것으로 만든다고 해서 우리가 무엇을 걱정하는가? 그러나 반증원리를 주창한 이후에 거기에 항상 존재하는 과잉요소를 계속해서 밝히는 것은 몇 가지 결과들을 낳았음에 틀림없다. 아무것도 일어나지 않았다. 전혀 아무것도. 그 진보의 과정에서 과학은 단지 **진리를 잃었을** 뿐이다. 마치 학생이 우유 사먹을 돈을 잃어버리듯이. 지난 30년 간 과학은 진리의 **도움을 받는** 활동에서 진리**없이** 전개하는 활동으로 변했지만, 진리의 이점을 이전보다 더 많이 활용해야만 한다. 과학실천은 명확히 과학이론을 따라 추측하고 자기의심하고 **협약**을 맺었다. 내적으로 과학은 더 이상 의사결정을 하지 않게 되었다. 외적으로는 위험이 확산된다. 내적으로도 외적으로도 더 이상 과학은 이성의 축복을 누리고 있지 않

---

4) 이 논쟁은 여러 단계로 서술할 수 있다. 첫째, 좀더 접근하여 살펴보면 경험자료는 '사변이론'의 반증인으로서 불충분하다. 후자는 기초를 확고히 다져야만 한다. 경험 속에서 그 기초를 확립하는 것은 그것의 상호주관성을 제거하는 것이다. 동시에 실험(면접, 관찰 등)을 통한 자료의 생산은 계속해서 무시된다. 만일 후자가 포함된다면, 이론적 진술과 경험적 진술 사이의 경계, 전체 작업의 요점이 파괴된다. 조사에 관한 반증자의 주장은 실제로 어떻게 이해되어야 하는가? 한 실험이 이론적 기대를 충족시키지 못하는 경우를 상정해 보자. 이론이 한번에 완전히 논박되었는가, 또한 상이한 결정의 가능성을 보여 주고 그런 만큼 대단히 다양한 방식으로 (예를 들어 실험에서 실수를 저질렀을 것이라고 의심하거나, 정반대의 노선을 따라 이론을 구축하고 발전시킴으로써. Lakatos, 1974) 추구할 수도 봉쇄할 수도 있는 기대와 결과 간의 비일관성이 쉽게 드러났는가? Thomas S. Kuhn(1970)의 영향력있는 논문으로 시작된 과학사의 변천에서 경험적 기초는 과학철학의 성찰에서 제거되었다. 하지만 그 과정에서 경험주의 없는 이론으로서 과학이론의 지위는 문제설정적인 것이 되었다. 과학이론은 단지 논리적으로 입증된 규범의 이론일 뿐인가, '좋은' 과학을 판정하는 대검찰청인가, 이로부터 중세시대 종교재판의 과학적 등가물이 나타나는가? 아니면 그것은 경험적으로 증명될 수 있는 이론에 대한 자신의 요구를 충족시키는가? 그렇다면 그것의 타당성 주장은 현재의 모순적인 지식생산과 제작의 원리라는 견지에서 대폭 축소되어야만 한다. 과학에 관한 민족학적인 연구는 자연과학적 합리성이 탄생했다고 추정되는 곳, 즉 연구실에서조차 직업경력과 사회적 수용의 원리를 따르는 널리 퍼져 있는 실천들이 기우무(祈雨舞)와 다산의례의 근대적 변형들을 닮았다는 것을 마침내 '발견한다'(Knorr-Cetina, 1984).

다. 그것은 진리에 불가결한 것이자 진리일 수 없는 것이 되었다.

이것은 우연이 아니다. 진리는 근대성의 상궤(常軌)를 취했다. 진리를 통제하고 공표하는 과학종교는 성찰적 과학화의 과정에서 **세속화**되었다. 과학의 진리주장은 경험적으로도 과학이론 상으로도 세밀한 자기검토에 저항하지 않았다. 한편에서 사물을 설명할 수 있다는 과학의 주장은 무효선언에 따라 **가설**, 추측에서 손을 떼게 되었다. **다른 한편** 실재는 **생산되는 자료**로 승화되었다. 따라서 전에는 실재의 중심물이었던 '사실'은 다른 방식으로 질문할 수도 있었을 문제들에 대한 해답이며, 자료를 모으고 빼는 규칙의 생산물일 뿐이다. 다른 컴퓨터, 다른 전문가, 다른 제도, 그리고 다른 '실재'. 그렇지 않다면 기적일 것이다. 과학이 아닌 기적. (자연)과학적 연구실천의 비합리성을 보여 주는 또 다른 증거를 제시하는 것은 시체를 훼손하는 일이 될 것이다. 진리의 문제를 가지고 과학자들에게 접근하는 것은 사제에게 신에 관해 묻는 것만큼이나 마땅찮은 일이다. 과학 동아리 내에서 '진리'라는 말을 입에 올리는 것은 ('실재'와 마찬가지로) 무지와 범용함을 드러내는 것이고, 일상언어에서 온 모호하고 감정적인 용어를 깊은 생각없이 함부로 사용하는 것이다.

확실히 이 같은 상실에는 공감이 가는 측면이 있다. 진리는 초자연적인 노력이었고 거의 신성한 것이었다. 그것은 교조의 가까운 친척이었다. 일단 그것을 소유하고 공표하자, 변화시키기는 어려웠지만 그것은 지속적으로 변했다. 과학은 인간다워지고 있다. 거기에는 실수와 오류가 잔뜩 들어차 있다. 과학은 진리없이도, 어쩌면 훨씬 더 훌륭하게, 더 정직하게, 더 탁월하게, 더 용감하게 수행될 수 있다. 반대측면은 매력적이며, 언제나 기회를 가지고 있기도 하다. 무대는 다채로워지고 있다. 만일 세 명의 과학자가 모인다면, 15 가지의 의견이 서로 충돌할 것이다.

인지적 실천의 봉건화

진리를 사회적으로 정의하기 위해서 과학적 결과에 의지하는 것은 더욱더 필요해지고 있는 동시에 **점점 더 충분하지 않게** 되고 있다. 필요조건과 충분조건 사이의 이 같은 불일치와 그 결과로 나타나는 회색지대는, 다른 것들을 대표하여 지식을 확정한다는 그 가장 중심적인 역할에서의 과학의 기능상실을 반영한다. 정치와 실업계와 대중매체와 일상생활 속의 과학적 결과의 목표집단들과 이용자들은 **일반적으로** 과학적 논증에 더욱 의존하게 되는 동시에, **개별적인** 발견들에서 그리고 그 진술의 옳고 그름과 관련된 과학의 판단에서 독립하게 된다.

외적 수행자들에게 진리 주장이 이전되는 것은 과학의 **분화**에 **기초하**고 있다. 이것은 명백한 역설이다. 이 같은 이전은 무엇보다도 발견들이 극히 복잡하고 다양하다는 사실에서 비롯된다. 그리고 이 발견들은, 비록 서로 공공연히 모순을 일으키지는 않을지라도, 서로 보완하지도 않지만 일반적으로 상이한, 심지어 양립할 수 없는 것들을 확증하고, 따라서 사실상 실행자들은 스스로 알아서 결정할 수밖에 없다. 여기에 그들 스스로 공표한 자의성이 추가된다. 이것은 구체적인 상황에서는 대개 부인되지만, 그럼에도 불구하고 많은 발견들의 불일치와 협약 및 결정에 대한 방법론적 의지 속에서 드러난다. 대신에 가설적 과학이 언제나 사용하는 '그렇지만', '한편, 다른 한편' 등의 어법은 지식의 정의에서 여러 가지 선택지들을 제공한다.

수많은 발견들, 그것들의 모순됨과 지나친 전문화는 수용을 참여로, 과학에 **동의하는** 동시에 **맞서는** 자율적인 지식형성의 과정으로 전환시킨다. 물론 언제나 그러했다고 말할 수도 있다. 과학과 관련된 정치나 실업계의 자율성은 그 관계만큼이나 오래된 것이다. 그러나 여기서 언급된 두 가지 특이성이 그 과정에서 책상 밑으로 사라진다. 이러한 유형의 자율성은 과학에 의해 **생산**된다. 이것은 과학의 **부산물**인 동시에 자신의 요구를 가설로서 과학에 재투입하며 스스로를 상대화하는 해석의 다원성의 이미지를 제공한다.

그 결과는 지식생산의 조건에 강력한 영향을 미친다. 실재성을 잃어버린 과학은 다른 것에게서 진리가 어떠해야 하는가를 지시받을 위협에 직면하게 된다. 이것은 직접적인 영향력의 행사를 통한 '궁정과학'의 번성에만 해당되는 것이 아니다. 우연, 결과의 미결정성 및 그 결정의 용이성이 이 같은 위협을 가져올 수 있다. 과학적으로 엄밀하게 검토되지 않는 선택기준은 어쨌든 통제해야만 하는 극복잡성 속에서 새로운 그리고 어쩌면 결정적인 의미를 갖게 된다. 이 기준에는 기본적인 정치적 견해, 후원자의 이해관계, 정치적 함의의 예측, 간단히 말해서 **정치적 승인**이 포함된다.

그 스스로 생산하는 과도한 복잡성 때문에 과학은 방법론적으로 인습화하여 **그 인지적 실천을 은연중에 봉건화**할 우려가 있다. 이에 상승하여 외적 관계에서 **새로운 특수주의**가 발생한다. 즉 크고 작은 과학자 집단들이 암암리에 형성되는 활용의 우선순위를 두고 서로 멀어지거나 모인다. 핵심적인 요점은 이것이 나중의 실천적 접촉에서만 나타나는 것이 아니라, 이미 연구실에서, 과학자들의 사무실에서, 과학적 결과 자체가 생산되는 내부의 성소에서도 나타난다는 것이다. 기술-과학적 생산의 위험을 예측하기가 더욱 어려워지는 동시에 그 위험이 공공의 의식을 결정한다는 사실이 더욱 분명해질수록, 정치 및 경제기관들에 대한 행동의 압력은 더욱 강해지고 사회단체들이 '의사결정력으로서 과학'에 대한 접근을 확보하는 것은 더욱 중요해진다. 그 접근의 목표가 해를 줄이려는 것이거나, 전환시키려는 것이거나, 재정의하려는 것이거나, 또는 '의사결정에 대한 외적 개입'을 각색하거나 방법에 대한 비판을 통해 막으려는 것이거나에 상관없이.

그러나 이 과정은 또한 다른 측면들을 가지고 있다. 이 과정으로 약간의 계몽이 또한 실현될 수 있다. 사람들은 전문가들의 '후원하는 체하는' 인지적 지시에서 해방된다(Illich, 1979). 과학을 평가할 수 있는 사람들이 더욱더 많이 늘어난다. 이처럼 과학적 논증이 일반화하면서 나타나는 과학의 기능적 변형에는 과학자들을 화나게 하는 무엇인가가 있다.

볼프강 본쓰와 하인쯔 하트만은 이에 대해 다음과 같이 말한다.

이 같은 일반화가 진행되면서 계몽주의 이래로 유일하게 권위있는 정당화 수단으로 승인된 과학적 논증은 합리적으로 공격받을 수 없는 권위라는 그 후광을 잃고 사회적으로 쉽게 이용될 수 있게 되는 것으로 보인다. 사회학적 관점에서 이 같은 경향은 과학화 과정의 **결과**로 나타난다. 과학적 진술이 더 이상 신성불가침의 것이 아니며 일상의 평범한 삶 속에서 논박될 수 있다는 사실은, 과학적 담론의 구조를 지탱하는 원리로서 체계적인 회의주의가 더 이상 과학적 담론의 특권이 아니라는 것을 의미할 뿐이다. '계몽되지 않은 군중'과 '계몽된 시민' 사이의 차이, 또는 좀더 근대적인 용어로 하자면 일반인과 전문가 사이의 차이는 줄어들고 상이한 전문가들 사이의 경쟁으로 변형된다. 실제로 모든 사회적 하부체계들 내에서 규범과 가치의 내부화는 체계적 지식의 경쟁하는 구성요소들의 견지에서 성찰로 대체된다(Bonß and Hartman, 1985: 16; 또한 Weingart, 1983: 328도 보라).

전문가들 사이의 이러한 상호전문적인 경쟁에서 살아남기 위해 '세밀한' 유의도 검정치를 제시하는 것은 더 이상 충분하지 않다. 사정에 따라 사람들은 혼자 알아서 하거나 다른 사람들을 확신시켜야 한다. 성찰적 과학화의 조건 아래서 **신념의 생산**(또는 동원)은 타당성 주장을 사회적으로 실행하기 위한 핵심적 원천이 된다.[5]

오늘날 과학적 이야기들의 모순적인 지껄임 때문에 과학이 과학**으로서** 사람들을 확신시켰던 곳에서, 과학에 대한 **신념** 또는 대안과학(또는 이런 방법, 이런 접근법, 이런 지향)에 대한 **신념**이 결정적으로 된다. 아마도 제시하지 않은 '어떤 것', 개인적 설득력, 연줄, 대중매체나 그와 비슷한 것에의 접근만이 '개인적 발견'에 '지식'의 사회적 속성을 제공할 것이다. 신념이 과학적 논증을 결정하(도록 돕)는 곳에서 이것은 더

---

[5] 이것은 바로 해석의 과잉공급이 전개되면서 이 같은 해석들의 실천적 응용과 활용을 위해 개성과 인적 연결망의 중요성이 커지는 경향을 보이는 이유들 중의 하나일 것이다.

이상 외적 형식에 대한 신념으로서가 아니라 과학으로서 곧 지배를 회복할 수 있다. 과학이 지식의 생산에 대한 필요조건이지만 더 이상 충분조건은 아닌 과학의 궐위기간 중에, 대단히 다양한 교리들이 다시금 대두할 것이다. 이에 따라 많은 것들이 가능해진다. 운명론, 점성술, 비교, 자아경배 및 자아희생 등이 과학적 발견들, 과학에 대한 급진적 비판, 과학에 대한 신념과 뒤섞인다. **새로운 연금술사들**은 자신들의 '진리'와 지원자들을 과학의 앞에 세우는 것이 아니라 과학과의 상호작용 속에 세우기 때문에 기묘하게도 과학의 비판에 대해 면역력을 지닌다.

이 같은 과학의 면역성은 이처럼 극단적인 경우에만 적용되는 것은 아니다. 아주 일반적으로 말하자면, 이데올로기와 편견들이 이제는 과학으로 무장하여 과학에 맞서 자신들을 새롭게 방어할 수 있다. 이것들은 과학의 주장을 기각하기 위해 과학 자체에 의지한다. 사람들은 대안적인 탐색들을 포함하여 단지 **더 많은** 것을 읽어야 할 뿐이다. 결과가 나오기에 앞서서 반대의견이 소비된다. 말하자면 사전통보된다. 모든 경우에 사용할 수 있는 한쌍의 기본적인 (방법론적) 반대의견을 수중에 가지고 있으면 그것만으로 이런저런 완고한 새로운 과학적 성과들을 충분히 무너뜨릴 수 있다. 60년대까지 과학은 과학을 신봉하여 논쟁하지 않는 대중에게 의존할 수 있었으나, 오늘날 그 노력과 진보에는 불신이 따른다. 사람들은 이야기되지 않은 것을 의심하고 부수효과를 추가하여 말하며 최악의 상황을 예상한다.

기술-과학적 문명은 온통 **변경할 수 없는 금기들**로 가득 차 있다. 행동에서 비롯되는 사물들의 실존이 인정되지 않는 이 정글에서, 문제의 '중립적' 분석을 모색하는 과학자들은 새로운 종류의 **곤경**에 빠지게 된다. 모든 분석은 행동변수의 사회적 금기화의 **주변을** 연구할 것인가, 아니면 그것에 대해 연구할 것인가를 결정해야 한다. 이 같은 의사결정의 가능성은 (심지어 고용주의 지시를 받아야 하는 경우에조차) 연구설계 자체에 영향을 미친다. 그러므로 이 가능성은 탐색적인 과학실천의 가장 중심적인 영역에, 변수의 선택에, 추측의 방향과 범위에, 개념설계에, 위험의 산정수단 등에 자리 잡고 있다.

일차적 과학화와는 대조적으로 이 같은 연구결정의 결과는 본질적으로 상당히 **존중할 만한** 것이다. 만일 후자가 산업과 생산을 **벗어나서** 건강과 자연 같은 사회의 (힘없는) 잠재영역에 있다면, 오늘날 위험의 결정인자들은 실업계, 정치, 제도적 통제기관과 같은 **힘있는 권력지대**에 직접적인 영향을 미친다. 이 지대는 자신들에게 영향을 미치는 어떠한 비용집약적인 이차효과도 감지할 수 있는 '제도화된 조심성'과 '집합적 힘'을 확실히 가지고 있다. 이처럼 위험의 '비가시성'은 사회적 상황에 따라 심하게 제한된다. 그 효과의 '이차적 성격'에 대해서도 똑같이 말할 수 있다. 발전의 관찰은 공식적인 위험연구의 능력(또는 연관부서)의 영향을 받는다. 법적 기초와 마찬가지로 지도지침은 알려져 있다. 모든 사람이 어느 정도의 유독물질의 축적과 허용치의 초과가 어떤 결정적인 (법적 및 경제적) 결과와 연관되어 있는지를 대략 알고 있다.

그러나 이것은 위험이 과학화되어 있다는 것을 의미한다. 이차효과의 평가가능성은 **외적인** 문제에서 **내적인** 문제로, **응용**의 문제에서 **지식의** 문제로 변형된다. 외부는 사라진다. 결과는 내적이다. 기원과 응용의 맥락은 서로를 밀고 나아간다. 따라서 연구의 자율성은 지식의 문제인 **동시에** 응용의 문제이다. 금기를 위반할 수 있는 가능성은 좋은 연구나 나쁜 연구의 본래적인 조건이다. 이것은 이런 저런 방식으로 이루어질 수 있는 연구결정의 회색지대 내에 여전히 은폐되어 있다. 그 제도적, 과학이론적, 도덕적 구성을 보았을 때, 연구는 자신이 지닌 정치적 함의를 수용하고 철저히 탐구할 수 있는 위치를 차지해야만 한다. 만일 첫번째 채찍질 소리에 모든 굴렁쇠를 다 통과하고자 하지 않는다면.

동시에 과학의 인지적 실천이 영향을 미치고 지도할 수 있는 기회는 그 **선택범위**에 있다는 것을 여기서 알 수 있게 된다. 선택범위는 이제까지 타당성을 이유로 과학이론에 의해 배제되어 왔으며, 따라서 어떤 평가도 받지 않았다. 지배적인 가설형성 이론에 따르면 인과사슬은 추측을 검증할 수 있는 한 어떠한 타당성 기준과도 충돌하지 **않으면서** 아주 다른 방향으로 투사될 수 있다. 발전된 문명에서 과학적인 인지적 실천은 **잠재적으로 정치적인 변수들을 암묵적이고 객관화된 방식으로 조작하는 것**

이며, 정당화될 필요가 없는 선택적 결정이라는 허식 뒤에 은폐되어 있다. 그렇다고 해서 객관화가 배제된다는 뜻은 아니다. 또한 추정된 인과관계가 정치적으로 생산될 수 있다는 뜻도 아니다. 물론 원인과 행동분석은 자신들에 대한 과학자들의 견해와는 아주 독립적으로 서로 맞물려 있다. 위험의 이중화된, 구성된 실재는 그 원인의 객관적 분석을 정치화한다. 오인된 '중립성'에서 비롯된 금기에 순응하는 이 같은 조건 하에서 연구를 수행할 때, 보이지 않는 부수효과의 법칙이 문명의 발전을 여전히 지배한다는 사실에 과학은 기여한다.

'부수효과'의 평가가능성에 대해

우리는 결과의 예측불가능성이라는 요정 이야기를 더 이상 참고 들을 수 없다. 황새는 결과를 가져오지 않는다. 결과는 **만들어진다**. 그 계산불가능성에도 불구하고 결과는 과학 내에서 만들어진다. 실제적인 외적 결과의 **계산가능성**과 그 본래적인 **평가가능성**을 체계적으로 구분했을 때 이 같은 사실이 드러난다.

지배적인 이해방식에 따르면 과학적 작업의 이차적 결과의 계산불가능성은 과학의 분화가 더욱 진척됨에 따라 **필연적으로** 강화된다. 과학자들은 자신들의 작업의 활용에서 실제로 분리된다. 과학자들이 활용의 영역에서 마음대로 영향력을 행사할 가능성은 전혀 없다. 대신에 다른 사람들이 영향력을 행사한다. 그 결과 과학자들은 분석적 관점에서 보았을 때 자신들의 작업결과의 실제적인 결과에 대해 책임을 질 수 없다. 사람들이 여러 분야에서 평상어로 이야기하기 시작하고 있을지라도, 이론과 실천의 거리는 줄어드는 것이 아니라 그 때문에 늘어난다. 응용하는 측이 자기 자신의 이익을 위해 그 결과를 이용할 수 있는 가능성이 늘어나는 것처럼.

이 같은 평가는 과학화의 고전이론에서 핵심개념인 계산가능성의 개념에 의존한다. 계산가능성의 유의도와 응용조건은 오늘날에야 비로소 의심받기 시작했다. 이차적 조건들을 평가할 수 있는 가능성은 **성찰적 근대화와 함께 계산가능성-계산불가능성의 개념 자체가 변한다**는 것을 알 때에 비로소 시야에 들어 온다. 계산가능성은 더 이상 도구적으로 합리적인 통제가능성만을 의미하지 않는다. 계산불가능성이 여전히 도구적 지배의 불가능성을 의미하지도 않는다. 만일 그렇다면 '이차적 효과'의 계산불가능성은 오늘날의 과학조직에서 여전히 보전될 것이다. 목적합리성이 맥락화하고 불확실성이 커지기 때문에 그것은 심지어 더 커지기도 할 것이다.

만일 한편에서 사람들이 계산가능성을 **평가가능성**의 의미로 이해한다면, 이것은 성찰적 근대화의 조건 아래서 형성되고 있는 사태에 정확히 들어맞는다. 사실의 면에서 **실제적 결과는 어느 때보다 더 계산불가능한** 상태이다. 하지만 동시에 이차적 효과는 그 잠재성을 박탈당하고 따라서 다음의 세 가지 의미에서 평가가능하게 된다. 이차효과에 대한 지식은 (원칙상) 쉽게 이용할 수 있다. 통제불가능성에 대한 고전적인 변명도 더 이상 통하지 않는다. 그리고 그런 만큼 사람들은 **가능한 효과의 지식** 때문에 움직이도록 압력을 받는다. '계산가능성'의 감소는 따라서 평가가능성의 증대를 수반하며, 더욱이 전자는 후자의 **조건**이다. 이제는 충분히 분화된 하나의 지식분야인 이차효과에 대한 지식은 언제나 (잠재적으로) 현재적이다. 따라서 대단히 다양한 결과들과 반복적인 인과유형들의 의미는 대타대자적으로 중요하게 인식되어야만 한다. 이런 식으로 **실제 결과들이 궁극적으로는 더욱더 계산가능하게 된다. 왜냐하면** 가능한 효과들이 더욱더 평가가능하게 되고, 그 평가가 연구과정에서 그리고 그 본래적인 금기지대와의 상호작용에서 더욱더 자주 행해지며, 결과를 낳는 동안에 그 금기지대를 결정하기 때문이다. 그러나 이것은 또한 연구 자체 내에서 **예상결과**에 대한 암묵적인 처리가 더욱더 큰 중요성을 획득한다는 것을 의미한다. 예상의 수준에서 (그리고 예상에 대한 예상의 수준에서), 이차적 효과들은 예측되며 그런 식으로 연구과정에 직접적으로 영향을 미친다. 비록 동시에 궁극적인 결과가 비가시적인 상태로 남을지라도. 이것은 과학자들에 대해 극히 효과적인 전두엽 절제술을 행하는 것이다. 예상결과가 자신들의 작업, 질문과 설명의 시종점을 실제로 결정하는 것과 똑같은 정도로 과학자들은 실제적인 장기적 결과의 절대적인 계산불가능성을 강조하여 주장한다.

(1) '이차효과'였던 것에 대한 계산가능성의 증대와 (2) 평가가능성의 동시적인 증대라는 이 겉보기에만 모순적인 이중명제가 이제 토의할 주제이다. 전체 논지를 열어 보임으로써만 우리는 어느 정도로 그리고 어떤 의미에서 기술-과학 문명 내의 이 운명론을 극복할 수 있는가를 알 수 있을 것이다.

응용의 자동화

성찰적 과학화의 단계에서 지식생산의 **장소와 참여자들은** 변한다. 앞에서 밝힌 바와 같이 행정, 정치, 실업계와 공공영역 내의 과학의 목표집단들은 협동하기도 하고 대립하기도 하면서 사회적으로 타당한 '지식'의 공동생산자가 된다. 그러나 그와 함께 과학적 결과를 실천과 정치로 옮기는 관계들이 동요한다. 청산된 과학 '지식자본'의 '동료 주주들'이 새롭고 자기확증적인 방식으로 과학을 실천으로 옮기는 데에 개입한다.

일차적 과학화의 모델에서 과학과 정치의 관계는 연역적으로 구상된다. 이 모델에 따른 과학적 처리결과는 하향식의 권위주의적 방식으로 실행된다. 이것이 저항에 부딪힐 때마다, 과학자들의 자기이해에 따르면, 비합리성이 여전히 지배권을 쥐고 있어야만 하고, 이 비합리성은 실행자들 사이에서 '합리성의 수준을 높임'으로써 극복될 수 있다. 이 같은 연역적 응용의 권위주의적 모델은 과학의 성찰적 자기의심의 조건 아래서 더 이상 유지될 수 없다. 외적인 지식생산과정이, 즉 분류와 선택이, 제공된 여러 가지 해석을 의심하고 재조직하며 이 해석들을 '실제적 지식'으로 천천히 풍부하게 하는 것이 (적용기회, 비공식적 권력관계, 연줄

등이) 더욱더 많은 응용을 흡수해 버린다. 따라서 **실천의 과학적으로 지도된 도구합리적 통제**의 목적이 생겨난다. 과학과 실천은 과학에 대한 종속관계에서 다시 한 번 분열된다. 응용 측은 과학을 **통해** 과학**에서** 더욱더 독립하기 시작한다. 어떤 면에서 우리는 바로 지금 어떻게 합리성의 수준이 **전도**되는가를 경험하고 있다고 말할 수 있을 것이다.6)

여기서 목표집단의 **새로운 자율성**은 무지가 아니라 지식에 기초하고 있으며, 가능한 과학적 해석의 저발전이 아니라 그 분화와 극복잡성에 기초하고 있다. 겉보기에는 역설적이지만, 그것은 **과학에 의해 생산**된다. 과학의 **성공**은 수요를 공급에서 더욱 독립시킨다. 이러한 자율화 경향을 보여 주는 중요한 지표는 무엇보다도 **지식원천의 특수한 다원화**와 그에 대한 **방법론의 비판적인 성찰**이다. 더 분화될수록 (그리고 꼭 악화되거나 또는 도덕적으로 재빨라서가 아니라) 자연과학을 포함해서 과학은 논증을 필요로 하는 쟁정적으로 든든한 소비자들을 위한 **셀프-서비스짐**으로 변형된다. 개별 과학적 발견들의 비대한 복잡성은 전문가 집단들 내에서 **그리고 사이에서** 선택할 수 있는 기회를 소비자들의 손에 쥐어 준다. 단지 어떤 전문 대표자들이 조언자 집단에 포함되는가를 선택하는 것만으로써 정치적 계획이 미리 결정되는 경우는 흔하다. 실행자들과 정치인들은 전문가 집단 사이에서 선택할 수 있을 뿐만 아니라, 이 집단들은 분과 내에서 그리고 사이에서 **서로를 속일** 수도 있으며, 이런 식으로 소비자의 자율성은 커진다. 정확히 과학과의 접촉에서 성공적으로 배운 결과로 이 같은 자율성은 점점 더 아마츄어적이지 않은 방식으로 커진다. 전문가들에게서 그리고 그들이 벌인 (또는 벌이지 않은) 근본적인 논쟁들에서, 사람들은 반갑지 않은 결과들을 **전문적으로** (예를 들자면 방법론적 비판을 통해) 봉쇄할 수 있는 방법을 배울 수 있다. 과학의 자기의심의 결과로 이러한 사실이 더욱더 많은 곳에서 시작되는 경향이 있기 때문에, 성찰적 과학화가 실천 측에게 제시하는 방어적 비판의 기회도 커갈

---

6) 이어서 나는 내가 Wolfgang Bonß와 함께 '사회-과학적 결과들의 응용 측면'에 관한 Deutsche Forschungsgemeinschaft 주최의 학술대회에 제출했던 논쟁(Beck and Bonß, 1984)으로 되돌아갈 것이다. Beck and Hartman(1985)도 보라.

것이다.

물론 그런 경우에 과학은 의사결정의 압력을 받고 있는 소비자들 사이의 안전에 대한 요구를 더욱더 충족시키지 못할 것이다. 오류성의 일반화와 함께 과학 측은 자신의 자기의심을 실천 측으로 옮길 뿐만 아니라, 행동에 **필수적인 불확실성의 감소**라는 대안적 역할을 그것에 대해 강요할 것이다. 다시 한 번 강조하지만 이 모든 것은 과학의 무능력이나 저개발의 표현으로 나타나는 것이 아니라, 그와는 정반대로 과학의 분화와 극복잡성과 자기의심과 성찰이 고도로 진전된 결과로 나타난다.

객관적 제약을 만들어 내는 것에 관하여

이 지점에서 논증을 멈추는 사람들은 과학의 실천적 결과의 예측불가능성 속에 과학의 **참여**, 그 구조적 노동분리와 그 이론적 실행계획을 감춘다. 특히 그들은 **불확실성의 일반화로 들어가는 과학의 상궤를 고칠 수 없다**는 가정에서 시작하려 할 것이다. 동시에 과학은 그 역사적 전제조건과 형식에서 변하지 않는 것으로 간주된다. 하지만 과학은 다른 어떤 권력보다 더 강력하게 세계를 변화시켰다. 왜 세계를 변화시켰던 과학이 자신을 변화시킬 수 없다는 말인가? 모든 것이 변할 수 있는 곳에서 세계에 변화를 가져온 과학은 더 이상 그 기초와 작업형식의 불변성을 구실로 이용할 수는 없다. 자신을 변화시킬 수 있는 기회는 실천 측의 자율성과 함께 커진다. 그 분리는 공공영역, 정치, 실업계에서 제기하는 해석과 응용의 요구 속에서 과학적 지식의 재사고와 재정의를 허용하고 강제한다. 많은 질문들이 제기된다. 인지적 과정이 지속적으로 분화됨에 따라 과학적 실천 자체의 내부에서 그 출발점들이 자가생산된 불안전성을 줄여야 하는 곳은 어디인가? 과학의 실천적 및 이론적 주권은 이런 식으로 재확립될 수 있는가? 회의주의의 일반화와 불안전성의 감소는 그 내적 및 외적 관계들 속에서 어떻게 다시 조화를 이룰 수 있는가? 일반적 개념을 설명하는 몇 가지 보기들이 여기서 제시될 것이다.

과학의 지배적인 이론적 자기개념은 과학이 그 합리성의 권위로 가치판단을 할 수는 없다고 암시한다. 과학은 대단히 다양한 이해관계에 대한 '편견없는' 결정의 기초로서 봉사할 수 있는 이른바 '중립적' 양태, 정보, 또는 설명을 공급한다. 하지만 과학이 **어떤** 이해관계를 선택하는가, **누구에게서** 또는 **무엇에서** 원인을 찾는가, 사회문제를 **어떻게** 해석하는가, **어떤 종류**의 가능한 해결책을 제시하는가 등은 결코 중립적인 결정이 아니다. 다른 말로 하면 과학은 명백한 가치진술과는 **독립적으로** 그것을 넘어서 조종능력을 발전시켜 왔다. 과학이 실천적인 영향력을 행사할 가능성은 과학이 과학적 결과들을 **어떻게** 설계하느냐에 있다. 따라서 다양한 행동영역에서 '요구'와 '위험'의 '순수하게 객관적인' 해석은 미래의 발전방향이 결정되는 과정에 외투를 입혀 숨긴다. '요구'와 '위험'으로 간주되는 것은 노령보험, 사회복지보험, 빈곤선의 결정 등과 마찬가지로 핵발전소, 식탄 에너지, 에너지보존수단 또는 대체 에너지원의 결정에서 핵심적인 문제이다. 그리고 이 문제들 각각은 궁극적으로 상이한 형태의 사회적 삶의 문제로 흘러 들어가는 **일련의 연관된 결과들**에 관한 암묵적인 결정을 포함한다. 가치자유 또는 비자유, 결과의 결정과 작용, 가설적 추측 등은 그러므로 사회의 미래에 관한 근본적 결정들을 완수하는 지렛대이다.

이것은 과학이 자기통제와 그 실천적 위험의 순화에 기여할 것인가의 여부를 결정짓는 요인이 과학이 그 영향력의 범위를 넘어서 그 결과의 응용에서 정치적 자문과 협조를 구하느냐의 여부에 달려 있지 않다는 것을 의미한다. 본질적인 것은 **측정할 수 없을 것으로 추정되는 그 이차적 결과들의 평가가능성**과 관련하여 어떤 종류의 과학이 수행되는가이다. 그렇다고 해서 과학이 하나의 극단에서 다른 극단으로 비약해야만 한다거나, 자신의 힘을 무한히 과장하여 과학적 결과를 통해 사회적으로 빚어지는 일에 대해 전적인 책임을 져야 한다는 뜻은 아니다. 그러나 이것은 과학이 위협과 위험에 관해 되돌아오는 보고들을 자신의 자기개념과 작업의 재조직화에 대한 경험적 도전으로서 수용해야만 한다는 뜻을 함축한다. 이런 의미에서 과학 내부에서 외적 불안전성의 감소에 대해 본질적인 것은, (1) 원인의 제거가 징후의 외적 처리를 대체할 수 있는 정도, (2) 실천에서 배울 수 있는 능력이 보전되거나 창출될 것이냐의 여부, 또는 실천적 결과들을 무시함으로써 무오류성에 복종하여 처음부터 배울 수 없도록 만드는 돌이킬 수 없는 상황들이 전개될 것이냐의 여부, (3) 고립된 관점이 보전될 것이냐 또는 맥락 속에서 전문화를 추구할 수 있는 힘이 재발견되고 발전될 것이냐의 여부이다.

원인을 제거할 것인가 징후에 맞서 싸울 것인가

이차적 과학화가 진행되면서 일차적 과학화의 조건과 생산물이 행동의 영역에서 제거된 객관적 제약의 구성물은 변화의 기회와 서로 뒤섞인다. 객관적 제약들이 늘어날수록 객관적 제약의 특징을 유지하기는 더욱 어려워지며, 그 생산은 모든 측면에서 갑자기 폭발하기 시작한다. 기술적 통제를 고려하여 선언되고 숙고된 '기술적 또는 경제적 결정론'은 더 이상 그 결정력을 유지할 수 없으며 정당화 요구와 다른 가능한 조정에 맞서 봉인된 상태로 남아 있을 수 없다. 결정론 자체는, 적어도 원칙상으로, 구성될 수 있는 것이 된다. 자가생산된 제약들조차, 예를 들자면 감기의 원인이 그것을 이기고 예방하기 위해 사용될 수 있는 것과 동일한 원리에 따라, 과학의 성찰적 접근법에 의해 **구성되고 만들어진** 제약들로 변형된다. 처음에는 '잠재적인' 부수효과로 간주되고 그 뒤에는 '피할 수 없는' 부수효과로 간주된 유독물질과 오염물들을, 과학자들은 관찰을 통해 과학자들 내에 숨어 있는 의사결정자들에게 점차적으로 연결시키며 그것들을 통제할 수 있는 조건을 다시 밝혀낸다.

이런 식으로 일차적 과학화가 진행되는 동안에 근대화와 산업화의 모든 조건과 기관들의 얼굴 위에 드리워졌던 '객관적 제약'의 베일이 성찰적 과학화를 통해 체계적으로 연구되어 벗겨진다. 이 과정에서 모든 조건들은 우선 **구성될 수 있는** 것이 되며, 다음에 **정당화에 의존하게 된**다. '다를 수도 있다'는 생각이 명백하게 또는 은밀하게, 마치 이면에서 계속 논쟁할 여지가 남아 있다고 을러대는 가능성처럼, 행동의 모든 영역을 더욱더 지배하게 된다. 그리고 이것은 과학이 그 이론과 방법의 모든 규정력을 동원하여 생산된 위험의 변화불가능성의 장벽을 새롭게 세우려고 시도하는 곳에서조차 나타난다. 그러나 이어서 **무엇이** 연구되는가 뿐만 아니라, **어떻게** 연구되는가도, 다시 말해서 산업화 위험의 증가 또는 회피와 관련하여 접근법, 사고범위, 종결점 등을 어떻게 정할 것인가도 핵심사안이 된다.

따라서 문명의 위험을 다루는 데에는 근본적으로 서로 대치하고 있는 **두 가지 선택지**가 있다. 즉 일차적 산업화에서 비롯되는 원인들을 제거할 것인가, 아니면 결과와 징후들을 이차적으로 산업화할 것인가이다. 후자는 시장을 확대하는 경향이 있으며, 이 점에서 **후자의 경로**가 거의 모든 곳에서 선택되었다. 이것은 비용집약적이며 원인을 애매한 상태로 남겨두고 실수와 문제의 변형을 시장의 활성화에 내맡긴다. 학습과정은 체계적으로 단축되며 저지된다. 근대화 위협의 자가기원은 징후의 선택적 고려와 처리를 통해 밑으로 가라앉는다. 이것은 당뇨병, 암, 심장병과 같은 문명질환의 처리를 예로 들어 설명될 수 있다. 작업강도나 환경오염을 줄임으로써, 또는 건강한 생활방식과 영양식을 통해서 처음에 발생한 곳에서 이 질병들을 치유할 수도 있다. 아니면 화학적으로 조제된 약품을 이용하여 그 징후를 완화할 수도 있다. 질병과 싸우는 서로 다른 여러 학파들은 물론 서로를 배척하지 않지만, 우리는 두번째 방법을 통한 치료에 대해서는 사실상 말할 수 없다. 그럼에도 불구하고 우리는 이제까지 일반적으로 의학적 및 화학적 '해결책'을 선택해왔다.

더욱더 많은 영역에서 산업은 문제의 기원에 대한 자신의 책임을 무시한 채 자신이 이차적으로 유발한 문제들에서 이윤을 얻고 있다. 이것은 다시 한 번 과학 및 그 연구에 대한 대안적 결정의 문제를 제기한다. 과학은 그 고립된 전문화를 통해 여기에 적합하게 위험을 정의하고 원인을 해석하거나, 아니면 이처럼 비용집약적인 징후의 통제를 돌파하고 산업발전 자체에서 문제의 원천과 그 제거를 보여 주고 설명하는 독립적이고 이론적으로 건전한 대안적 관점을 개발한다. 첫번째 경우에 과학

Risikogesellschaft

은 '객관적 제약'의 사슬을 지속하기 위한 참여자이자 정당화 기구가 된다. 두번째 경우에 그것은 이 사슬을 깨고 따라서 근대화에 대한 지배권을 근대화 내부에서 조금이라도 획득할 수 있는 출발점과 방식을 보여준다.

이런 의미에서 위험사회는 또한 잠재적으로 **자기비판적인** 사회이다. 그곳에서 비판의 준거점과 전제조건은 언제나 위험과 위협의 형태로 생산되고 있다. 위험의 비판은 규범적인 가치비판이 아니다. 바로 전통과 가치가 **약화된** 곳에서 위험은 태동한다. 비판의 기초는 과거의 전통보다는 미래의 위협이다. 공기와 물과 식료품에 함유된 유독물질을 인식하기 위해 필요한 것은 확립된 기존 가치들보다는 값비싼 측정도구와 방법론적이고 이론적인 지식이다.

따라서 위험의 결정인자들은 객관적 차원과 가치 차원의 구분에 묘하게 양다리를 걸치고 있다. 이것들은 도덕적 기준을 공공연히 주장하지는 않지만, 양적이고 이론적이고 원인암시적인 도덕성의 형태로 그것을 주장한다. 이에 상응하여 과학을 일반적으로 통상적인 방식으로 이해하여 위험을 연구할 때 일종의 '객관화된 인과적 도덕성'이 작용한다. 위험에 관한 진술은 과학화된 사회의 도덕적 진술이다. 비판의 준거점과 목적, 발견하고 기초를 확립할 가능성 등의 이 모든 것들 자체가 크고 작은 규모의 근대화 과정에서 생산된다. 그러므로 이런 의미에서 또한 탈전통화되고 자기비판적인 사회가 위험사회와 함께 적어도 잠재적으로나마 태동된다. 위험의 개념은 자기위협의 잠재성과 관련하여 문명을 구성하는 시멘트의 결점을 낱낱이 살펴볼 뿐만 아니라, 전체 건축계획을 재삼 재사 탐구할 수 있게 해 주는 탐측기와 같은 것이다.

무오류성 또는 배울 수 있는 능력

만일 부수효과가 더 이상 용납될 수 없다면, 기술-과학적 발전은 그 속도와 나아가는 방식의 모든 단계에서 배울 수 있는 능력을 확실히 길

러야만 한다. 이것은 사태의 전개가 **돌이킬 수 없는 상황**을 빚어내지 않도록 하기 위한 전제조건이다. 이와는 대조적으로 중요한 것은 실수와 정정의 여지를 남기는 기술-과학적 발전의 변수들을 밝히고 찾아내는 것이다. 기술적 연구와 정책은 이제까지 가장 확실하고 매력적인 것으로 밝혀진 '이론', 즉 **인간의 사고와 행동을 실수와 오류에 빠뜨리는 것**에서 앞으로 나아가야만 한다. 기술적 발전이 아마도 궁극적인 이론일, 그리고 기본적으로 편안함을 느끼는 이론일 이 이론과 확실히 모순을 일으키기 시작할 때, 기술적 발전은 무오류성의 짐을 인류에게 지운다. 위험이 다중화하면서, 무오류성을 가장함으로써 배울 수 있는 능력을 박탈하려는 압력이 커진다. 그런데 가장 자명한 것, 즉 인간의 실패를 용인하는 것은 재난을 유발하는 것과 같은 것이므로 어떻게 해서든지 피해야만 한다. 이런 식으로 위험의 다중화와 무오류성에의 복속은 서로 한패가 되어 위협의 정도와 직접적인 상관관계가 있는 위험의 최소화를 위한 압력을 약화시킨다. 이 모든 것은 '객관적 법칙을 따름'으로써 각자의 행동 속에서 은폐되고 있다.

따라서 우리는 실제적 발전들이 사람들에게서 인간성을 박탈하고 영원토록 **완전한 것을 명령**할 '위험의 괴기성'을 포함하고 있는지의 여부를 연구해야만 한다. 기술-과학적 발전은 점점 더 확연한 새로운 모순들에 빠져들고 있다. 지식의 기초들이 과학의 제도화된 자기회의주의를 통해 탐구되고 있는 반면에, 기술의 발전은 회의주의에서 격리되었다. 위험과 행동의 압력이 커지는 것과 마찬가지로 오래 전에 더 이상 지지할 수 없는 것이 되어 버린 지식과 무오류성과 안전에 대한 절대주의적 주장은 기술발전을 통해 갱신되고 있다. 공학이 행동을 취해야 한다는 압력 아래서 교조가 번성한다. 속박에서 풀려나고 체계적으로 선동된 회의주의는 기술발전 속에서 과학적 무오류성의 금기라는 반(anti)근대성을 만난다. 위험이 커질수록 이 금기는 강화된다. '가장 안전한' 것은 궁극적으로 측정할 수 없는 것이다. 즉 모든 개념과 상상력을 제압할 정도로 위협적인 핵폭탄과 핵에너지가 그것이다. 그러므로 이론적-경험적 폐쇄에서 오류론을 해방시키고, 기술을 하나의 가능성으로 격하시키고, 그

'인간성'의 견지에서 즉 '오류에서의 해방'의 견지에서 기술발전의 가능한 변수들을 타진할 필요가 있다.

이런 의미에서 핵에너지는 기술발전에 복속된 '무오류성'을 따르는 위험천만한 게임이다. 그것은 객관적인 제약에서 객관적인 제약을 방출한다. 그리고 이 제약은 거의 변화불가능하며 그에 대해 알 수 있는 것도 한정되어 있다. 그것은 사람들을 (핵폐기물의 처분 또는 비축기 동안) 수세대에 걸쳐, 오랜 시기에 걸쳐 묶어 두며, 다시 말해서 그 동안에 핵심적인 낱말들의 의미가 변하지 않는다고 확언할 수조차 없을 것이다. 그것은 아주 다른 영역에 대해서조차 측정할 수 없는 결과들의 그림자를 드리운다. 이것은 그것이 요구하는 사회통제에 적용되는 데, 이것은 '권위주의적 핵국가'라는 문구로 표현된다. 하지만 그것은 또한 장기적인 생물학적 영향에도 적용되며 이것은 오늘날 결코 측정될 수 없다. 이와 대조적으로 이처럼 '객관적인 제약의 자기 동학'을 포함하지 않는 탈집중화된 에너지 공급형태들도 개발될 수 있다. 이렇듯 발전변수들은 미래를 닫을 수도 있는 **반면**에 열어 놓을 수도 있다. 무엇을 선택하는가에 따라 우리는 보이지 않지만 측정할 수 있는 이차적 결과라는 이제까지 알려지지 않은 무인지경에의 여행에 대해 찬성이나 반대의 **결정**을 내린다. 일단 기차가 역을 떠나면 멈추게 하기는 힘들다. 그러므로 우리는 미래를 닫지 않으며 근대화 과정 자체를 **학습과정**으로 변형시키는 발전변수들을 선택해야만 한다. 그 학습과정에서 결정을 정정할 수 있게 됨으로써 우리는 나중에야 밝혀질 부수효과들을 미리 폐기할 수 있게 될 것이다.

맥락 속에서 이루어지는 전문화

잠재된 부수효과들의 생산을 위한 더욱 중심적인 조건은 인지적 실천의 **전문화**에 있다. 더 정확히 말해서 전문화의 정도가 높을수록, 기술-과학적 행동의 이차적 결과들의 범위와 수와 계산불가능성은 더 커진다.

'보이지 않는 이차적 결과들'의 '보이지 않'고 '이차적인' 특징은 전문화에서만 **생겨나는** 것이 아니다. 선택적 해결책들이 구상되고 실행될, 그리고 의도하지 않은 부수효과들이 그 의도된 주요효과를 계속해서 상쇄할 가능성도 커진다. 이처럼 과잉전문화된 과학은 문제와 그 징후의 비용집약적인 처리를 위한 '조차장(操車場)'이 된다. 화학산업은 유독폐기물을 생산한다. 그것으로 무엇을 할 것인가? '해결책'은 버리는 것이다. 그 결과는, 폐기물 문제가 지하수 문제로 되는 것이다. 화학 및 여타 산업들은 음료수의 '정화장치'를 판매함으로써 이러한 문제에서 이윤을 얻는다. 이러한 정화장치로 거른 물이 사람들의 건강을 해칠 경우에는 약을 먹으면 되며, 따라서 그 '잠재된 부수효과'는 정교한 의료체계를 통해 차단되고 연장된다. 이런 식으로 과잉전문화의 정도에 따라 **문제해결과 문제생산의 사슬**이 형성되며 이것은 보이지 않는 이차적 결과라는 '요정 이야기'를 다시금 완전히 '확증한다'.

'객관적 제약들'과 '자기 동학'이 발생하는 원형구조는 이처럼 본질적으로 그 협소함, 방법과 이론에 대한 그 이해, 그 경력 사다리 등에서 과잉전문화된 인지적 실천의 모델이다. 극한까지 추진된 분업은 이차적 결과, 그 예측불가능성, 그리고 이 '운명'을 불가피한 것으로 보이도록 하는 현실 등의 모든 것을 생산한다. 과잉전문화는 자기확증하는 순환 속에 결과의 운명론을 집중시키는 능동적인 사회적 실천모델이다.

이 '운명'을 깨려는 과학은 **새로운 맥락 속에서 전문화(하는 것을 배우도록)** 해야만 한다. 고립된 분석적 접근법은 그 정당화를 상실하지 않지만, 부분적 방책들과 겉보기에 과학적으로 구축된 '잡동사니 접근법'의 지침이 될 때 실제로는 **오류**가 되며 위험의 생산자가 된다. 예를 들어 (위험과 환경문제의 처리에서 전형적으로 나타나며 사회복지정책과 사회의료봉사의 많은 영역에서도 지배적인 것으로 보이는) 문제들의 조차장과 함께 본질적인 발전대안을 추구하는 것과 여기에 포함된 불안전성을 피하거나 증폭할 **선로의 전환**이 전문화된 맥락연구의 중심을 차지할 수 있다.

이처럼 식료품 공급, 농업, 산업과 과학 사이에 그 자체로 이차적 문제들의 사슬을 생산하거나 줄일 수 있는 분업모델의 여러 가지 변수들이 은폐된다. 화학적 방식의 경작과 식품가공이 계속 추구될 것인가, 아니면 자연 자체가 가르치는 방식으로 돌아가 자연을 다룰 것인가가 갈림길에 서 있는 중요한 지표이다. 가령 적절한 윤작을 통해 잡초를 제거하고 토양의 지력과 산출을 높이는 방법이 그 예이다. 만일 화학적 방식이 유지된다면 연구의 중심은 훨씬 더 효과적인 '살생제'의 제조와 그러한 유독물질의 효과에 대한 연구, 허용수준의 결정이 될 것이며, 이것들은 계속해서 건강에 미치는 영향 및 이에 따른 (학대를 수반하는) 동물실험, 공공의 저항, 법적 및 정책적 대책 등에 대한 연구를 요구할 것이다. 만일 생태적으로 의식적으로 농업의 경로가 선택된다고 해도 연구의 지원이 필요하겠지만 그 종류는 아주 다른 것이 될 것이다. 후자는 경작주기에 관한 지식과 황폐화하지 않고도 토양을 이용할 가능성을 향상해야 할 것이다. 하지만 동시에 더욱더 커져가는 결과와 객관적 제약의 사슬을 깰 수 있을 것이다. 한편에서 위험을 생산하는 '객관적 제약'의 사슬을 통해 산업, 연구, 정치, 법의 영역들을 연결시키고 다른 한편에서 그렇게 하지 않을, 사회의 대안적 미래를 위한 철로 전환은 농업과 영양 사이의 연관 속에서 이루어진다.

과학적 합리성의 교육학을 위한 서약

과학의 합리성과 비합리성은 결코 현재와 과거에 관한 문제인 것만이 아니라, 가능한 미래에 관한 문제이기도 하다. 우리는 우리의 실수에서 배울 수 있다. 그리고 이것은 대안과학이 언제나 가능하다는 것을 뜻한다. 대안이론만이 아니라 대안적인 인지이론, 이론과 실천의 대안적 관계, 이 관계의 대안적 실천이 가능하다. 만일 현재가 아직 넘어서지 못한 가설일 뿐이라면, 오늘날은 반(counter)가설의 시대이다. 그러한 가설이 대면해야만 하는 '시금석'(또는 좀더 좋게 말해서 '산맥')은 분명하다. 즉 계몽의 기획은 긴급구조를 필요로 한다. 스스로 만들어 낸 비정상성들이 그것을 질식시킬 우려가 있다. 현재의 과학형태는 그것들 중의 하나이다.

우리에게는 기술-과학적 행동의 객관적 제약들과 '볼 수 없는 부수효과'의 **생산**에 초점을 맞출 기술-과학적 행동의 객관적 제약에 관한 이론이 필요한다. 결과의 운명론을 피하고 기각하기 위한 지렛대는 행동의 틀 속에서, 과학의 자기개념 자체 내에서 발견해야만 한다. 과학적 실천을 **따르는** 것이 아니라 그 **안에서**, 과학이 주목할 만한 가치가 있는 것으로 간주하거나 그렇지 않은 것 속에서, 과학이 문제를 제기하고 그 인과가설의 '망'을 구성하는 방법 속에서, 과학이 그 추측의 타당성을 결정하는 방법 속에서, 바로 이것들 속에서 결과의 예측불가능성을 생산하고 회피할 수 있는 방법에 관한 기준을 발견해야만 한다. 과학의 자기개념과 정치적 조정을 바꿈으로써 말하자면 우리는 폭발력을 자유롭게 풀어놓고 있는 경쟁적인 기술-과학적 발전의 '비조종성'을 제어할 **제어장치와 운전대**를 설치해야만 한다. 이것의 가능성은 앞의 고찰들에서 입증되었다기보다는 묘사되었다. 적어도 이것을 개념화하기 위한 요구조건은 대략적으로나마 분명하다. 즉 과학은 일반적인 불확실성이 발생하는 객관적 제약의 (한 가지) 생성자로 인식되어야만 한다는 것이다. 과학은 자신에 대한 자기개념을 실천적으로 효과있게 바꿈으로써 그 불확실성을 파괴해야만 한다. 과학 내에서 침묵하고 있던 이성이 과학에 맞서 일어나 움직일 수 있다는 희망이 아직 남아 있다. 과학은 **자신을 변화시킬** 수 있으며 역사적으로 형성된 자기개념에 대한 비판을 통해 이론적 및 실천적으로 계몽을 재생시킬 수 있다.

이 요구를 해결해야 하는 핵심적인 의의는 (자료생산에 관한 것이거나 '의미론 분야의 이론적 체육학'[Mayntz, 1980]에 관한 것이거나) 그러한 **과학실천의 변형**을 제도화할 수 있는가의 여부와 그 방법, 그리고 그 방법론적 성찰과 자기비판의 수준에서 아직 설계되지 않은 방식으로 과학작업을 **현실**에 다시 연결시킬 수 있는가의 여부와 그 방법에 관한 질문에서 나온다. 이것은 이제까지 행한 논증의 배경에 비추어 확실히 이론적 연관을 보여 주는 것이 과학의 자율적인 비판과 실천적인 잠재력에 대해 본질적이라는 것을 의미한다. 하지만 이것은 또한 바로 이론적 및 역사적 이해에 기초하여 경험주의의 개념을 재고하고 재규정해야만 한다는 것을 의미한다. 과학적으로 생산된 불안전성의 수준을 전제한다면 우리는 더 이상 경험주의가 무엇 '이다'고 전제할 수 없으며, 이것을 이론적으로 입안해야만 한다. 추측컨대 **경험주의의** 이론에서만 사고의 사변력을 '현실'에 다시 연결할 수 있는 동시에 이론과 경험주의의 보완적 역할을 개괄할 수 있으며 그 협조와 대립을 계획할 수 있을 것이다.

사회과학자들은 여기에 기여할 수 있다. 위험과 관련된 면역성 및 맹목성의 자기감염적인 운명에서 과학의 해방을 북돋는 것은 그들에게 달려 있다. 여기에는 어떠한 비결도 없으며, 심지어 조언조차도 좀처럼 들을 수 없다. 사회과학의 경우에 사고를 이끄는 질문은 적어도 다음과 같은 것이다. 즉 사회과학과 사회적 경험은 보이지 않는 이차적 결과들의 분광이 감소되는 방식으로 어떻게 서로 연결될 수 있을까? 그리고 어떻게 해야 사회학은 (개별 작업영역들로 나뉘어 있음에도 불구하고) **맥락 속에서 이루어지는 과학적 전문화**(그러므로 기본적으로 그 원래의 목적)에 기여할 수 있을까?

추구되는 것은 과학적 합리성이 자가생산한 위협에 관한 토론을 통해 그것을 변화가능한 것으로 인식할 과학적 합리성의 **교육학**이다. 그 역사적 현상유지의 상태에서 과학 합리성의 재구성을 전제하고 시도하는 과학이론의 경우와는 달리, 과학의 지식주장은 현재의 형태만으로는 논박될 수도 없고 획득될 수도 없는 **미래의 기획**이 된다. 지배적인 과학실천의 비합리성을 증명하는 것은 과학의 종언이 아니라 물리학의 종언을 뜻했던 뉴튼 역학에 대한 논박을 뜻할 뿐이다. 그 증명의 전제조건은 연구실천에서 전통적이었던 실질적인 비판과 학습의 능력을 지식의 기초와 그 응용으로 옮기는 것이다. 동시에 이것은 근대화 과정의 **실제로 잠재적인** 성찰성을 과학적 의식으로 높이는 것을 의미할 것이다. 그러나 근대화가 근대화를 만나는 곳에서, 이 말의 의미도 역시 변한다. 근대화를 그 자신에 대해 사회적 및 정치적으로 적용할 때, 널리 확산되어 있는 지배에의 관심은 그 기술적 장악을 상실하고 '자기통제'와 '자기한

정'의 형태를 취한다. 모순들과 새로운 교조적 논박들로 소란스러운 가운데 기술-과학적 '제2의 자연'과 그 사고 및 작업형태의 실천적 자기교화와 자기개조가 이루어질 기회도 생겨날 것이다.

제 8 장 정치적인 것의 개막

(산업사회를 포함하여) 이전의 모든 시기와는 대조적으로 위험사회의 특징은 본질적으로 **결핍**에 있다. 즉 위해의 원인을 **외부로** 돌리기가 불가능하다. 다른 말로 해서 위험은 결정에 달려 있다. 즉 위험은 산업적으로 생산되며 이런 의미에서 **정치적으로 성찰적**이다. 이전의 모든 문화와 사회발전의 단계가 다양한 방식으로 위협과 대치했던 데 반해, 오늘날 사회는 위험의 처리방식을 통해 **자신과 대치**하고 있다. 위험은 인간의 행동과 태만의 반영이며, 고도로 발전된 생산력의 표현이다. 이것은 위난의 원천이 더 이상 무지가 아니라 **지식**에, 자연에 대한 불충분한 지배가 아니라 완전한 지배에, 인간이 좀처럼 알 수 없는 것이 아니라 산업시대에 확립된 규범과 객관적 제약의 체계에 있음을 의미한다. 근대성은 그 상대편의 역할을, 즉 극복해야 할 전통과 지배해야 할 자연적 제약의 역할을 맡게 된 것이다. 그것은 위협인 **동시에** 스스로 만들어 내는 위협에 대한 해방의 약속이 되었다. 이와 연관된 중심적 결과는, 이 장의 주요 내용이 되겠지만, 위험이 산업사회에서 근대성 자체를 정치화하는 추동력이 된다는 것이다. 더욱이 위험사회에서는 정치의 개념과 장소와 매체가 변한다.[1]

정치와 하위정치(Sub-Politics)

위험사회에서의 정치의 변형에 대한 이 같은 평가는 먼저 4

---

[1] Beck(1988: Part II)에서 위험의 정치학을, 특히 제도와 조직의 정치학을 더 발전시켰다.

Auf dem Weg in eine andere Moderne

개의 명제로 설명될 것이다.
(1) 원래 사회 변혁과 정치 지도의 관계는 '분리된 시민'의 모델 위에 서 있는 산업사회의 기획 속에서 생겨났다. 분리된 시민은 한편에서는 시토양(citoyen, 정치적 시민)으로서 정치적 의지가 형성되는 모든 영역에서 자신의 민주적 권리를 이용하며, 다른 한편에서는 부르주아(bourgeois, 경제적 시민)로서 노동과 사업의 영역에서 자신의 사적 이익을 수호한다. 이에 부응하여 정치-경제 체계와 기술-경제 체계가 구분된다. 정치영역의 기축(基軸)원리는 대의 민주주의의 제도(정당, 의회 등)에 시민이 참여하는 것이다. 의사결정과 그에 따른 정치권력의 행사는 권력과 지배가 피통치자들의 동의(同意) 위에서만 수행될 수 있다는 합법성의 공리와 원칙을 따른다.
부르주아의 행동과 기술-경제적인 이해관계의 추구영역은 이와 대조석으로 비정치로 간주된다. 이 같은 설계는 우선 기술 진보와 사회 진보를 균등시하는 데에, 그리고 이어서 그 발전방향과 기술적 변혁에는 다소간 피할 수 없는 기술-경제적인 객관적 제약들이 따른다는 가정에 기초하고 있다. 기술 혁신은 개인 및 집단의 복지증대를 낳는다. (탈숙련화, 실업이나 이직의 위험, 건강 위협과 자연파괴 등의) 그 부정적 효과들은 이러한 생활수준의 향상 속에서 언제나 정당화되었다. '사회적 결과'에 대한 반대조차 기술-경제적 혁신의 성취를 방해하지 않는다. 기술 혁신의 과정은, 특히 민주적 행정절차와 실행에 필요한 오랜 시간에 비교하여, 본질적으로 정치적 정당화를 면제받고 있다. 사실상 그 과정은 실제로 비판받지 않는 실행력을 보유한다. 진보가 표결을 대체한다. 더욱이 진보는 이름 붙여지지 않고 알려지지 않은 목표와 결과들에 대한 앞선 동의의 한 형태인 문제제기의 대체물이 된다.
이런 의미에서 전통의 지배에 맞서 근대성이 실행하는 혁신과정은 산업사회의 기획을 통해 두 가지로 민주적으로 분열된다. 사회를 구축하는 의사결정력들 중의 한 부분만이 정치체계로 모이며 의회민주주의의 원리에 복속된다. 다른 부분은 공공의 검사율에서 이탈되며 기업의 투자의 자유와 과학의 연구의 자유에 위임된다. 이런 맥락에서 사회변화는 과학적 및 기술과학적 결정의 잠재된 부수효과로 치환된다. 사람들은 아주 다른 무언가를 행한다. 그들은 시장을 확신하고, 이윤획득의 법칙을 이용하며, 과학적 및 기술적 탐구를 수행하고, 그렇게 하면서 일상생활의 조건을 전도시킨다.

그런데 산업사회의 지구화와 함께 사회변화를 조직하는 두 가지 모순적인 과정이 서로를 관통한다. 즉 정치적 의회민주주의의 확립과 '진보'와 '합리화'라는 정당화의 우산 밑에서 이루어지는 비정치적이고 비민주적인 사회변화의 확립이 그것들이다. 이 두 가지는 근대성과 반-근대성처럼 서로 영향을 미친다. 한편에서 의회, 정부, 정당과 같은 정치체계의 제도들은 **이 체계에 의해 규정되는** 방식으로 산업과 기술과 실업의 생산순환을 **기능적으로** 전제한다. 다른 한편에서 이것은 사회변화와 토론과 표결과 동의의 목표에 대한 지식이라는 가장 단순한 민주주의의 법칙과는 대조적으로 기술-경제적 진보라는 정당화의 외투 밑에서 사회변화의 모든 영역의 영구적인 변화를 미리 계획한다.

(2) 돌이켜 보건대 근대화의 과정에서 이루어진 정치와 비정치의 이같은 구획은 19세기와 20세기의 전반기에 1970년대 이래 서구의 모든 산업국들에서 의심스러워진 적어도 다음의 두 가지 본질적인 역사적 전제조건들에 의존하였다. 즉 a)복지국가의 확장에 의미와 자극을 제공한 **계급사회의 불평등의 사회적 명료성,** b)그 변화의 잠재력이 가능한 정치적 행동의 반경을 넘지 않으며 진보를 통한 사회변화 모델의 정당화 기초를 무효로 만들지도 않는 **과학화의 생산력의 발전수준.** 이 두 가지 전제조건은 성찰적 근대화의 과정에서 지난 20년 사이에 약화되었다. 자신을 확립하면서 복지국가는 그 유토피아적 에너지를 희생하였다. 동시에 그 한계와 철회는 공공연히 의식되었다. 그러나 그 결과 나타나는 정치적인 것의 **마비상태**를 애도하고 비판하기만 하는 사람들은 **그 반대도 역시 옳다**는 사실을 간과하게 된다.

이미 공표되었거나 이제 드러나고 있는 현재의 변화의 물결은 사회를 휩쓸면서 크게 동요시킨다. 그 범위와 깊이에서 이 변화의 물결은 아마도 지난 수십 년 간의 모든 개혁의 시도들에 그늘을 드리우게 될 것이다. 정치적으로 냉담한 상태는 이렇듯 인간의 상상력을 용기의 시험대 위에 올리는 기술-경제체계의 **소모성 열병과도 같은 변화**에 의해 침식되고 있다. 공상과학물은 점점 더 과거의 기억이 되고 있다. 외적 및 내적 자연의 지속적인 파괴, 노동의 체계적 변형, 지위에 기반한 양성질서의 취약성, 계급 전통의 상실과 사회적 불평등의 강화, 파국 직전에 있는 신기술들 등의 핵심어들은 잘 알려져 있으며 이 책에서 충분히 다듬어졌다.

'정치적' 냉담상태라는 인상은 기만적이다. 다만 정치적인 것이 정치적이라고 **이름 붙여진** 것에, 즉 **정치체계의 활동에** 한정되기 때문에 그러한 인상을 받게 된다. 더 넓은 의미에서 생각한다면, 그 평가방법과는 거의 무관하게 가히 혁명적이라고 할 만한 변화의 소용돌이에 사회가 빠져 있음을 알 수 있다. 하지만 사회 변혁은 비정치적인 것의 형태로 나타난다. 이런 의미에서 정치에 대한 반대는 정치 자체에 대한 반대일 뿐만 아니라, 정치적 역할을 수행하지만 무력해지고 있는 행동권위와 비정치적인 것의 가면 뒤에서 멈추지 않지만 조용히 접근하고 있는, 사회적 의사결정에 참여할 수 없는 광범위한 사회적 변화 사이의 불균형에서 비롯된다. 이에 부응하여 정치적인 것과 비정치적인 것의 개념은 불분명해지고 체계적으로 수정해야 할 필요가 생긴다.

(3) 그 성공에 따른 복지국가 개입주의의 쇠퇴와 미래에 어떤 해를 미칠 지 아직 알려지지 않은 대규모 기술혁신의 물결은 이중의 의미에서 **정치의 속박해제를** 가속화한다. 한편에서 확립되어 이용되는 권리는 행동의 자유를 정치체계 **내부로** 제한하며 정치체계의 **외부에서** (시민발의집단과 사회운동 같은) 새로운 정치문화의 형태로 새로운 정치참여의 요구를 낳는다. 이런 의미에서 정부의 구조화와 실행력의 상실은 정치적 실패의 표현일 뿐만 아니라, 시민들이 자신들의 이익과 권리를 보호하기 위해 모든 종류의 공적 및 법적 통제와 자문의 매체를 이용할 수 있는 이미 **확립된** 민주주의와 복지국가의 생산물이다.

다른 한편에서 기술-경제적 발전은 변화를 가져오는 동시에 사회를 위태롭게 할 수 있는 그 잠재력이 커짐에 따라 비정치로서의 자신의 특징을 상실한다. 이제 의회의 토론이나 행정부의 결정보다는 극소전자기술의 응용과 원자로기술과 인간 유전공학에서 대안사회의 청사진을 볼 수 있는 곳에서, 혁신과정을 이제까지 정치적으로 중립화했던 구조는 무너지기 시작한다. 동시에 기술-경제적 행동은 정당화를 위한 의회의 요구에 맞서 그 자신의 구성원리에 의해 계속해서 수행된다. 이처럼 기술-경제적 발전은 정치와 비정치의 사이에 놓인다. 그것은 예측된 사회변화의 범위가 거꾸로 그 정당화에 따라 변하는 **하위정치의** 불안정한 혼성지위를 요구하는 제3의 실재가 된다. 위험이 커짐에 따라 그 기원과 해석의 장소와 조건과 매체는 그 기술-경제적인 객관적 제약들을 벗어버리게 된다. 법적으로 책임있는 정부감시기구와 위험에 민감한 매체의 공론화 영역은 공장 관리의 '친밀한 영역'으로 들어가서 통제하기 시작한다. 발전의 방향과 기술변혁의 결과는 토의의 주제가 되며 정당화에 복속하게 된다. 따라서 실업과 기술-과학적 행동은 이전에는 기술-경제적 활동에 낯선 것으로 보였던 **새로운 정치적 및 도덕적 차원을** 획득한다. 경제의 악마는 공적 도덕성의 성수를 자신에게 뿌려야 하며 사회와 자연을 위한 관심이라는 후광을 띠고 있어야만 한다고 말할 수도 있다.

(4) 이런 식으로 금세기의 2/3시기 동안에 이룩된 복지국가 기획의 성과에 맞서는 운동이 전개된다. 정치가 전에는 '개입주의 국가'의 강력한 잠재력을 획득했다고 한다면, 이제 사회를 구성할 잠재력이 정치체계에서 과학적, 기술적, 경제적 근대화의 하위정치체계로 옮아간다. 정치와 비정치의 불안정한 역전이 발생한다. **정치적인 것은 비정치적인 것이 되고 비정치적인 것은 정치적인 것이 된다.** 역설적이게도, 더욱더 분별없이 정치적 사회변화와 비정치적 사회변화 사이의 분업을 고수할수록, 변하지 않는 외양 뒤에서 일어나는 이러한 역할의 역전은 더욱더 분명하게 진행된다. '과학적 진보' 및 '과학의 자유'의 증진과 보호는 정치적 조정에 대한 일차적 책임이 민주적 정치체계에서 빠져나와 민주적으로 정당화되지 않는 경제적 및 기술-과학적 비정치의 맥락으로 미끄러져 들어가는 미끈미끈한 막대기가 된다. 민주적 개입의 가능성에서 벗어나지만, 점점 더 비판적인 태도를 취해가는 공중에 맞서서 정당화되고 강제

되어야만 하는 **정상성의 외투 아래에서 혁명이** 일어난다.

　이 같은 발전은 특히 중대하고 문제설정적이다. 복지국가 기획에서 정치는 시장에 대한 정치적 개입을 위해 기술-경제체계에 맞서 **상대적 자율성**을 발전시키고 유지할 수 있었다. 이제 이와 반대로 그 민주적 구성 원리가 살아 남아 있는 상황에서 정치체계는 **탈권화**될 위협에 처하고 있다. 정치제도는 자신이 계획하지도 않았고 구성할 수도 없지만 그럼에도 불구하고 어쨌든 정당화해야만 하는 발전의 관리자가 된다.

　다른 한편 과학과 실업계의 결정은 그 수행자들이 아무런 정당화도 행하지 못하기 때문에 효과적으로 정치적 동의를 얻어야만 한다. 모습을 드러낼 곳이 없으므로 사회를 변화시키는 결정들은 말을 못하게 되고 익명화된다. 실업계의 결정은 사회변화의 잠재력을 '보이지 않는 부수효과들'로 옮기는 투자결정에 묶인다. 혁신을 계획하는 경험적 및 분석적 과학은 그늘의 자기이해(self-understanding)와 제도적 결속으로 자신들이 이룬 혁신의 사회적 결과와 그 결과의 결과에서 단절된 채로 존재한다. 결과의 인지불가능성, 즉 그 방어불가능성은 과학의 발전기획이다. 근대성의 구성력은 '잠재된 부수효과'로 숨어 들어가기 시작하며, 이 효과는 한편에서 존재를 위협하는 위험으로 확장되고 다른 한편에서 그 잠재성의 베일을 잃어 버린다. 우리가 **보지 않는** 것과 **원하지 않는** 것이 세계를 더욱더 명백하고도 위협적으로 변화시키고 있다.

　그 외양은 변하지 않은 채이지만, 정치와 비정치의 역전된 역할놀이는 유령과 같은 것이 되고 있다. 정치인들은 계획과 의식이 없는 경로가 이끄는 곳이 어디인가에 대해, 아무것도 알지 **못**하며 아주 다르기 때문에 달성할 수도 있는 이해관계를 가지고 있는 사람들의 이야기에 대해 귀 기울여야만 한다. 그리고 그런 뒤에 연습을 통해 익힌, 빛이 바래어 가는 진보에 대한 신뢰의 몸짓으로, 정치인들은 알려지지 않은 대안의 땅을 향한 이 여행을 자신들의 발명품으로 유권자들에게 제시해야만 한다. 주의하여 살펴본다면 그 까닭은 단 한 가지뿐이다. 즉 처음부터 대안이란 없었고 지금도 없기 때문이다. 기술적 '진보'의 필연성과 비결정가능성은 그 민주적 (비)정당화의 과정을 보장하는 조임나사가 된다. (더 이상) 보이지 않는 (것이 아닌) 부수효과의 '무정부성'(Arendt, 1981)은 서구 민주주의의 발전된 단계에서 권력을 이양받는다.

정치체계의 기능상실

정치가 기술적 변혁에 영향을 행사할 수 있는 잠재력에 관한 과학적이고 공적인 토론에는 특이한 양가성이 두드러지게 나타난다. 한편에서 산업과 연구의 근대화와 관련된 정부의 **제한된** 개입능력이 여러 가지 방식으로 지적된다. 다른 한편에서 체계가 부과하는 것이건 회피할 수 있는 것이건 상관없이 정치적 행동범위의 한계에 관한 모든 비판에도 불구하고, **정치체계를 정치의 배타적 중심으로** 계속해서 **고정시킨다.** 과거의 20-30 년 동안 과학계와 공공영역에서 행해진 정치적 토론은 사실상 이 같은 대비가 강화되었음을 보여 준다. 규제적인 정치적 행동조건을 옹호하는 것은 '비통치성'과 민주주의의 과도함을 이야기함으로써 새로운 자극을 얻었지만, 이 같은 옹호에 대해 기술-과학적 발전의 작업장에서 계획하지 않고, 동의하거나 의식하지 않고도 **다른** 사회가 형성될 수 있었는가라는 질문을 제기했던 적은 한번도 없었다. 그 대신에 남은 것은 정치적인 것의 상실에 대한 애도이며, 이것은 사회를 변화시키는 결정들이 더 이상 정치체계의 제도들로 집중되어 있지 않을지라도 거기에 집중되어야만 한다는 규범적으로 타당한 기대와 연관되어 있다.

따라서 이미 초기단계에서 아주 상이한 집단들이 정치적 중심으로서 **의회의 쇠퇴**를 비판했다. 헌법의 자구를 따라 의회와 그 분과별 토의를 통해 결정해야 하지만 당파와 정당 지도부, 또는 정부 관료제가 점점 더 많은 것을 결정하게 되었다는 주장이 제기되었다. 종종 이러한 의회권력의 기능은 근대 산업사회의 복잡성 증대의 불가피한 결과로 해석된다. 기껏해야 비판적 관찰자들은 시민의 의지에 맞선 국가기관의 점진적 자율화에 관해 이야기할 뿐이지만, 시민은 대의제 민주주의의 원리에서 이미 암묵적으로 전제되어 있다.

두드러질 정도로 일치하여 그들은 더욱 발전적인 두 개의 경향에 따라 이전의 의회권력이 당파와 정당 또는 국가관료제로 이전될 것임을 결정하기도 한다. 그 하나는 의회와 행정부의 의사결정 범위가 **기술관료적으로 폐쇄**되는 것이고, 다른 하나는 **조합주의적으로** 조직된 권력집단 및 영향집단의 부상이다. 정치적 결정의 과학화가 진척되면서 정치기관들은 (예를 들자면 환경정책의 영역에서, 그러나 또한 거대기술과 그 장소의 선택에서도) 과학적 전문가들이 추천하는 것을 단지 수행할 뿐이라는 논의가 개진된다. 최근에 문제가 된 기관들의 실행범위가 이런 식으로 여전히 아주 좁게 설정된다는 사실이 몇 번인가 주목받았다. 정치는 의회, 정부, 정치적 관리라는 공식적 장에서 **조합주의의 회색지대로** 이전되었다고 한다. 이익집단의 조직된 힘이 미리 정치적 결정을 내리고 그런 다음에 다른 사람들은 이것을 자신의 창조물로 방어해야만 한다고 말한다.

이어서 관료적으로 조직된 기관을 이용하는 그러한 압력집단의 영향력은 국가의 행정결정과 정당의 '의지 형성'에까지 확장된다. 이 과정은 어떤 관점에 서느냐에 따라 사적 압력집단이 국가를 침식하는 것으로 한탄할 수도 있고, 그와 대조적으로 앞서 이루어진 정부 통치기구의 자율화와 공고화에 대한 필수적 교정책으로 환영할 수도 있다.

결국 정치적인 것의 자율적 개념을 받아들이지 않는 맑스주의의 국가비판과 국가론에서 보면, 특별한 이해관계에 대한 국가의 이러한 연결은 극단적인 정도로 진행된다. 이 같은 전망의 여러 변형체들은 국가를 맑스적 의미에서 '이상적인 총자본가'로 파악하며, '지배계급의 관리위원회' 기능으로 완전히 축소시킨다. 국가기구에 양여된 최소한의 자율성과 그 민주적 제도는 이 관점에서 제한되고, 단기적이며, 갈등을 빚고 불완전하게 형성되는 '개별 자본가'의 이해관계를 통일시키고 그것을 자기 진영의 저항에 맞서 실행시켜야 할 필요성에서 비롯된다. 여기서도 또한 정치체계는 정치의 중심으로 파악되지만, 모든 자율성을 상실한다. 너무나 단순한 '토대'와 '상부구조'라는 범주로 발전된 의회민주주의 국가들에서 정치적 행동의 자율화 정도를 오인하는 이러한 사고방식에 맞서 계속해서 토론이 진행되었다. 마찬가지로 이 같은 사고방식은 발전된 자본주의 산업국가에서 생산조직이 (가령 스웨덴, 칠레, 프랑스, 독일 등이 보여 주듯이) 극히 다양한 정치적 지배형태들과 상당히 양립할 수 있음을 보여 주는 근대 정치사의 경험을 잘못 인식한다.

70년대에 서유럽의 전후 발전과정에서 나타난 사회복지국가의 확장은 경제체계의 원리 및 이해관계와 관련하여 정치체계의 '상대적 자율성'을 보여 주는 주요한 역사적 증거를 제공했다. '국가 자본주의'에 관한 정치이론에서 이러한 개입주의적 국가권력은 산업자본주의의 발전에서 '구조에 대해 낯선 체계요소들의 형성'이 '존재의 필수적 부분으로' (Offe, 1972: 38) 나타난다는 사실로 소급된다. 이런 견해에 따르면 정치적 의사결정력은 시장기제의 역기능적 부수효과에서 만이 아니라, '개입주의적 국가가 시장의 기능적 간극으로 뛰어든다'(Habermas, 1973: 51)는 사실에서도 그 영향력을 끌어낸다. 물질적 및 무형적 하부구조를 개선하고, 교육체계를 확장하며, 실업의 위험 등에 맞서 보호함으로써.

70년대 중반에서 80년대 중반 사이에 이러한 토론은 확실히 뒤로 물러났다. (경제적 위기, 정당화 위기, 동기부여의 위기 등) 일반화된 위기 개념은 그 이론적 및 정치적 정확성을 상실했다. 상이한 여러 집단들이 개입주의적 복지국가의 기획은 기성의 것으로 확립되면서 그 유토피아적 에너지를 잃어버렸다는 것을 만장일치로 이야기했다. 내적으로는 더 큰 성공을 거둘수록, 복지국가는 더 분명하게 사적 투자자들의 저항에 부딪힌다. 사적 투자자들은 임금 및 이윤 비용의 상승에 대해 투자의욕의 감소나 인간의 노동력을 점차 대체해 가는 자동화로 대응한다. 동시에 복지국가가 이룬 성과의 철회나 그 부수효과는 훨씬 더 명확해진다.

> 복지국가계획의 실행을 위한 법적 및 행정적 수단은 말하자면 아무런 자격없는 수동적 매체를 구성하지 않는다. 그보다는 사실과 규범과 감시를 분리하는 것과 결합되어 있다. 푸코는 아주 미세한 일상적 소통의 모세관 속에서 인준하고 주체화하는 그 권력을 추구했다. … 간단히 말해서 목표

와 수단 사이의 모순은 복지국가의 기획 자체에 내재해 있다(Habermas, 1985: 7f.).

심지어 외적으로는 국민국가의 사법권은 국제적으로 상호결합된 시장과 자본의 집중이라는 역사적 발전뿐만 아니라, 오염물질과 유독물질의 지구적 교환 및 그에 따른 보편적 건강위협과 자연파괴에 의해 과중한 부담을 안게 된다.

이 같은 사태전개에 대한 다소 혼란스러운 반응들이 '새로운 불투명성'(Habermas, 1985)이라는 문구로 선명하게 집중된다. 이 문구는 다른 두 가지 사태에도 적용된다. 첫째, 지난 10년 간 정치의 교란요소가 되어 온 **사회구조와 유권자 정치행위의 약화**. 둘째, 시민과 시민저항의 동원뿐만 아니라 자신들의 이해관계가 걸린 모든 문제에 대해 대단히 효과적으로 발언해 온 수많은 사회운동들(Brand et al., 1983).

모든 서구 민주주의 국가들에서 정당의 지도부는 정치사업을 예측할 수 없게 만드는 **그네타기 유권자(swing voter)의 증가**로 혼란에 빠졌다. 예를 들어 1963년에 독일의 그네타기 유권자가 대략 10%정도였다면, 오늘날 그 수는 여러 연구에 따라 다르지만 약 20-40% 사이인 것으로 평가된다. 선거 연구자들과 정치인들은 다음과 같은 진단에 동의했다. 즉 어떤 정당도 달성할 수 있었던 협소한 다수결 때문에 '변덕스러울 정도로 유연한'(Noelle-Neumann, 1991) 그네타기 유권자들이 미래의 선거를 결정할 것이다.

반대로 이것은 정당들이 더 이상 '정해진 유권자들'에 의존할 수 없고 시민을, 최근에는 특히 여자들을 끌어들이기 위해 쓸 수 있는 모든 수단들을 이용해야만 한다는 것도 의미한다(Radunski, 1985를 보라). 동시에 시민발의집단과 새로운 사회운동은 시민의 요구와 정당들의 대표 사이에서 나타나는 이 같은 명백한 간극에서 정치적 힘과 광범한 지지를 얻고 있다.

이 모든 '부조화한' 사태전개가 정치적 관점에 따라 다르게 평가될지라도, 그리고 '정치의 해방'의 요소들이 종종 이러한 '국가의 탈신비화'

(Willke, 1983)에 이르게 될지라도, 이 같은 진단은 암묵적으로나 명시적으로, 실제적으로나 규범적으로, 정치체계와 행정체계의 민주적 제도들 속에서 그 영향력의 장소와 수단을 찾거나 찾아야만 한다는 **정치적 중심**에 관한 통념에 계속 연결되어 있다. 이와는 대조적으로 여기서 개진될 견해는 정치와 비정치의 분리를 위한 전제조건은 성찰적 근대화의 과정에서 약화 된다는 것이다.

'새로운 불투명성'이라는 문구의 뒤에는 두 가지 점에서 **정치적인 것**의 심오한 **체계적 변형**이 은폐된다. 첫째, 새로운 정치문화의 형태로 시민권을 실행하고 이용하는 과정에서 중심화된 정치체계가 누렸던 권력의 상실. 둘째, 비정치가 하위정치로 이행하는 것과 관련된 사회구조의 변화. 즉 기술적 진보가 사회적 진보라는 이제까지 지배적이었던 '조화의 공식'이 적용되지 않을 듯이 보이는 사태의 전개. 두 가지 전망이 '정치의 해방'에 추가되며, 그 가능한 결과들을 세가지 시나리오로 탐색해 볼 것이다.2)

정치의 탈권력화로서 민주화

정치의 실패가 아니라 그 성공이 국가의 개입력 상실과 정치의 탈국지화(脫局地化)를 가져왔다. 심지어 금세기에 정치적 권리를 더욱 성공적으로 추구할수록, 더욱 앞으로 밀고 나갈수록, 더욱 구체적으로 실현할수록, 정치체계의 우위는 더욱 분명하게 의문시된다고도, 동시에 정치와 의회체계의 최상부에 의사결정을 집중시켜야 한다는 주장이 더욱 허구적인 것이 된다고도 말할 수 있을 것이다. 이런 의미에서 정치적 발전은 금세기의 후반기에 연속성의 단절을 경험하고 있다. 기술-경제적 발전의 행동영역에 대한 관계에서만이 아니라, 그 내적 관계에서도, 정치

---

2) 여기서 이 장의 주장은 제한적인 정치개념에 기초하고 있다. 생활조건의 구조화와 변화가 관심의 초점이며, 반면에 통상적으로 이해된 정치는 지배와 권력과 이해관계의 방어와 정당화로 파악된다.

(와 비정치)의 개념, 기초, 도구들이 불명확해지고, 개방되며, 사실상 역사적으로 새롭게 결정된다.

부르주아 산업사회의 기획에서 **시토양과 부르주아** 사이의 관계로 계획된, 의사결정권한을 정치체계로 중앙화하는 것은 한편에서 시민의 민주적 권리를 실행하고, 다른 한편에서 정치적 결정에 이르는 데서 위계적 권위관계를 보존할 수 있으리라는 소박한 견해에 기초하고 있다. 궁극적으로는 민주적으로 구성된 의사결정 권리의 독점화가 **민주적 군주**라는 모순적 이미지 위에 확립된다. 민주주의의 규칙은 정치적 대표자의 선택과 정치계획에 대한 참여로 제한된다. 일단 관청을 보면 독재적 지도의 자격을 발전시키고 상명하달의 권위적 방식으로 자신의 결정을 실행하는 것은 '임기직 군주'만이 아니다. 그 결정의 영향을 받는 기관들, 이익집단들, 시민집단들도 자신들의 권리를 잊어버리고 아무런 의문없이 국가의 시배주장을 받아들이는 '민주적 주체'가 된나.

성찰적 근대화의 과정에서 이러한 전망은 여러 가지 방식으로 침식된다. 바로 민주적 권리가 확립됨에 따라 정치적 '해결책'의 발견은 **우연적인** 것이 된다는 사실이 더욱 분명해진다. 정치(와 비정치)의 영역에는 단 하나의 해결책도 '최선의' 해결책도 없으며, 단지 언제나 여러 가지 해결책들이 있을 뿐이다. 따라서 정치적 의사결정과정은 어떤 수준에서 이루어지건 간에, 그 합리성이 토론의 대상이 아니며 하부기관, 이익집단 및 시민집단의 의지와 '비합리적 저항'에 대해서조차 강행되어야 하는, 어떤 현자나 지도자가 미리 결정한 모형의 강행 또는 실행으로 더 이상 이해될 수 없다. 계획 및 의사결정과정의 형성은 그 결정의 실행과 함께 **집합행동**의 과정으로 이해되어야만 하며(Crozier and Friedberg, 1979), 그것은 최상의 경우에조차 집합적 학습과 집합적 창조를 의미한다. 하지만 이것은 정치적 제도의 공식적 의사결정 권한이 필연적으로 탈집중화한다는 것을 함축한다. 그러면 정치-행정체계는 더 이상 정치적 사건이 발생하는 유일한 또는 중심적 장소가 될 수 없다. 민주화와 함께 동의와 참여, 협상, 재해석, 그리고 가능한 저항의 네트웍이 권위와 사법의 공식적인 수평적 및 수직적 구조를 **가로질러** 형성된다.

산업사회의 모형 속에서 배양된 정치의 중심이라는 통념은 이처럼 **민주주의의 특수한 이분화**에 기초하고 있다. 한편에서 하위정치 행동의 영역은 민주적 규칙의 적용에서 면제된다. 다른 한편에서 심지어 내적으로도 정치는 체계적으로 고무된 외적 요구들에 따라 군주적 특성을 여전히 보인다. '정치적 지도력'은 행정부와 이해집단에 맞서 강력하고 독재적인 실행력을 보여 주어야만 한다. 시민과 관련하여 그것은 평등한 것들 중의 평등한 것이 되어야만 하며 그들의 목소리를 경청하고 그들의 관심사를 처리해 주며 진지하게 고민할 것으로 기대된다.

이것은 질문을 없애고 논의와 자문을 줄이기 위한 모든 행동에 가해지는 제약을 단지 반영하는 것을 넘어선다. 그것은 또한 민주적 정치체계의 구조에 내재해 있는 긴장과 모순을 표현한다. 즉 의회의 토론과 공공영역을 한편으로 하고, 의회에 대해 책임을 져야 하지만 자신의 결정을 수행할 수 있는 권력을 통해 자신의 '성공'을 평가받는 행정기관을 다른 한편으로 하는 관계. 특히 선거운동체계는 준민주주의적인 '임기직 군주'의 실제적 **허구**를 항상적으로 조장하고 재생하는 의사결정 당국들이 서로에 대해 이바지하도록 **강제한다**. 이전의 정책들이 거둔 성공을 공언하건 비난하건 간에 상관없이. 여기서 체계는 정부와 그것을 지지하는 정당들이 일단 선출되면 그 임기 동안에 발생하는 모든 좋은 일과 나쁜 일에 대해 책임을 진다는 가정을 성립시킨다. 이러한 가정은 해당 정부가 정확히 현재의 그것이 아닐 경우에만 분명히 성립될 수 있을 것이다. 즉 모든 시민과 기관들이 민주적 권리와 의미의 확립에 따라 수많은 자문기회를 가지는 사회에서 민주적으로 선출되거나 활동하고 있는 정부가 아닐 때에만.

이런 의미에서 민주화와 **탈민주화**, 근대성과 반(反)-근대성은 산업사회의 기획 속에서 선전된 것처럼 정치체계 내부에서 진행되는 정치의 특수화와 독점화 모형을 통해 모순적인 방식으로 언제나 혼합되어 왔다. 한편에서 정치체계와 그 제도들(의회, 행정기구 등)의 중심화와 특수화는 **기능적으로 필수적**이다. 어쨌든 그런 방식으로만 정치의지의 형성과정을 조직할 수 있으며 시민의 이해관계 및 시민집단을 대변할 수 있다.

그것은 정치적 지도부를 선택한다는 의미에서 민주주의를 실천할 수 있는 유일한 방식이기도 하다. 그런 면에서 무대에 오른 정치적 사건들은 **근대사회를 조정하는 중심이라는 허구**를 낳는다. 근대 사회에서 정치적 개입의 실은 궁극적으로 모든 분화와 상호결합을 통과한다. 다른 한편에서 정치적 지도지위 및 지도력에 대한 이 같은 권위주의적 이해는 민주적 권리가 확립되고 준수되면서 체계적으로 **제거되고 비실제적인** 것이 된다. 이런 의미에서 민주화는 궁극적으로 자문과 감독과 저항의 가능성을 구분하여 어쨌든 정치를 일종의 자기탈권력화에 이르게 한다.

이러한 경로가 여기서 결코 그 끝에 이르지 않았다고 해도, 권리가 보호되는 곳에서 사회적 부담은 재분배되고 자문을 구할 수 있으며, 시민이 능동적인 곳에서 정치는 구속되지 않으며 좀더 일반화된다고 말하는 것은 일반적으로 여전히 타당하다. 그와 함께 정치체계의 최상부에 위계적 의사결정력을 중심화하는 것은 전-, 준-, 또는 공식-민수수의적 과거가 되고 있다. 그런데 중요한 것은 법적으로 보호된 민주주의 사회의 특정한 조건 하에서는 환류효과도 적용된다는 점이다. 민주주의의 이용이 크게 확대됨으로써 새로운 기준과 요구들이 계속해서 나타나고 있으며, 이것들은 민주주의의 효과적 확장에도 불구하고 지배적 조건의 '불응'과 '권위주의적 성격'에 불만을 갖는 여론을 낳는다. 그런 면에서 '성공적인' 민주주의 정치는 정치체계의 제도들이 중요성을 잃고 자신의 본질이 오염되는 것을 보게 되는 상황을 낳을 수 있다. 이런 의미에서 시민들이 자신의 권리를 인식하고 삶으로 그것을 채우는, 확고히 구축된 민주주의는 그것을 향해 가고 있는 사회와는 다른 정치에 대한 이해와 제도들을 요구한다.

시민권의 준수와 문화적 하위정치의 분화

서구의 발전된 민주주의 사회에서는 정치권력의 과시를 제한하기 위해 수많은 점검제도가 확립되어 있다. 이 같은 발전의 초기인 19세기에 이미 의회 및 정부와 함께 **사법부**의 통제기능을 보장하는 **삼권분립**이 이루어졌다. 독일의 발전과 함께 **단체협상의 자율성**은 사회적 및 법적 실체성을 획득했다. 그에 의해 고용정책의 중심문제는 노동시장에서 경쟁하는 당사자들의 규제된 토의로 전환되며, 국가는 노동분쟁에서 중립을 지킬 의무가 있다.

지금까지 진행되고 있는 이 방향의 변화들 중의 최종적인 조치들 중의 하나가 **언론자유**의 법적 보호와 실질적 충족이며, 이것은 (신문, 라디오, 텔레비전의) 대중매체 및 새로운 기술적 가능성과 결합하여 다단계화된 **공론형태**를 낳는다. 비록 이것들이 원대한 계몽의 목표를 추구할 뿐만 아니라 (모든 종류의 상품을 대상으로 하건 제도적으로 만들어진 정보를 대상으로 하건 상관없이) 시장과 광고와 소비의 '종복'이기도 하며, 심지어 이런 활동을 더 우선시할지라도, 그리고 비록 이것들이 분절, 격리, 심지어 우매함을 낳거나 악화시킬지라도, 매체가 이끄는 공론이 정치적 결정과 관련하여 수행할 수 있는 실제적 또는 잠재적 감시기능은 여전히 남는다. 이런 식으로 하위정치의 중심들이 기본권의 확립과 함께, 그리고 이 권리들이 정치(나 경제)권력의 침범에 맞서 자신의 자율성을 실질적으로 완성하고 보호하는 정도만큼 만들어지고 안정화된다. 만일 시민권과 법적 권리의 이러한 실현과정을 그 모든 단계에서 정치적 근대화의 과정으로 인식한다면, 역설적으로 보이는 다음 진술을 이해할 수 있을 것이다. 즉 **정치적 근대화는 정치를 탈권력화하고 해방하며 사회를 정치화한다**. 더 정확히 말해서 근대화 과정은 점차 그 모습을 드러내고 있는 하위정치의 중심들과 행동영역들이 체계에 맞서거나 동의하여 의회를 벗어나는 감시기능을 수행할 수 있는 기회를 제공한다. 이렇게 해서 부분적으로 자율적인 협조와 대안의 정치의 지역과 수단이 조금 분명하게 규정되어 분리된다. 이 정치는 이제는 보호되고 있는 권리들을 위해 싸웠으며 이 권리들에 기초해 있다. 그리고 이것은 또한 사회 내부의 권력관계가 이 권리들의 준수, 확대해석, 정교화를 통해 다소 변했다는 것을 의미한다. 정치체계의 '우두머리들'은 협조적으로 조직된 적대자들, 매체가 이끄는 공론의 '의사결정력' 등과 대치해야 하며, 이것들은 본질적으로 정치의제를 공동결정하고 변화시킬 수 있다. 법정조차 모든 곳에서 정치적 결정을 감시하는 기관이 된다. 역설적이지만, 한편에서 법관들이 심지어 정치의 본성에 맞지 않게 자신들의 '사법적 독립성'을 행사하고, 다른 한편에서 시민들이 자신들을 정치적 결정의 공손한 수신인에서 정치적 참여자로 변형시키고 필요하다면 국가에 맞서 자신의 권리를 법원에 청원하려 하는 바로 그 정도 내에서 이 같은 변화는 일어난다.

이러한 **구조적 민주화**가 의회와 정치체계의 곁에서 일어난다는 것은 단지 **겉보기에만** 역설적일 뿐이다. 여기서 성찰적 근대화의 단계에서 민주화 과정에 의해 도입되는 모순이 구체화된다. 첫째, **확립된 법적 권리**들의 배경으로 다양한 하위정치영역들이 민주적으로 공동결정하고 감시할 수 있는 기회가 분화되고 정교화된다. 둘째, 이 같은 발전은 민주주의의 본가인 의회를 무시한다. **형식상** 지속되고 있는 권리와 의사결정의 권위주의화는 희석된다. 원래의 정치적 의지형성의 중심부에서 이루어지는 정치생활은 그 본질을 상실하고 불구화될 우려가 있다.

다른 식으로 말하자면 **특수화된** 민주주의 모형의 곁에서 **새로운 정치문화**의 형태가 실체화하며, 이 정치문화 속에서 하위정치의 이질적인 중심들이 법적 권리를 이용하여 의사결정의 정치적 형성과 실행과정에 영향을 미친다. 이 모든 것은 분명히 국가정치의 영향력이 사라진다는 것을 의미하지는 않는다. 그것은 외교 및 국방정책의 핵심영역에서, 그리고 '치안'을 유지하기 위한 국가권력의 응용에서 그 독점권을 보유한다. 이러한 독점이 국가정치의 영향력이 행사되는 중심영역이라는 것은 19세기의 혁명 이래 **시민의 동원**과 **경찰의 기술-재정적 장비** 사이에는 **상대적으로 밀접한 관계**가 있었다는 사실에서 분명해진다. 오늘날에도 국가권력의 행사와 정치적 자유화는 반드시 상호 연관되어 있다는 것을, 예컨대 대규모 기술들에 관한 토론을 사례로 하여, 확인할 수 있다.

새로운 정치문화

　이런 의미에서 법적 권리는 장기적인 증폭효과를 가진 정치의 탈중심화를 위한 중심점이다. 법적 권리는 다양한 해석의 가능성을 제공하고, 상이한 역사적 상황에서 이전의 널리 퍼진 제한적이고 선별적인 해석들을 깨는 새로운 출발점을 제공할 것이다. 이제까지 이것의 최종적 변형태는 **시민들의 정치적 활성화가 폭넓게 전개되는** 데서 뚜렷이 볼 수 있었다. 발의집단에서 이른바 '새로운 사회운동들'과 (의사, 화학자, 핵물리학자 등의) 대안적이고 비판적인 전문가의 실천에 이르기까지. 이처럼 이전의 모든 정치계획들을 침식하는 다양성을 가지고 있기 때문에, 이 형태들은 의회를 벗어난 직접행동을 전개하는 데서 이전에는 단지 형식적 권리에 불과했던 것을 유리하게 이용하고 그것을 위해 싸울 가치가 있다고 생각하는 삶으로 이 형식적 권리를 가득 채운다. 모든 주제를 대상으로 전개되는 시민들의 바로 이 같은 활성화는 하위정치의 또 다른 중심적 토론장인 사법부와 여론매체가 그들에게도 열려 있기 때문에 특별한 의미를 갖게 된다. 그 발전과정이 보여 주듯이 이것들은 때때로 (환경보호, 반핵운동, 또는 자료의 신뢰성 등에서) 시민의 이익을 보호하기 위해 아주 효과적으로 이용될 수 있다.

　이 점에서 '증폭효과'는 자명해진다. 기본권은 **계속해서 준수될 수 있**으며 **상호강화하는 방식**으로 확장될 수 있고 이렇게 해서 원하지 않은 '위로부터의' 개입에 대항하여 '토대'와 '하급기관'의 '저항력'을 확대할 수 있다. 시민들의 자신감이 커지고 참여에 대한 관심이 늘어가는 것은, 다양한 시민발의집단들과 정치운동들이 그러한 것처럼 수많은 인구학적 조사들이 인상적으로 보고하고 있다시피, 민주주의에 대한 권위주의적 이해에 대해 '국가의 권위에 맞서는 저항'으로 보일 수도 있다. 그것은 또한 자신들이 길들어 있는 아주 낡은 습관을 따르고 자신들의 시선을 정치의 장소로서 정치체계에 고정시킨 과학자들의 눈에는 정치적 영향력을 행사하려는 부적절한 시도로 비칠 수도 있다. 그러나 민주적

Auf dem Weg in eine andere Moderne

권리의 확립에 따르고 **구체적인** 민주주의의 방향으로 나아가는 것이 논리적인 순서이다. 이처럼 다양한 전개에서 정치행동의 **일반화**는 증명되며, 그 주제와 갈등은 더 이상 단지 권리를 위한 투쟁에 의해서만 규정되지는 않으며, 전체 사회를 위한 그 정교화와 활용에 의해서도 규정된다.

서구 사회에서 지난 2세기 또는 그 이상의 시기에 걸쳐서 발작적이지만 (이제까지) 일반적으로 **정해진** 과정을 통해 확립된 보편주의적 타당성 주장을 가지고 있는 기본권은 이리하여 정치발전의 중심점을 형성한다. 한편에서 기본권을 확립하기 위한 싸움이 의회에서 전개되었다. 다른 한편에서 하위정치의 중심들이 의회와 함께 발전할 수 있으며 그것과는 구분될 수 있다. 그리고 이러한 변화를 통해 민주주의의 역사에 새로운 장이 열릴 수 있다. 앞에서 지적한 **하위정치의 장소와 형태들** 중의 두 가지, 즉 사법부와 여론매체에 대해 우선 이 점을 보여줄 수 있다.

독일의 공무원법이 보장하고 있듯이 **재판관의** 직업지위에서 부분적으로 자율적인 의사결정 범위는, 한편으로는 준수와 해석의 새로운 형태들을 통해, 다른 한편으로는 외적 교환을 통해 시야에 들어오게 된다. 그리고 최근에 사법부와 대중의 놀란 모습을 볼 수 있듯이 이것들은 **논란이 분분한** 방식으로 이용되고 있기도 하다. 권리는 원래 '사법부의 독립'이라는 오래된 법적 원리에 그 근거를 두고 있다. 하지만 최근에야, 아마도 다른 무엇보다도 현재의 변화와 과학화 과정에 의해서, 재판관들은 자유를 적극적으로 이용하게 되었으며 자신감을 갖고 살찌우게 되었다.

이에 대해 결정적으로 작용한 여러 가지 조건들 가운데 여기서는 두 가지를 살펴보겠다. 평결의 대상 및 의사결정과정을 성찰적으로 과학화함으로써 원래의 **지배적인 객관적 제약이 무너지기 시작했으며 적어도 부분적으로는 개별적인 결정들도 이루어질 수 있게 되었다.** 이것은 무엇보다도 법적 해석과 사법적 의사결정을 과학적으로 분석하는 데에 적용된다. 이것들은 법조문과 그것을 해석하는 규칙에 입각한 틀 내에서 **여러 가지 방식으로** 정의를 드러내고 집행할 수 있게 한다. 법관의 신규충원과 지배적인 기본판결은 이러한 여러 가지 방식들을 이제까지 감추어 왔었다. 이처럼 과학화는 사용가능한 논쟁기술들을 폭로했으며 이런 식으로 사법직은 전에는 알려지지 않았던 **전문가 정책의 내적 다원화**에 복속하게 되었다.

법정에서 시비를 가리게 되는 많은 주제들과 여러 가지 갈등들이 그 **사회적 명징성을 상실했다**는 사실이 이 같은 경향을 뒷받침한다. 핵발전소 기술과 환경문제는 말할 것도 없고 가족 및 혼인법이나 노동법 등의 여러 가지 중요한 갈등영역들에서 전문가와 반(反)-전문가는 서로 대치하여 화해할 수 없는 논전을 펼친다. 이런 식으로 결정은 재판관에게로 다시 미루어진다. 한편으로는 어떤 전문가의 증언을 들을 것인가를 선택하는 것이 이미 어떤 결정을 미리 내리는 것이기 때문에, 또 한편으로는 평결을 내리기 전에 논쟁을 비교하고 재정리하는 것이 재판관의 의무이기 때문에. 가설적이고 분리된 세부적 결과들의 과잉생산을 통해 체계적으로 배양되는 과학의 자기의심(7장을 보라)은 사법체계에 그 자취를 남기고 '독립된' 판결을 위한 자유재량의 여지를 열어 준다. 말하자면 그것은 평결의 과정을 다원화하고 정치화한다.

그 결과 입법부는 피고인석에 앉아 있는 경우가 더욱 잦아지게 된다. 이제 사법적 평가절차는 논란을 빚은 행정업무를 정상적으로 처리하는 과정의 거의 한 부분이 되었다(예컨대 핵발전소를 건설할 것인가, 어떻게 그리고 어디에 건설할 것인가에 관한 결정을 내리는 경우). 게다가 이러한 절차들이 법정을 통해 어떻게 되어갈 지를, 그리고 무엇보다도 이 절차들이 지속될 지를 계산하기는 더욱더 불확실해지고 더욱더 어려워지고 있다. 이에 따라서 불안전성의 회색지대가 생겨나서 국가의 영향력이 부족하다는 인상을 강화한다.

더 넓은 의미에서 이것은 입법발의에 일반적으로 적용된다. 어떻든지 간에 입법발의는 지방, 연방, 또는 유럽공동체의 수준에서 동등한 사법권이나 상급의 사법권의 한계와 곧 충돌한다. 분쟁이 일어난 경우에 예상되는 사법적 평가절차는 (법률가의 행정독점을 강화하는 동시에) 재판관의 잠재적 평결을 완전히 정치적인 것으로 만들며 조정의 재량권을 좁힌다.
 심지어 언론 자유권은, 해석의 기회와 문제를 동시에 가지고 있지만, 개별적으로는 대단히 특수화되지만 전체적으로는 사회적 문제의 정의에 상당한 영향을 미칠 기회를 가지고 있는 (지구적 텔레비전 네트웍에서 학교 신문에 이르는) 거대하고 부분적인 공공영역들이 분화하기 위한 수많은 정황을 제공한다. 이 정황들은 정보생산의 물질적 조건들과 일반적인 법적 및 사회적 조건에 의해 제한되고 저지된다. 그러나 그것들은 문제에 대한 공적, 그리고 따라서 정치적 인식을 위해 상당한 중요성을 가질 수도 있다. 환경문제에 대한 정치적 붐과 사회운동들 및 하위문화의 흥망이 보여 주듯이. 예컨대 비용이 많이 들고 범위가 넓은 과학적 조사를 발주한 기관들이 텔레비젼이나 대량발간되는 신문에서 보도되기까지는 그것에 관해 실제로 모르고 있는 경우가 자주 있다는 사실에서 이 점은 분명해진다. 정치업무에 종사하는 사람들은 『슈피겔』지를 읽지 연구보고서를 읽지는 않는다. 보고서를 읽기가 어렵기 때문만이 아니라, 정치적으로 유관한 문제들은 논란의 내용과는 상당히 독립적으로 『슈피겔』지에 실리도록 사회가 설계되어 있기 때문이다. 사적으로 소비되기때문에 조사결과는 갑자기 연구의 흔적을 잃는다. 수천 명의 사람들이 그 결과를 이용하며, 이 때문에 조사결과는 개인적인 책임과 공적인 (반 [counter])진술을 요구한다.
 이러한 조건 하에서 발전될 수 있는 (그리고 어떤 상황에서도 '편집자들의 힘'과 혼동되어서는 안되지만 사주의 편집작업과는 일치해야 하는) 문제들과 우선순위를 정하는 힘은 확실히 발행부수와 횟수에 달려 있으며, 정치영역이 오직 표를 잃을 위험을 무릅쓸 때에만 **발간된** 여론을 무시할 수 있다는 결과적 사실에 달려 있다. 그러므로 그 힘은 텔레비전 시청습관과 새로운 정보기술에 의해 강화되고 안정화되지만, 또한 위험사회에서 과학적 합리성의 탈신비화를 통해 중요성을 획득하기도 한다. 도처에 널려 있는 가설적 발견들 중에서 대중매체는 순수한 과학적 결과로서는 더 이상 확보할 수 없는 친근함과 신뢰성을 더할 수 있는 특수한 사례들을 선별하여 보도한다.

이것이 정치에 대해 미치는 결과는 쓰레기 폐기장에서 유독물질이 발견되었다는 보도가 밤새 대서특필된다면 정치의제가 바뀐다는 것으로 나타난다. 숲이 죽어가고 있다는 여론이 보도되면 우선순위가 변하게 된다. 포름알데히드에 발암물질이 있다는 것이 유럽 수준에서 과학적으로 확증될 때, 이전의 화학정책은 붕괴할 위험에 처하게 된다. 논쟁이나 법안이나 재정계획 등의 정치적 사건들을 상연하여 이 모든 문제에 대응할 필요가 있다. 여론매체의 이러한 규정력은 분명히 정치적 결정을 결코 예측할 수 없다. 그리고 그것은 그것대로 경제적, 법적, 정치적 전제조건들과 뉴스사업의 자본집중과 연결되어 있는 상태이다.

적어도 여기서 하위정치의 마지막 영역, 즉 사생활(privacy)에 대해 언급해야 한다. 출생 수는 모든 정치영역에 대해 어느 정도 핵심적이다. 비슷하게 사람들이 부모로서 어떻게 처신해야 하는가의 문제, 예를 들어 어머니가 직장을 계속 다니길 바라는가 완전히 그만두고 가족에게로 돌아가길 바라는가의 문제도 그렇다. 본질적으로 남녀가 자신들의 생활상황에서 해답을 찾아야만 하는 모든 문제들은 정치적 성격을 가지고 있다. 그런 면에서 이혼율의 증가, 출생률의 감소, 혼외정사의 증가와 같은 '문제지표들'은 남녀 사이의 가족 및 가족 외 관계의 상황을 묘사할 뿐만 아니라 모든 정치적 계획과 방향의 모수(母數, parameter)가 급속히 변화하고 있음을 보여 준다. (아이를 낳을 것인가, 몇 명을 언제 낳을 것인가와 같은) 문제들에 대해 내린 결정들은 외적 개입에서 분리되어 있다. 정년정책, 노동시장정책, 복지법과 사회정책의 심각한 전환이 그 같은 결정들과 결합되어 있음에도 불구하고. 그리고 이것은 바로 정확히 가족과 사생활에 대한 법적인 보호에 따라 이러한 결정들이 함께 살고 있는 남녀의 책임으로만 간주되기 때문이다.

사적 영역에 대한 법적 보호는 오래되었다. 그러나 그것은 오랫동안 그처럼 무게있게 다루어지지 않았다. 생활세계의 탈전통화와 함께 비로소 이 자유의 공간은 진정으로 형성될 수 있으며, 그와 함께 정치의 사회적 기초가 불확실해진다. 여자의 교육 평등권 성취와 여성 노동자의 폭증은 한편에서 언제나 보장되었던 평등한 기회가 전에는 배제되었던 집단에게 확장되었음을 의미할 뿐이다. 다른 한편에서 그 결과는 모든 면에서 상황이 일변했다는 것이다. 가족, 결혼, 부모됨에서, 출생과 실업의 전개에서, 복지법에서, 고용체계 등에서. 이런 의미에서 개인주의화 과정은 국가의 영향력이 미칠 수 있는 수준 아래에서, 사적인 영역에서 하위정치적 구조화 및 의사결정의 전망을 확대한다. 이런 의미에서 또한 '사적인 것이 정치적인 것이다'는 여성운동의 주장은 역사 속에서 더욱 더 분명하게 나타나고 있는 사태의 양상에 정확히 들어맞는다.

문화적 및 사회적 하위정치의 이처럼 상이한 부분적 격투장들, 즉 여론매체, 사법부, 사생활, 시민발의집단과 신사회운동들은 어떤 면에서는 제도를 벗어나고 어떤 면에서는 제도의 보호를 받는 **새로운 문화의 형태**들이 된다. 그러한 정치는 쉽게 범주화되지 않으며 심지어 유동적 형태를 지니거나, 또는 바로 그렇기 때문에 지난 20년 간 독일의 정책과 기술-경제적 발전에 중요한 영향을 미치는 요소가 되었다. 이 정치분화의 효율성은 법의 추상적 규율을 사회적 삶으로 채우는 데 달려 있다. 더 정확하게 말해서 보편적으로 타당한 기본법들의 선별적 해석을 하나씩 하나씩 깨고 극복하는 데 달려 있다. 이러한 발전을 설명하는 하나의 약호가 사회과학의 여러 분과와 정치적 논의의 주위를 떠돌아 다니고 있다. 그것은 **참여**이다. 시작된 발전을 찬미할 필요는 조금도 없다. 그것이 새로운 신비주의로 빠져드는 경향이 있다고 단호하게 비판할 수도 있지만, 이 같은 생각의 질과 유포는 이미 독일의 정치적 풍경을 영구히 바꾸어 놓았으며 미래에는 훨씬 더 분명히 그렇게 할 것이라고 추측할 이유도 충분히 있다.

정치의 사회적 및 문화적 분화가 의회체계에서 거둔 대성공도 정치사회학은 추적하지 않았다. (아마도 언제나 허구였겠지만, 관료제의 연구와 의사결정이론에 의해 오랫동안 배양되어 온) 합리적 선택, 위계적 수단-목적의 정치모형은 무너지기 시작했다. 그것은 자문, 상호행동, 협상, 네트웍을 강조하는 이론들로 대체되고 있다. 요약해서 말하자면 계획의 입안에서 수단의 선택을 통해 실행의 형태들에 이르기까지 책임있고, 영향 받고, 이해관계있는 기관들과 행위자의 맥락에서 진행되는 **상호의존적**

과정의 특징을 강조하는 이론들로 대체되고 있다. 적절한 수단을 취한다면 정치는 설정된 목표를 달성할 수 있다는 확실히 소박한 가정에서 출발하는 것이 정치의 전통적 이해인 반면에, 새로운 접근법에서 정치는 이제 심지어 공식적 위계를 **반대하고** 고정된 책임을 **가로지르는** 상이한 기관들 사이의 협조로 파악된다.

따라서 연구를 해 보면 행정기관의 체계는 엄격한 권위관계의 부족과 수평적 연결통로의 지배를 특징으로 하는 경우가 자주 있다는 것을 알 수 있다. 상급기관과 하급기관 사이에 공식적인 위계적 의존관계가 있는 경우에조차, 수직적으로 영향을 미칠 수 있는 가능성을 전적으로 이용하는 경우는 드물었다(Mayntz, 1980). 정치과정의 상이한 단계에서 아주 상이한 기관과 기관의 집단이 자문과 협조의 기회를 보유한다. 이 모든 것은 공식적 의미에서 외적으로는 일관되게 위계적인 상태를 유지하고 있는 정치영역의 **우연성**을 역설한다. 동시에 정치를 **정치과정**으로 바꾸는 이 같은 유동화를 사회과학은 내키지 않아 하고 있다. 이 과정의 (예를 들자면 계획의 입안에서, 또는 수단의 선택과 실행의 형태에서 보이는) 직접성과 구조는 (단지 정치과학 분석의 예측력을 이유로) 여전히 **가정**된다. 정치의 중심이라는 정치-행정체계의 허구는 비슷하게 계속 존재한다. 하지만 이런 식으로는 여기서 우리의 주의를 집중시키는 발전, 즉 정치가 속박에서 벗어나는 것을 포착할 수 없다.

정치 문화와 기술 발전: 진보에 대한 동의의 종언?

정치체계의 근대화는 정치의 행동범위를 제약한다. 기존의 (민주주의, 복지국가 등의) 정치적 유토피아는 **우리를** 법적으로, 경제적으로, 사회적으로 **제약한다**. 그것과 나란히, 그리고 대안적으로, 완전히 새로운 개입의 기회가 기술-경제체계의 근대화를 통해 열린다. 이 점에서 생활 및 노동의 문화적 상수와 기본적 전제조건은 폐기될 수 있다. 극소전자기술에 힘입어 우리는 고용체계의 사회적 구성을 변화시킬 수 있다. 유전공학에 힘입어 인간은 거의 신과 같은 위치를 차지하게 되며, 신물질과 생명체를 창조할 수도 있고 가족의 생물학적 및 문화적 기초에서 혁명을 일으킬 수도 있다. 이처럼 형상화 및 제작가능의 원리가 이제는 그 원리를 이용하는 주체마저 에워쌀 정도로 일반화되면서, 위험이 증가하며, 또한 위험이 기원하고 해석되는 장소와 조건과 수단이 정치화한다.

'낡은' 산업사회가 진보에 달라붙어 있다는 것은 자주 강조되었다. 그러한 사실에 대해 초기 낭만주의에서 오늘날에 이르기까지 온갖 비판들이 행해졌음에도, 위험의 성장과 함께 오늘날 너무나 불명료해진 진보에 대한 저 **잠재된** 신념, 즉 시행착오 방법에 대한 신념, 점차적으로 건설된 외적 및 내적 자연을 체계적으로 지배할 수 있는 가능성에 대해서는 한 번도 문제를 제기해 본 적이 없었다(온갖 차질과 이차적 문제들이 발생했음에도 불구하고, 그리고 '진보에 대한 자본주의적 신념'에 온갖 비판이 가해졌음에도 불구하고, 이 신화를 믿는 것은 정치적 좌파에게도 아주 최근까지 하나의 의무였다). 더욱이 이러한 문명 비판의 반주음악은 진보의 항해 중에 발생하는 사회변화의 침투력을 조금도 줄이지 못했다. 이것은 진보의 특이성을 보여 주는 것으로, 말하자면 진보 속에서 사회변화는 '본 모습을 숨기고' 일어날 수 있다. '진보'는 분명히 이데올로기 이상의 것이다. 그것은 '정상적인 것'으로 제도화된, **사회의 영구적 변화를 향한 초의회적 행위구조**이다. 대단히 역설적이지만 극단적인 경우에 그것은 현상유지를 원하는 저항에 맞서서 국가의 질서권력(*Ordnungsmacht*)과 맺은 이전의 지배적 관계를 전복시킬 수도 있다.

진보에 대한 동의가 지닌 이 같은 정당화의 힘을 이해하기 위해서는 이제까지 거의 잊혀진 관계, 즉 **사회적 및 정치적 문화가 기술-경제적 발전과 맺고 있는 관계**를 떠올릴 필요가 있다. 금세기가 시작될 무렵에 노동, 기술, 경제의 체계에 대한 문화의 영향은 사회과학의 고전적 연구들의 초점이었다. 막스 베버는 칼빈주의의 종교윤리와 그것이 함축하고 있는 '내적 금욕주의'가 '전문가주의'와 자본주의적 기업활동의 부상과 확립에 얼마나 중요했는가를 증명해 보였다. 반세기도 더 전에 톨스텐 베블렌은 경제법칙이 언제나 타당한 것은 아니며 사회의 문화체계와 독립적으로 이해될 수 없고 완전히 연결되어 있다고 주장했다. 만일 사회적 생활형태와 가치가 변한다면, 경제원리도 변형될 수밖에 없다. 예를 들어 만일 인구의 대다수가 (어떤 이유로든지) 경제성장의 가치를 거부한다면, 노동의 구성, 생산성의 기준, 발전방향에 관한 우리의 생각은 의심스럽게 될 것이며 정치적 행동을 요구하는 새로운 형태의 압력이 생겨날 것이다. 이런 의미에서 베버와 베블렌은 노동, 기술변화, 경제발전이 문화적 규범체계, 사람들의 지배적인 기대 및 가치지향과 결합되어 있다고 (각자의 방식으로) 주장하고 있었다.

다른 많은 저자들도[3] 주창했던 이 기본적으로 명확한 통찰은 그 동안 말로만 떠드는 것 이상의 어떤 실천적인 중요성을 거의 획득하지 못했다. 그 이유는 무엇보다도, 아주 단순화해서 말하자면, 사회적 및 정치적 문화가 제2차 대전 직후에서 60년대까지 **안정된** 상태에 있었다는 사실에 있을 것이다. 변하지 않는 '변수'는 시야에 들어오지 않는다. 그런 의미에서 그것은 더 이상 변수가 아니며 그 중요성은 인식되지 않을 수 있다. 이것은 안정성이 무너지기 시작하면서 곧 변한다. 단지 회고적으로만, 이를테면 규범적 배경을 이루는 문화적 동의가 파괴되면서, 경제와 기술의 발전을 위한 그 중요성이 비로소 가시화된다. 독일에서 (또한 다른 서구 산업국들에서) 전후의 활황기에 **경제적, 기술적, 개인적 진보**는 **명백히 상호연결**되었다. '경제성장', '생산성의 증대' 또는 '기술혁신'은 자본의 증대에 대한 경영자의 관심에 들어맞는 경제적 목표들이었던 것만이 아니다. 그것들이 사회의 재구조화, 개인적 소비기회의 증가, 이전의 독점적인 생활수준의 '민주화'도 낳았다는 것은 누가 보더라도 분명했다. 경제적이고 기술적인 견지에서 이해된 '진보'를 추구하는 데 대한 개인적, 사회적, 경제적 관심의 상호협력은 한편에서 전후의 활황을 실제로 지속하는 만큼, 그리고 다른 한편에서 기술혁신을 계산할 수 있는 만큼, 2차 대전이 물려준 폐허 위에서 성공을 거두었다. 두 가지 조건은

---

[3] 베버 및 베블렌과 함께 여기서 우리는 또한 사회과학자들 중에서 에밀 뒤르껭, 게오르그 지멜, 그리고 좀더 최근에는 존 케네스 갈브레이드와 다니엘 벨을 언급해야만 한다.

복지국가에 대한 정치적 희망과 결합되어 있는 상태이며, 그런 식으로 '기술변혁'의 정책과 비정책의 영역을 안정화시킨다. 세부적으로 보자면 **기술정책의 진보에 관한 동의의 이러한 사회적 설계는** 다음의 3 가지 전제조건에 기초하고 있으며, 이 전제조건들은 다른 무엇보다도 70년대에 새로운 정치문화가 부상하면서 무너지기 시작했다(Braczyk et al., 1986).

첫째, 이 동의는 **기술적 진보와 사회적 진보는 같다**는 조화공식에 그 기초를 두고 있다. 이 가정은 기술발전이 글자 그대로 모든 사람이 노동절약적인 도구의 형태로, 생활향상의 형태로, 생활수준의 향상 등의 형태로 느낄 수 있는 분명한 사용가치를 생산한다는 것으로 나아간다.

둘째, 기술적 및 사회적 진보에 관한 이 같은 등식만이 (탈숙련화, 재구조화, 직업 안정성에 대한 위협, 건강에 대한 위험, 자연의 파괴 등과 같은) 부정적인 효과들을 **분리하여** 다루도록, 그리고 기술변화의 사회적 결과로서 **사후적으로** 다루도록 허용한다. '사회적 결과'란 바로 **손상을 입히는 것**이며, 특히 특정 집단에 대해 특수한 이차적 문제를 일으키는 것이다. 그러나 그렇다고 해도 기술변화 자체의 사회적으로 명백한 가치에 대해서는 결코 의문이 제기되지 않는다. 사회적 결과라는 이야기는 여기서 두 가지를 허용한다. 한 가지는 기술발전의 사회적 및 정치적 구성에 대한 어떤 주장도 받아 넘길 수 있도록 한다는 것이다. 더욱이 '사회적 결과'에 대한 논란은 기술변화의 진행에 아무런 해를 입히지 **않으면서도** 전개될 수 있다. 부정적인 '사회적 결과'에 관해 이야기하는 것만이 가능하고 필요한 일이다. 기술발전 자체는 논의되지 않은 채로 남으며, 비밀리에 의사결정되며, 자신의 본래적인 객관적 논리를 따른다.

셋째, 기술정책에서 진보에 관한 동의의 담지자와 생산자는 산업적 **협상 당사자들**, 즉 노동조합과 고용주들이다. 국가는 단지 간접적인 책임만을 진다. '사회적 결과'를 흡수하고 위험을 감시하는. '사회적 결과'만이 단체협상 당사자들이 벌이는 논란의 대상이다. '사회적 결과'에 관한 평가에서 나타나는 적대감은 기술발전을 어떻게 달성할 것인가에 관한 **동의를** 언제나 **전제**한다. 기술발전의 중심적 문제들에 관한 이러한 동의는 '기술에 대한 반감', '러다이트주의', 또는 '문명비판'에 대해 훌륭하게 대비하고 있는 **공통의 반대**에 의해 강화된다.

기술정책에서 진보에 관한 이 같은 동의를 뒷받침하는 모든 지주들, 즉 사회변화와 기술변화의 분리, 체계적 또는 객관적 제약을 탓하기, 기술진보는 사회진보와 같다는 동의(同意) 공식, 단체협상 상대방의 일차적 책임 등은 지난 20년 동안 무너지기 시작했다. 우연히 그렇게 되었거나 문화적 비평의 책략 때문에 그렇게 된 것이 아니라, **성찰적 근대화의 결과**로 그렇게 되었다. 잠재성과 부수효과는 이 문제에 관한 연구에 의해 종결되었다. 위험이 커지면서 기술진보와 사회진보의 통일에 관한 조화 공식의 전제조건들은 기각되었다. 동시에 여러 집단들이 조직간 이해관계의 구조와 이 구조가 문제를 인식하는 형태 속에서 마련되지 않는 기술정책을 둘러싼 갈등의 투기장으로 입장한다. 예를 들자면 핵발전소나 재처리시설에 대한 갈등에서 고용주와 노동조합, 즉 기술에 관한 전통적인 동의의 지지자들은 관람석으로 내몰릴 수밖에 없게 되었다. 이제 이 갈등은 국가권력과 시민저항단체들 사이에서 직접적으로 표출되며, 그러므로 **완전히 변화된 사회적 및 정치적 시나리오**에 따르고, 언뜻 보기에 보통 기술과는 동떨어진 것 같은 행위자들 사이에서 빚어진다.

투기장과 적대자의 이러한 변화조차 꼭 일치하는 것은 아니다. 우선 그것은 산업적 투기장을 벗어나서 집합적 생활세계와 직접적인 상호관계를 맺게 되는, 핵발전소, 재처리시설, 화학적 유독물질의 보편화 등의 위험집약적인 대규모 기술들의 발전에 부응한다. 더욱이 거기에서 참여에 대한 새로운 정치문화의 관심이 커지고 있음을 보게 된다. 재처리공장에 대한 분쟁에서

(가령 지정된 장소에 대해 '반대하는 시민들'과 같은) 숫적으로 적은 사람들을 말썽꾼이며 불평이나 일삼는 사람들이라고 치부해서는 안된다는 것을 배울 수 있다. 그들의 불만은 **지표적 가치**를 가진다. 그것은 … 사회의 가치와 규범이 크게 변하고 있음을, 또는 전에는 알려지지 않았던 사회집단 간의 분화를 지시한다. 기존의 정치조직들은 이 신호들을 적어도 선거일만큼이나 진지하게 받아들여야만 한다. 새로운 정치참여의 형태가

여기서 그 모습을 분명하게 드러내고 있다(Braczyk et al., 1986: 22).

마지막으로 과학은 정당화의 원천으로서도 실패한다. 위험을 경고하는 사람들은 교육을 받지 못한 무식한 사람들이나 새로운 석기문화의 옹호자들이 아니라, 위험에 노출되는 동시에 그에 맞설 힘을 가지고 있는 헤아릴 수 없이 많은 시민들과 그들 자신이 핵공학자, 물리학자, 유전공학자, 컴퓨터공학자 등과 같은 과학자인 사람들이다. 그들은 논쟁하는 법을 알고 있고, 잘 조직되어 있으며, 어떤 경우에는 자신들의 정기간행물을 발간하고 있으며, 대중과 법정에 논거를 제공해야 하는 위치에 있다.

이리하여 열린 상황이 점차 형성되고 있다. 즉 **기술-경제적 발전은 기술적 변혁의 가속화와 그에 따른 사회변화가 역사상 유례없을 정도로 전개되고 있는 지점에서 그 문화적 동의를 상실하고 있다**. 하지만 이전에 수용된 진보에 관한 신념의 이 같은 상실은 기술적 변혁의 과정을 전혀 변화시키지 않는다. 기술-경제적 하위정치가 의미하는 것은 바로 이 불균형이다. 즉 사회변화의 범위는, '진보'로 변형된 기술적 변혁의 강행력은 조금도 변화시키지 않은 채, 그 정당화와 함께 오히려 다양해진다.

유전공학의 '진전'에 대한 두려움은 오늘날 널리 퍼져있다. 청문회가 열린다. 교회가 반대한다. 진보를 확신하는 과학자들조차 자신들의 불편한 심기를 떨쳐 버릴 수 없다. 하지만 이 모든 것은 마치 오래전에 취해진 결정들의 **사망기사**처럼 발생한다. 아니 좀더 정확히 말해서 어떤 결정도 결코 취해진 적이 없다. '이것인지 어떤지'의 문제는 결코 문앞에서 기다리고 있지 않았다. 어떤 위원회도 결코 그것을 안으로 들이지 않았다. 사람들이 오늘날 토론하고 있는 현실인 인간공학의 시대는 실제로 오래전에 시작되었다. 우리는 진보에 대해 '아니오'라고 말할 수 있다. **그러나 그런다고 해도 그 과정은 조금도 변하지 않는다**. 진보는 동의와 정당화를 넘어서 존중되어야 하는 백지수표이다. 비판에 대해 민주적으로 정당화된 정치가 보이는 민감성은, 계획되어 있지 않고, 의사결정이 금지되어 있으며, 오직 그 실현의 순간에만 자신을 사회변화로 인식하는 기술-경제적 하위정치가 비판에 대해 가지는 상대적인 **면역성**과 대조를 이룬다. 하위정치의 이처럼 특수한 구조화 능력과 성취력을 이제 하나의 극단적인 경우, 즉 의학분야에서 살펴보겠다.

의학의 하위정치 - 하나의 극단적인 사례연구

스스로 표방하고 있는 자기이해에 따르면 의학은 건강을 돌본다. 사실 그것은 전적으로 새로운 상황을 창출했으며, 자신에 대한, 그리고 질병과 질환과 죽음에 대한 인간의 관계를 변화시켰다. 사실상 그것은 세계를 변화시켰다. 의학의 **혁명적 효과**를 인식하기 위해 의학적인 구원의 약속에서 아직 미숙하다는 견해에까지 걸쳐 있는 폭넓은 평가의 덤불숲을 헤치고 들어갈 필요는 전혀 없다.

우리는 의학이 인류의 복지를 실제로 증진시켰는지에 대해 논쟁할 수 있다. 하지만 그것이 인간의 숫적 증가에 기여했다는 데에는 토론의 여지가 없다. 대략 열 가지 요인이 지구의 인구를 늘리는 데 영향을 미쳤다. 이것은 우선 영아사망률의 감소와 기대수명의 상승에서 비롯된다. 만일 장래에 생활조건이 급속히 악화되지 않는다면, 중부 유럽의 사회적으로 불평등한 집단의 **평균** 수명은 70세가 될 것이라고 기대할 수 있다. 지난 세기까지만 해도 이것은 '기독교 경전'에서나 가능한 것으로 여겨졌던 나이이다. 이것은 본질적으로 의학연구의 결과 없이는 생각할 수 없었을 위생학의 향상을 반영한다. 사망률은 영양 및 생활조건이 향상되었기 때문에, 그리고 전염병을 퇴치할 수 있는 효과적인 수단이 처음으로 마련되었기 때문에 떨어졌다. 그 결과 특히 제3세계의 가난한 나라들에서 인구가 급속히 늘어났으며, 이와 결합되어 기아와 곤궁이라는 중대한 정치적 문제들과 급격하게 커가는 세계적 규모의 불평등이 나타났다.

현재의 의학발전에서 진단과 **치료법**이 다양화하면서 의학이 사회를 변화시키는 효과의 상당히 다른 차원을 볼 수 있게 된다.

크게 늘어난 과학적 진단의 장치들, 심리진단 이론과 학술분류법, 그리고 인간의 신체와 심리의 '심층'을 훨씬 더 깊이 파고 들어가는 과학적 관심은, 이제는 명백한 사실이지만, 치료능력과 분리되었으며 점차 … 치료법이 '뒤처지고 있다'고 비난하게 되었다(Groß et al., 1985: 6).

그 결과는 이른바 만성질환의 극적인 증가이다. 이를테면 더욱 정교한 의학적 및 기술적 감지체계 덕분에 진단될 수 있지만, 치료할 수 있는 효과적인 수단이 현재뿐만 아니라 앞으로도 없을 듯한 질병들이 극적으로 늘어난다.

그 가장 발전된 단계에서 의학은 (당분간 또는 영구히) 치료불가능하다고 스스로 규정하는 병리학적 조건들을 생산한다. 이 조건들은 총체적으로 새로운 생활 및 위험의 조건을 대변하고 현존하는 사회적 불평등 체계를 가로지른다. 금세기의 조에 100 명 중에서 40 명의 환자들이 급성질환으로 사망했다. 1980년에 이것은 사망원인의 단 1%만을 차지했다. 다른 한편 만성질환으로 죽은 사람들의 비율은 같은 기간에 46%에서 80%로 높아졌다. 그런 경우 더욱더 자주 오랜 기간 질환에 시달리다가 죽는다. 1982년의 소규모 인구조사에서 건강이 악화된 것으로 기록된 960만 명의 서독 시민들 중에서 거의 70%에 달하는 사람들이 만성적으로 앓았다. 의학의 원래 의미에서 치료는 이 같은 발전이 진행되면서 더욱더 예외적인 것이 된다. 하지만 이것이 단지 실패만을 표현하는 것은 아니다. 성공했기 때문에 의학은 그 고도기술로 진단할 수 있는 질병 속에 사람들을 풀어 놓는다.

이 발전은 오늘날에야 비로소 그 장기적 결과를 의식하고 인식하기 시작했음을 보여 주는 의학적 및 사회-정치적 전환을 내포하고 있다. 19세기 유럽에서 전문화된 발전이 이루어지면서 의학은 기술을 이용하여 질환을 사람에게서 떼어 갔으며, 독점하고 관리했다. 의학제도가 질병과 질환을 전적으로 떠맡아 외적으로 지배하게 되었으며, 아픈 사람들은 거의 아무것도 모르는 가운데 의사들이 병영 같은 '병원'에서 여러 가지 방식으로 질병과 질환을 '골라내게' 되었다.

이와는 반대로 오늘날, 환자 자신들과 역시 그들을 위해 전혀 준비가 되어 있지 않은 다른 제도들(가족, 직업세계, 학교나 공공영역)이 체계적으로 만들어졌으며 자신의 병을 어떻게 치료해야 할지 모르는 상태였던 환자들을 떠맡고 있다. 급속히 확산되는 면역체계의 이상질환인 AIDS는 이 같은 변화의 가장 두드러진 예일 뿐이다. 또한 진단이 '진보'한 결과, 질병이 **일반화**되고 있다. 어떤 것이나 아무 것이나 '병'이 되거나 실제로 또는 잠재적으로 우리를 '병자'로 만들 수 있다. 실제로 느끼는 것과는 무관하게. 따라서 '적극적인 환자'의 이미지가 다시 등장하고 있다. 즉 의학이 그 원인을 환자에게로 돌리는 병의 상태에 대응하기 위해 환자 자신이 '보조의'가 되는 '경영동맹'을 형성해야 한다는 요구가 제출되고 있다. 이상하게 높은 자살률은 불행을 당한 사람들이 이러한 방향전환을 얼마나 가련하게 인내하고 있는가를 보여 준다. 예를 들어 정기적인 투석에 생명을 의존하고 있는 만성신장질환을 앓고 있는 사람들의 자살률은 모든 연령집단에서 전체 대중보다 6배나 높다(이에 대해서는 Stössel, 1985를 보라).

최근에 의학적으로 실행된 **체외수정**과 **배아이식**의 가능성은 대단히 정당하게도 감정을 격하게 한다. 그에 대한 토론은 '시험관 아기'라는 오해를 일으키는 용어 아래 공개적으로 전개되고 있다. 이 '기술적 진전'은 본질적으로 다음과 같은 사실을 구성한다.

> 난세포의 수정에서 최초의 세포분열까지 걸리는 처음의 48시간 내지 72시간 동안 인간의 배아를 여자의 나팔관이 아니라 실험실(시험관 속에 = 유리병 속에)로 옮겨 놓는다. 필요한 난세포들은 수술을 통해 여자에게서 추출한다. 그에 앞서서 한 번의 월경주기 동안에 몇 개의 난세포들을 생산하도록(초배란) 호르몬을 주입하여 난소를 자극한다. 난세포들은 정액이 함유된 용액 속에서 수정되며 2차 내지 3차 세포분열을 할 때까지 배양된다. 그런 뒤에 난세포의 발육상태가 정상적으로 보이면 자궁에 이식한다(Daele, 1985: 17).[4]

---

[4] 이런 식으로 행할 수 있는 과학실험 중에서 시험관 발육은 자궁에 정상적으로 이식하는

체외수정을 응용하게 된 기원은 아이를 갖고 싶어 하는 많은 불임여성들의 강력한 욕망이었다. 지금까지 대부분의 병원에서 그 시술은 오직 부부들에게만 행해졌다. 결혼하지 않은 채 살아가는 관계가 많다는 점에서 보자면 이 같은 제한은 웬지 시대착오적인 것으로 보일 수도 있다. 다른 한편 독신녀에게 이 기술을 개방한다면 그 결과를 오늘날 전혀 예측할 수 없는 완전히 새로운 유형의 사회관계가 형성될 것이다. 우리는 여기서 더 이상 이혼하고 독신으로 살아가는 어머니의 유형을 다루고 있는 것이 아니라, **의도적으로 아버지가 없이 어머니가 되는 것**을 다루고 있는 것이다. 이것은 역사적으로 유례가 없는 일이다. 그 전제조건은 어떤 관계도 없이 남성의 정액을 기증받는 것이다. 그런 의미에서 **아버지가 없는 아이들**이 태어날 것이며, 그들의 부모는 어머니와 익명의 정액 기증자가 될 것이다. 궁극적으로 이 같은 사태전개는 생물학적으로 아버지가 되는 것을 보존하고 **사회적으로 아버지가 되는 것을 폐기**하는 것으로 이어질 것이다(유전학적으로 아버지가 되는 것에 관해서도 마찬가지로 사회적인 모든 문제들은 전혀 해결되지 않을 것이다. 가령 혈통, 특질의 유전, 부양과 상속의 요구 등의 문제를 들 수 있다).

또한 이식하기 **전에** 배아를 어떻게 조정해야 하는가에 관한 문제만을 고려한다고 해도 여러 가지 문제들이 한꺼번에 쏟아져 나올 것이다. 자궁에 이식할 수 있을 정도로 배아의 발육이 '정상적으로 보이는' 때는 언제인가? 언제부터 배아는 **아직** 태어나지 않은 또는 이미 태어난 인간 생명인가? "체외수정은 인간의 배아를 여자의 신체 외부에서 이용할 수 있도록 해 줄 것이며, 기술적 조작의 광범위한 영역을 열어 준다. 어떤 것은 이미 실현가능하고 다른 것들은 기술이 더 발전하면 실현할 수 있

단계에 기술적으로 제한되지 않는다. "이론적으로, 진정한 시험관 아기의 탄생을 목표로 시험관에서 배아를 완전히 발육시키는 것을 시도할 수 있다. 배아세포는 괴물, 즉 다른 종과의 잡종을 만들기 위해 이용될 수도 있다. 괴물은 배아 발육에 대한 실험적 연구에 특히 적합할 것이다. 결국 배아세포의 핵을 다른 개체의 세포와 바꿈으로써 인간의 배아를 '복제'할 수 있을지도 모른다. 이 실험은 이미 쥐의 경우에 성공을 거두었다. 사람에 대해서는 이 기술을 이용하여 기증받은 세포 핵과 항체반응을 일으킬 염려없이 기관이식 물질로 이용할 수 있는 유전학적으로 동일한 후손이나 배아조직을 생산할 수 있을 것이다. 물론 이 모든 것은 아직까지는 단순한 꿈에 불과하다"(Daele, 1985: 21).

게 될 것이다"(Daele, 1985: 19). 이렇듯 이미 존재하는 정자은행의 예를 따라서, 저온냉각된 배아들을 그에 걸맞는 '배아은행'에 저장하고 판매할 수 있을 것이다. 배아를 이용할 수 있게 됨으로써 과학은 오랫동안 희망해 온 발생학과 면역학과 약리학 연구의 '실험대상들'(적절한 언어가 없다)을 손에 넣게 된다. 인간 생명의 시작을 뜻하는 '배아'를 분열시켜 복제할 수 있다. 그렇게 해서 태어난 유전학적으로 똑같은 쌍둥이를 성을 결정하거나, 선천적 질병 등을 진단하기 위해 이용할 수 있다. 여기서 새로운 분과와 실천들이 시작된다. 즉 여러 가지 근본적인 문제들을 안고 있는 배아에 대한 유전학적 진단과 치료법이 그것이다. 무엇이 사회적으로 그리고 윤리적으로 '바람직한 것'인가, 무엇이 '써서 낡았'거나 '건강한' 유전자인가? 누가 이처럼 '배아를 질적으로 통제'(이런 말을 쓰기는 힘들다)할 것인가(Bräutigam and Mettler, 1985), 그리고 어떤 권리와 기준으로 그렇게 할 것인가? 이처럼 태아기에 치루어야 하는 '태어나기 위한 입학시험'의 요구조건을 충족시키지 못하는 '저질 배아'는 어떻게 될 것인가?

전통적인 문화적 상수들을 무효로 만드는 의학기술(과 여기서 언급하지 않은 다른 기술들)의 이 같은 발전이 일으키는 많은 문제들은 이미 인식되었으며 상당한 정도로 토론되었다(Jonas, 1984; R. Löw, 1983).[5]

하지만 그 토론에서 이제까지 주변적으로만 다루어졌던 다른 측면이 여기서 우리의 주목을 끌 것이다. 즉 그 자체가 제도화된 것인, 일반 대중의 동의를 받지 않은 채 그들의 사회적 생활조건을 제도화한 혁명으로서 의학적 진보에 대한 분석이 그것이다. 이 모든 것이 어떻게 일어날 수 있는

---

5) 한 가지 예만 더 들자면, 태아진단과 태아치료, 즉 어머니의 몸 안에 있는 배아기의 아이를 수술할 수 있는 가능성은 완전히 새로운 복잡한 문제와 갈등을 유발하였다. 아직 육체적으로는 한몸으로 통일되어 있는 반면에, 어머니와 아이의 사활적인 이해관계는 이런 식으로 태어나기도 전에 이미 분리된다. 진단과 외과치료의 가능성이 커지면서, 병의 정의는 태어나지 않은 생명에게로 확장된다. 치료자와 그 대상의 의식과 의지와는 상당히 독립적으로, 수술과 그 결과의 위험은 어머니(나 대가를 받는 대리모)와 그녀의 자궁 속에서 성장하고 있는 아기를 모순적인 위험상태에 처하게 한다. 이것은 또한 의료기술의 발달을 통해 사회적 분화가 신체의 통일이라는 한계점을 넘어서 심리-육체관계로 어떻게 확장될 수 있는가를 보여 주는 예이기도 하다.

가? 그리고 이처럼 소리없는 사회적이고 문화적인 혁명의 결과와 목표와 위험과 관련된 문제들이 어떻게 해서 단지 사후적으로만 제기되어야 하는가? 그것도 그들 자신은 아무런 실질적인 영향력도 가지고 있지 않은 채 자신들의 과학적 추론에만 전적으로 고정되어 있는 소규모 인간 유전자 전문가들의 전문적 낙관주의에 맞서는 비판적 대중에 의해서.

한편으로는 여기서 양립할 수 있는 것으로 보이는 것('의학기술의 진보')에서 양립할 수 없는 것이 만들어진다. 우리는 어느 정도의 자기창조와 자기변화가 인간의 발전에 고유한 것임을 시인할 수 있다. 우리는 역사가 인간의 본성을 변화시키고 그것에 영향을 미칠 수 있는, 문화를 생산할 수 있는, 환경을 조작하고 스스로 창조한 조건으로 자연적 진화의 조건을 대체할 수 있는 능력을 전제하고 발전시킨다는 것을 알 수 있다. 하지만 그렇다고 해서 새로운 영역으로 들어가는 문턱이 여기서 나타나고 있나라고 속여서는 안된다. '진보'의 이야기는 이 모든 것에서 궁극적으로 이득을 거둘 것으로 상정된 주체를 전제한다. 실현가능성의 범주 내에서 아무런 구속도 받지 않는 생각과 행동은 반대물, 대상, 자연의 지배와 그를 통한 사회복지의 증진을 향하고 있다. 자기 자신의 이익을 추구하는 부르주아지는 산업사회의 분업에 대한 대중적 이미지를 따라 궁극적으로 발전을 제어할 수 있는 모든 민주적 수단을 손에 쥐고 있을 것으로 상정되는 시토양의 존재조건을 파괴한다. 은밀하게, 자연의 지배는 그 말의 가장 진정한 의미에서 주체에 대한 기술적 통제가 된다. 비록 이 지배가 원래 봉사하기로 되어 있던 계몽된 주체성의 문화적 기준은 더 이상 존재하지 않을지라도.

다른 한편으로는 인간 역사의 한 시기에 대한 이 같은 비밀스러운 작별은 어떤 동의의 장벽도 뛰어넘을 필요없이 이루어진다. 세계 전역의 전문가 위원회들은 이 단계의 가능하고도 예측할 수 없는 결과들(이것은 또한 정치적 및 사회적 결과들이 먼 미래에 속하는 일이라는 것을 의미한다)에 관한 최종보고서를 여전히 작성하고 있는 반면에, 시험관에서 생산되는 아이들의 수는 빠르게 늘어나고 있다. 독일에서만 1978년에서 1982년 사이에 70 명 이상의 시험관 아기들이 기록되었다. 1984년 초에

Risikogesellschaft

는 이미 500 명을 넘어서서 전체 수는 600 명을 넘었다. 체외수정을 시술하는 병원은 꽤나 긴 대기자 명부를 가지고 있다.

이처럼 의학은 그 활동구조의 기초 위에서 그 '혁신'을 실행하고 시험할 수 있는 **자유통행권**을 보유하고 있다. 의학의 실행자들은 **기정사실화된 정책**으로 연구자가 무엇을 할 수 있고 할 수 없는가에 대한 공개토론과 비판을 언제나 약화시킬 수 있었다. 의심할 바 없이 이것도 과학적 윤리의 문제를 제기한다. 그러나 그러한 질문들만으로는 문제를 **요약할** 수 없다. 마치 '군주의 권력'을 '왕가의 도덕성'으로 환원하려는 시도처럼. 이 점은 우리가 사회를 변화시키는 정치의 의사결정 접근법과 전망을 의학 하위정치의 그것에 연결시킬 때 훨씬 더 중요해진다.

진보와 관련된 온갖 비판과 회의주의에도 불구하고 의학영역에서는, 만일 공식 정치로 이전된다면 사회의 미래에 관한 시대사적인 근본적 결정들을 단순히 실행하는 한편, 의회와 공공영역을 **무시하고**, 실제로는 그 결정들이 실현되는 덕분에 그 결과들에 관한 논쟁을 **비실제적인** 것으로 만드는 과정에서 빚어진 추문에 상응할, 그러한 것이 계속 존재할 수 있고 심지어 당연시된다. 이러한 사실에서 과학의 도덕적 실패를 찾아낼 필요조차 없다. **의학의 사회적 구조에 따라** 의학의 하위정치에는 어떤 의회도, 그 결정의 결과들을 **미리** 조사할 수 있는 어떤 행정기관도 존재하지 않는다. 심지어 의사결정의 사회적 장소조차 존재하지 않으며, 따라서 궁극적으로 어떤 굳건한 결정도 존재하지 않으며 굳건하게 만들 수 있는 어떤 것도 존재하지 않는다. 완전히 관료화되고 발전된 서구 민주주의사회에서는, 그 합법성, 관할권, 민주적 정당화에 관해 어떤 것이나 무엇이나 꼼꼼히 조사할 수 있지만, 동시에 전통적인 삶과 생활의 기초를 폐지하고 모든 관료적 또는 민주적 감시와 의사결정을 무시할 수 있다는 사실을 우리는 계속 염두에 두어야만 한다. 더욱 거세게 몰아치는 비판의 폭풍우 속에서, 그렇지 않으면 초의회적인 정상상태 속에서 이런 일이 일어난다.

이런 식으로 외적인 토의 및 통제와 내적인 의학적 실천의 의사결정력 사이의 완전한 **불균형**이 형성되고 보전된다. 그들의 위치에 따라 공공영역과 정치는 언제나 그리고 반드시 '지식이 없는' 상태이며, 그 발전에 너무도 뒤쳐져 있고, 의료인들의 사고와 행동에서는 찾을 수 없는 도덕적 및 사회적 결과들의 견지에서 생각한다. 하지만 가장 중요한 것은 의료인들이 **비실제적인 것**에 관해, 아직은 볼 수 없는 것에 관해 필연적으로 이야기하고 있다는 점이다. 체외수정의 결과는 사실 실행되고 난 **뒤에야** 비로소 경험적으로 확실하게 연구될 수 있다. 그 전에는 모든 것이 사변의 상태에 머문다. 살아있는 주체를 대상으로 **직접** 실행하는 것은 '의학적 진보'의 내적인 기준과 범주를 따르지만, 사회적 결과에 대한 두려움과 추측에 직면하게 된다. 그 사회적 결과의 사변적 본질은 지금까지 쌓아 온 문화적 확실성을 침해하는 깊이에 정비례하여 커진다. 정치로 옮긴다면 이것은 법이 효력을 발휘한 **뒤에야** 법에 대해 심사숙고한다는 것을 의미한다.

효과성과 익명성의 공동작업은 의학적 하위정치의 구조화 능력을 증대시킨다. 이 영역에서는 자기확신을 통해 한계를 초과할 수 있다. 사회변화에 대한 그 확신의 범위는 한편에서 정치의 영향력 범위를 훨씬 넘어서고, 다른 한편에서 의회를 통해 죄를 씻음으로써 비로소 정치의 영역에서 실현될 수 있었다. 이런 의미에서 병원과 의회는 상당히 비교될 수 있으며, 사회적 생활조건의 구성과 변화에 대해 심지어 **기능적 등가물**이기도 하다. 그러나 다른 한편 그것들은 **전혀** 등가물이 아니다. 왜냐하면 의회는 비슷한 범위의 결정을 **전혀** 내리지 못하고 결정을 마음대로 실행할 비슷한 기회를 **전혀** 가지지 못하기 때문이다. 가족, 결혼, 관계의 기초들이 병원의 연구와 실천을 통해 파괴되는 반면에, 의회와 정부는 제한과 회피를 향한 보건체계의 비용절감에 관한 '중대결정'을 놓고 토론한다. 비록 훌륭한 의도를 가진 계획과 그 실제적 실행이 두 개의 다른 세계에 속한다는 사실이 어쨌든 명백할지라도.

의학의 하위정치에서는 이와는 대조적으로 사려없고 비계획적인 한계초과의 가능성이 '진보'의 논리 속에 자리 잡는다. 시험관 수정조차 처음에는 동물실험으로 시험했다. 우리는 그것이 허용되어야 하는지에 관해 아주 훌륭하게 토론할 수 있다. 그러나 확실히 본질적인 장벽은 이

기술을 인간에게 적용하는 데에 놓여 있었다. 결국 의학에 대해 가해지는 것이 아니라 다음 세대에게, 그리고 우리 모두에게 가해지는 위험인 이 위험은 의학적 실천의 영역 내에서, 그리고 그곳을 지배하는 명성을 높이려는 (지구적) 경쟁의 조건과 필요 하에서 순수히 **내적으로** 채택될 수 있었고 또 실제로 채택되고 있다. 이것은 단지 의학의 중심적인 '윤리적' 문제로 보일 뿐이며, 그러한 범주로 널리 인식되고 토론된다. 왜냐하면 실제로 외적인 감시와 자문을 교묘히 벗어나는, 공적 동의나 결정이 이루어지지 않은 채 실제로 의학적 지식을 실행할 수 있는 사회구조가 이미 존재하고 있기 때문이다.

우리는 정치와 하위정치 사이의 이 중심적인 구분을 다음과 같이 공식화할 수 있다. 즉 법률과 재정과 (가령 소비자에 대한) 정보로 구성되는 영향력의 행사수단을 가지고 있는 민주적으로 정당화된 정치는 '실행기간'이 오래 걸리기 때문에 추가적인 감시와 교정과 경감의 가능성이 발생하는 권력의 간접적 원천을 보유한다. 이와 대조적으로 진보의 하위정치는 **실행하지 않는 채 직접성을** 향유한다. 그 직접성에서 우리는 입법 및 행정기관이 의학적 연구와 실천의 (또는 산업과 관련하여 경영의) 수중에서 통일된다고 말할 수 있다. 이것은 권력분립이 아직 이루어지지 않은 미분화된 행동권한 모델이며, 여기서 사회적 목표들은 이미 하나의 현실이 되어 버린 이차적 결과들처럼 사후적으로 피해 당사자들에게 이양될 필요가 있을 뿐이다.

이 구조는 물론 의료직에서 아주 '순수하게' 규정된다. 의사는 자신들의 구조화 능력을 자신들의 특별한 합리성이나 고부가가치 상품인 '건강'의 보호에서 자신들이 거둔 특별한 성공으로 돌리지 않는다. 오히려 그 능력은 (금세기의 전환기에 이룬) **성공적인 전문화**(*professionalization*)의 생산물이자 표현이며, 그 성공을 보여 주는 몇몇 사례에서 그 능력은 또한 전문직의 (또는 '불완전한' 형태로는, 직업의) 하위정치적 구조화 능력을 발흥시키는 조건들에 대해서도 대체로 관심을 보인다. 여기에는 몇 가지 전제조건들이 있다. 첫째, 전문집단은 **연구**에 대한 접근을 제도적으로 보호하는 데, 따라서 스스로 혁신의 원천을 여는 데 성공해야 한다.

둘째, 그것은 **훈련**의 기준과 내용을 본질적으로 (공동)결정하는 데, 그리고 그런 식으로 전문적 규범과 기준을 다음 세대에게 전달하는 데 성공해야 한다. 셋째, 심지어 완성된 지식의 **실천적 응용**과 전문적으로 통제된 조직들의 훈련된 능력이 나타나는 곳에서 가장 본질적이고 가장 극복되지 않은 장애가 발견된다. 그런 뒤에만 비로소 전문집단은 그 아래에서 **연구와 훈련과 실천이 상호연결되는 조직적 지붕**을 소유하게 된다. 이같은 배열 속에서만 실질적으로 정향된 구조화 능력이 발전될 수 있고 사회적 동의를 구할 필요 없이 확보될 수 있다. 이 같은 '전문적 권력모임'의 패러다임이 **임상병원**이다. 거기서 전문적 하위정치의 영향력의 원천들이 서로를 확증하고 승인하는 역사적으로 유례없는 방식으로 서로 연결된다. 다른 대부분의 전문집단과 조직은 혁신의 원천으로서 연구를 통제하지 않거나(사회노동자들, 간호사들), 본래 자신들의 연구결과의 응용에서 배제되거나(사회과학), 초전문적이고 산업적인 기준과 통제에 스스로 적응해야만 한다(기술과 공학). 의학만이 임상병원의 형태 속에서 외부의 질문과 감시에서 벗어나서 자신만의 기준과 범주에 따라 자율적으로 환자를 상대로 연구결과를 발전시키고 응용하고 완성할 수 있는 조직적 배열을 소유한다.

이런 식으로 전문권력으로서 의학은 자문하고 개입하려는 정치적이고 공적인 시도에 맞서 근본적인 잇점을 스스로 확보하고 확장해 왔다. 임상진단과 치료법이라는 그 실천의 영역에서 그것은 과학의 혁신력을 통제할 뿐만 아니라 동시에 '의학적 진보'에 관한 자신만의 의회이자 자신만의 정부이기도 하다. '치료과실'에 관해 결정해야 할 때, 심지어 법학의 '제3의 힘'조차 의학적으로 생산되고 통제되는 규범과 상황에 의지해야 하며, 이것들은 합리성의 사회적 구성에 따라 다른 사람은 절대 안되며 오직 의료인에 의해서만 궁극적으로 결정될 수 있다.

'기정사실의 정책'이 수행될 수 있고 삶과 죽음의 문화적 기초로까지 확장될 수 있는 조건들은 이러한 것이다. 이처럼 의학적 전문직은 '새로운 사실들'을 생산하여 외부에서 가해지는 비판과 의심과 명령을 전복할 수 있는 위치에 있다. 판정의 사회적 기준과 기대는 더 이상 선재하는 것이 아니라, **성찰적으로** 존재한다. 말하자면 그것은 연구와 진단과 치료에 종사하는 의사들에 의해 부분적으로 생산되고 정의되는 것이며, 따라서 **가변적인 것**이다. 사회적으로 인정되는 '건강'과 '질병'은 의학적 독점의 틀 속에서 이전에 정해진 그 '자연적 성격'을 상실하며 의학의 작동을 통해 생산될 수 있는 양적인 것으로 변한다. 이런 점에서 '생명'과 '죽음'은 더 이상 인간의 도달범위를 넘어서는 영원한 가치와 개념이 아니다. 오히려 '생명'과 '죽음'이라고 사회적으로 승인되고 인정된 것이 의료인들 자신의 작업 속에서 그리고 그것을 통해 우연적인 것이 된다. 모든 예상가능한 함의들을 총동원하여, 그리고 의학과 생물학이 생산하는 상황, 문제, 기준의 배경에 맞서는 동시에 그것들에 기초하여 그것을 재규정해야만 한다. 이처럼 심장 및 두뇌 외과의 의학이 진전되면서, 다음과 같은 상황에서 사람의 죽은 '상태'를 다시 결정하고 확정해야 한다. 만일 두뇌가 활동을 멈췄으나 심장이 여전히 박동한다면, 만일 복잡한 인공장치들을 이용해야만 심장이 박동할 수 있다면, 만일 특정한 두뇌기능이 마비되었지만 (그래서 환자는 영원히 '의식불명'이지만) 다른 신체기능은 전혀 손상되지 않았다면 등.

시험관 수정으로 열린 유전자 기술의 가능성에 기초하여 삶은 더 이상 삶과 같지 않으며, 그리고 죽음은 더 이상 죽음과 같지 않다. 일단 의학이 생산할 수 있고 질문하지 않을 수 있으며 또 그렇게 해 왔다는 사실들이 자신과 세계에 대한 인간의 이해에서 명백한 근본범주와 자명한 환경을 망쳐버리면, 그때에 그것들은 우연적이고 가변적인 것이 된다. 초기의 진화과정에서는 이루어지지 않았던 결정을 요구하는 새로운 상황들이 계속해서 생산되고 있으며 연구지향적 의학을 위한 의학적 실천의 진전은 그 상황들에 대해 (적어도 부분적으로는) 언제나 미리 해답을 제시해 주었다. 결정유형 자체는 (분명히 다른 전문가들과의 공동작업을 통한) 의학적 진단에 기초해서만 정치적으로 법적으로 '통제'될 수 있다. 이런 식으로 사물에 대한 의학적 견해는 자신을 객관화하고 삶의 모든 측면과 인간 실존의 모든 영역 속으로 훨씬 더 깊고 넓게 확장된다. 더욱더 많은 행동영역에서 의학에 의해 정의되고 완전히 구조화되는 실재가 사고와 행동의 전제조건이 되고 있다. 의학적으로 입안된 법률, '의학적으로 평가된' 노동기술, 환경자료, 그리고 환경보호나 식습관의 기준이 태동한다. 이런 식으로 의학적 형성과 의사결정의 나선이 위험사회의 이차적 현실 속으로 더욱더 깊이 파고 들게 될 뿐만 아니라, **의학을 탐하는 욕구**가 생산되며, 그 분지들이 아주 깊은 곳으로 메아리를 울려 보내는 전문 의학서비스 시장이 영구히 확장된다.

과학과 훈련과 실천의 그러한 상호연결을 관리해 온 직업집단은 그 시장을 보호하기 위한 확실한 '전문전략', 즉 훈련이나 자격 같은 것에 대한 법적 독점 또는 배타적 접근 이상의 것을 소유한다(이에 대해서는 Beck and Brater, 1978을 보라). 전문전략을 훨씬 넘어서 그것은 황금알을 낳는 거위, 말하자면 '알을 낳는' 시장형성전략을 소유한다. 이러한 전문조직의 구성은 **성찰적 시장전략**과 같은 것이다. 왜냐하면 그렇게 함으로써 전문집단은 자신이 독점하는 활동영역에서 인지적 발전을 스스로 통제하여 **새로운 전문전략들을 계속해서 생산**할 수 있는 위치를 차지하기 때문이다. 따라서 그것은 스스로 생산한 위험과 위해조건에서 이득을 거둘 수 있으며 관련된 기술-치료법의 혁신을 통해 자신만의 활동영역을 지속적으로 확대할 수 있다.

하지만 이러한 의학의 전문적 지배를 의사의 **개인적 능력**과 혼동하거나 같은 것으로 취급해서는 **안된다**. 의학의 구조화 능력은 전문적 형태로 발휘되며 그 전문직에 종사하는 사람들의 사적 이해관계와 정치적 및 사회적 기능의 유지와 행사 사이에는 그 특징을 잘 보여 주는 장벽이 형성되어 있다. 경찰과 재판관과 행정관리들은 자신들의 개인적 권력을 증대시키기 위해 마치 왕국의 왕자처럼 자신들에게 위임된 지배력을 이용할 수도 없다. 이것은 단지 법적 규제와 감시자와 감독자가 그들을 막기 때문만이 아니다. 그들은 바로 전문직의 형태가 자신들의 직무의 실질적 목표 및 부수효과와 관련하여 (수입, 경력 등과 같은) 사적인 경제적 이익에 대한 무관심을 요구하기 때문에 그렇게 할 수 없다. 개인적으로 의사들은 자신들의 혁신이 가져올 사회적 변혁의 범위에서 차단된다. 그 혁신은 심지어 참조의 대상조차 되지 않으며, 어쨌든 의학적 실천의 부수효과로 취급된다. 의사들에게 가장 중요한 것은 의료직 내에서 내적으로 정의되고 통제되는 '의학적 진보'이다. 물론 이런 식의 성공은 직접적으로 나타나지 않으며, 다만 경력기회, 봉급, 또는 승진으로 옮겨져서 나타난다. 이런 의미에서 인간 유전공학을 연구하는 고용의들은 다른 모든 피고용자들과 마찬가지로 종속적이다. 그들은 자신들의 직무를 '전문적으로' 수행하고 있는가에 관해 다른 사람들에 의해 해고되고, 대체되고, 감시될 수 있으며, 외적인 지도와 규제를 따르게 된다(Beck, 1979).

여기서 상이한 활동영역들에서 상이한 방식으로 정교하게 다음어지는 하위정치의 또 다른 특징이 드러난다. 정치에서는 의식과 영향력이 적어도 이론상으로는 수행되는 기능 및 직무와 일치할 수 있는 반면에, 하위정치의 영역에서는 의식과 실제효과가 체계적으로 다양화하는 사회변화 및 영향력과 일치한다. 다시 말해서 사회변화의 전망이 커진다고 해서 그만큼 권력이 강화되는 것은 아니며, 오히려 영향력이 감소될 수도 있다. 따라서 인간 유전공학 연구자와 실행자의 상대적으로 작은 집단이 자신들의 전문적 실천의 명백한 정상성 속에서 피고용자로서 사회적 환경의 전복을 무의식적으로 그리고 무계획적으로 촉진하고 있다.

기술정책의 난관

이제 기술-경제적 하위정치의 정당화가 **정치체계의 정당성에서 도출된**다고 말할 수 있다. 정치체계가 기술에 관한 어떤 것도 **직접적으로** 결정하지 않는다는 사실이 논란을 일으켜서는 안된다. 정치체계에서 그에 대한 책임을 나누어야 하는 부수효과들은 정치인들이 야기하는 것이 아니다. 그럼에도 불구하고 기술정책은 재정적 지원의 지렛대와 바람직하지 않은 효과들의 입법적 통과 및 완충화를 통제한다. 하지만 기술-과학적 발전과 그 경제적 이용에 관한 의사결정은 연구정책의 도달범위를 벗어난다. 국가와 관련하여 산업은 두 가지의 잇점, 즉 **투자결정의 자율성과 기술응용의 독점**을 소유한다. 경제계획의, 경제적 산출(또는 위험)의, 기업 자체의 기술적 구조의 형태 속에서 전개되는 근대화 과정을 통제하는 수단은 모두 경제적 하위정치의 수중에 있다.

근대화 과정에서 형성된 이러한 권력구조의 분업은 국가를 여러 가지 면에서 시대에 뒤처지게 만든다. 첫째, 그것은 다른 곳에서 결정된 기술발전을 따라잡기 위해 애쓴다. 국가의 온갖 연구지원에도 불구하고 기술발전의 목표에 대한 그 영향력은 이차적인 상태에 머문다. 극소전자기술, 유전공학 등의 이용과 발전에 관해 의회에서는 어떤 것도 결정하지 않는다. 기껏해야 나라의 경제적 미래(와 일자리)를 보호하기 위해 그 기술들을 **지원**하기로 결정할 수 있을 뿐이다. 이것이 바로 기술발전에 관한 결정과, 경쟁을 이유로 산업체들로 하여금 비밀리에 계획을 입안하도록 강제하는 투자에 관한 결정이 맺고 있는 친밀한 연관이다. 따라서 이미 채택된 결정들만이 정치가의 책상과 공공영역에 이르게 된다.

일단 투자결정의 외투 아래서 기술발전에 관한 결정들이 채택되면, 그것들은 물론 그 자체로 상당한 무게를 갖게 되고 발전된다. 이제 그것들은 관련된 투자상의 제약을 지니고 세상 속으로 들어간다. 그 결정들은 **돈을 벌어야만** 하는 것이다. 근본적인 반대는 자본(과 물론 일자리)을 위태롭게 할 것이다. 이제 부수효과를 지적하는 사람은 누구라도 기업의 미래와 이 계획에 포함된 피고용자들의 미래를 투자한 기업에 해가 되며, 따라서 궁극적으로 정부의 경제정책조차 위태롭게 한다.

이 점에서 이중적인 한계가 나타난다. 첫째, 이윤을 거두기 위해 취해진 투자결정의 압력 아래서 부수효과를 평가하게 된다. 둘째, 이 상황은 어쨌든 결과를 평가하기 어렵고 정부의 대응책이 실행되기 위해서는 긴 경로와 시간이 지나야만 한다는 사실에 의해 해결된다. 그 결과 "어제의 투자결정과 그저께의 기술혁신에 기초하여 산업적으로 생산된 오늘의 문제에 대해 잘 해야 내일이나 대응책이 마련될 것이며, 이것은 **모레에나** 유효하게 될 것이다"(Jaenicke, 1979: 33)는 전형적인 상황이 나타난다. 이런 의미에서 정치는 그러므로 자신이 유발하지 않았으며 실제로 피할

Risikogesellschaft

수도 없었던 결과의 정당화를 통해 한정된다. 권력분립의 설계에 따라 정치는 이중의 의미에서 산업에서 취해진 결정에 대해 책임을 져야 한다. 기술발전의 문제에서 사이비 정치적인, 산업적인 '주권'은 단지 차용된 정당성만을 소유한다. 그것은 비판적이 된 공공영역의 눈 앞에서 재삼재사 사후적으로 사회적으로 복구되어야만 한다. 내리지 않은 결정을 정치적으로 정당화해야 할 이 같은 필요는 부수효과에 대한 정치적 및 공식적 책임을 통해 강화된다. 이처럼 분업에 의해 산업은 일차적 의사결정력을 갖게 되지만 부수효과에 대해서는 아무런 책임도 지지 않는다. 반면에 정치는 자신이 내리지 않은 결정을 민주적으로 정당화하고 기술의 부수효과를 '완화할' 과제를 부여받는다.

동시에 부수효과의 증명은 선정된 기술발전 경로에서 이익을 거두고자 하는 경제적 및 경제정책의 이해관계와 (적어도 초기에는) 충돌한다. 부수효과(나 그것에 대한 공공의 민감성)가 더 커질수록, 그리고 경제회복에 대한 (또한 대량실업에 대한) 관심이 더 커질수록, 비판적 대중의 이정표와 경제적 우선순위의 사이에 잡혀 있는 기술정책의 행동의 자유는 그만큼 더 좁아진다.

여기서 진보의 모델이 구원의 손길을 내민다. '진보'는 민주적인 정치적 정당화없이 **정당화된** 사회변화로 이해될 수 있다. **진보에 대한 신념은 표결을 대체한다.** 더욱이 그것은 질문의 대체물이며, 아직 알려지지 않고 언급되지 않은 목표와 결과에 대해 미리 동의하는 것이다. 진보는, 마치 그것이 천국에 이르는 지상의 길인양, 전면적인 동의가 요구되는 백지상태의 정치계획이다. 민주주의에 대한 근본적 요구는 진보의 모델에 의해 거꾸로 서게 되었다. 우리가 사회변화의 진보에 대해 우려한다는 사실조차 사후적으로 지적되어야 한다. 공식적으로 우리는 아주 다르면서도 언제나 똑같은 것을, 즉 경제적 우선순위, 지구적 시장경쟁, 일자리 등을 다루고 있다. 사회변화는 **치환된** 형태로만 일어난다. 진보는 합리적 행동을 전복하는 '합리화 과정'이다. 그것은 계획이나 표결없이 사회를 알지 못하는 어떤 것으로 계속해서 변화시킨다. 우리는 모든 일이 다 잘될 것이라고, 우리가 초래하는 모든 것이 결국에는 진보적인 것이 되리라고 가정한다. 그러나 왜, 무엇 때문에 그런가를 묻는 것조차 그것에 관해 이단을 범하는 것이다. 왜 그런가에 대해 모르는 채 동의하는 것이 전제조건이다. 다른 모든 것은 이단이다.

여기서 진보에 대한 신념의 반(counter)근대성이 분명해진다. 그것은 **근대성의 세속종교의 일종이다.** 그 방식과 방법에 대해 알지 못한 채 모르는 것과 막연한 것을 신뢰하거나 자신의 더 뛰어난 판단을 거슬러서 신뢰하는 것과 같은, 종교적 신념의 모든 특성이 그것에 적용된다. 진보에 대한 신뢰는 창조자가 된 근대성의 기술에 대한 자기확신이다. 생산력과 과학과 사업을 발전시키고 관리하는 것들과 함께 생산력은 신과 교회의 위치를 차지했다.

진보라는 신의 대용품이 산업사회의 시대에 사람들을 더욱더 매혹하게 될수록, 우리는 그것의 초기 설계에 대해 더욱 세밀히 조사하게 된다. 과학의 비책임성은 실업계의 암묵적인 책임성과 성지의 **단순한 정당화 책임**과 상응한다. '진보'는 비책임성의 위치로 제도화된 사회변화이다. 하지만 진보로 변형된 절대적 정언명령에 대한 신념의 운명성은 **만들어지는 것이다.** '부수효과의 무정부성'은 미리 채택된 결정을 축복할 수 있을 뿐인 정부의 정책과, 그 사회적 결과들을 비용집약적인 요소들의 잠재성 속에 남겨두는 경제와, 그 이론적 태도를 분명히 의식하면서 그 과정을 도입하고도 그 결과를 쉽게 잊고 싶어하는 과학과 상응한다. 진보에 대한 믿음이 바로 그 자신을 창조했던 것과 똑같이 근대성을 전복하는 진보의 **전통**이 되는 곳에서, 기술-경제적 발전의 **비정치**는 자신을 정당화될 필요가 있는 하위정치로 변형시킨다.

산업 자동화의 하위정치

기능주의적이고 신맑스주의적인 분석은 조직사회학의 분석과 마찬가지로 여전히 거대조직과 위계질서의 '확실성', 즉 테일러주의와 경제위기의 '확실성'의 견지에서 사고하고 있다. 그러나 그것들은 공장에서 이루어진 발전과 기업의 발전가능성에 의해 오래전부터 침식되어 왔다. 자동화에 대한 극소전자기술 및 다른 정보기술들의 가능성과 함께, 환경문제 및 위험의 정치화와 함께, **불확실성**은 심지어 경제교리의 대성당을 뚫고 들어가기조차 했다. 불과 얼마 전까지만 해도 단단해 보이고 내세워지던 것이 유동적인 것이 되고 있다. 임노동의 시간적, 공간적, 법적 기준(이에 대해서는 6장을 보라), 거대조직의 강력한 위계, 합리화의 가능성, 이 모든 것들은 더 이상 전통적인 계획과 관계에 순응하지 않는다. 그것들은 부서와 공장과 부문의 엄격한 한계를 가로지른다. 생산부문들의 구조는 전자적으로 재연결될 수 있다. 기술적 생산체계는 인간의 노동구조에서 독립하여 변할 수 있다. 시장이 요구하는 유연성의 견지에서 생태학적 도덕성과 생산의 정치화, 이윤획득가능성의 통념은 유동적인 것이 되고 있다. 그리고 새로운 '유연전문화'(Piore and Sable, 1985)의 형태가 대량생산이라는 낡아빠진 '덩치만 큰 괴물'과 효율적으로 경쟁한다.

이처럼 커진 구조변화의 가능성이 즉각적으로, 단 한 번에, 그리고 가까운 장래에 조직정책의 부분으로 적용될 필요는 전혀 없다. 하지만 생태학, 신기술, 변형된 정치문화가 상호결합된 영향력들의 앞으로 더욱 진전될 이 같은 혼란은 오늘날 이미 여러 가지 조건을 변화시켰다.

번영하는 50년대와 60년대에는 여전히 국민경제의 발전을 상대적으로 정확하게 예측할 수 있었다. 오늘날에는 한 달 사이에 경제지표가 어떻게 변할지를 예측하는 것조차 더 이상 불가능하다. 국민경제의 변화에 관한 불확실성에 상응하여 개별적 판매시장에 대한 개관이 혼란에 빠진다. 경영은 어떤 생산물을 생산해야 하며 그를 위해 어떤 기술을 이용해야 할 것인지 확신하지 못한다. 사실상 권위와 관할권을 회사 내에서 어떻게 배분해야 할지조차 확실하지 않다. 산업가들과 이야기를 나누거나 경제신문을 읽는 사람은 누구라도 정부의 개입조차 없이 미래에 대한 포괄적인 전략을 작성하기까지는 많은 기업들이 어려움에 부딪히게 될 것이라고 결론지을 것이다(Piore and Sabel, 1985: 22).

물론 위험과 불확실성은 경제활동의 '거의 자연적인' 인지적 요소이다. 그러나 현재의 혼란은 새로운 특성을 드러낸다. 그것은

30년대의 대공황과는 너무도 다르다. 당시에는 파시스트와 공산주의자와 자본가들이 한 나라, 즉 미국의 기술을 배우려고 도처에서 노력하고 있었다. 역설적으로 당시에는 전체로서 사회는 변화에 극히 취약하고 민감해 보였으며, 오늘날 대단히 모호해 보이는 산업조직의 바로 그 원리들을 의심하고자 하는 사람은 아무도 없었다. 기술과 시장과 위계가 어떻게 조직되어야 하는가에 대한 현재의 혼란은, 아직은 그다지 이해되고 있지 않은 상태이지만, 익숙한 경제발전 체계의 결정적인 요소들이 무너지고 있음을 보여 주는 기호이다(Piore and Sabel, 1985: 22f).

극소전자기술을 통해 **가능**해지고 있는 조직적인 사회변화의 범위는 상당하다. 구조적 실업은 이에 따라 나타나는 가장 중대한 두려움을 대표하지만, 이것은 문제를 인식하기 위한 전통 범주의 기준을 여전히 충족시키는 요소의 강화에 불과할 뿐이다. 중도적인 견지에서 보자면, 극소컴퓨터와 극소연산장치의 이용이 경제체계의 전통적인 조직적 전제들을 **쓸모없는 것으로 만든다**는 점도 똑같이 중요해질 것이다. 더 분명히 말하자면 극소전자기술은 기술적 결정론의 신화를 **기술적으로** 반박하는 기술발전의 단계를 도입하고 있다. 예를 들자면 컴퓨터와 통제장치들은 대단히 다양한 목적, 문제, 상황에서 기능하도록 프로그램될 수 있다. 이처럼 기술은 세부적인 사용방법을 더 이상 전제하지 않는다. 그와는 정반대로 기술은 기술에 영양을 공급할 수 있으며 해야만 한다. '객관적인 기술적 제약'에 따라 사회구조를 배열할 수 있는 이제까지의 정당화 가능성은 사라지고 있으며, 또는 심지어 역전되고 있다. 우리는 아무튼 전자적 통제와 정보기술의 네트웍 형성가능성을 이용하기 위해 수직적 및 수평적 차원에서 우리가 **원하는** 사회조직이 어떤 유형의 것인지를 알아

야만 한다. 다른 한편 극소전자기술에 힘입어 노동과 생산과정을 떼어놓을 수 있다. 즉 인간의 노동체계와 기술적 생산체계는 서로 독립적으로 변할 수 있다(Kommissionsbericht, 1983: 167ff).

조직의 모든 차원과 수준에서 새로운 유형들이 나타날 수 있다. 부서와 공장과 부문을 가로질러서. 이 점에서 기업이 그 '조직구조'에 **공간적으로 구속된다**는 산업체계의 기본전제는 필연적으로 그 기술적 기초를 상실하고 있다. 그러나 이것은 전통적 통념과 조직이론이 기초하고 있는 '받침대'가 바뀌고 있다는 것을 의미한다. 이런 식으로 열리고 있는 조직적 변동의 수위는 아직 상상조차 할 수 없다. 그 변화들이 확실히 하룻밤새 다 이루어지지는 않을 것이라는 데에 대해서는 이 점이 적지 않게 중요한 이유가 된다. 우리는 **조직계획**의 **실험단계**가 시작되는 시기에 살고 있으며, 이 계획은 새로운 생활방식들을 실험하는 사적 영역의 제약요인들보다 뒤에 위치하지 않는다.

이 차원들을 정확히 평가하는 것이 중요하다. 직무, 숙련, 기술체계의 범주들에서 나타나는 변화들이 분명하게 드러내는 **일차적 합리화** 모델은 지금까지 있어 온 변화의 전제와 상수들을 대상으로 하는 **성찰적 합리화**에 의해 대체된다. 따라서 산업사회의 전통적으로 지배적인 지도원리들, 그 중에서도 특히 **공장 패러다임**, **생산부문의 배열**, **대량생산**에 대한 제약이 태동하고 있는 조직적 배열의 수위를 제한할 수 있다.

극소전자기술의 사회적 결과에 관한 토론에서 한 가지 확실한 견해가 연구와 공공영역에서 아직도 지배적이다. 결국 **일자리**가 줄어들 것인가의 여부, 숙련과 위계가 변할 것인가의 여부, 새로운 **전문직**이 부상하고 낡은 것들은 필요없게 될 것인가의 여부 등을 묻고 검토하게 된다. 사람들은 아직도 낡아빠진 산업사회의 범주들로 사고하고 있으며, 이 때문에 태동하고 있는 '새로운 실재들'을 더 이상 포착하지 못한다고는 거의 상상조차 하지 못한다. 아주 빈번하게 이 같은 조사는 직무와 숙련이 예측할 수 있는 범위 내에서 변할 것이라는 '대단히 명확한 공시' 따위를 발표한다. 공장과 분업의 범주, 노동과 생산체계의 할당 등은 이 과정에서 항상적인 상태를 유지한다. 그러나 점차적으로만 가시화되고 있는 자동화에 대한 '지적' 전자공학의 특수한 잠재력은 산업사회와 사회학이 사고하고 연구하는 이 격자를 쓸모없게 만든다. 우리는 공장과 부서와 부문 등의 내부와 그 사이에 놓여 있는 조직적 경계들을 겉보기에 극히 안정적인 것으로 만드는 이 체계의 합리화에 관심을 가지고 있다.

그런데 임박한 합리화의 물결의 특징은 그 **경계-횡단적**이고 **경계-변동적**인 잠재력에 있다. 기업의 패러다임과 그것이 깊이 묻혀 있는 부문구조를, 즉 공장의 부서조직, 편성과 협동의 상호작용, 공장조직들의 공존을 누구나 손쉽게 이룰 수 있다. (예컨대 조립과 관리의) 전체 부서가 자동화될 수 있으며, 자료은행에서 합체될 수 있고, 심지어 소비자와 전자적으로 직접 연결될 수도 있다는 사실과는 분명히 별도로. 이러한 점에서 기업의 정책이 (초기에) **직무구조를 바꾸지 않은 채 작업장의 통제방식**을 변화시킬 수 있는 중요한 기회가 은폐된다. 조직내 및 조직간 구조는 말하자면 직무를 둘러싼 기업의 (이제는 더 추상적인) 차폐막 아래서, 따라서 노동조합을 무시하면서 변화될 수 있다(Altmann et al., 1986).

이런 식으로 달성되는 **조직적 변형**은 그렇게 '머리가 무거운' 것이 아니며, 아마도 상이한 시기에 상이한 방식으로 재조합될 수 있을 몇 가지 안되는 요소들로 구성된다. 그런데 각각의 개별적인 '조직적 요소들'은 외부세계와 자신만의 관계를 가질 수 있으며 자신의 기능에 특수한 자신만의 '조직적 대외정책'을 추구한다. 모든 것에 관해 미리 중앙조직의 자문을 구하지 않은 채 사전에 규정된 목표들을 추구할 수 있다. (이윤성, 변화된 시장조건에 대한 빠른 적응, 시장 다변화에 대한 유의 등) 특정 효과들의 충족 여부를 **감독할 수 있는** 한. 사회적으로 직접 경험될 수 있는 명령의 사슬로서 거대 산업공장과 관료제 속에 조직되어 있는 '지배'는 여기서 통합된 기능적 원리와 효과로 위임된다. 지각할 수 있는 '지배자들'이 드물어지는 체계가 형성된다. 전제되어 있으며 훨씬 더 엄격하게 강제될 수 있는 효율성의 원리 아래서 '기능적 요소들'의 전자적으로 감시되는 '자기조정'이 명령과 복종의 자리를 차지한다. 이런 의미에서 활동의 감시 및 개인적 지모와 관련하여 **투명한 조직**이 가까운 장래에 나타날 수 있을 것이다. 하지만 아마도 이러한 효과와 함께, 이러한 감시기제의 형태변화는 하급조직, 부수조직, 동격조직의 **수평적 자동화**를 수반할 것이다.

통제구조의 극소전자적 변형은 정보흐름의 방향과 독점화를 미래의 '공장'에서 중심적 문제로 만들 것이다. 피고용자들이 공장(경영) 측에 대해 '투명'해질 수 있을 뿐만 아니라, 공장이 피고용자와 주위의 이해당사자들에 대해 '투명'해질 수도 있을 것이다. 생산의 국지화가 다 닳아빠져서 쓸모없게 되는 만큼, 정보는 생산단위를 연결하고 결합할 수 있는 중심적 수단이 된다. 따라서 누가 어떤 정보를, 어떤 수단으로, 어떤 순서로, 누구에 관한, 무엇에 관한, 무엇을 위해 손에 넣는가가 핵심적인 문제가 된다. 미래의 조직적 논쟁에서 **정보흐름의 배분과 배분 효율성을 둘러싼** 이 같은 **권력투쟁**이 중요한 갈등의 원천이 될 것이라고 어렵지 않게 예측할 수 있다. 이러한 중요성은 탈집중화된 생산의 결과로서 우선 생산수단의 법적 소유권이, 그리고 다음에 그것에 대한 실제적 처분이 더욱 분화되기 시작했으며, 생산과정의 통제가 정보와 정보망의 관리가능성이라는 가느다란 실로 매달려 있게 된다는 사실에 의해 더욱 강조된다.

원격통신의 도움으로 어떤 제약들이 집중과 집적의 방향을 지속하고 있는지를 파악할 수 있으며 새로운 방식으로 조직할 수 있다. 근대성이 의사결정의 집중과 그 임무와 기능을 다하기 위해 고도로 복잡한 조정의 가능성에 의존한다는 사실은 여전히 올바르다. 그러나 그렇다고 해서 맘모스와 같은 거대조직의 형태로 수행될 필요는 없다. 이러한 것들도 정보기술을 통해 위임될 수 있으며, 탈집중화된 자료, 정보와 정보망을 이용하여 수행될 수 있고, 또는 이미 자동출납기의 예처럼 수용자와 직접 '상호협조'하는 (반)자동서비스로 처리될 수 있다.

여기서 완전히 새로운 조류가, 통상적 개념과는 모순적인 조류가 일어난다. 분업에 기초하여 위계적으로 조직된 거대-관료제와 행정장치의 해체에는 자료와 정보의 집중이 수반 된다. 기능과 정보의 집중화는 탈관료제화와 상호침투한다. 의사결정 권위의 집중화와 노동조직 및 서비스

제도의 탈집중화는 둘 다 가능하다. 거리와 상관없이 (관리, 서비스, 생산영역에서) 관료조직의 '중간' 수준은 정보기술로 만들어 낼 수 있는 화상시연장치를 매개로 융합되어 '직접' 상호작용한다. 소비자서비스, 중매업, 수리업의 일들도 그렇지만 복지국가와 국가행정의 수많은 임무들은 일종의 셀프 서비스점으로 변형될 수 있다. 비록 이 모든 것이 전자적 수단을 통해 객관화된 형태로 '성숙한 시민'에게 직접 '행정의 혼돈'이 이전되는 것을 의미한다고 할지라도. 이런 경우에 어떤 서비스를 받으려는 사람은 행정관리, 소비자 상담원 등과 더 이상 직접 상호작용하지 않으며, 그보다는 그 규칙을 전자적으로 검색할 수 있는 절차에 따라 원하는 처리, 서비스, 인가를 선택한다. 자료처리기술을 통한 이러한 객관화는 특정한 핵심 서비스영역에서는 가능할 수 없거나, 의식할 수 없거나, 사회적으로 실현할 수 없을 지도 모른다. 하지만 더 광범위한 상례화된 활동에서는 사정이 다르다. 따라서 가까운 장래에 상례적으로 반복되는 행정 및 서비스의 많은 부분이 이런 식으로 인적 비용을 절감하면서 수행될 수 있을 것이다.

공장 패러다임과 부문구조의 변화에 덧붙여 이러한 준경험적 변화예측에서, 적어도 산업사회의 경제체계가 전제하는 두 가지 조직적 조건이 드러났다. 첫째는 **부문형의 생산**이다. 둘째는 산업자본주의적 생산이 결국에는 필연적으로 **대량생산**의 규범과 형태를 따라야만 한다는 기본가정이다. 임박한 합리화과정이 부문구조 자체를 목표로 하고 있다는 것은 오늘날 이미 예측할 수 있다. 현재 그 모습을 드러내고 있는 것은 산업적 생산도 가족적 생산도 아니며, 서비스나 비공식부문도 아니다. 그것은 **제3의 실체**이며, 우리가 아직 개념적 및 경험적 감수성을 발전시키지 못한 특이성과 문제들 때문에, 전부문에 걸친 조합과 협동의 형태로 경계들을 훼손하고 전복하는 것이다.

이미 셀프 서비스점들을 통해, 그리고 특히 자동출납기와 화상시연장치 서비스를 통해 (또한 시민집단이나 자조단체 등을 통해), 부문간 경계를 가로질러 노동의 재분배가 이루어지고 있다. 동시에 소비자의 노동력이 **노동시장 외부에서** 동원되며 상업적으로 조직된 생산과정으로 통합된다. 한편에서 이런 식의 소비자 부불노동의 포함은 확실히 임금과 생산비용을 낮추려는 자유시장계획의 부분이다. 다른 한편 자동화의 경계선상에서 자조적인 것으로도 서비스로도 이해될 수 없는 중첩지대가 생겨난다. 예를 들자면 기계를 이용하여 은행은 출납계원의 지불노동을 언제나 자기 계정에 접근할 수 있는 것으로 '보상받는' 소비자에게 이전한다.

기술을 이용하여 전개되는, 그리고 사회적으로 바람직한 생산과 서비스와 소비의 재분배에서 **시장의 교묘한 자기폐기**를 엿볼 수 있다. 그러나 시장에 묶여 있는 경제학자들은 그것에 대해 눈을 감고 있다. 우리는 오늘날 '그림자 노동'이나 '그림자 경제'에 대해 종종 듣는다. 하지만 그림자 노동이 시장을 매개로 한 공업 및 서비스 생산의 외부에서만이 아니라, 바로 그 **내부**에서 확산되고 있다는 것은 일반적으로 인식되지 않고 있다. 극소전자기술로 불붙은 자동화의 물결은 지불노동과 부불노동의 **혼합형태**를 만들어 내며, 거기에서 시장을 매개로 하는 노동의 비중은 **줄어들고** 있지만 소비자 부불노동은 늘어나고 있다. 따라서 서비스부문의 자동화 물결은 생산에서 소비로, 전문가에게서 일반 대중에게로, 보상에서 자기참여로 노동이 이전되는 것으로 이해될 수 있다.

불안전성과 위험이 증가하면서 유연성에 대한 고용주의 관심은 커진다. 이것은 언제나 존재해 온 요구이지만, 한편에서 정치문화와 기술발전이 상호협력하고, 다른 한편에서 전자적 노동조직의 가능성 및 생산과 시장 유동화가 진전함으로써 오늘날 경쟁력 확보를 위해 긴급한 과제가 되고 있다. **표준화된 대량생산의 조직적 전제조건들은 무너지고 있다.** 산업사회의 이러한 과잉생산 모델은 그 적용영역을 아직 보유하고 있지만(가령 담배, 직물, 전기등, 식료품 산업의 긴 생산계열), 새로운 형태의 혼합물들, 대량생산되는 **동시에** 개별화되는 생산물들에 의해 보완되고 대체된다. 이 같은 사실은 전자산업에서, 몇몇 자동차 회사에서, 그리고 통신 분야에서 이미 관찰할 수 있다. 나무조각 쌓기의 원리(Baukastenprinzip)를 따라 여기서 상이한 접속과 상이한 조합이 만들어지고 제공된다.

공장을 시장의 탈표준화와 내적인 생산 다변화에 적응시키는 것은, 포화상태에 이른 시장과 위험의 확인에 따른 변화에 원인을 둔 급속한 조직적 적응의 요구와 함께, 전통적인 엄격한 공장조직으로는 달성될 수 없거나, 단지 어색하고 비용집약적인 방식으로만 달성될 수 있을 뿐이다. 그러한 변화는 계획적으로 그리고 (저항을 억누르는) 명령의 형태로 많은 시간을 소모하여 언제나 상명하달식의 방식으로 추진되었다. 이와는 대조적으로 가동적이고, 느슨하거나 유동적인 조직망에서, 이 같은 다양한 적응의 묘기는 말하자면 **구조로 통합될** 수 있다. 그런데 역사가 승패를 이미 결정한 것처럼 보인 대량생산과 장인생산 사이의 투쟁은 새로운 역사적 순환을 시작한다. 영원할 것으로 제시된 대량생산의 승리는 소규모 생산계열의 컴퓨터로 통제되며 혁신집약적인 생산물들에 기초한 새로운 '유연전문화'의 형태들을 통해 수정될 수 있다(Piore and Sabel, 1985).

공정의 시대, '산업시대의 대성당'은 아마도 끝나지는 않을 것이다. 그러나 미래에 대한 그 독점은 깨지고 있다. 기계의 리듬을 따라야 하는 이 거대하고 위계적인 조직들은 동일한 생산물을 생산하고 비교적 안정된 산업환경에서 반복적으로 동일한 결정을 내리는 데에는 적합했을지도 모른다. 그러나 이러한 조직들과 함께 성장한 언어를 빌려서 말하자면, 그것들은 오늘날 많은 이유로 '역기능적'이 되고 있다. 그것들은 자아의 발전이 노동의 세계를 침식하는 산업화된 사회의 요구와 더 이상 조화를 이루지 못한다. 마치 '조직적 거인들'처럼 그것들은 위험과 파괴에 민감해진 공공영역에서 급속히 변하며 스스로를 혁명적으로 개조하는 기술과 생산물의 다양화와 정치문화적으로 조건지워지는 시장 유동화에 유연하게 대응할 수 없다. 그들의 대량생산물은 분열해 나오고 있는 하위시장들의 요구를 더 이상 충족시키지 못한다. 그것들은 생산물과 서비스를 개별화하기 위하여 가장 근대적인 기술들의 위대한 창안력을 적절하게 이용하지도 못한다.

여기서 결정적인 점은 표준화하는 제약요인들, 명령의 사슬 등을 가지고 있는 '거대 조직들'이 이윤극대화, 소유관계, 지배적인 이해관계 등의 산업생산의 근본원리들과 충돌하는 것이 아니라, 오히려 그 원리들에 의해 강제된다는 것이다.

산업체계의 모든 기둥들이, 즉 공장 패러다임, 부문형 생산, 대량생산 형태, 임노동의 시공간적 및 법적 표준화가 한번에 모두 이완되거나 폐기되는 것은 아니다. 여전히, 경제와 자본주의의 산업사회적 조직형태의 강제단위를 근 100 년 간 지속된 역사적으로 일시적인 매개단계라는 그 상대적 맥락으로 밀어 넣고 있는 **노동과 생산의 체계적 변형**이 남아 있다.

이 같은 사태전개와 함께, 만일 실제로 전개된다면, 기능주의사회학과 (신)맑스주의의 조직적 전제들의 '남극대륙'에서 갑자기 봄이 시작될 것이다. 강철로 만들어진 것처럼 보였던 산업노동의 변화에 대한 기대는 뒤집어지고 있다.6) 물론 자본주의적 경제 성공을 향한 길 위에서 '본래적인 우월성'을 지니고 있는 듯이 보이는 조직형태들의 합법적 진화의 신판이 아니라, **노동과 조직과 경영형태에 관한 투쟁과 결정의 산물**로서. 여기서 우리가 생산과 노동시장의 권력, 그 전제조건과 그것을 행사하기 위한 규칙들에 집중적으로 관심을 기울이고 있다는 것은 명백하다. 합리화과정의 작동 속에서 열리는 하위정치적 공간 조직화의 결과로서, 경영의 사회적 구조는 정치화된다. 신판 계급투쟁의 결과라는 의미에서보다는, 산업생산의 명백한 '단일방식'이 그 조직적 통일성을 희생하고 **탈표준화**되며 **다원화**되면서 가변적으로 된다는 의미에서.

---

6) 이것은 예컨대 파편화된 산업노동자의 '기능적 필연성'에 대해서 적용된다. 잘 알다시피 이것을 예언한 사람은 '과학적 관리'의 묘한 분위기(aura)로 이것을 에워싼 프레드릭 테일러였다. 테일러에 대한 맑스주의적 비판조차 이 '노동조직화의 철학'의 본래적인 체계적 필연성을 크게 확신한다. 그들은 그 결과 나타나는 무의미함, 소외된 노동형태를 비판한다. 하지만 역설적으로 그들은 이 테일러주의적 '필연성의 마술'을 분쇄하고 노동을 '더 인간적으로' 조직할 수 있는 현재의 전망을 지금 여기서 완전히 개발하려는 '소박한 유토피아주의'에 반대하는 동시에 그 마술의 '현실주의'를 옹호한다. 좀더 신랄하게 말하자면, 지금까지 테일러의 맑스주의 비판가들은 테일러주의를 가장 단호하게 옹호하는 사람들에 속한다. 자본주의의 전체적인 침투력에 눈이 먼 그들은 테일러주의가 여전히 번성하는 (또는 다시 번성하는) 곳에서는, 이것이 결코 '체계를 규정하는 필연성'을 확증하는 것으로 해석되어서는 안된다는 사실을 깨닫지 못한다. 그것은 보수적인 관리 엘리트의 깨지지 않은 힘의 표현이며, 맑스주의자들은 이 엘리트들이 가지고 있는 역사적으로 퇴물이 된 테일러주의적 독점 주장의 안정화를 묵시적으로 돕고 있다.

경영측, 노동평의회, 노동조합, 일반 노동자 사이의 논쟁에서는 앞으로 노동관계가 일상의 질서 위에서 **내적으로 작동하는 사회모형**에 관한 결정이 토의될 것이다. 그 결정에 따라 소유관계의 불변을 기초로 일상생활의 노동사회주의를 향해, 또는 권위주의적 지배의 방향을 향해 한걸음 내딛게 될 것이다. 여기서 특징적인 것은 아마도 이 두 가지 대안이, 양자를 형성한 개념들을 더 이상 적용하지 않기 때문에, 더 이상 서로를 배제하지 않는다는 사실에 있을 것이다. 본질적인 것은 하나의 기업에서 다른 기업으로, 한 부문에서 다른 부문으로, 상이한 모형들과 정책들이 선전되고 시험될 수 있다는 점이다. 이것은 단지 노동관계정책의 무의미한 '변덕'이 계속 쌓여간다는 것을 의미할 수 있을 뿐이었다. 모두 일치하여, 생활형태의 다양화를 향한 경향은 생산영역으로 확산되고 있다. **노동세계와 노동형태의 다양화**에 따라 '더 보수적인' 그리고 '더 사회주의적인', 또는 '더 도시적인' 그리고 '더 농촌적인' 변형태늘이 경쟁을 벌이게 된다.

그러나 이것은 경영활동이 전에 알지 못하던 정도로 **정당화의 압력**을 받게 된다는 것을 의미한다. 그것은 경제활동에 낯선 것으로 보였던 새로운 정치적 및 도덕적 차원을 획득한다. 이러한 **산업생산의 도덕화**는, 경영이 낳은 정치문화에 대한 경영의 의존을 반영하며, 앞으로 전개될 대단히 흥미로운 발전들 중의 한 가지가 될 것이다. 그것은 외적인 도덕적 압력에만 기초하는 것이 아니라, 대립하는 이해관계들이 (또한 사회운동의 이해관계들이) 스스로 구축한 강도와 효율성에도, 더욱 민감해지고 있는 공중에게 자신들의 이해관계와 관점을 제시하는 기술에도, 위험정의의 시장적 의미에도, 그리고 한 당사자의 정당화 문제가 다른 당사자의 이득이 되는 공장들 간의 경쟁에도 기초한다. 특정한 방식으로 공중은 '정당화의 나사못을 조이는' 과정에서 공장들에 대한 영향력을 획득한다. 공장의 조직력은 폐기되지 않지만, **그 선험적 객관성을, 그 필연성을, 그리고 그 관대한 본성을 박탈당한다.** 간단히 말해서 그것은 하위정치가 된다.

이러한 발전을 충분히 이해해야만 한다. 기술-경제적 행동은 그 자신만의 헌법에 의해 민주적 정당화의 요구에서 보호받고 있다. 하지만 동시에 그것은 자신의 비정치적 특징을 상실한다. 그것은 **정치도 아니고 비정치도 아니며**, 제3의 실체이다. 즉 경제적으로 지도되는 이익추구행동이다. 한편에서 이러한 이익추구는 위험의 잠재성이 사라지면서 사회를 변화시킬 전망을 획득했으며, 또한 그것이 결정을 내리고 결정을 수정하는 데서 표방한 다원주의가 띠고 있던 객관적 필연성의 외양을 상실했다. 위험을 안고 있는 결과들과 가능한 대안적 조정안들이 도처에서 폭발적으로 그 모습을 드러내고 있다. 마찬가지로 경영분석의 일면화된 이해관계가 두드러진다.

상이한 피해자들에 대해 또는 일반 공중에 대해 아주 **다양한** 함의를 지니는 몇 가지 결정들을 내릴 수 있는 곳이라면 어디에서나, 모든 형태의 (심지어 기술적 생산의 세부와 비용계산의 방법에까지 확장되는) 기업활동은 공공의 고발에 대해 책임이 있으며 따라서 정당화될 필요가 있다. 그와 함께 경영활동이 **논증활동**으로 될 수도 있고, 또는 시장상황이 나빠질 수도 있다. 생산물을 포장하는 것만이 아니라 **논쟁도** 시장에서 자신을 확증하기 위한 기본조건이 된다. 만일 그러길 원한다면, 우리는 자기이익과 공공복리가 시장의존적인 활동에서 자동적으로 일치한다는 아담 스미스의 낙관주의를 창밖으로 던져버릴 수도 있을 것이다. 이미 지적한 정치문화의 변화는 여기서도 반영된다. 다양한 하위정치의 중심들, 즉 여론매체, 시민발의, 신사회운동들, 비판적 기술자와 재판관들이 행사하는 영향력을 통해, 경영의 결정과 생산방법은 공개적으로 즉시 기각될 수 있으며, 시장점유의 상실이라는 곤봉을 이용하여 자신들의 수단을 비경제적인 방식으로, **논증적으로** 정당화하도록 강제할 수도 있다.

만일 오늘날 아직은 이러한 변화가 이루어지지 않는 듯하다거나 단지 배아의 형태로만 그러할 뿐이라면(예를 들어 공적 고발에 대해 지금까지는 전면적인 호도책으로 대응해야 했던 화학산업과의 논쟁에서), 그렇다면 거기에는 또다시 대량실업과 그것이 기업에 제공하는 구제책과 시장기회가 반영된다. 그런 점에서 기업의 기술-경제적 의사결정과정에 대한 대안적 정치문화의 영향은 경제회복의 추상적 우위성 속에 은폐되어 있는 상태이다.

가능한 미래상

진보라는 근대적 종교는, 그것이 아무리 모순적일지언정, 한 시대를 풍미했으며 그 약속들의 실현을 막는 조건들이 발생하는 곳에서 여전히 존재하고 있다. 그 조건들이란 정치적 논쟁을 규정하는 생생한 물질적 빈곤, 저발전된 생산력, 계급에 기반한 불평등 등이다. 두 가지 역사적 발전이 발전된 서구 나라들에서 70년대 말에 이 시대를 종결지었다. 정치가 복지국가의 확장에 따른 고유한 한계에 부딪히는 반면에, 연구와 기술과 과학의 공동작업을 통한 사회변화의 가능성은 커진다. 이런 식으로 제도가 안정되고 관할권이 변하지 않은 채, 조직의 힘은 정치영역에서 하위정치의 영역으로 옮겨간다. '대안사회'는 새로운 법률에 대한 의회의 토론에서 나타날 것으로 더 이상 기대되지 않으며, 그보다는 극소전자기술과 유전자기술과 정보매체의 응용에서 나타날 것으로 기대된다.

정치적 유토피아는 부수효과에 관한 고찰에 자리를 양보했다. 이에 따라 유토피아는 부정적인 것으로 전도되었다. 미래는 의회나 정당이 아니라, 연구실과 행정부에서 간접적으로 그리고 깨닫지 못하는 사이에 건설되고 있다. 다른 모든 사람들, 심지어 정치와 과학계에서 가장 큰 책임을 안고 있고 가장 학식이 뛰어난 사람들조차, 어느 정도는 기술적 하위정치의 설계대에서 떨어지는 정보의 부스러기들로 먹고 살아간다. 미래 지향적인 산업의 연구실과 공장경영진은 정당성의 외투 아래서 '혁명의 세포'가 되었다. 여기서 새로운 사회의 구조는 지식의 진보라는 궁극목표와 관련하여 의회체계의 외부에서, 그것에 반대하는 것이 아니라 단지 무시하면서 완성되고 있다.

이러한 상황은 정치의 지도역할을 물려받기 시작한 비정치에 대해 염증을 내게 할 우려가 있다. 정치는 공적 자금을 이용하여 스스로는 그것이 무엇인지도 모르는 발전의 밝은 측면을 선전하는, 그리고 그 실제적인 영향력을 빼앗긴 기관이 되고 있다. 발전이 내거는 필연성만이 발전에 대한 일반적인 비인식을 능가한다. 현상을 유지하고자 애쓰면서, 정치인들은 자신들이 암시조차 할 수 없는, 동시에 자신들이 미래에 대한 두려움을 체계적으로 고무하려는 '반문화적 선동'이라고 비난하는 대안사회로의 변혁을 촉진한다. 일상적인 활동에서 현재의 사회질서를 혁명적으로 전복하려는 계획에 몰두하고 있는 실업가와 과학자들은 객관성의 순결한 면모를 주장하면서 이러한 계획으로 결정된 어떤 의안에 대해서도 그들 자신은 책임을 지지 않는다.

그러나 신뢰성을 상실하는 것은 이 사람들만이 아니라 그들이 걸려든 역할구조도 마찬가지이다. 부수효과가 시대적 변화로 나타나는 곳에서 진보의 중립성은 그 온갖 위협적 성격을 드러내게 된다. 근대화 과정 자체의 권력분립은 유동적으로 되고 있다. 미래의 정치적 배열의 회색지대가 형성되고 있으며, 결국 (결코 상호배타적이지 않은) 세 가지 변형들로 나타날 것이다. 첫째는 **산업사회로** 복귀하는 것(재산업화)이고, 둘째는 기술적 변혁의 **민주화**이고, 셋째는 **정치의 차별화**이다.

산업사회로의 복귀

오늘날 정치적 대립선과 국가의 경계를 **가로질러** 정치와 과학과 공공영역의 압도적인 다수가 이 선택지(option)를 추구하고 있다. 그리고 사실 이를 위한 튼튼한 기초들을 많이 열거할 수 있다. 첫째는 그 **현실주의**이다. 이것은 자신이 과거 200년 간에 걸쳐 행해진 진보와 문명에 대한 비판에서 교훈을 끌어냈다고 믿는다. 그리고 또한 불변하는 시장의 제약요인과 경제조건에 대한 평가에 기초하고 있다고 믿는다. 이러한 평가에 따르면 시장의 제약요인과 경제조건에 반대하는 주장과 행동은 대단히 심각한 무지나 피학적 성격을 전제로 한다. 이 견해에 따르면 우리는 오늘날 재생한 '반(anti)근대주의적' 운동과 논쟁을 다루고 있다. 이것들은 마치 그림자처럼 산업발전에 언제나 수반되었지만 결코 그 진보를 막을 수 없었다. 동시에 대량산업이나 산업경쟁과 같은 경제적 필연성은 정치적인 조정의 여지를 급격히 좁힌다. 그 결과 사태는 '후사(post-history)'에 대한, 산업사회 발전경로의 불가피성에 대한 지식이 확증되는 듯이 보이는 것과 어쨌든 동일한 방식으로 ('생태적 교정책'과 한쌍을 이루어) 전개될 것이다. '진보'에 의지하여 언제나 구제책을 제공받아 왔다는 사실조차 이 선택지에 유리하게 말하고 있듯이 보인다. 진보에 대한 신념이 세대마다 새롭게 제기하는 '무엇을 해야 할 것인가'라는 질문에 대해 답변을 제시한다. 즉 '언제나 똑같이, 다만 더 크게, 더 빠르게, 그리고 더 많이'. 그런 점에서 그럴 법한 미래를 제시하는 이 시나리오에 대해서는 많은 것들을 토론할 수 있다.

이 시나리오가 사고와 행동을 규정하고 있다는 것은 명백하다. 이것은 19세기 이래 계속되어 온 산업사회의 경험의 재판이며, 그것을 21세기의 사회로 투사하는 것이다. 이 대본에 따르면 산업화가 낳은 위험은 실제로 새로운 위협이 아니다. 그것은 미래가 만들어 내는 미래에 대한 도전이었으며 지금도 그렇다. 그것은 새로운 과학적 및 기술적 창조력을 동원하며, 그런 식으로 진보의 사다리의 발판을 대표한다. 많은 사람들이 여기서 시장기회가 열린다고 느끼며, 그 낡은 논리를 신뢰하여 현재의 위험을 미래에 기술적으로 지배하게 될 항목들 속에 집어 넣는다. 사람들은 여기서 두 가지를 오해한다. 첫째, 준근대사회로서 산업사회의 성격이다. 둘째, **전통**의 근대화라는 그들의 사고범주와 **산업사회**의 근대화라는 생활범주는 세계가 유례없는 정도로 변화된 상이한 두 개의 세기에 속한다는 것이다. 다른 말로 해서 근대화에서, 예컨대 일반적으로 추정되고 있는 혁신의 항상성에서, 사람들은 질적인 불연속성이 연속성을 가장하고 나타난다는 것을 알지 못한다. 만일 우리가 현 시대에 근대성이 시작되었던 세기의 정신상태를 가지고 살아간다면 어떤 결과가 빚어질지에 대해 먼저 생각해 보자.

여기서 경제적 우선성이 가장 두드러진다. 그것의 정언명령이 다른 모든 사안과 문제들로 퍼져 들어간다. 고용정책을 위해 경제확장을 추구하

Risikogesellschaft

는 곳에서조차 그렇다. 이제 이 기본적인 관심은 사람들로 하여금 결정된 투자계획과 함께 맹목적인 행진을 할 수밖에 없도록 강제한다. 사람들이 결정할 아무런 기회도 갖지 못한 채, 그리고 어떤 일이 왜 일어나고 어떻게 되어 가는지에 대해 전혀 알지 못한 채, 이 결정들을 통해 기술적, 따라서 사회적 발전이 시작되고 계속된다. 이렇게 해서 두 가지 전환이 일어난다. 맑스가 한때 프롤레타리아에게 돌렸던 사회적 조건들을 전복할 수 있는 힘이 기술적 하위정치의 영역에 축적된다. 단 이 힘은 국가권력의 보호 하에 (그리고 노동조합의 대안권력과 불안한 공중의 비판적 시선 하에) 사용될 수 있다. 다른 한편 정치는 사회를 상향식으로 변화시키는 외적 결정들을 정당화하는 보호자의 역할로 전환한다.

국가의 역할이 이처럼 단순한 정당화의 기능으로 축소되는 것은 대량실업의 조건 아래서 더욱 강화된다. 경제정책이 이 진로를 규정하는 것이 더욱 확실해질수록, 그리고 대량실업의 문제가 더욱 분명해질수록, 공장이 자유재량권을 행사할 가능성은 더욱 커지고 정부가 경제정책을 통해 무엇을 할 수 있는 여지는 더욱 적어진다. 그 결과 정치는 **자기-무력화**의 가파른 비탈에 서게 된다. 동시에 그것의 본래적인 모순이 강화된다. 정치의 민주적 권력이 휘황하게 빛나는 곳에서조차 정치는 발전을 옹호하는 역할만을 수행하게 되며, 다른 대안이 없는 자연스러운 것이라는 그럴듯한 공식발표가 갑자기 행해지고 이에 대해서는 언제나 질문이 끊이지 않는다.

위험을 다루는 데서 사람들이 도대체 알 수 없는 어떤 것을 이처럼 공적으로 옹호하는 것은 의심받게 되고 유권자의 승인을 받지 못할 위태로운 일이 된다. 위험은 국가활동의 관할을 받으며, 그러므로 만일 그 관할권이 적용된다면 그것은 위험이 본래 비롯된 산업생산의 맥락에 대한 개입을 요구할 것이다. 이 개입은 사람들이 산업정책에 협조하여 미리 제거해야 했던 개입이다. 따라서 앞선 결정은 실제로 존재하는 위험이 존재하지 않을 수 있도록 하기 위해 뒤의 결정을 규정한다. 위험에 대한 공중의 민감성이 **커지는** 것과 같은 정도로 그것을 최소화하기 위한 연구의 정치적 필요도 커진다. 이렇게 해서 정치의 정당화하는 대의제

역할을 과학적으로 보장해야만 한다. 그럼에도 불구하고 위험이 그 발원(가령 죽어가는 삼림)의 사회적 과정을 무사통과시키고 정치적으로 책임 있는 시정책에 대한 요구가 어쩌면 선거를 결정할 수도 있을 정도의 중요성을 획득하는 곳에서, 정치의 자기규정적인 무능력은 공공연하게 드러난다. 정치는 정치적 시정책을 요구하는 그 손길을 언제나 제지한다. 촉매변환기, 고속도로의 속도제한, 식료품과 공기와 물에 함유된 오염물질과 유독물질의 감소법안을 도입하기 위한 줄다리기에서 이와 관련된 많은 사례들을 찾아 볼 수 있다.

이러한 '사태의 진행'은 종종 주장되는 것처럼 그렇게 변경불가능한 것이 결코 아니다. 또한 최근까지 금세기를 지배했던 자본주의와 사회주의 사이에 그 대안이 있는 것도 아니다. 오히려 결정적인 것은 위험사회로 이행하는 중에 위난과 기회의 양 측면이 오해되었다는 것이다. 19세기를 21세기로 연장하려고 하는 재산업화 선택의 '원천적인 잘못'은 산업사회와 근대성 사이의 적대감이 승인되지 않는다는 사실에 있다. 산업사회의 기획으로 집합된 19세기 근대성의 발전조건들을 근대성의 발전계획과 등치하는 풀 길 없는 등식은 상이한 두 가지 견해를 봉쇄하는 것이다. 첫째, 중심적 영역들에서 산업사회의 기획은 여러 가지 면으로 미루어 보아 근대성을 양분한다는 것. 둘째, 근대성의 경험과 공리를 고수하는 것은 산업사회의 제약을 극복할 수 있는 연속성과 기회를 제공한다는 것.

구체적으로 말하자면, 이것은 여성노동자들의 급증에서, 과학적 합리성의 탈주술화에서, 진보에 대한 신념의 약화에서, 의회 외부에서 성취된 정치문화의 변화에서, 심지어 이제까지는 살기 좋고 제도화할 수 있는 대안들이 가까이에 없던 영역들에서조차, 근대성의 요구들이 산업사회에서의 그 양분화에 맞서 확증될 수 있다는 것을 의미한다. 근대성이 그 산업사회적인 체계 내부에 풀어 놓은 위난의 잠재력조차도 결국에 심각한 상태에 이르게 되면, 합리화 자체가 종속하는 합리화의 요구에 대해 아무런 예측도 대항도 하지 않은 채, 창조적 환상에 대한 시도와 세계를 형성할 수 있는 인간의 능력을 대변할 수 있다.

상황과 발전경향에 대한 이 같은 역사적 오판은 이제 빈틈없는 효력을 발휘하고 있다. 산업사회의 시대에서는 앞에서 지적했던 사업과 정치의 '맹목적 행진'이 가능하고 필연적이었는지도 모른다. 위험사회의 조건 아래서 이런 식으로 행동하는 것은 단순한 구구단 표와 연립방정식을 혼동하는 것이다. 사업과 정치의 제도적 경계를 **가로지르는** 상황들의 구조적 분화는 특수한 부문과 집단의 명확히 구분되는 이해관계만큼이나 분명해질 것이다. 예컨대 이런 식으로 **위험의 정의와 관련하여 경제적 이해관계의 단일성을 이야기할 수는 없다.** 이와 반대로 위험의 해석은 경영측에 쐐기를 박는다. 위험에서는 언제나 **패자**가 나타나지만, 또한 **승자**도 나타난다. 그러나 이것은 위험의 정의가 정치적 결정권을 박탈하는 것이 아니라 정치적 결정을 **할 수 있도록** 한다는 것을 의미한다. 위험의 해석은 경제발전을 조정하고 선택하기 위한 효과적인 도구이다. 그런 점에서 위험의 인식이 경제적 이해관계와 단지 **선별적으로만** 모순을 일으킨다는, 따라서 생태적 대안이 높은 비용 때문에 반드시 좌초하지는 않을 것이라는 통계자료에 입각한 평가는 정확하다.

경제적 이해관계와 정치 사이에서 위험을 유발하는 상황들의 분리는 동일선상에 있다. 부수효과로서 위험은 경영이 아니라 정치의 책임이다. 말하자면 경영은 자신이 유발하는 것에 대해 책임을 지지 않으며, 정치는 자신이 전혀 통제하지 못하는 것에 대해 책임을 진다. 이러한 상황이 계속되는 한, 부수효과도 지속될 것이다. 이것은 정치가 안고 있는 구조적 장애이며, 이 때문에 정치는 (공공성, 보건비용 등과 함께) 좌절하게 될 뿐만 아니라 부인하기가 더욱더 어려워지지만 그 원인과 변화가 자신의 직접적인 영향력의 범위 외부에 있는 것에 대해 계속해서 책임을 지게 된다.

하지만 자기-무력화와 신뢰성 상실의 이러한 순환은 깨질 수 있다. 그 관건은 부수효과에 대한 책임성 자체에 있다. 대신에 정치적 행동은 위험의 잠재력을 **검사하고 인식하면서** 영향력을 획득한다. 위험의 정의(定義)는 적극적으로 책임을 지도록 하며 모든 사람들을 위한 변화를 요구하는 **비합법적인** 체계조건의 지대들을 만들어 낸다. 따라서 그것은 정치행동을 불구로 만들지 않으며, 체계적인 혼란상태에 빠진 공중에 대응하기 위해 큰 비용을 들여 맹목적이거나 외적으로 통제되는 과학의 도움을 받아 그것을 은폐해서도 안된다. 그와는 반대로 위험의 정의는 민주적 의회의 영향력을 회복하고 강화하기 위해 사용될 수 있는 새로운 정치적 선택지를 개척한다.

부정한다고 해서 위험이 없어지는 것은 아니다. 그렇기는 커녕 안정화 정책으로 의도되었던 것이 아주 빠르게 전면적인 **탈안정화**로 변할 수 있다. 은폐된 위험이야말로 갑자기 너무나 심각한 사회적 위험상황으로 변하여, 산업사회의 경솔함을 기술-과학적으로만이 아니라 정치적으로도 얼마나 변변치 못하게 처리할 수 있었는가를 인식할 수도 없게 된다. 민주적 권리가 내부화함에 따라 적절한 조치에 대한 요구가 커졌지만, 정치적 헛수고와 허식적이고 상징적인 활동으로는 이 같은 요구를 결국 충족시킬 수 없다. 동시에 직업, 가족, 양성관계, 결혼 등 사회생활의 모든 영역이 더욱 불안정해지고 있다.

이러한 문제들을 최소화하는 데에만 관심을 집중하는 사회는 아무것도 준비하지 않은 상태에서 '미래충격'(Toffler, 1980)을 맞게 된다. 그러한 충격의 영향 아래서 대중의 정치적 냉담과 냉소주의가 급속히 커질 수 있으며, 사회구조와 정치, 또는 정당과 유권자 사이의 이미 존재하는 간격은 급속히 넓어질 수 있다. 아마도 '정치'의 거부는 개별 의원들이나 정당만이 아니라, 민주적 규율의 전체 체계에 영향을 미칠 것이다. 불안정성과 급진주의 사이의 낡은 동맹은 수정될 것이다. **정치적 지도력**에 대한 요청이 불길하게도 다시 한 번 반향할 것이다. '강한 손'에 대한 열망이, 자신들의 주위에서 세계가 무너지고 있는 것을 사람들이 아는 것에 정확히 정비례하여, 커질 것이다. 질서와 책임에 대한 갈망이 과거의 유령을 부활시킬 것이다. 부수효과를 무시하는 정치의 부수효과는 정치 자체를 파괴할 것이다. 궁극적으로 아직 소화되지 않은 (독일의 — 영역자) 과거가 비록 형태는 달리할지라도 미래를 위한 발전의 선택지가 될 가능성을 배제할 수는 없을 것이다.

기술-경제적 발전의 민주화

이 발전모형은 자기규정의 정도를 확장하고자 하는 근대성의 전통과 연관된다. 그 출발점은 산업사회의 혁신과정에서 민주적 자기결정의 기회가 **제도적으로 제거되었다**는 평가이다. 처음부터 영구적인 사회변화의 동력원으로서 기술-경제적 혁신은 민주적 자문, 감시, 저항에서 배제되었다. 그러므로 많은 모순들이 혁신과정의 설계 속에 확립되었으며, 이것들이 오늘날 드러나고 있다.

근대화는 '합리화'로 간주된다. 비록 그 체계에 우리의 의식적 지식과 통제를 넘어서는 무엇인가가 다가오고 있을지라도, 한편에서 산업사회는 단지 민주주의로만 인식될 수 있을 뿐이다. 하지만 다른 한편에서 사회가 자신을 움직이게 하는 지식의 부족상태에서 계몽과 진보에 대해 자신이 가정하고 있는 주장의 반대물로 변할 수도 있는 가능성을 산업사회는 언제나 안고 있었다. 이 가능성이 하나의 위협인 만큼, 속박에서 풀려난 운동의 진보성에 대한 신념과 회의주의는 다른 어떤 사회형태보다도 더욱 지식과 그 획득능력을 자신의 발전기초로 삼았던 사회형태와 대립하게 된다. 교리상의 갈등 및 이와 함께 어떤 것을 이단시하고는 그것들을 불사르기 위해 나뭇단을 다시 쌓는 경향들이 한때 합리적인 갈등 해결에 의존했던 사회발전을 규정하게 된다.

모든 것을 움직이게 하는 데서 본질적인 역할을 맡았던 과학은 그 결과에 대한 책임에서 면제되었으며, 근대성은 어쨌든 모든 것을 의사결정으로 변형시키는 데, 이 의사결정에서 과학은 자신의 피난처를 찾는다. 그러므로 이제 결론적으로 중요한 것은 이러한 의사결정의 기초를, 근대성의 요리책에 실려 있는 요리들을 위해 마련된 규칙들을 따라서, 공개적으로 접근할 수 있는 것으로 만드는 것이다. 즉 **민주화하는** 것이다. 올바르다고 입증된 정치체계의 도구들을 그 외부의 조건들로 확장해야 한다. 정치체계의 많은 변형체들을 볼 수 있으며 그에 관한 토론이 전개되고 있다. 제안의 팔레트는 기술발전의 적합성을 의회가 검사하는 것에서,

학제적인 전문가 집단들이 계획을 조사하고 평가하고 승인하며, 그 전과정에서 기술계획과 연구정책의 의사결정과정에 대해 시민집단이 참가하는 특별한 '근대화 의회'들로 확장된다.

기본발상은 이런 것이다. 즉 기술-경제적 하위정치, 즉 과학과 연구의 보조 및 대안정부가 의회의 책임 아래 구성될 수 있다. 만일 그 정부가 투자 및 연구에서 자유로운 덕분에 보조정부로서 기능할 수 있으려면, 그것은 적어도 '합리화 과정'의 기본 결정에 대해 민주적 제도들 앞에서 자신을 정당화해야만 할 것이다. 그러나 바로 이 같은 단순한 전이(轉移)에 이러한 인지적 및 정치적 접근법의 **근본문제**가 놓여 있다. 그 처방책에서 이러한 접근법은 심지어 재산업화 전략의 정반대의 요구를 통해서조차 산업사회의 시대와 계속해서 연관을 맺게 된다. '민주화'에 대한 19세기식 이해는 집중화와 관료제화 등을 전제하며, 따라서 역사적으로 어느 정도 고루해지고 어느 정도 의문스럽게 된 소선들과 연관된다.

민주화를 통해 달성해야 하는 목표들은 아주 명백하다. 연구와 투자결정이 행해지고 난 뒤에야 이루어지는 공적인 정치토론의 관행을 깨야만 한다는 것이다. 이를 위해서는 극소전자기술 또는 유전공학의 실행결과와 그 실행의 조직적 자유가 그 기술들의 응용에 관한 근본결정이 취해지기 전에 의회에서 당연히 토의되어야 한다. 그러한 사태전개의 결과는 쉽게 예측할 수 있다. 즉 관료제적 의회는 공장자동화와 과학연구에 장해가 된다는 것이다.

하지만 이것은 이러한 미래모형의 한 가지 변형태일 뿐이다. 또 다른 것으로 복지국가의 확장을 예로 들어 보자. 거칠게 말해서 사람들은 19세기와 20세기 전반기의 빈곤위험에 관해 논쟁한다. 빈곤위험과 기술위험은 그 역사적 발전단계는 다르지만 똑같은 산업화과정의 부수효과이다. 산업화 위험의 양 유형은 시간적으로 이동된 비슷한 정치적 궤적을 따르기 때문에, 우리는 기술위험을 다루기 위해서 빈곤위험을 사회적 및 정치적으로 다루었던 경험에서 배울 수 있다. 빈곤위험의 정치적 및 역사적 궤적은, 즉 쓰라린 부인(否認), 인식과 승인을 위한 투쟁, 복지국가 확장의 정치적 및 법적 결과들은 지구적 위험상황에 처하여 새로운 수준으로 그리고 새로운 영역에서 반복되고 있는 듯하다. 바로 금세기의 복지국가의 확장이 보여 주듯이 부인은 산업적으로 생산되는 위험상황에 대한 유일한 선택지가 아니다. 그 상황은 정치적 행동과 민주적 보호권을 확장하기 위한 기회로 전환될 수도 있다.

이 발전의 대변자들은 **복지국가의 생태적 변형**을 상정한다. 이것은 두 가지 근본문제, 즉 자연파괴와 대량실업에 대해 해답을 제공할 수도 있다. 적절한 법적 규제와 정치제도가 복지정책법과 제도의 유형을 따라 만들어질 것이다. 자연의 착취에 효과적으로 대처하기 위해서 기관들이 설치되어야 할 것이고 적합한 관할권을 보유해야 할 것이다. 노령보험에 비유하자면 환경 및 영양상의 오염에서 오는 건강손상에 대해 보험체계가 구축될 수 있다. 물론 그렇게 하기 위해서는 모든 그 또는 그녀의 다른 문제들에 덧붙여 피해자에게 인과증명의 어려운 부담을 지우지 않도록 법적 기초를 바꿀 필요가 있을 것이다.

이제까지 드러난 복지국가 개입의 한계들과 그에 못지 않은 여러 가지 문제들이 생태계로의 확장에 대해서도 똑같이 적용되지는 않을 것이다. 여기서도 역시 사적 투자자들의 저항이 있을 것이다. 복지국가의 보호정책은 임금과 한계이윤비용의 상승에 그 객관적 기초가 있었다. 모든 기업에게 영향을 미치는 비슷한 대규모 부담이 기술정책구상에는 **없다**. 이 경우에 부담은 누군가에게는 비용으로 기록되지만, 다른 사람들에게는 새로운 시장이 열리는 것이다. 확장의 비용과 기회는 부문과 공장 사이에 불균등하게 배분되어 있다고 말할 수 있을 것이다. 그 사실에 조응하여 생태정향적인 정책을 구축할 수 있는 기회가 생긴다. 위험의 선택성은 이해관계를 통한 기업의 결속을 짓눌러 조각낸다. 또한 정치로 하여금 진보의 익명적 창조력을 정치민주적 행동의 영역 속으로 가져다 놓을 수 있도록 돕는 동맹을 결성할 수 있다. 유독물질이 사람과 자연의 생명을 위협하는 곳이라면 어디에서든지, 또는 전통적 사회생활과 협동적 노동이 자동화를 통해 위협받는 곳에서는, 정치민주적 발의의 확장으로 전환될 수 있는 정치에 대한 기대가 체계적으로 생산된다. 그처럼 생태적으로 정향된 국가개입주의는 복지국가와 마찬가지의 문제들 때문에, 즉 **과학적 권위주의**와 과도한 **관료주의** 때문에 위태로와질 수 있다.

덧붙여서 이러한 사고방식은 재산업화 기획의 특징이기도 한 오류에 기초하고 있는데, 이 기획에서는 근대성의 모든 재생산과 애매성을 통해 근대성이 지도적인 정치적 통제중심을 가진다고, 또는 가져야만 한다고 가정한다. 정치체계와 그 핵심기관이 모든 통제수단을 조정해야만 한다, 여기서는 바로 이것이 쟁점이다. 이것에 역행하는 모든 것은 정치와 민주주의 등의 **실패**로 인식되고 평가된다. 한편에서 근대화는 자율성, 분화, 또는 개인주의화를 의미한다고 암묵적으로 전제된다. 다른 한편 그 과정에서 조각나는 하위과정의 '분해'는 의회민주주의의 모형을 따라 정치체계에서 **재집중화**를 모색한다. 그 과정에서 배제되는 것은 관료적 집중제와 개입주의의 어두운 측면만이 아니다(그것들은 이제까지 충분히 밝아셨나). 또한 넛서 **근대사회는 아무런 통제중심을 가지지 않는다**는 기본정황이 곧 무시된다. 물론 자동화 경향이 하위체계나 단위들의 자기조정보다 더 커지지 않도록 막을 수 있는 방법에 대해 질문을 던질 수도 있다. 하지만 이 질문이 근대성의 중심이나 방향의 결여라는 현실에 관해 우리를 속여서는 안될 것이다.

근대성의 과정에서 생산된 대안들이 무규범의 일방통행로로 나아갈 필요도 없을 것이다. 의회적 중앙제를 피하고 비슷한 정당화의 의무를 지우는 상호통제의 새로운 매개적 형태도 생각해 볼 수 있다. 지난 20년 간에 걸친 독일의 정치문화의 발전은 여론매체, 시민활동집단, 저항운동 등과 같은 이에 대한 모형들을 제공한다. 이 모형이 정치의 제도적 중심이라는 전제와 연관되는 한, 이러한 예들은 쓸모없는 상태로 남을 것이다. 그러면 그것들은 적합하지 않고 불충분하고 비안정적인 것으로 보이거나, 비의회적 합법성의 변두리에서 활동하고 있는 것으로 보일 수도 있다. 그러나 만일 정치의 **해방**이라는 근본적인 형세를 분석의 중심에 놓는다면, 실험적 민주주의의 형태로서 이러한 현상들이 갖는 의미는 자명해진다. 기존의 기본권과 분화된 하위정치를 배경으로, 이 현상들은 집중화된 지도와 진보의 허구를 넘어서서 직접적 자문과 공동통제의 새로운 형태들을 탐색하고 있다.

정치의 차별화

미래에 대한 이러한 계획의 출발점은 정치의 **해방**, 즉 완전히 분화된 사회의 발전된 민주주의의 조건 아래서 생겨난 주류 정치, 이차 정치, 하위정치와 대안정치 등이 폭넓게 존재하는 것이다. 정치의 중심이 결여되어 있다는 평가는 민주화의 요구에 의해서조차 더 이상 유지될 수 없다. 정치는 특정한 의미에서 **일반화**되었으며, 그러므로 '중심없는' 것이 되었다. 행정적 정치가 그 독특성, 그 상대, 그 개념, 그 행동양식을 상실한 **정치과정**으로 변화하는 이 같은 이행의 변경불가능성은 동시에 그렇다고 해서 슬퍼할 일만은 아니다. 거기에서 **다른 근대화의 시대**가 나타난다. 이것을 여기에서는 **성찰성**의 개념으로 특징 지웠다. 기능적 분화의 '법칙'은 **탈분화**(위험갈등과 협동, 생산의 도덕화, 하위정치의 분화)로 전복되고 무효화된다. 이 이차 합리화에서 중앙화와 관료제화의 원리는 연관된 사회구조의 엄격성과 함께 **성찰성**의 원리와 갈등을 일으키게 된다. 성찰성은 태동되고 있는 위험과 불확실성의 상황에서 점점 더 높은 우선성을 획득하며, 아직은 정확히 예측할 수 없지만, 하위체계가 **외적으로 감시받는 자기조정**의 새로운 형태들과 탈집중화된 행동단위들을 전제한다.

훨씬 더 통제가능한 **구조적 민주화**의 출발점이 역사적 변혁 내부에 감춰져 있다. 이것은 권력분립의 원리에서 출발했으며 (그런 의미에서 산업사회 모형에 이미 포함되어 있으며) 무엇보다도 출판의 자유를 통해 더욱 확장되었다. 경제체계가 자기이익과 기술적 제약의 보이지 않는 결과로서 이루어진 성과물일 뿐만 아니라, 사회가 다른 식으로 변할 수도 있었다는 의미에서 구체적인 (하위)정치가 수행되기도 하는 영역이기도 하다는 것은 오늘날 적어도 분명해지고 있다. 갑자기 오염물질 배출의 '기술-경제적 필연성'이 공공의 압력 아래서 택할 수 있는 여러 가지 결정들 중의 한 가지로 위축되고 있다.

역사적으로 자각한 사람은, 사적 영역의 내부적 조건들이 전통적인 결혼과 가족유형, 또는 남성과 여성의 역할을 따를 필요는 없다는 것을, 그러나 탈전통화가 일반화되고 나서야 그 또는 그녀가 이 사실에 대해 알게 되거나 더 나아가 그러한 결정을 내리게 되었다는 것을 어렴풋이 알게 되었다. 입법부는 여기서 정부적으로 개입할 권리도 기회도 가지고 있지 않다. '사적 영역의 보조정부'는 법률이나 결의안을 제출하지 않고도 **지금 여기서** 사람들이 살아가는 조건을 바꿀 수 있으며, 생활양식이 빠르게 변하며 다양해지면서 그렇게 하고 있다.

이러한 발전에 대한 우리의 견해는 산업사회에서부터 보전되어 온 변함없는 현실의 외양에 의해 여전히 차단되고 있다. 여기서 제시되는 평가는 오늘날 산업사회와 함께 발생하고 그 제도 속에 확립된 독점이 깨지고 있다는 것이다. 합리성에 대한 과학의 녹점, 직업에 대한 남자의 독점, 성성에 대한 결혼의 독점, 정책에 대한 정치의 독점과 같은 **독점들이 깨지고 있지만, 세계는 무너지지 않고 있다.** 예측할 수 없는 다양한 양가적 결과들을 낳으며 대단히 다양한 이유들 때문에 이 독점들이 무너지고 있다. 그러나 각각의 독점은 근대성을 따라 확립된 원리들과 모순을 빚고 있기도 하다. 합리주의에 대한 과학의 독점은 자기-회의주의를 배제한다. 남자의 직업독점은 근대성을 등장시킨 평등에 대한 보편주의적 요구와 대비된다. 하지만 이것은 또한 많은 위험과 문제들이 근대성의 **연속성** 내부에서 발생하고 산업사회의 기획 속에서 이루어지는 근대성 원리들의 양분에 맞서서 실증된다는 것을 의미한다. 위험사회가 고통받는 인류에게 가져다 주는 불확실성의 다른 측면은 산업사회의 한계, 기능적 정언, 운명론에 맞서서 근대성이 약속한 평등, 자유, 자기표현을 찾아내고 증대시킬 수 있는 기회이다.

이 같은 상황과 사태전개를 인식하고 이해하는 것은 외적 및 내적 역할행동, 계획된 역할행동과 실제적인 역할행동이 **체계적으로** 다양해지기 때문에 본질적으로 왜곡되었다. 많은 영역에서, 비록 우리가 살아가는 실제조건에서 산업사회가 지정한 역할을 더 이상 맡지 않게 될지라도,

우리는 여전히 산업사회의 대본에 따라 연극을 상연하고 있다. 그리고 비록 모든 것이 실제로 판이하게 진행된다는 것을 알지라도, 우리는 우리 자신과 다른 사람들을 위해 그 역할을 수행한다. '마치 -하는 듯이'의 몸짓이 19세기부터 20세기까지 무대를 지배해 왔다. 과학자들은 진리를 마치 전세낸 듯이 행동하며, 외부 세계에 대해 그렇게 행동해야만 한다. 왜냐하면 그들의 지위가 그런 행동에 전적으로 달려있기 때문이다. 정치인들은, 다른 누구보다 자신들이 더 잘 알고 있지만, **체계가 만들어 낸 신화인**, 그리고 다음 기회에는 자신들의 면전으로 곧장 되날아올 수 있는 의사결정력을 지닌 듯이 행세해야 한다.

이 같은 허구는 역할의 기능적 수행과 산업사회의 권력구조에서 실제적인 것이 된다. 그러나 이것들은 바로 성찰적 근대화의 **결과인 모호성의 정글에서 비실제적인 것이 된다**. 개념정의 체계가 영향받고 있으며 모호해지기 시작하기 때문에, 이것이 불행을 유발하는가 아니면 완화하는가는 판단하기가 어렵다. 아무튼 (하위)정치의 분화수준을 설명하거나 이해하기 위해, 정치체계에서 정치를 특수화하기 위한 기초인 것과는 **다른 방식의 정치에 대한 이해가 요구**된다. 정치는 민주주의의 확산이라는 의미에서 보자면 확실히 일반화되지 않았다. 그러나 어떤 의미에서 이것이 진실인가? 정치의 해방을 통해 정치영역, 그리고 하위정치 및 대안정치의 망은 무엇을 잃고 얻었는가, 아니 좀더 조심스럽게 말해서 정치의 해방은 어떤 득실을 함축할 수 있었는가?

첫번째 통찰은 정치가 역사적으로 설정된 자기한계를 만회해야만 한다는 것이다. 정치는 정치적 미래의 배열에 관해 결정을 내리는 유일한 장소 또는 심지어 중심적 장소조차 더 이상 아니다. 선거와 선거운동에서 중요한 것은 권력의 고삐를 쥐고 자신의 임기 동안에 발생하는 좋고 나쁜 모든 일에 대해 책임을 지게 되는 '국가 지도자'를 선출하는 것이 아니다. 만일 그렇다면 우리는 민주주의가 아니라 독재자를 선출하는 독재주의에서 살게 될 것이다. 정치의 집중화에 관한 모든 통념들이 사회의 민주화 정도와 반비례한다고까지 말할 수 있다. 이 점을 인식하는 것이 아주 중요하다. 왜냐하면 집중화된 국가권력의 허구에 의지하여 작동해야만 한다는 제약조건이 기대와 다르게 정치적 상호의존의 현실이 취약하고 실패한 것으로 나타나는 배경으로 되기 때문이다. 이 같은 취약성과 실패는, 그것이 비록 정반대로 보자면 적극적으로 협동하고 반대한다는 의미에서 시민적 반란의 보편화를 보여 주는 것일지라도, '강한 손'만이 교정할 수 있다.

동일한 것이 동일한 관계의 다른 측면, 즉 하위정치의 다양한 영역들에도 적용된다. 경영과 과학은 더 이상 자신들이 하고 있는 것을, 즉 사회생활의 조건을 변화시키고 **자신들만의 수단으로** 정책을 형성하는 것을 마치 하지 않은 듯이 할 수 없다. 이에 관해서는 불명예스러울 것이, 즉 숨기거나 비밀을 유지해야 할 것이 전혀 없다. 오히려 근대성이 개척하는 것은 행동전망의 의식적 배열과 이용이다. 모든 것이 통제가능한 인간 노력의 산물이 된 곳에서, **변명의 시대는 끝난다**. 만일 우리가 지배적인 객관적 제약들을 허용하지 않고 지배하게 하지 않는다면 그것들은 더 이상 존재하지 않는다. 그것은 확실히 모든 것이 정확히 우리가 원하는 대로 조정될 수 있다는 것을 의미하지 않는다. 그러나 그것은 확실히 객관적 제약들의 외투를 벗어 버려야만 하고 이해관계와 관점과 가능성의 균형을 잡아야 한다는 것을 의미한다. 전에는 진보의 낙관적 약속 뒤에서 보호되는 **기정사실**을 만들어 낼 수 있던 겹겹이 쌓인 특권이 현세를 초월하는 타당성을 계속 바랄 수도 없다. 이것은 죽음과 삶을 재규정하는 연구를 어떻게 통제할 것인가의 문제를 제기한다. 구체적으로 말하자면 다음과 같다. 즉 그것 없이는 살아갈 수 없는 연구의 자유를 질식시키지 않고 인간 유전자공학의 도피주의를 방지할 수 있는 방법은 있는가?

나의 해답은, 하위정치가 **영향력을** 행사할 수 있는 가능성을 확장하고 **법적으로 보호**함으로써 라는 것이다. 이에 대한 본질적인 배경조건에는 강하고 독립적인 법정뿐만 아니라 강하고 독립적인 언론매체가 다른 전제들과 함께 확실히 포함된다. 이 두 가지는 하위정치 통제체계의 주요 기둥이라고 할 수 있을 것이다. 그러나 과거가 우리에게 가르쳐 주듯이 이 두 가지는 그 자체로는 충분하지 않다. 보완조처가 필요하다. 모든

Risikogesellschaft

독점 소유자가 쥐고 있는 자기통제의 가능성을 자기비판의 기회로 보완해야만 한다. 말하자면 이제까지 전문 또는 실무 경영의 지배에 맞서 대단히 어렵게 자기 길을 갈 수 있었던 것들을 **제도적으로 보호**해야만 한다. 즉 반대평가, 대안적 직무실천, 자신들의 발전결과에 대한 조직과 직업 내부의 토론, 억압된 회의주의 등. 이런 경우에 포퍼는 진정 옳다. 즉 비판은 분명 진보를 의미한다. 의학이 의학을 반대하고, 핵물리학자들이 핵물리학에 반대하고, 인간 유전공학이 인간 유전공학에 반대하고, 정보기술이 정보기술에 반대할 때에만, 외부 세계가 시험관 속에서 양조되고 있는 미래를 알 수 있고 평가할 수 있다. 형태가 어떻든지 간에 자기비판을 가능하게 하는 것은 어떤 종류의 위난이 아니라, 조만간 이 세계를 파괴할 지도 모르는 잘못을 미리 찾아낼 수 있는 **유일한 길**일 것이다.

　이것이 각각의 경우에 어떤 종류의 규제와 보호를 요구할 지는 아직 구체적으로 예측할 수 없다. 하지만 만일 사람들을 자신들이 힘을 다하는 것들에 대한 전문의견의 노예로 만드는 규제들이 줄어든다면, 많은 것을 획득하게 될 것이다. 그렇게 된다면 기술자들이 자신들의 조직경험에 대해, 그리고 자신들이 보고 생산하는 위험에 대해 보고할 수도 있을 것이며, 최소한 자신들이 한 일을 다시는 잊지 않을 것이다. 파업권과 마찬가지로 직업과 조직 내부의 비판권을 위해 싸워야만 하며 공공의 이익을 위해 보호해야만 한다. 이러한 자기비판의 제도화는 대단히 중요하다. 왜냐하면 많은 영역에서 적합한 기술적 비결이 없이는 위험도, 위험을 피하기 위한 대안적 방법도 인식될 수 없기 때문이다.

　연구의 경우에 이것은 확실히 어떤 조치와 계획의 위험에 관해, 분과 내부의 모임에서만이 아니라 제도적으로 만들어질 필요가 있을 **분과간의 부분적 공공영역**에서도, 미리 **토론하고 대안을 찾을** 필요가 있다는 결론을 제시할 것이다. 이러한 점이 아직 완전한 공백상태에 있다는 것을 고려하면, 이것이 어떤 형태로 조직될 수 있을지, 아니면 이러한 직업간 및 초직업적 기관들이 어떤 감독능력을 발휘할 수 있을지에 관해 상세히 생각하는 것은 필요없는 일로 보인다.

　또한 공식정치에 대해 영향력을 행사할 수 있는 상당한 기회는 이것과 연관될 것이다. 만일 우리에게 강력한 논증력을 지니고 있는 효과적인 대안의학이 있다면, 보건비용의 절감에 관한 토론이 얼마나 활발해질 수 있을까를 상상해 보라. 물론 그렇다고 해서 정치가 자신의 독점적 지위를 재구축할 수 없으리라는 뜻은 아니다. 그럼에도 불구하고 아마도 그 중요성이 커질 하위정치의 다양한 영역들에서 결정적인 차이가 생겨날 것이다. 특정한 이해관계와 관점을 둘러싼 전투들이 경영 내부에서 (그리고 또한 과학 내부에서) 벌어지고 벌어져야만 하는 반면에, 정치는 전체적인 (사법적) 조건을 설정하고 규제의 일반적인 적용가능성을 점검하고 동의를 구할 수 있다.

이것은 **정치의 보전, 정리, 논증기능**이, 드러나지는 않아도 이미 지배적인 기능이지만 허구적인 권력구성에 의해 빛을 못보고 있는 이 기능들이, 그 임무의 핵심이 될 수 있다는 것을 의미한다. 하위정치의 중심들과 비교하여 정치는 더욱 큰 보전효과를 보일 것이다. 이미 성취된 사회적 및 민주적 권리의 수준을 침식되지 않도록 (심지어 정치 자체의 대열로부터) 보호해야만 할 것이며 확장해야 할 것이다. 이와 대조적으로 혁신은 자기-무력화의 역설적 경로를 지속해 가야 할 것이며, 그 과정에서 사회적 학습과 실험의 과정이 현존하는 제약들에 맞서서 지속될 수 있도록 하기 위해 법적 및 제도적 조건들을 구축해야 할 것이다. 그러한 과정은 개인주의화 과정에서 이루어지는 새로운 생활형태의 발전, 또는 다원주의화와 직업 내부의 비판을 포함한다. 여전히 버티고 있는 낡아빠진 산업사회의 외양 뒤에서, 정치와 하위정치의 새로운 분업과 권력형태들이 많은 위험과 위난의 곁에서 오늘날 이미 두각을 나타내고 실천되기 시작하고 있을 수도 있지 않은가?

참고문헌

머리말

Adorno, T. W. (ed.) (1969) *Spätkapitalismus oder Industriegesellschaft?* Frankfurt
Anders, G. (1980) *Die Antiquiertheit des Menschen. Uber die Zerstörung des lebens im Zeitalter der dritten Industriellen Revolution.* Munich.
Beck, U. (1985) 'Von der Vergänglichkeit der Industriegesellschaft', in T. Schmid (ed.), *Das pfeifende Schwein.* Berlin.
Bell, D. (1976) *Die Zukunft der westlichen Welt - Kultur und Technik im Widerstreit.* Frankfurt.
Berger, J. (ed.) (1986) *Moderne oder Postmoderne.* Special issue 4 of Soziale Welt. Göttingen.
Berger, P., B. Berger, H. Kellner (1975) *Das Unbehagen in der Modernität.* Frankfurt.
Brand, G. (1972) 'Industrialisierung, Modernisierung, gesellschaftliche Entwicklung', *Zeitschrift für Soziologie*, no. 1: 2-14.
Dahrendorf, R. (1979) *Lebenschancen.* Frankfurt. In English (1979) *Life Chances.* London.
Eisenstadt, S. N. (1979) *Tradition, Wandel und Modernität.* Frankfurt.
Etzioni, A. (1983) *An Immodest Agenda.* New York.
Fourastié, J. (1969) *Die Grosse Hoffnung des zwanzigsten Jahrhunderts.* Cologne.
Gehlen, A. (1963) 'Uber die kulturelle Kristallisation', in his *Studien zur Anthropologie und Soziologie.* Neuwied.
Giddens, A. (1990) *The Consequences of Modernity.* Stanford.
Giddens, A. (1991) *Modernity and Self-Identity in the Late Modern Age.* Cambridge.
Habermas, J. (1985a) *Der philosophische Diskurs der Moderne.* Frankfurt.
Habermas, J. (1985b) *Die Neue Unübersichtlichkeit.* Frankfurt.
Horkheimer, M., T. W. Adorno (1969) *Dialektik der Aufklärung.* Frankfurt. In English (1972) *Dialectic of Enlightenment.* New York.
Jonas, H. (1984) *Das Prinzip Verantwortung - Versuch einer Ethik für die*

technologische Zivilisation. Frankfurt.
Koselleck, R. (1979) *Vergangene Zukunft.* Frankfurt.
Lash, S. (1992) 'Reflexive modernization: the aesthetic dimension', *Theory, Culture & Society,* 10, no. 3.
Lepsius, M. R. (1977) 'Soziologische Theoreme über die Sozialstruktur der "Moderne" und der "Modernisierung"', in R. Koselleck (ed.) *Studien zum Beginn der modernen Welt.* Stuttgart.
Lodge, D. (1977) *Modernism, Antimodernism and Postmodernism.* Birmingham.
Luhmann, N. (1989) *Ecological Communication.* Cambridge: Polity Press.
Schelsky, H. (1965) 'Der Mensch in der wissenschaftlichen Zivilisation', in his *Auf der Suche nach Wirklichkeit.* Dusseldorf.
Toffler, A. (1980) *Die dritte Welle – Zukunftschancen, Perspektiven für die Gesellschaft des 21. Jahrhunderts.* Munich.
Touraine, A. (1983) 'Soziale Bewegungen', *Soziale Welt,* 34, no. 1.

제1장과 제2장

Alexander, J., P. Sztompka (1990) (eds) *Rethinking Progress.* Boston.
Anders, G. (1983) *Die atomare Bedrohung.* Munich.
Bauman, Z. (1989) *Modernity and the Holocaust.* Cambridge.
Bechmann, G. (ed.) (1984) *Gesellschaftliche Bedingungen und Folgen der Technologiepolitik.* Frankfurt/New York.
Beck, U. (1988) *Gegengifte: Die organisierte Unverantwortlichkeit.* Frankfurt. In English (1992) *Counter-Poisons.* Cambridge.
Beck, U. (1991) *Politik in der Risikogesellschaft.* Frankfurt. In English (1993) New York.
Beck, U. (1992) 'From industrial society to risk society', *Theory, Culture & Society,* 9(1): 97-123.
Berger, J. (ed.) (1986) *Die Moderne – Kontinuitäten und Zäsuren.* Special issue 4 of *Soziale Welt.*
Brooks, H. (1984) 'The resolution of technically intensive public policy disputes', *Science, Technology, Human Values,* 9, no. 1.
Conrad, J. (1978) *Zum Stand der Risikoforschung.* Frankfurt. Battelle.
Corbin, A. (1984) *Pesthauch und Blütenduft.* Berlin.
Daele, W. v.d. (1986) 'Technische Dynamik und gesellschaftliche Moral – Zur soziologischen Bedeutung der Gentechnologie', *Soziale Welt,* 37, nos 2/3.
Douglas, M., A. Wildavsky (1982) *Risk and Culture.* New York.
Eisenstadt, S. (1979) *Tradition, Wandel and Modernität.* Frankfurt.
Eppler, E. (1981) *Wege aus der Gefahr.* Reinbek.

Etzioni, A. (1968) *The Active Society.* New York.
Friedrichs, G., G. Bechmann, F. Gloede, (1983) *Großtechnologien in der gesellschaftlichen Kontroverse.* Karlsruhe.
Glotz, P. (1984) *Die Arbeit der Zuspitzung.* Berlin.
Habermas, J. (1971) *Towards a Rational Society.* London.
Jänicke, M. (1979) *Wie das Industriesystem von seinen Mißständen profitiert.* Cologne.
Jänicke, M., U. E. Simonis, G. Weegmann (1985) *Wissen für die Umwelt. 17 Wissenschaftler bilanzieren.* Berlin/New York.
Jungk, R. (1977) *Der Atomstaat. Vom Fortschritt in die Unmenschlichkeit.* Hamburg.
Kallscheuer, O. (1983) 'Fortschrittsangst', *Kursbuch,* 74.
Keck, O. (1984) *Der schnelle Brüter – Eine Fallstudie über Entscheidungsprozesse in der Großtechnologie.* Frankfurt.
Kitschelt, H. (1984) *Der ökologische Diskurs. Eine Analyse von Gesellschaftskonzeptionen in der Energiedebatte.* Frankfurt.
Koselleck, R. (ed.) (1977) *Studien über den Beginn der modernen Welt.* Stuttgart.
Kruedener, J. v., K. v. Schulert (eds) (1981) *Technikfolgen und sozialer Wandel.* Cologne.
Lahl, U., B. Zeschmer (1984) Formaldehyd – *Porträt einer Chemikalie: Kniefall der Wissenschaft vor der Industrie?* Freiburg.
Leipert, C., U. E. Simonis (1985) *Arbeit und Umwelt, Forschungsbericht.* Berlin.
Lepsius, R. (1977) 'Soziologische Theoreme über die Sozialstruktur der "Moerne" und der "Modernisieurung"', in R. Koselleck (ed.), *Studien zum Beginn der modernen Welt.* Stuttgart.
Mayer-Tasch, P. C. (1985) 'Die Internationale Umweltpolitik als Herausforderung für die Nationalstaatlichkeit', *Aus Politik und Zeitgeschichte,* 20.
Moscovici, S. (1982) *Versuch über die menschliche Geschichte der Natur.* Frankfurt.
Nelkin, D., M. S. Brown (1984) *Workers at Risk.* Chicago.
Nelkin, D., M. Pollok (1979) 'Public participation in technological decisions: reality or grand illusion?', *Technology Review,* August/September.
Novotny, H. (ed.) (1985) *Vom Technology Assessment zur Technikbewertung. Ein europäischer Vergleich.* Vienna.
O'Riordan, T. (1983) 'The cognitive and political dimension of risk analysis', *Journal of Environmental Psychology,* 3: 345-354.
Otway, H., P. D. Pahner (1976) 'Risk assessment', *Futures,* 8: 122-134.
Otway, H., K. Thomas (1982) 'Reflections on risk perception and policy', *Risk*

Analysis, 2, no. 2.
Perrow, C. (1984) *Normal Accidents: Living with High Risk Technologies.* New York.
Rat der Sachverständigen für Umweltfragen (1985) *Sondergutachten Umweltprobleme der Landwirtschaft.* Abridged, unpublished ms. Bonn.
Renn, O. (1984) *Risikowahrnehmung in der Kernenergie.* Frankfurt.
Ropohl, G. (1985) *Die unvollkommene Technik.* Frankfurt.
Rowe, W. D. (1975) *An Anatomy of Risk.* New York.
Schumm, W. (1985) *Die Risikoproduktion kapitalistischer Industriegesellschaften.* Unpublished ms. Frankfurt.
Schütz, R. (1984) *Okologische Aspekte einer naturphilosophischen Ethik.* Unpublished ms. Bamberg.
Short, J. F. (1984) 'The social fabric of risk: towards the social transformation of risk analysis', *American Sociolgical Review*, 49, December: 711-725.
Späth, L. (1985) *Wende in die Zukunft: Die Bundesrepublik in die Informationsgesellschaft.* Reinbek.
Starr, C. (1965) 'Social benefit versus technological risk', *Science*, 165: 1232-1238.
Stegmüller, W. (1970) *Probleme und Resultate der Wissenschaftstheorie.* Berlin/New York.
Strasser, J., K. Traube (1984) *Die Zukunft des Fortschritts. Der Sozialismus und die Krise des Industrialismus.* Berlin.
The Council for Science and Society (1977) *The Acceptability of Risks.* London.
Thompson, M., A. Wildavsky (1982) 'A proposal to create a cultural theory of risk', in H. Kunreuther and E. V. Ley (eds), *The Risk Analysis Controversy.* New York.
Touraine, A. et al. (1982) *Die antinukleare Prophetie. Zukunftsentwürfe einer sozialen Bewegung.* Frankfurt.
Umweltbundesamt (1985) *Berichte*, vol. 5. Berlin.
Urban, M. (1985) 'Wie das Sevesogift wirkt', *Süddeutsche Zeitung*, April 30.
Wambach, M. M. (ed.) (1983) *Der Mensch als Risiko. Zur Logik von Prävention und Früherkennung.* Frankfurt.

제3장

Abelshauser, W. (1983) *Wirtschaftsgeschichte der Bundesrepublik Deutschland 1945-1980.* Frankfurt.
Alber, J. (1982) *Vom Armenhaus zum Wohlfahrtsstaat. Analysen zur*

Entwicklung der Sozialversicherung in Westeuropa. Frankfurt/New York.
Allerbeck, K. R., H. R. Stork (1980) 'Soziale Mobilität in Deutschland 1833-1970. Eine Reanalyse', in *Kölner Zeitschrift für Soziologie und Sozialpsychologie*, 32: 13ff.
Badura, B. (ed.) (1981) *Soziale Unterstützung und chronische Krankheit*. Frankfurt.
Bahrdt, H. P. (1975) 'Erzählte Lebensgeschichten von Arbeitern', in M. Osterland (ed.), *Arbeitssituation, Lebenslage und Konfliktpotential*. Frankfurt.
Ballerstedt, E., W. Glatzer (1979) *Soziologischer Almanach*. Frankfurt.
Balsen, W., H. Nakielski, K. Rössel, R. Winkel (1984) *Die neue Armut – Ausgrenzung von Arbeitslosen aus der Arbeitslosenunterstützung*. Koln.
Beck, U. (1983) 'Jenseits von Stand und Klasse?', in R. Kreckel (ed.), *Soziale Ungleichheiten*. Special issue 2 of *Soziale Welt*. Göttingen.
Beck, U. (1984) 'Jenseits von Stand und Klasse', *Merkur*, 38, no. 5: 485-497.
Beck-Gernsheim, E. (1983) 'Vom "Dasein fur andere" zum Anspruch auf ein Stuck "eigenes Leben"', *Soziale Welt*, 34: 307-340.
Bellmann, L., K. Gerlach, O. Hübler (1984) *Lohnstruktur in der Bundesrepublik Deutschland. Zur Theorie und Empirie der Arbeitseinkommen*. Frankfurt/New York.
Bendix, R., S. M. Lipset (1959) *Social Mobility in Industrial Society*. Berkeley/Los Angeles.
Berger, J. (1983) 'Das Ende der Gewißheit – Zum analytischen Potential der Marxschen Theorie', *Leviathan*, 11: 475ff.
Berger, P. (1986) *Entstrukturierte Klassengesellschaft? Klassenbildung und Strukturen sozialer Ungleichheit im historischen Wandel*. Opladen.
Berger, P., B. Berger, H. Kellner (1975) *Das Unbehagen in der Modernität*. Frankfurt.
Bernstein, B. (1971) *Class, Codes and Control*, vol. 1. London.
Bischoff, J. et al. (1982) *Jenseits der Klassen? Gesellschaft und Staat im Spätkapitalismus*. Hamburg.
Blossfeld, P. (1984) 'Bildungsreform und Beschäftigung der jungen Generation im öffentlichen und privaten Sektor. Eine empirisch vergleichende Analyse', *Soziale Welt*, 35: 159ff.
Bolte, K. M. (1983) 'Anmerkungen zur Erforschung sozialer Ungleichheit', in R. Kreckel (ed.), Soziale Ungleichheiten. Special issue 2 of *Soziale Welt*. Göttingen.
Bolte, K. M., S. Hradil (1984) *Soziale Ungleichheit in der Bundesrepublik Deutschland*. Opladen.
Bonß, W., H. G. Heinze (eds) (1984) *Arbeitslosigkeit in der Arbeitsgesellschaft*. Frankfurt.

Borchardt, K. (1985) 'Nach dem "Wunder". Uber die wirtschaftliche Entwicklung der Bundesrepublik', *Merkur*, 39: 35ff.
Bourdieu, P. (1979) *La Distinction*. Paris. In English (1984) *Distinction: a Social Critique of the Judgment of Taste*, tr. R. Nice. Cambridge, Mass.
Bourdieu, P. (1982) *Die feinen Unterschiede*. Frankfurt.
Bourdieu, R., J.-C. Passeron (1971) *Die Illusion der Chancengleichheit*. Stuttgart.
Brock, D., H. R. Vetter (1982) *Alltägliche Arbeitsexistenz*. Frankfurt.
Buchtemann, C. F. (1984) 'Der Arbeitsprozeß. Theorie und Empirie strukturierter Arbeitslosigkeit in der Bundesrepublik Deutschland', in W. Bonß and H. G. Heinze (eds), *Arbeitslosigkeit in der Arbeitsgesellschaft*. Frankfurt.
Bundesminister der Sozialordnung (1983) *Arbeits- und Sozialstatistik: Hauptergebnisse*. Bonn.
Cohen, J. L. (1982) *Class and Civil Society: the Limits of Marxian Critical Theory*. Amherst.
Conze, W., M. R. Lepsius(eds) (1983) *Sozialgeschichte der Bundesrepublik Deutschland. Beiträge zum Kontinuitätsproblem*. Stuttgart.
Cottrell, A. (1984) *Social Classes in Marxist Theory*. London.
Dahrendorf, R. (1957) *Soziale Klassen und Klassenkonflikt in der industriellen Gesellschaft*. Stuttgart.
Engelsing, R. (1978) *Zur Sozialgeschichte deutscher Mittel- und Unterschichten*. Göttingen.
Feher, F., A. Heller (1983) 'Class, democracy and modernity', *Theory and Society*, 12: 211ff.
Flora, P. et al. (1983) *State, Economy and Society in Western Europe 1815-1975. A Data Handbook in Two Volumes. Vol. 1: The Growth of Mass Democracies and Welfare States*. Frankfurt/London/Chicago.
Fuchs, W. (1983) 'Jugendliche Statuspassage oder individualisierte Jugendbiographie?', *Soziale Welt*, 34: 341-371.
Geiger, T. (1969) *Die Klassengesellschaft im Schmelztiegel*. Koln/Hagen.
Giddens, A. (1973) *The Class Structure of Advanced Societies*. London. In German(1979) Frankfurt.
Glatzer, W., W. Zapf (eds) (1984) *Lebensqualität in der Bundesrepublik. Objektive Lebensbedingungen und subjektives Wohlbefinden*. Frankfurt/New York.
Goldthorpe, J. H. (1980) *Social Mobility and Class Structure in Modern Britain*. Oxford.
Goldthorpe, J. H. et al. (1970) *Der 'wohlhabende' Arbeiter in England, 3 vols*. Munich. In English (1968) *The Affluent Worker*. London.
Gorz, A. (1980) *Abschied vom Proletariat*. Frankfurt.

Gouldner, A. W. (1980) *Die Intelligenz als neue Klasse.* Frandfurt. In English (1979) *The Future of Intellectuals and the Rise of the New Class.* London.

Haller, M., W. Müller (1983) *Beschäftigungssystem im gesellschaftlichen Wandel.* Frankfurt/New York.

Handl, J., K. U. Mayer, W. Müller (1977) *Klassenlagen und Sozialstruktur. Empirische Untersuchungen für die Bundesrepublik Deuschland.* Frankfurt.

Heinze, R. G., H. W. Hohn, K. Hinrichs, T. Olk (1981) 'Armut und Arbeitsmarkt: Zum Zusammenhang von Klassenlagen und Verarmungsrisiken im Sozialstaat', *Zeitschrift für Soziologie,* 10: 219ff.

Herkommer, S. (1983) 'Sozialstaat und Klassengesellschaft - Zur Reproduktion sozialer Ungleichheit im Spätkapitalismus', in R. Kreckel (ed.), *Soziale Ungleichheiten.* Special issue 2 of Soziale Welt. Göttingen.

Hondrich, K. (ed.) (1982) *Soziale Differenzierungen.* Frankfurt.

Hondrich, K. O. (1984) 'Der Wert der Gleichheit und der Bedeutungswandel der Ungleichheit', *Soziale Welt,* 35: 267ff.

Honneth, A. (1981) 'Moralbewußtscin und soziale Klassenherrschaft. Einige Schwierigkeiten in der Analyse normativer Handlungspotentiale', *Leviathan,* 9: 555ff.

Hörning, K. (ed.) (1971) *Der 'neue' Arbeiter - Zum Wandel sozialer Schichtstrukturen.* Frankfurt.

Hradil, S. (1983) 'Die Ungleichheit der "Sozialen Lage"', in R. Kreckel (ed.), *Soziale Ungleichheiten.* Special issue 2 of *Soziale Welt.* Göttingen.

Huck, G. (ed.) (1980) *Sozialgeschichte der Freizeit. Untersuchungen zum Wandel der Alltagskultur in Deutschland.* Wuppertal.

Kaelble, H. (1983a) *Industrialisierung und soziale Ungleichheit. Europa im 19. Jahrhundert. Eine Bilanz.* Göttingen.

Kaelble, H. (1983b) *Soziale Mobilität und Chancengleichheit im 19. und 20. Jahrhundert. Deutschland im internationalen Vergleich.* Göttingen.

Kickbusch, I., B. Riedmuller (eds) (1984) *Die armen Frauen. Frauen in der Sozialpolitik.* Frankfurt.

Kocka, J. (1979) 'Stand - Klasse - Organisation. Strukturen sozialer Ungleichheit in Deutschland vom späten 18. bis zum frühen 20. Jahrhundert im Aufriß', in H.-U. Wehler (ed.), *Klassen in der europäischen Sozialgeschichte.* Göttingen.

Kocka, J. (1983) *Lohnarbeit und Klassenbindung.* Bonn.

Kocka, J. (1983) 'Diskussionsbeitrag', in R. Kreckel (ed.), *Soziale Ungleichheiten.* Special issue 2 of *Soziale Welt.* Göttingen.

Kreckel, R. (1983) 'Theorie sozialer Ungleichheit im Übergang', in R. Kreckel (ed.), *Soziale Ungleichheiten.* Special issue 2 of *Soziale Welt.* Göttingen.

Landesregierung Baden-Württemberg (1983) *Bericht der Kommission*

'Zukunftsperspektiven Gesellschaftlicher Entwicklung'. Stuttgart.
Langewiesche D., K. Schönhoven (eds) (1981) *Arbeiter in Deutschland. Studien zur Lebensweise der Arbeiterschaft im Zeitalter der Industrialisierung.* Paderborn.
Lederer, E. (1979) 'Die Gesellschaft der Unselbständigen. Zum sozialpsychischen Habitus der Gegenwart', in J. Kocka (ed.), *Kapitalismus, Klassenstruktur und Probleme der Demokratie in Deutschland.* Göttingen.
Lepsius, M. R. (1979) 'Soziale Ungleichheit und Klassenstruktur in der Bundesrepublik Deutschland', in H.-U. Wehler (ed.), *Klassen in der europäischen Sozialgeschichte.* Göttingen.
Lutz, B. (1983) 'Bildungsexpansion und soziale Ungleichheit – Eine historisch-soziologische Skizze', in R. Kreckel (ed.), *Soziale Ungleichheiten.* Special issue 2 of *Soziale Welt.* Göttingen.
Lutz, B. (1984) *Der kurze Traum immerwährender Prosperität. Eine Neuinterpretation der industriell-kapitalistischen Entwicklung im Europa des 20. Jahrhunderts.* Frankfurt/New York.
Maase, K. (1984) 'Betriebe ohne Hinterland? Zu einigen Bedingungen der Klassenbildung im Reproduktionsbereich', in Institut für Marxistische Studien und Forschungen, *Marxistische Studien. Jahrbuch des IMSF 7.* Frankfurt.
Marx, K. (1971) *Die Frühschriften.* Stuttgart.
Marx, K. (9182) 'Der 18te Brumaire des Louis Napoleon', in *Marx Engels Werke*, vol. 8. Berlin.
Meja, V., D. Misgeld, N. Stehr (eds) (1987) *Modern German Sociology.* New York.
Miegel, M. (1983) *Die verkannte Revolution. Einkommen und Vermögen privater Haushalte.* Stuttgart.
Mommsen, W. J., W. Mock (eds) (1982) *Die Entstehung des Wohlfahrtsstaates in Großbritannien und Deutschland 1850-1950.* Stuttgart.
Moore, B. (1982) *Ungerechtigkeit – Die sozialen Ursachen von Unterordnung und Widerstand.* Frankfurt. In English (1978) *Injustice: the Social Basis of Obedience and Revolt.* London.
Mooser, J. (1983) 'Auflösung proletarischer Milieus. Klassenbildung und Individualisierung in der Arbeiterschaft vom Kaiserreich bis in die Bundesrepublik Deutschland', *Soziale Welt*, 34: 270ff.
Mooser, J. (1984) *Arbeiterleben in Deutschland 1900-1970. Klassenlagen, Kultur und Politik.* Frankfurt.
Müller, W., A. Willms, J. Handl (1983) *Strukturwandel der Frauenarbeit.* Frankfurt/New York.
Osterland, M. (1973) *Materialien zur Lebens- und Arbeitssituation der*

Industriearbeiter in der Bundesrepublik Deutschland. Frankfurt.
Osterland, M. (1978) 'Lebensbilanzen und Lebensperspektiven von Industriearbeitern', in M. Kohli (ed.) *Soziologie des Lebenslaufes*. Darmstadt.
Pappi, F. U. (1979) 'Konstanz und Wandel der Hauptspannungslinien in der Bundesrepublik', in J. Matthes (ed.), *Sozialer Wandel in Westeuropa*. Frankfurt.
Reulecke, J., W. Weber (eds) (1978) *Fabrik, Familie, Feierabend. Beiträge zur Sozialgeschichte des Alltags im Industriezeitalter*. Wuppertal.
Schelsky, H. (1961) 'Die Bedeutung des Klassenbegriffs für die Analyse unserer Gesellschaft', in Seidel and Jenker (eds), *Klassenbildung und Sozialschichtung*. Darmstadt.
Schneider, R. (1982) 'Die Bildungsentwicklung in den westeuropäischen Staaten, 1870-1975', *Zeitschrift für Soziologie*, 11, no. 3.
Smith, G. (1982) 'Nachkriegsgesellschaft im historischen Vergleich', Kolloquium des Instituts für Zeitgeschichte, Munich/Vienna.
Statistisches Bundesamt (1983) *Bildung im Zahlenspiel*. Wiesbaden/Stuttgart.
Teichler, U., D. Hartung, R. Nuthmann (1976) *Hochschulexpansion und Bedarf der Gesellschaft*. Stuttgart.
Thompson, E. P. (1963) *The Making of the English Working Class*. Harmondsworth.
Touraine, A. (1983) 'Soziale Bewegungen', *Soziale Welt*, 34, no. 1.
Voigt, R. (ed.) (1980) *Verrechtlichung*. Königstein.
Weber, M. (1972) *Wirtschaft und Gesellschaft*, 3rd edn. Tübingen.
Wehler, H.-U. (ed.) (1979) *Klassen in der europäischen Sozialgeschichte*. Göttingen.
Westergaard, J. (1965) 'The withering away of class: a contemporary myth', in P. Anderson (ed.) *Towards Socialism*. London.
Wiegand, E., W. Zapf (eds) (1982) *Wandel der Lebensbedingungen in Deutschland. Wohlfahrtsentwicklung seit der Industrialisierung*. Frankfurt/ New York.
Zapf, W. (ed.) (1977) *Lebensbedingungen in der Bundesrepublik. Sozialer Wandel und Wohlfahrtsentwicklung*. Frankfurt/New York.

제4장

Allerbeck, K., W. Hoag (1984) *Jugend ohne Zukunft*. Munich.
Ariès, P. (1984) 'Liebe in der Ehe', in P. Ariès, A. Béjin, M. Foucault et al. (eds), *Die Masken des Begehrens und die Metamorphosen der Sinnlichkeit - Zur Geschichte der Sexualität im Abendland*. Frankfurt.
Beck, U., E. Beck-Gernsheim, (1990) *Das ganz normale Chaos der Liebe*. Frankfurt. In English (1993). Cambridge.

Beck-Gernsheim, E. (1983) 'Vom "Dasein für andere" zum Anspruch auf ein Stuck "eigenes Leben"', *Soziale Welt*, 34: 307-340.
Beck-Gernsheim, E. (1984) *Vom Geburtenrückgang zur Neuen Mütterlichkeit? Über private und politische Interessen am Kind*. Frankfurt.
Beck-Gernsheim, E. (1985) *Das halbierte Leben. Männerwelt Beruf, Frauenwelt Familie*, 2nd edn. Frankfurt.
Beck-Gernsheim, E. (1986) 'Von der Liebe zur Beziehung? Veränderungen im Verhältnis von Mann und Frau in der individualisierten Gesellschaft', in J. Berger (ed.), *Moderne oder Postmoderne*. Special issue 4 of *Soziale Welt*. Göttingen.
Beck-Gernsheim, E. (1988) *Die Kinderfrage: Frauen zwischen Kindern und Unabhängigkeit*. Munich.
Béjin, A. (1984) 'Ehen ohne Trauschein heute', in P. Ariès, A. Béjin, M. Foucault et al. (eds), *Die Masken des Begehrens und die Metamorphosen der Sinnlichkeit – Zur Geschichte der Sexualität im Abendland*. Frankfurt.
Berger, B., P. L. Berger (1983) *The War over the Family*. New York. In German (1984) Reinbek.
Berger, P., H. Keller (1965) 'Die Ehe und die Konstruktion der Wirklichkeit', *Soziale Welt*, 16: 220-241.
Bernardoni, C., V. Werner (eds) (1983) *Der vergeudete Reichtum – Über die Partizipation von Frauen im öffentlichen Leben*. Bonn.
Beyer, J. et al. (eds) (1983) *Frauenlexikon – Stichworte zur Selbstbestimmung*. Munich.
Biermann, I., C. Schmerl, L. Ziebell (1985) *Leben mit kurzfristigem Denken – Eine Untersuchung zur Situation arbeitsloser Akademikerinnen*. Weilheim und Basel.
Brose, H.-G., M. Wohlrab-Sahr (1986) 'Formen individualisierter Lebensführung von Frauen – ein neues Arrangement zwischen Familie und Beruf', in H.-G. Brose (ed.), *Berufsbiographien im Wandel*. Opladen.
Buchholz, W. et al. (1984) *Lebenswelt und Familienwirklichkeit*. Frankfurt.
Bundesminister für Bildung und Wissenschaft (1982/83, 1984/85) *Grund- und Struktur daten*. Bonn.
Bundesminister für Jugend, Familie und Gesundheit (1981) *Frauen 80*. Cologne.
Bundesminister für Jugend, Familie und Gesundheit (1985) *Nichteheliche Lebensgemein schaften in der Bundesrepublik Deutschland*. Cologne.
Degler, C. N. (1980) *At Odds – Women and the Family in America from the Revolution to the Present*. New York.
Demos, J., S. S. Boocock, (eds) (1978) *Turning Points – Historical and Sociological Essays on the Family*. Chicago.

Diezinger, A., R. Marquardt, H. Bilden (1982) *Zukunft mit beschränkten Möglichkeiten, Projektbericht.* Munich.
Ehrenreich, B. (1983) *The Hearts of Men.* New York. In German (1985) Reinbek.
Erler, G. A. (1985) 'Erdöl und Mutterliebe - von der Knappheit einiger Rohstoffe', in T. Schmid (ed.), *Das pfeifende Schwein.* Berlin.
Frauenlexikon (1983). Munich.
Gensior, S. (1983) 'Moderne Frauenarbeit', in *Karriere oder Kochtopf: Jahrbuch für Sozialökonomie und Gesellschaftstheorie.* Opladen.
Gilligan, C. (1984) *Die andere Stimme. Lebenskonflikte und Moral der Frau.* Munich.
Glick, P. C. (1984) 'Marriage, divorce, and living arrangements', *Journal of Family Issues*, 5, no. 1: 7-26.
Hoff, A., J. Scholz (1985) *Neue Männer in Beruf und Familie: Forschungsbericht.* Berlin.
Imhof, A. E. (1981) *Die gewonnenen Jahre.* Munich.
Imhof, A. E. (1984) *Die verlorenen Welten.* Munich.
Institut für Demoskopie Allensbach (1985) *Einstellungen zu Ehe und Familie im Wandel der Zeit.* Stuttgart.
Jurreit, M.-L. (ed.) (1979) *Frauenprogramm. Gegen Diskriminierung. Ein Handbuch.* Reinbek.
Kamerman, S. B. (1984) 'Women, children poverty: public policies and female-headed families in industrialized countries', in *Signs: Journal of Women in Culture and Society.* Special issue *Women and Poverty.* Chicago.
Kommission (1983) *Zukunftsperspektiven gesellschaftlicher Entwicklungen, Bericht (erstellt im Auftrage der Landesregierung von Baden-Württemberg).* Stuttgart.
Lasch, C. (1977) *Haven in Heartless World: the Family Besieged.* New York.
Metz-Gockel, S., U. Müller (1985) 'Der Mann', *Brigitte-Untersuchung*, ms. Hanburg.
Müller, W., A. Willms, J. Handl (1983) *Strukturwandel der Frauenarbeit.* Frankfurt.
Muschg, G. (1976) 'Bericht von einer falschen Front', in H.P. Piwitt (ed.), *Literaturmagazin 5.* Reinbek.
Offe, C. (1984) Arbeitsgesellschaft. Frankfurt.
Olerup, A., L. Schneider, E. Monod (1985) *Women, Work and Computerization - Opportunities and Disadvantages.* New York.
Ostner, J., B. Piper (eds) (1986) *Arbeitsbereich Familie.* Frankfurt.

Pearce, D., H. McAdoo (1981) *Women and Children: Alone and in Poverty.* Washington.
Pross, H. (1978) *Der deutsche Mann.* Reinbek.
Quintessenzen (1984) *Frauen und Arbeitsmarkt.* IAB. Nürnberg.
Rerrich, M. S. (1983) 'Veränerte Elternschaft', *Soziale Welt,* 34: 420-449.
Rerrich, M. S. (1986) *Balanceakt Familie.* Freiburg.
Rilke, R. M. (1980) *Briefe.* Frankfurt.
Rubin, I. B. (1983) *Intimate Strangers. Men and Women Together.* New York.
Schulz, W. (1983) 'Von der Institution "Familie" zu den Teilbeziehungen zwischen Mann, Frau und Kind', *Soziale Welt,* 34: 401-419.
Seidenspinner, G., A. Burger (1982) *Mädchen 82, Brigitte-Untersuchung.* Hamburg.
Sennett, R. (1976) *The Fall of Public Man.* London. In German (1983) Frankfurt.
Statistisches Bundesamt (1983) *Datenreport.* Bonn.
Wahl, K. et al. (1980) *Familien sind anders!* Reinbek.
Weber-Kellermann, I. (1975) *Die deutsche Familie. Versuch einer Sozialgeschichte.* Frankfurt.
Wiegmann, B. (1979) 'Frauen und Justiz', in M.-L. Jurreit (ed.), *Frauenprogramm Gegen Diskriminierung. Ein Handbuch.* Reinbek.
Willms, A. (1983) 'Grundzüge der Entwicklung der Frauenarbeit von 1800 bis 1980', in W. Müller, A. Willms, J. Handl (eds), *Strukturwandel der Frauenarbeit.* Frankfurt.

제5장

Adorno, T. W. (1982) *Minima Moralia.* Frankfurt.
Anders, G. (1980) *Die Antiquiertheit des Menschen.* Munich.
Baethge, M. (1985) 'Individualisierung als Hoffnung und Verhängnis', *Soziale Welt,* 36: 299ff.
Beck-Gernsheim, E. (1986) *Geburtenrückgang und Neuer Kinderwunsch.* Postdoctoral thesis. Munich.
Bolte, K. M. (1983) 'Subjektorientierte Soziologie', in K.M. Bolte (ed.), *Subjektorientierte Arbeits- und Berufssoziologie.* Frankfurt.
Brose, H.-G. (1982) 'Die Vermittlung von sozialen und biographischen Zeitstrukturen', in *Kölner Zeitschrift für Soziologie und Sozialpsychologie,* special issue 29: 385ff.
Deizinger, A., H. Bilden et al. (1982) *Zukunft mit beschränkten Möglichkeiten.* Munich.

Durkheim, E. (1982) *Über die Teilung der sozialen Arbeit*. Frankfurt.
Elias, N. (1969) *Über den Prozeß der Zivilisation*. Bern/Munich. In English (1978) *The Civilizing Process*. Oxford.
Fuchs, W. (1983) 'Jugendliche Statuspassage oder individualisierte Jugendbiographie?', *Soziale Welt*, 34: 341-371.
Fuchs, W. (1984) *Biographische Forschung*. Opladen.
Geulen, D. (1977) *Das vergesellschaftete Subjekt*. Frankfurt.
Gross, P. (1985) 'Bastelmentalität: Ein postmoderner Schwebezustand', in T. Schmid (ed.), *Das pfeifende Schwein*. Berlin.
Hornstein, W. (1985) 'Jugend. Strukturwandel in gesellschaftlichen Wandlungsprozess', in S. Hradil (ed.), *Sozialstruktur im Umbruch*. Opladen.
Imhof, A. E. (1984) 'Von der unsicheren zur sicheren Lebenszeit', *Vierteljahresschrift für Sozial- und Wirtschaftsgeschichte*, 71: 175-198.
Kohli, M. (1985) 'Die Institutionalisierung des Lebenslufes', *Kölner Zeitschrift für Soziologie und Sozialpsychologie*, 1, 1-29.
Kohli, M., J. W. Meyer (eds) (1985) *Social Structure and Social Construction of Life Stages*. Symposium with contributions from M. W. Riley, K. U. Mayer, T. Held, T. K. Hareven. *Human Development*, 18.
Kohli, M., G. Robert (eds) (1984) *Biographie und soziale Wirklichkeit*. Stuttgart.
Ley, K. (1984) 'Von der Normal- zur Wahlbiographie', in M. Kohli and G. Robert (eds), *Biographie und soziale Wirklichkeit*. Stuttgart.
Landmann, T. (1971) *Das End des Individuums*. Stuttgart.
Luhmann, N. (1985) 'Die Autopoiesis des Bewußtseins', *Soziale Welt*, 36: 402.
Maase, K. (1984) 'Betriebe ohne Hinterland?', in Institut für Marxistische Studien und Forschungen, *Marxistische Studien. Jahrbuch des IMSF 7*. Frankfurt.
Mooser, J. (1983) 'Auflösung proletarischer Milieus', *Soziale Welt*, 34.
Nunner-Winkler, G. (1985) 'Identität und Individualität', *Soziale Welt*, 36: 466ff.
Rosenmayr, L. (ed.) (1978) *Die menschlichen Lebensalter. Kontinuität und Krisen*. Munich.
Rosenmayr, L. (1985) 'Wege zum Ich vor bedrohter Zukunft', *Soziale Welt*, 36: 274ff.
Shell Youth Study (n.d.)
Simmel, G. (1958a) *Philosophie des Geldes*. Berlin. In English (1978) *The Philosophy of Money* (ed. D. Frisby). London.
Simmel, G. (1958b) *Soziologie*. Berlin.
Vester, H. G. (1984) *Die Thematisierung des Selbst in der postmodernen Gesellschaft*. Bonn.

제6장

Althoff, H. (1982) 'Der Statusverlust im Anschluß an eine Berufsausbildung', *Berufsbildung in Wissenschaft und Praxis*, 5: 16ff.
Altmann, N. et al. (1986) 'Ein neuer Rationalisierungstyp', *Soziale Welt*, 37, nos 2/3.
Arendt, H. (1981) *Vita activa oder Vom tätigen Leben*. Munich.
Beck, U., M. Brater, H. J. Daheim (1980) *Soziologie der Arbeit und der Berufe*. Reinbek.
Blossfeld, H.-P. (1984) 'Bildungsreform und Beschäftingung der jungen Generation im öffentlichen Dienst', *Soziale Welt*, 35 no. 2.
Buck, B. (1985) 'Berufe und neue Technologien', *Soziale Welt*, 36, no. 1: 83ff.
Bundesminister für Bildung und Wissenschaft (1983) *Grund- und Strukturdaten 1982/83*. Bonn.
Dahrendorf, R. (1980) 'Im Entschwinden der Arbeitsgesellschaft. Wandlungen der sozialen Konstruktion des menschlichen Lebens', *Merkur*, 34: 749ff.
Dahrendorf, R. (1982) 'Wenn der Arbeitsgesellschaft die Arbeit ausgeht', in J. Matthes (ed.), *Krise der Arbeitsgesellschaft*. Frankfurt.
Dierkes, M., B. Strümpel (eds) (1985) *Wenig Arbeit, aber viel zu tun*. Cologne.
Dombois, R., M. Osterland (1982) 'Neue Formen des flexiblen Arbeitskräfteeinsatzes: Teilzeitarbeit und Leiharbeit', *Soziale Welt*, 33: 466ff.
Handl, J. (1984) *Zur Veränderung der beruflichen Chancen von Berufsanfängern zwischen 1950 und 1982*. Thesis paper. Nürnberg.
Heinze, R. G. (1984) *Der Arbeitsschock*. Cologne.
Hirschhorn, L. (1979) 'The theory of social services in disaccumulationist capitalism', *International Journal of Health Services*, 9, no. 2: 295-311.
Hornstein, W. (1981) 'Kindheit und Jugend im Spannungsfeld gesellschaftlicher Entwicklung', in *Jugend in den achtziger Jahren: Eine Generation ohne Zukunft?*. Schriftenreihe des Bayrischen Jugendrings. Munich.
Jürgens, U., F. Naschold (eds) (1984) *Arbeitspolitik. Materialien zum Zusammenhang von politischer Macht, Kontrolle und betrieblicher Organisation der Arbeit*. Opladen.
Kaiser, M. et al. (1984) 'Fachhochschulabsolventen - zwei Jahre danach', *MittAB*: 241ff.
Kern, H., M. Schumann(1984) *Ende der Arbeitsteilung?* Munich.
Kloas, P.-W. (1984) *Arbeitslosigkeit nach Abschluß der betrieblichen Ausbildung*. Thesis paper. Nürnberg.

Kommission (1983) *Zukunftsperspektiven gesellschaftlicher Entwicklungen.* Stuttgart.
Kubicek, H., A. Rolf (1985) *Mikropolis mit Computernetzen in der 'Informationsgesellschaft'.* Hamburg.
Kutsch, T., F. Vilmar (eds) (1983) *Arbeitszeitverkürzung.* Opladen.
Mertens, D. (1984) 'Das Qualifikationsparadox. Bildung und Beschäftigung bei kritischer Arbeitsmarktperspektive', *Zeitschrift für Pädagogik*, 30.
Müller, C. (1982) 'Ungeschützte Beschäftigungsverhältnisse', in C. Hagemann-White (ed.), *Beiträge zur Frauenforschung.* Bamberg.
Negt, O. (1984) *Lebendige Arbeit, enteignete Zeit.* Frankfurt.
Offe, C. (1984) *Arbeitsgesellschaft: Strukturprobleme und Zukunftsperspektiven.* Frankfurt/New York.
Offe, C., H. Hinrichs, H. Wiesenthal (eds) (1982) *Arbeitszeitpolitik.* Frankfurt.
Schelsky, H. (1942) 'Die Bedeutung des Berufs in der modernen Gesellschaft', in T. Luckmann and W. Sprondel (eds), *Berufssoziologie.* Cologne.
Sklar, M. (1968) 'On the proletarian revolution and the end of political-economic society', *Radical America*, 3: 3-28.

제7장

Adorno, T. W., M. Horkheimer (1970) *Dialektik der Aufklärung.* Frankfurt.
Beck, U. (1974) *Objektivität und Normativität - Die Theori-Praxis Debatte in der mordernen deutschen und amerikanischen Soziologie.* Reinbek.
Beck, U. (ed.) (1982) *Soziologie und Praxis, Erfahrungen, Konflikte, Perspektiven.* Special issue 1 of *Soziale Welt.* Göttingen.
Beck, U., W. Bonß (1984) 'Sozilolgie und Modernisierung. Zur Ortsbestimmung der Verwendungsforschung', in *Soziale Welt*, 35: 381ff.
Böhme, G., W. v.d. Daele, W. Krohn(1972) 'Alternativen in der Wissenschaft', *Zeitschrift für Soziologie*: 302ff.
Böhme, G., W. v.d. Daele, W. Krohn (1973) 'Die Finalisierung der Wissenschaft', *Zeitschrift für Soziologie*: 128ff.
Bonß, W. (1982) *Die Einübung des Tatsachenblicks. Zur Struktur und Veränderung empirischer Sozialforschung.* Frankfurt.
Bonß, W., H. Hartmann (1985) 'Konstruierte Gesellschaft, rationale Deutung. Zum Wirklichkeitscharakter soziologischer Diskurse', in W. Bonß and H. Hartmann (eds), *Entzauberte Wissenschaft. Zur Relativität und Geltung soziologischer Forschung.* Special issue 3 of *Soziale Welt.* Göttingen.
Campbell, D. T. (1985) 'Häuptlinge und Rituale. Das Sozialsystem der Wissenschaft als Stammesorganisation', in W. Bonß and H. Hartmann (eds), *Entzauberte Wissenschaft. Zur Relativität und Geltung soziologischer*

Forschung. Special issue 3 of *Soziale Welt.* Göttingen.
Carson, R. (1962) *Silent Spring.* New York.
Commoner, B. (1963) *Science and Survival.* New York.
Duerr, H. P. (ed.) (1981) *Der Wissenschaftler und das Irrationale,* 2 vols. Frankfurt.
Feyerabend, P. (1980) *Erkenntnis für freie Menschen,* rev. edn. Frandfurt.
Gouldner, A., S. M. Miller (1965) *Applied Sociology: Opportunities and Problems.* New York.
Hartmann, H. (1970) *Empirische Sozialforschung.* Munich.
Hartmann, H., E. Dübbers (1984) *Kritik in der Wissenschaftspraxis. Buchbesprechungen und ihr Echo.* Frankfurt.
Hartmann, H., M. Hartmann (1982) 'Vom Elend der Experten: Zwischen Akademisierung und De-Professionalisierung', *Kölner Zeitschrift für Soziologie und Sozialpsychologie,* 193ff.
Hollis, M., S. Lukes (eds) (1982) *Rationality and Relativism.* Oxford.
Illich, I. (1979) *Entmündigung durch Experten. Zur Kritik der Dienstleistungsberufe.* Reinbek.
Knorr-Cetina, K. (1984) *Die Fabrikation von Erkenntnis.* Frankfurt.
Knorr-Cetina, K., M. Mulkavy (eds) (1983) *Science Observed. Perspectives on the Social Study of Science.* London.
Kuhn, T. (1970) *Die Struktur wissenschaftlicher Revolutionen.* Frankfurt. In English (1970) *The Structure of Scientific Revolutions.* Chicago.
Küppers, G., P. Lundgreen, P. Weingart (1978) *Umweltforschung - die gesteuerte Wissenschaft?* Frankfurt.
Lakatos, I. (1974) 'Methodologie der Forschungsprogramme', in I. Lakatos and A. Musgrave (eds), *Kritik und Erkenntnisfortschritt.* Braunschweig.
Lau, C. (1984) 'Soziologie im öffentlichen Diskurs. Voraussetzungen und Grenzen sozialwissenschaftlicher Rationalisierung und gesellschaftlicher Praxis', *Soziale Welt,* 35: 407ff.
Lindbloom, C. E. (1959) 'The science of muddling through', *Public Administration Review,* 19: 79ff.
Matthes, J. (1985) 'Die Soziologen und ihre Wirklichkeit. Anmerkungen zum Wirklichkeitsverhältnis der Soziologie', in W. Bonß and H. Hartmann (eds), *Entzauberte Wissenschaft. Zur Relativität und Geltung sozialogischer Forschung.* Special issue 3 of *Soziale Welt.* Göttingen.
Mayntz, R. (ed.) (1980) *Implementationsforschung.* Cologne.
Meja, V., N. Stehr (1982) *Der Streit um die Wissenssoziologie,* 2 vols. Frankfurt.
Meyer-Abich, K. M. (1980) 'Versagt die Wissenschaft vor dem Grundrecht der Freiheit? Gründe der Vertrauenskrise zwischen Wissenschaft und

Öffentlichkeit', *Zeitschrift für Didaktik der Philosophie*, no. 1.
Mitchell, R. C. (1979) *Science, Silent Spring; Science, Technology and the Environment Movement in the United States*. Ms. Washington.
Novotny, H. (1979) *Kernenergie: Gefahr oder Notwendigkeit*. Frankfurt.
Overington, M. A. (1985) 'Einfach der Vernunft folgen: Neuere Entwicklungstendenzen in der Metatheorie', in W. Bonß and H. Hartmann (eds), *Entzauberte Wissenschaft. Zur Relativität und Geltung soziologischer Forschung*. Special issue 3 of *Soziale Welt*. Göttingen.
Pavelka, F. (1979) 'Das Deprofessionalisierungsspiel. Ein Spiel fur Profis', *Psychosozial*, 2: 19ff.
Popper, K. R. (1968) *Logik der Forschung*, 6th edn. Tübingen. In English (1989) *The Logic of Scientific Discovery*. London.
Popper, K. R. (1972) *Objektive Erkenntnis. Ein evolutionärer Entwurf*. Hamburg.
Scott, R., A. Shore (1979) *Why Sociology does not Apply: a Study of the Use of Sociology in Public Policy*. New York.
Shostak, A. B. (ed.) (1974) *Putting Sociology to Work*. New York.
Stehr, N., R. Konig (eds) (1975) *Wissenschaftssoziologie. Studien und Materialien*. Special issue 18 of *Kölner Zeitschrift für Soziologie und Sozialpsychologie*. Cologne/Opladen.
Stehr, N., V. Meja (1981) Wissenschaftssoziologie. Special issue 22 of *Kölner Zeitschrift für Soziologie und Sozialpsychologie*. Opladen.
Struening, E. L., B. Brewer (eds) (1984) *The University Edition of the Handbook of Evaluation Research*. London/Beverly Hills.
Weber, M. (1982) 'Vom inneren Beruf zur Wissenschaft', in J. Winkelmann (ed.), *Max Weber: Soziologie, weltgeschichtliche Analysen*. Stuttgart.
Weingart, P. (1979) *Das 'Harrisburg-Syndrom' oder die De-Professionalisierung der Experten*.
Weingart, P. (1983) 'Verwissenschaftlichung der Gesellschaft – Politisierung der Wissenschaft', *Zeitschrift für Soziologi*: 225ff.
Weingart, P,. (1984) '*Anything goes* – rien ne va plus', *Kursbuch*, 78: 74.
Weiss, C. H. (ed.) (1977) *Using Social Research for Public Policy Making*. Lexington.
Wissenschafttszentrum Berlin (1977) *Interaktion von Wissenschaft und Politik*. Frankfurt.

제8장

Alemann, U. v. (ed.) (1981) *Neokorporatismus*. Frankfurt/New York.
Alemann, U. v., R. C. Heinze (eds) (1979) *Verbände und Staat. Vom*

Pluralismus zum Korporatismus. Opladen.
Altmann, N. et al. (1986) 'Ein "Neuer Rationalisierungstyp"', *Soziale Welt*, 37.
Arendt, H. (1981) *Macht und Gewalt.* Munich.
Beck, U. (1979) *Soziale Wirklichkeit als Produkt gesellschaftlicher Arbeit.* Unpublished postdoctoral thesis. Munich.
Beck, U. (1888) *Gegengifte: Die organisierte Unverantwortlichkeit.* Frankfurt. In English (1992) *Counter-Poisons.* Cambridge.
Beck, U. (1991) *Politik in der Risikogesellschaft.* Frankfurt. In English (1993) New York.
Beck, U., M. Brater (1978) *Berufliche Arbeitsteilung und soziale Ungleichheit.* Frankfurt/New York.
Berger, J. (ed.) (1986) *Moderne oder Postmoderne.* Special issue 4 of *Soziale Welt.* Göttingen.
Berger, S. 'Politics and Anti-Politics in Western Europe in the Seventies', *Daedalus*, 108·27-50.
Bergmann, J., G. Brandt, K. Korber, O. Mohl, C. Offe (1969) 'Herrschaft, Klassenverhältnis und Schichten', in T. W. Adorno (ed.), *Spätkapitalismus oder Industriegesellschaft?* Stuttgart.
Braczyk, H. J. et al. (1986) 'Konsensverlust und neue Technologien – Zur exemplarischen Bedeutung des Konfliktes um die Wiederaufarbeitungsanlage für die gesellschaftliche Steuerung technischen Wandels', *Soziale Welt*, 37, nos 2/3.
Bräutigam, H. H., L. Mettler (1985) *Die programmierte Vererbung.* Hamburg.
Brand, K. W. (ed.) (1985) *Neue soziale Bewegungen in Westeuropa und in den USA.* Frankfurt.
Brand, K. W., D. Büsser, D. Rucht (1983) *Aufbruch in eine neue Gesellschaft.* Frankfurt.
Bühl, W. (1983) *Die Angst des Menschen vor der Technik.* Düsseldorf.
Crozier, M., E. Friedberg (1979) *Macht und Organisation.* Königstein.
Corzier, M., S. P. Huntington, J. Watanuki (1975) *The Crisis of Democracy.* New York.
Daele, W. v.d. (1985) *Mensch nach Maß.* Munich.
Daele, W. v.d. (1986) 'Technische Dynamik und gesellschaftlich Moral', *Soziale Welt*, 37, nos 2/3.
Donati, P. R. (1984) 'Organization between Movement and Institution', *Social Science Information*, 23, (4/5): 837-859.
Elster, J. (1979) 'Risk, uncertainty, and nuclear power', *Social Science Information.*
Flora, P., J. Alber (1981) 'Modernization, democratization, and the development of welfare states in Western Europe', in P. Flora and A.J. Heidenheimer

(eds), *The Development of Welfare States in Europe nad America.* New Brunswick.
Freeman, J. (ed.) (1983) *Social Movements in the Sixties and Seventies.* New York/London.
Gershuny, J. I. (1978) *After Industrial Society? The Emerging Self-Service-Economy.* London.
Grew, R. (ed.) (1978) *Crises of Political Development in Europe and the United States.* Princeton.
Gross, P. (1984) *Industrielle Mikrobiologie. Sonderheft Spektrum der Wissenschaft.* Heidelberg.
Groß, P., R. Hitzler, A. Honer (1985) 'Zwei Kulturen? Diagnostische und therapeutische Kompetenz im Wandel', in *Österr. Zeitschrift für Soziologie. Sonderheft Medizinsoziologie.*
Habermas, J. (1973) *Legitimationsprobleme im Spätkapitalismus.* Frankfurt. In English (1975) *Legitimation Crisis.* London.
Habermas, J. (1981) *Theorie des kommunikativen Handelns,* vol. 2, Frankfurt. In English(1984 and 1988) *The Theory of Communicative Competence,* 2 vols. London.
Habermas, J. (1985) *Die neue Unübersichtlichkeit.* Frankfurt.
Hirschmann, A. O. (1981) *Shifting Involvements. Private Interests and Public Action.* Princeton.
Inglehart, R. (1977) *The Silent Revolution. Changing Values and Political Styles among Western Publics.* Princeton.
Institute for Contemporary Studies (1976) *The Politics of Planning. A Review and Critique of Centralized Economic Planning.* San Francisco.
Jaenicke, M. (1979) *Wie das Industriesystem von seinen Mißständen profitiert.* Cologne.
Japp, K. P. (1984) 'Selbsterzeugung oder Fremdverschulden. Thesen zum Rationalismus in den Theorien sozialer Bewegungen', *Soziale Welt,* 35.
Jonas, H. (1984) *Technik, Ethik und Biogenetische Kunst.* Ms.
Kitschelt, H. (1985) 'Materiale Politisierung der Produktion', *Zeitschrift für Soziologie,* 14, no. 3: 188-208.
Kommissionsbericht (1983) *Zukunftsperspektiven gesellschaftlicher Entwicklung.* Stuttgart.
Kreß, K., K. G. Nikolai (1985) *Bürgerinitiativen – Zum Verhältnis von Betroffenheit und politischer Beteiligung der Bürger.* Bonn.
Lipset, S. M., S. Rokkan (1967) 'Cleavage structures, party systems, and voter alignments: an introduction', in S.M. Lipset and S. Rokkan (eds), *Party Systems and Voter Alignments.* New York.
Löw, R. (1983) 'Gen und Ethik', in P. Koslowski (ed.), *Die Verführung durch*

das Machbare. Munich.
Luhmann, N. (1981) *Politische Theorie im Wohlfahrtsstaat*. Munich.
Mayer-Tasch, C. P. (1976) *Die Bürgerinitiativbewegung*. Reinbek.
Mayntz, R. (ed.) (1980) *Implementationsforschung*. Cologne.
Melacci, A. (1984) 'An end to social movements? Introductory paper to sessions on new movements and change in organizational forms', *Social Science Information*, 23, nos 4/5: 819-835.
Neidhardt, F. (1985) 'Einige Ideen zu einer allgemeinen Theorie sozialer Bewegungen', in S. Hradil (ed.), *Sozialstruktur im Umbruch*. Opladen.
Noelle-Neumann, E. (1991) *Öffentliche Meinung*. Berlin.
Offe, C. (1972) *Strukturprobleme des kapitalistischen Staates*. Frankfurt.
Offe, C. (1980) 'Konkurrenzpartei und politische Identität', in R. Roth (ed.), *Parlamentarisches Ritual und politische Alternativen*. Frankfurt.
Offe, C. (1986) 'Null-option', in J. Berger (ed.), *Moderne oder Postmoderne*. Special issue 4 of *Soziale Welt*. Göttingen.
Piore, M. J., C. F. Sabel (1985) *Das Ende der Massenproduktion*. New York/Berlin. In English (1985) The Second Industrial Divide. New York.
Radunski, P. (1985) 'Die Wähler in der Stimmungsdemokratie', *Sonde*, 2: 3ff.
Schenk, M. (1984) *Soziale Netzwerke und Kommunikation*. Tübingen.
Sieferle, R. P. (1985) *Fortschrittsfeinde? Opposition gegen Technik und Industrie von der Romantik bis zur Gegenwart*. Munich.
Stössel, J.-P. (1985) 'Dem chronisch Kranken hilft kein Arzt', *Süddeutsche Zeitung*, November 21, 1985.
Toffler, A. (1980) *Die dritte Welle*. Munich.
Touraine, A. (1977) *The Self-Production of Society*. Chicago.
Willke, H. (1983) *Entzauberug des Staates. Überlegungen zu einer sozietalen Steuerungstheorie*. Königstein.

색인

(ㄱ)

가시성의 문화 90
개인주의화 14, 151, 160, 170, 211, 213, 215, 244, 309
결핍 53, 90, 199, 288
결핍사회 52
경제적 맹목성 113
계급사회 75, 90, 158, 170
계급적대의 강화'법칙' 75
계급 정체성 159
계급지위 63, 77, 82, 103
계급-특수적 위험 75
계산가능성 270
공공영역 17, 28, 59, 110, 248
공공의 위험의식 131
공동성 94, 135, 181
과잉전문화 125, 252, 281
과학의 비책임성 331
과학적 지식의 탈독점화 250
과학적 타당성 71, 250
과학적 합리성 9, 66, 118, 128, 248, 282, 307
과학적 회의주의 248
구조적 민주화 303, 354
귀속역할 178, 187
귀속적 특징 172
근대성 44, 66, 107, 145, 201, 254, 260, 331
근대성의 모순들 182
근대성의 세속종교 331
근대적 강령술 134
근대적 봉건사회 180
근대화 9, 18
근대화의 위험 44, 65, 115, 245

근대화 패러다임 102
기술-과학적 합리성 111
기술 진보 289

(ㄴ)

노동관계의 사법화 164
노동시장 사회 154, 214

(ㄷ)

대안적 전문지식 256
독신인 202

(ㅁ)

무오류성 105, 260, 278
무자녀의 사회 194
문명의 빈곤화 100
문명의 위험 43, 69, 77, 108, 134, 277
문화적 위험의식 134

(ㅂ)

반근대성 183
반증 과학 71
부메랑 효과 58, 78, 80, 89
부수효과 53, 59, 74, 115, 217, 252
불안 56, 68, 97, 137, 245
불평등의 교환 184
비정치적인 것 59, 140, 291

(ㅅ)

사적 영역 59, 168, 184, 215, 308
사회불평등 53, 147, 158, 160, 165
사회적 위험 57, 171
사회 진보 289
생태적 가치저하 80
생태적 공공수용 81
생활양식 41, 152, 211, 355
생활형태의 다원주의 192
성별 귀속 178
성성 154, 176, 355
성찰성 19, 168, 170, 244, 354
성찰적 과학화 248, 252, 261
성찰적 근대화 40, 109, 150, 182, 229, 254, 271, 303, 314
시장기회 81, 93, 165, 342
신사회운동들 155, 309, 342
실재성의 상실 119

(ㅇ)

안전 62, 68, 86, 97, 189, 274, 279
양성간의 적대 180
양적인 위험개념 68
오염논쟁 62
오염의 한계 120
오염인자 57, 59, 125
외적 결정 67, 346
외적인 지식 104, 272
위난 55, 74, 96, 117, 138, 347
위난공동체 95
위해 56, 63, 89, 106, 136
위험 52, 63, 73, 110, 222, 248, 314, 346

위험의 계급-특수적 분배'법칙' 75
위험의 과학화 107
위험의 분배 52, 136, 245
위험의 비가시성 103
위험의 생산 43, 79, 108, 245
위험의 인과적 부정 116
위험의 인식 90, 110, 348
위험의 정의 58, 66, 108, 253, 348
위험분배 75, 120, 245
위험사회 75, 90, 97, 133, 245, 288, 327
  위험사회의 유토피아 97
  위험사회의 패러다임 53
위험의식 65, 128, 131, 256
위험지위 59, 63, 82, 84, 103
의학적 하위정치 323
이동성 151, 163, 171, 181, 201, 205
인간과 자연의 내성 123
인과연쇄 71, 139
인과해석 64, 71
인식불가능한 위험 90
인지사회학 106, 249, 262
일차적 과학화 248, 252, 269

(ㅈ)

자기비판의 제도화 358
잠재된 부수효과 75, 114, 280, 293
잠재적인 성찰성 284
정당화 53, 74, 112, 177, 267, 270, 311, 330
정보사회 93
정상성의 외투 293
정의(定義)의 다중성 69
정치의 탈권력화 298
정치적 진공상태 95

제도정치 101, 141
지구적 오염의 보호자 128
지구적 위험공동체 92
지위 운명 178
진보라는 종교 10

(ㅊ)

체계 52, 68, 71, 100, 141, 220, 223,
228, 290, 298, 328, 335

(ㅌ)

탈전통화 151, 180, 224, 308

(ㅍ)

파괴적 순환주기 72
평등의 유토피아 97

(ㅎ)

하위정치 45, 150, 288, 301, 316, 331
합리성 66, 128, 260, 282
합리성들의 경쟁 110
합리화 57, 228, 290, 334, 350
합법성 289, 322
허용수준 120, 282
허용치 105, 123, 269
허용치의 합리성 125
후기 근대성 52, 161
'희생양 사회' 136